Markus-Oliver Schwaab | Ariane Durian (Hrsg.)

Zeitarbeit

Markus-Oliver Schwaab | Ariane Durian (Hrsg.)

Zeitarbeit

Chancen – Erfahrungen – Herausforderungen

GABLER

Bibliografische Information der Deutschen Nationalbibliothek
Die Deutsche Nationalbibliothek verzeichnet diese Publikation in der
Deutschen Nationalbibliografie; detaillierte bibliografische Daten sind im Internet über
<http://dnb.d-nb.de> abrufbar.

Prof. Dr. Markus-Oliver Schwaab vom Human Resources Competence Center der Hochschule Pforzheim lehrt im Bachelor-Studiengang Personalmanagement und im MBA-Studiengang Human Resources Management & Consulting.

Ariane Durian ist geschäftsführende Gesellschafterin der CONNECT Personal-Service GmbH und der CONNECT HR-Consulting GmbH. Darüber hinaus ist sie Bundesvorsitzende des Interessenverbandes Deutscher Zeitarbeitsunternehmen iGZ e.V.

1. Auflage 2009

Lektorat: Susanne Kramer | Renate Schilling

Gabler ist Teil der Fachverlagsgruppe Springer Science+Business Media.
www.gabler.de

Umschlaggestaltung: Ulrike Weigel, www.CorporateDesignGroup.de
Druck und buchbinderische Verarbeitung: Krips b.v., Meppel
Gedruckt auf säurefreiem und chlorfrei gebleichtem Papier
Printed in the Netherlands

ISBN 978-3-8349-1277-0

Vorwort

Erst schlummerte sie, dann boomte sie, jetzt wankt sie.

So oder so ähnlich könnte der Aufmacher einer Reportage lauten, die einen aktuellen Blick auf die Zeitarbeit in Deutschland werfen würde. Die Zeitarbeit kann in der Tat auf eine bewegte Geschichte mit Höhen, aber auch Tiefen verweisen. Lange Zeit aufgrund rechtlicher Regelungen in ihrem Wachstum gebremst, hat sie in den letzten Jahren einen rasanten Zuwachs erlebt. Fakt ist, dass sie inzwischen zu einem festen Bestandteil der deutschen Wirtschaftslandschaft geworden ist. Daran ändert auch die Tatsache nichts, dass die Zahl der in der Zeitarbeitsbranche beschäftigten Mitarbeiterinnen und Mitarbeiter nach einem jahrelangen kontinuierlichen Anstieg im Winter 2008/2009 infolge der Wirtschaftskrise deutlich abgenommen hat. Viele Unternehmen, die zuvor im Aufschwung auf Leasingkräfte zurückgegriffen hatten, mussten sich wieder von diesen trennen, als sich die Auftragslage plötzlich dramatisch verschlechterte.

Problematisch war an dieser Entwicklung, dass die deutsche Wirtschaft auf breiter Front und über einen längeren Zeitraum hinweg zurückgeworfen worden ist. Den Zeitarbeitsunternehmen, die dadurch praktisch keine Chance hatten, ihr Personal in anderen Wirtschaftsbereichen unterzubringen, blieb deshalb nichts anderes übrig, als sich irgendwann von ihren Mitarbeiterinnen und Mitarbeitern zu trennen. Konsequenz: Die Zeitarbeitsbranche, die vorher über Jahre hinweg für positive Schlagzeilen gesorgt hatte, wurde von jetzt auf nachher zum Sündenbock abgestempelt. Viele Kritiker haben ihr die Vernichtung von Arbeitsplätzen vorgeworfen - dabei sind diese nicht in den Zeitarbeitsunternehmen weggefallen, sondern in den Entleihunternehmen, die in vielen Fällen mit dem Rücken zur Wand standen.

Die deutsche Wirtschaft wird auch wieder bessere Zeiten sehen. Spätestens dann, wenn die Nachfrage wieder nachhaltig anspringt, werden die Unternehmen wieder verstärkt auf Zeitarbeitskräfte zurückgreifen, um flexibel ihre Stammbelegschaft zu ergänzen. Die Personaldienstleister werden auch dann wieder gefordert sein, ihren Kunden bedarfsgerechte Lösungen anzubieten.

Dieser Band hat zum Ziel, die Zeitarbeit aus verschiedenen Perspektiven zu beleuchten. Es kommen Experten mit ganz unterschiedlichem Erfahrungshintergrund zu Wort. Da sind zum einen Betriebswirte, Volkswirte, Psychologen, Juristen und Journalisten, zum anderen Wissenschaftler und Praktiker. Neben Vertretern von Unternehmen, Verbänden, Gewerkschaften und Hochschulen, tragen auch Autoren von verschiedenen Personaldienstleistern dazu bei, dass die Zeitarbeit aus einer Vielzahl von Blickwinkeln betrachtet wird.

Gibt dieses Buch zunächst einen Überblick über die Entwicklung der Zeitarbeit und die relevanten rechtlichen Rahmenbedingungen, so werden im Anschluss daran die diversen Chancen und Risiken beleuchtet. Vier Praktiker berichten danach über ihre betrieblichen Erfahrungen mit der Zeitarbeit und den entsprechenden Personaldienstleistern. Mit zahlreichen neueren Ansätzen und den Herausforderungen in diesem Kontext beschäftigen sich die Beiträge im vierten Teil dieses Buches. Wie die Zeitarbeit der Zukunft aussehen könnte, davon handeln die beiden abschließenden Aufsätze.

Was die sprachliche Gestaltung dieses Bandes angeht, seien hier zwei wichtige Anmerkungen vorausgeschickt.

Die Ausführungen aller Autoren beziehen sich gleichermaßen auf weibliche und männliche Personen, auch wenn – allein im Interesse einer besseren Lesbarkeit – darauf verzichtet wurde, jeweils explizit die weibliche und männliche Formulierung aufzunehmen.

Der Begriff der Zeitarbeit hat sich inzwischen weitgehend durchgesetzt, doch gibt es Autoren, die diesem den früher allgemein gebräuchlichen Begriff der Leiharbeit vorziehen, der gesetzlich verankert ist. Obwohl dieser nach Überzeugung der Herausgeber zu sprachlichen Missverständnissen führen kann, wurde hier keine Vereinheitlichung angestrebt, sondern bewusst eine Begriffsvielfalt zugelassen.

Als Herausgeber dieses Bandes bedanken wir uns besonders bei Sabine Gondrom, die das gesamte Manuskript und die Abbildungen in Form gebracht hat. Benjamin Weiler hat uns bei der Organisation des Projektes tatkräftig unterstützt. Ihm gebührt genauso Dank wie Heike von Berg-Schwaab, die mit ihren wertvollen sprachlichen und inhaltlichen Anregungen einen wichtigen Beitrag zur Qualitätssicherung geleistet hat.

Dudenhofen/Karlsruhe, im März 2009

Markus-Oliver Schwaab, Ariane Durian

Inhaltsverzeichnis

Teil 5 Ausblick

Autorenverzeichnis

Holger Bartlick, geb. 1971, hat an der Hogeschool van Utrecht International Business Administration studiert und an der Jacobs University Bremen seinen Abschluss als Master in Lifelong Learning, Knowledge Management and Institutional Change erlangt. Nach 10-jähriger Tätigkeit als Berater und in Führungspositionen vor allem im Automotive- und Dienstleistungssektor wechselte er im Jahr 2005 zur Adecco Personaldienstleistungen GmbH. Hier war er bis Januar 2009 als Projektmanager verantwortlich für die Konzepterstellung, Implementierung und Begleitung von arbeitsmarktorientierten Projekten. Seitdem ist er als freiberuflicher Berater tätig.

Dr. Stephan Bülow, geb. 1967, ist seit 2007 Geschäftsführer der Smart People Holding GmbH (ehemals Allgeier DL GmbH). Der Diplom-Volkswirt promovierte in Wirtschaftswissenschaften. Nach dem Berufseinstieg 1995 im Investment Banking, gründete er 1998 ein IT-Unternehmen. Ab 2000 engagierte er sich im Bereich Private Equity. Vor der Übernahme der aktuellen Aufgabe war er als Unternehmensberater für Sanierung/ Restrukturierung, Industriegütermarketing und M&A tätig.

Friedrich Christandl, geb. 1950, absolvierte die Technische Lehranstalt in Bozen, Italien. Nach mehrjähriger Tätigkeit als IT-Trainer für Kunden und Servicetechniker bei Siemens in München war er ab 1980 für Recruiting und International Assignments eines Konzernbereiches verantwortlich. Als Leiter Führungskräfteentwicklung war er ab 1986 weltweit verantwortlich für die Siemens Components Group, aus der später die Unternehmen EPCOS und Infineon hervorgingen. Nach einigen internationalen Projekten übernahm er die Gesamtverantwortung für Human Resources zunächst für die Siemens Network Systems Group und später für die Siemens Semiconductor Group (heute Infineon). 1999 wechselte er in die debitel AG Stuttgart, wo er als Vicepresident Human Resources und als Mitglied des Vorstandes und Arbeitsdirektor tätig war. Seit 2009 ist er freiberuflich Management Coach und Berater.

Thomas J. Dauser, geb. 1975, hat an der Eberhard-Karls-Universität Tübingen Allgemeine Rhetorik und Politikwissenschaft studiert. Seit 2008 ist er Redakteur für besondere Aufgaben bei Fritz Frey, dem Chefredakteur Fernsehen des SWR in Mainz. Zuvor war er Autor für das investigative Politik-Magazin REPORT MAINZ im Ersten. In vielen seiner Beiträge beschäftigte er sich mit prekären Beschäftigungsverhältnissen und Leiharbeit. Thomas J. Dauser war außerdem Rechercheur und Moderator für die SWR-Hörfunkwellen in Baden-Württemberg und Reporter für das Politikmagazin „Ländersache“ im SWR Fernsehen.

Dr. Martin Dreyer, geb. 1973, studierte Rechtswissenschaften an der Westfälischen Wilhelms-Universität Münster. Im Jahre 2004 wurde er mit einem rechtsgeschichtlichen Thema promoviert. Noch im selben Jahr begann er seinen beruflichen Weg beim Interessenverband Deutscher Zeitarbeitsunternehmen e.V. in Münster, wo er seit März 2009 in der Funktion des stellvertretenden Bundesgeschäftsführers tätig ist. Er berät die Mitglieder in arbeits- und sozialrechtlichen Fragen und unterstützt die Arbeit der Tarifkommission des iGZ.

Ariane Durian, geb. 1960; studierte an der Fachhochschule Pforzheim Betriebswirtschaft mit dem Schwerpunkt Personalmanagement. Sie gründete 1990 als geschäftsführende Gesellschafterin die CONNECT Personal-Service GmbH. An fünf Standorten in Baden-Württemberg beschäftigt sie bis zu 220 externe Zeitarbeitskräfte im akademischen, kaufmännischen, technischen und IT-Bereich. Im Rahmen der Privaten Arbeitsvermittlung besetzt sie Positionen im unteren und mittleren Management bei Kundenunternehmen. Mit ihrem Consultingunternehmen übernimmt sie seit 2002 erfolgreich Outsourcing-Projekte rund um den HR-Bereich. Seit 2002 engagiert sie sich ehrenamtlich im Vorstand und seit 2008 als Bundesvorsitzende des Interessenverbandes Deutscher Zeitarbeitsunternehmen e.V.. Die aktive Mitgestaltung der Branche von der klassischen Zeitarbeit hin zu einer Branche moderner Personaldienstleister steht bei ihr im Fokus.

Elmar Ensmann, geb. 1965, ist seit 2006 Vice President Human Resources der PFW Aerospace AG in Speyer. Er studierte Pädagogik an der Universität der Bundeswehr in Hamburg mit den Schwerpunkten Arbeits- und Organisationspsychologie, Berufs- und Betriebspädagogik sowie Personalwesen. Insgesamt blickt er auf eine 15-jährige Personalpraxis aus einem Grundsatzressort, der Personalentwicklung und der operativen Personalarbeit als Personalreferent, Werkspersonalleiter und Personalleiter zurück. Seine bisherigen beruflichen Stationen waren die SONY Deutschland GmbH, die KAUFRING AG, die VORWERK Elektrowerke GmbH sowie die LG.PHILIPS Displays Deutschland GmbH.

Dr. Nathalie Galais, geb. 1969, studierte Psychologie an der Justus-Liebig Universität in Gießen und der Universität Autónoma in Madrid. Danach war sie als wissenschaftliche Mitarbeiterin an der Universität Gießen und als Assistentin am Lehrstuhl für Wirtschafts- und Sozialpsychologie der Universität Erlangen-Nürnberg tätig. Seit 2004 ist sie Habilitationsstipendiatin der Universität Erlangen-Nürnberg. Im Rahmen ihrer Habilitation untersucht sie veränderte Beziehungen zwischen Mitarbeitern und Organisationen sowie veränderte Teamstrukturen vor dem Hintergrund zunehmender atypischer Beschäftigungsverhältnisse. Weitere Forschungsgebiete sind: Individuelle Feedbackverarbeitung und Selbstregulation, berufliche Identitätsbildung und Organisationsentwicklung.

Prof. Dr. Klaus Moser, geb. 1962, lehrt als Professor für Psychologie, insbes. Wirtschafts- und Sozialpsychologie, an der Friedrich-Alexander-Universität Erlangen-Nürnberg. Er studierte von 1981 bis 1986 Psychologie an der Universität Mannheim.

Danach promovierte (1989) und habilitierte (1994) er an der Universität Hohenheim. Seine aktuellen Arbeitsschwerpunkte sind Personalauswahl, -marketing und –beurteilung, Mitarbeiterbefragungen, Organisationales Commitment, Mitarbeitergespräche.

Denis Pennel, geb. 1966, wurde 2005 zum Geschäftsführer der internationalen Vereinigung der Zeitarbeitsunternehmen CIETT ernannt, die ihren Sitz in Brüssel hat. Er verantwortet das Management dieser Organisation und nimmt die Interessen der Zeitarbeitsbranche gegenüber internationalen Institutionen wie der Europäischen Union, der Internationalen Arbeitsorganisation (ILO) oder der OECD wahr. Er studierte am Institut d'Études Politiques de Paris und begann 1989 seine berufliche Laufbahn als PR-Manager beim Beratungsunternehmen BDDP/TBWA. 1991 wechselte es als Kommunikationsberater zu Financial Dynamics nach London, kehrte dann 1993 nach Paris zurück, um für Deloitte als Head of Information zu arbeiten. Von 1998 bis 2005 war er Kommunikationsdirektor bei Manpower France.

Ingo Petzold, geb. 1972, absolvierte von 1993 bis 2000 sein Studium der Politikwissenschaft, Soziologie und Pädagogik an der Johannes Gutenberg-Universität in Mainz. Danach war er Projekt-Mitarbeiter im Ministerium für Bildung, Frauen und Jugend Rheinland-Pfalz. Bevor er 2005 seine Traineeausbildung bei der IG Metall aufnahm, war er zwei Jahre lang Mitarbeiter im DGB-Bezirk West. 2006 übernahm er die Aufgabe als Politischer Sekretär in der IGM Verwaltungsstelle Neustadt/Weinstraße. Seit 2008 ist er Politischer Sekretär in der IG Metall Bezirksleitung Frankfurt.

Armin Probst, geb. 1964, ist Diplom-Betriebswirt und absolvierte sein Studium an der Hochschule Pforzheim. Nach 8 Jahren Bundeswehr, Offizierlaufbahn und nachfolgendem Studium, wechselte er in die freie Wirtschaft. Er begann hier seinen Werdegang als kaufmännischer Abteilungsleiter bei Manpower, war dann Personalreferent bei der Software AG und ab 2000 Personaldirektor bei PepsiCo D-A-CH. 2006 wurde er Vice President HR bei Oerlikon Leybold Vacuum. Ende 2008 gründete er seine Firma interHRim GmbH.

Holger Schäfer, geb. 1969, schloss sein Studium der Wirtschaftswissenschaften an der Universität Bremen als Diplom-Ökonom ab. Er war danach wissenschaftlicher Mitarbeiter an der Hochschule Harz und Senior Researcher bei der ProRegio Consult GmbH. Seit 2000 ist er am Institut der deutschen Wirtschaft Köln im Arbeitsbereich Arbeitsmarktökonomie tätig.

Rudolf Schicho, geb. 1948, hat in seinem „ersten Leben" eine Ausbildung zum Koch und Hotelkaufmann abgeschlossen und etwa zehn Jahre in der Gastronomie gearbeitet. Nach dem Studium an der Fachhochschule für Wirtschaft in Berlin begann 1980 seine berufliche Laufbahn im Personalbereich. Nach Funktionen als Personalreferent, Referatsleiter und Abteilungsleiter Personalbetreuung übernahm er 2000 die Leitung der Hauptabteilung Personal und Soziales der Forschungszentrum Karlsruhe GmbH. Er ist Mitglied im Dualen Senat der Berufsakademie Karlsruhe und des Gruppenausschusses „Städte, Gemeinden und Landkreise, Körperschaften, Anstalten und Stiftungen des öffentlichen Rechts" des Kommunalen Arbeitgeberverbandes Baden-Württemberg.

Armin Schild, geb. 1961, studierte Sozialpädagogik an der Gesamthochschule Siegen. 1988 wurde er Gewerkschaftssekretär bei der IG Metall Gießen. Von dort wechselte er 1992 in die Tarifabteilung beim Vorstand der IG Metall. Er übernahm später die Leitung des Referats „Lohngestaltung, Arbeitszeit-/Leistungspolitik" der Abteilung Tarifpolitik und ab 2001 auch die Leitung dieser Abteilung. 2004 ist er von der Bezirkskommission des Bezirks Frankfurt als Bezirksleiter vorgeschlagen und vom Vorstand ab 1. Januar 2005 in diese Funktion bestellt worden. Seither ist er Bezirksleiter des IG Metall Bezirks Frankfurt für rund 315.000 Mitglieder in Thüringen, Hessen, Rheinland-Pfalz und dem Saarland.

Wilfried Schulz, geb. 1956, ist seit 2006 Betriebsratsvorsitzender bei der Dr. Willmar Schwabe AG. Er lernte Elektrotechnik und war von 1991 an 15 Jahre lang stellvertretender Betriebsratsvorsitzender. Aktuell ist er Mitglied im Wirtschaftsausschuss und in vielen anderen Ausschüssen des Unternehmens. Zu den Themen, die er im Betrieb aktiv begleitet, gehören: Gesunder Mensch im gesunden Unternehmen, Beruf und Familie, Personalpolitik, Demografie. Er ist Mitglied im Bezirksvorstand der IG BCE und setzt sich auch in der Tarifpolitik ein. Mit seinem Betriebsratsteam beschäftigt er sich - neben dem üblichen Tagesgeschäft - auch mit Themen wie neue Strukturen, Weiterbildung und berufliche Entwicklungsmöglichkeiten für die Belegschaft.

Prof. Dr. Markus-Oliver Schwaab, geb. 1964, lehrt an der Hochschule Pforzheim in den Studiengängen Personalmanagement und MBA in Human Resources Management and Consulting. Nach dem Studium der Wirtschaftswissenschaften an der Universität Hohenheim war er ab 1990 in verschiedenen Personalfunktionen bei der Dresdner Bank, Kreissparkasse Ludwigsburg und im Danone-Konzern tätig, bevor er 2000 an die Hochschule wechselte. Promoviert hat er berufsbegleitend an der Universität Koblenz-Landau. Zu seinen gegenwärtigen Arbeits- und Forschungsschwerpunkten zählen neben der Zeitarbeit auch das Personalmarketing, die Personalauswahl oder die sozial verantwortliche Ausgestaltung von Reorganisationen.

Tanja Siegmund, geb. 1980, war vier Jahre als Pressesprecherin für den Personaldienstleister Adecco tätig und verantwortlich für die interne und externe Kommunikation am Standort Deutschland. Seit 2007 führt die PR-Beraterin eine eigene Agentur für Kommunikationsberatung mit den Schwerpunkten Mensch, Arbeit und Karriere, Finanz und Wirtschaft, Demografie und Sport. 2005 wurde sie für ihr Kommunikationskonzept "Das sind wir - Paralympians go public" für das International Paralympic Comittee mit dem Deutschen PR-Preis ausgezeichnet.

Dr. Alexander Spermann, geb. 1962, studierte, promovierte und habilitierte sich 1999 an der Universität in Freiburg. Zwischen 1999 bis 2002 leitete er ein eigenes wissenschaftliches Beratungsunternehmen in München. 2002 wurde er zum Leiter des Forschungsbereichs Arbeitsmärkte, Personalmanagement und Soziale Sicherung am Zentrum für Europäische Wirtschaftsforschung (ZEW) in Mannheim berufen. Nach 5 Jahren wechselte er 2007 als Manager zu Randstad Deutschland. Dort ist er seit 2009 Director Public Affairs & Randstad Akademie. Weiterhin lehrt er als Privatdozent Arbeitsmarktökonomik und Mikroökonometrie an der Universität Freiburg und ist Mitglied in mehreren renommierten Forschungsinstitutionen.

Rechtsanwalt Werner Stolz, geb. 1957, ist seit März 2001 Bundesgeschäftsführer des Interessenverbandes Deutscher Zeitarbeitsunternehmen. Er studierte von 1977 bis 1983 Rechtswissenschaften an Westfälischen Wilhelms-Universität Münster, belegte parallel dazu ein Grundlagenstudium VWL/BWL an der Fernuniversität Hagen. Danach war er zunächst wissenschaftlicher Mitarbeiter am Institut für Wirtschaftsverwaltungsrecht der WWU Münster. Nach der Referendarausbildung legte er 1986 die 2. juristische Staatsprüfung ab. Sein anschließender Berufsweg führte ihn über die Berufungskanzlei Dr. F.-J. Rinsche pp., Hamm, die Anwaltssozietät W. Kästner pp., Münster, und eine Tätigkeit in einer Anwaltsgemeinschaft schließlich zum Interessenverband Deutscher Zeitarbeitsunternehmen in Münster.

Prof. Dr. Harald Strotmann, geb. 1970, ist seit September 2007 Professor für Volkswirtschaftslehre an der Hochschule Pforzheim. Zuvor war er von 2001 bis 2007 wissenschaftlicher Geschäftsführer am Institut für Angewandte Wirtschaftsforschung (IAW) Tübingen. Er promovierte 2001 an der Universität Hohenheim mit einer Arbeit im Bereich der industrieökonomischen Arbeitsmarkt- und Gründungsforschung. Seine aktuellen Forschungsschwerpunkte sind: Arbeitsmarktökonomik, Analysen mit Mikrodatensätzen, insbesondere mit Betriebspaneldatensätzen.

Rechtsanwalt Stefan Sudmann, geb. 1975, ist seit März 2004 - nach Ablegung des 2. Juristischen Staatsexamens - Justiziar beim Interessenverband Deutscher Zeitarbeitsunternehmen. Zuvor (ab September 2003) war er dort als Rechtsreferendar tätig. Er studierte von 1996 bis 2001 Rechtswissenschaften an der Westfälischen Wilhelms-Universität Münster. Parallel dazu absolvierte er einen Studiengang Französisches Recht mit Abschluss im Jahre 2000. Erfahrung im Bereich der Verbands- und Lobbyarbeit sammelte er zuvor bei der Interessenvertretung der Deutschen Kommunen (Eurocommunalle) in Brüssel. Anwaltliche Tätigkeiten wurden u.a. bei einer Straßburger Rechtsanwaltskanzlei sowie der deutsch-französischen Anwaltskooperation (Offenburg) wahrgenommen. Der Bereich grenzüberschreitende Arbeitnehmerüberlassung/Internationales ist ein Schwerpunkt seiner verbandlichen (Beratungs-)Tätigkeit.

Wolfgang Viertel, geb. 1947, ist gelernter Industriekaufmann mit anschließendem Studium der Betriebswirtschaft. Von 1969 bis 1998 war er in einem großen deutschen Elektrokonzern in unterschiedlichen Funktionen (Controlling, Betriebsleitung, kaufmännische Leitung) im In- und Ausland (USA, Belgien) tätig. 1999 erfolgte eine berufliche Neuorientierung. Seit 2002 ist er Geschäftsführer der GABIS GmbH in Speyer.

Josef Weingärtner, geb. 1960, ist Diplom-Pädagoge und hat an der Katholischen Universität Eichstätt studiert. Seit über 20 Jahren engagiert er sich in der Unternehmensgruppe des Bildungswerks der Bayerischen Wirtschaft e. V. (bbw-Gruppe). Aktuell ist er Geschäftsführer der Gesellschaft für personale und soziale Dienste (gps) mbH mit den Marken procedo, procedo M+E, procedo druck, procedo BayPapier und procedo med. Daneben trägt er Verantwortung als Geschäftsführer der PSA Holding GmbH und der Gesellschaft zur Förderung beruflicher und sozialer Integration (gfi) gGmbH sowie als stellvertretender Geschäftsführer der bbw-Gruppe.

Wolfgang Zechmeister, geb. 1962, war in den 90er Jahren fünf Jahre als Personalleiter in der Automobilzulieferbranche mit umfassenden Umstrukturierungsmaßnahmen beschäftigt (Lean Production/Management, Teamarbeit/Prämienlohn/flexible Arbeitszeitmodelle, Kaizen, Auslandsverlagerungen, Insolvenzabwicklung). Seit über 11 Jahren ist er als Zentralbereichsleiter/Personal bei einem 2.700 Mitarbeiter zählenden Familienunternehmen (Textil-Mietdienste) mit bundesweit 22 Standorten hauptsächlich mit arbeitsrechtlichen Aufgabenstellungen sowie mit M&A-Projekten betraut. Weitere Tätigkeitsschwerpunkte liegen im Recruiting von Fach- und Führungskräften, in der Gestaltung des betrieblichen Eingliederungsmanagements sowie in der Weiterbildung von Führungskräften.

Teil 1

Einblick

Holger Schäfer

Entwicklung der Zeitarbeit

1 Einleitung

Die Zeitarbeit steht schon seit einigen Jahren im Mittelpunkt der arbeitsmarktpolitischen Diskussion. Obwohl es viele Branchen gibt, die – etwa gemessen an der Zahl der Beschäftigten – größer sind, wird insbesondere um die rechtlichen Rahmenbedingungen der Arbeitnehmerüberlassung intensiv debattiert. Der Grund für das überproportionale Interesse an der Zeitarbeit dürfte erstens in ihrem eigentümlichen Charakter liegen. Zeitarbeit ist durch eine doppelte Vertragsbeziehung zwischen Zeitarbeitnehmern, Zeitarbeitsunternehmen und Kundenunternehmen gekennzeichnet. Das Zeitarbeitsunternehmen schließt einen Arbeitsvertrag mit dem Zeitarbeitnehmer, der seine Leistung beim Kundenunternehmen erbringt. Vertragspartner des Zeitarbeitnehmers ist aber allein das Zeitarbeitsunternehmen, das die vollen Arbeitgeberpflichten übernimmt. Die vertragliche Bindung des Zeitarbeitsunternehmens zum Kundenunternehmen ist für den Zeitarbeitnehmer nur von nachrangiger Bedeutung. Keinesfalls ist der Zeitarbeitnehmer „indirekt" beim Kundenunternehmen beschäftigt. Dieser Grundsatz wird häufig nicht ausreichend gewürdigt, so dass eine ausladende Diskussion darüber geführt wird, wie die arbeits- und tarifrechtliche Stellung des Zeitarbeitnehmers im Vergleich zum Beschäftigten des Kundenunternehmens gesehen werden sollte (vgl. z.B. Seifert & Brehmer, 2008). Daran knüpft eine weitere Diskussion um die vermeintliche Prekarität der Zeitarbeit an, die sich vor allem auf die Lohnstrukturen stützt. Ein erhöhtes Prekaritätsrisiko wird etwa aus der Beobachtung abgeleitet, dass Zeitarbeitnehmer überdurchschnittlich häufig ergänzende Transferleistungen in Anspruch nehmen (Weinkopf & Vanselow, 2008). Selten wird jedoch thematisiert, dass ein vergleichsweise niedriges Lohnniveau in einer Branche mit überdurchschnittlich vielen Arbeitnehmern in Hilfstätigkeiten durchaus zu erwarten ist. Im Vergleich zu anderen Dienstleistungsbranchen sind die Tariflöhne in der Zeitarbeit durchschnittlich. Eine Lohndifferenz ergibt sich freilich zum verarbeitenden Gewerbe, das aber ein ungeeigneter Vergleichsmaßstab ist.

Ein zweiter Grund für das Interesse an der Zeitarbeit liegt in ihrer überaus dynamischen Entwicklung. Einerseits erregt sie damit das Misstrauen von Kritikern, die eine Verdrängung „regulärer" Beschäftigung in den Kundenunternehmen vermuten (Promberger, 2008). Andererseits erweckt sie aber auch das Interesse der Arbeitsmarktpolitik. Wenn eine Beschäftigungsform selbst in der Krise noch Arbeitsplätze hinzugewinnt, ist sie nach Auffassung vieler für die Wiedereingliederung von Arbeitslosen in besonderem Maße geeignet. Zwar nimmt die Zeitarbeit ihre arbeitsmarktpolitische Verantwortung an, kann auf der anderen Seite aber kaum als verlängerter Arm der Arbeitsagentur aufgefasst werden. Der Versuch, im Rahmen der „Personal-Service-Agenturen" (PSA) die Zeitarbeit systematisch für arbeitmarktpolitische Integrationsaufgaben heranzuziehen, muss als gescheitert angesehen werden. Dies lag möglicherweise unter anderem daran, dass die PSA in Konkurrenz zu etablierten Zeitarbeitsunternehmen treten mussten, die im Wettbewerb besser aufgestellt waren.

Letztlich ist die Zeitarbeit aber auch für die Arbeitsmarktforschung eine interessante, weil stark expandierende Branche. Die Bedingungen, die in der Zeitarbeit für wachsende Beschäftigung sorgen, könnten auch in der Gesamtwirtschaft zu einer größeren Arbeitsmarktdynamik beitragen. Insofern gilt es, die wachstumstreibenden Faktoren der Zeitarbeit zu identifizieren. Voraussetzung dafür ist, die Entwicklung der Zeitarbeit in Dynamik und Struktur zu skizzieren.

2 Quantitative Entwicklungen

Die Zeitarbeit ist eine der dynamischsten Branchen Deutschlands. Rückblickend hat sich seit ihrer Entstehung in den 70er Jahren die Zahl der Zeitarbeitnehmer vervielfacht. Dies konnte in der Anfangsphase noch keineswegs abgesehen werden. Bis Mitte der 80er Jahre stagnierte vielmehr die Zahl der überlassenen Arbeitnehmer bei 20.000 bis 30.000 (vgl. Abbildung 1). Zeitarbeit blieb zunächst eine Randerscheinung. Erst ab Mitte der 80er Jahre wuchs die Zeitarbeit in einer ersten Wachstumsphase deutlich an. Diese Phase dauerte bis Anfang der 90er Jahre. In diesem Zeitraum wuchs die Zahl der überlassenen Arbeitnehmer von 20.000 auf rund 130.000, was einer jährlichen Wachstumsrate von 26 Prozent entsprach. Obwohl Anfang der 90er Jahre die neuen Bundesländer als Markt hinzukamen, geriet das Wachstum der Zeitarbeit ins Stocken. In einer Phase von Mitte 1992 bis Herbst 1994 ging die Zahl der überlassenen Arbeitnehmer sogar zurück – in der Spitze um 14 Prozent. Danach kam es allerdings in einer zweiten, nunmehr gesamtdeutschen Wachstumsphase zu einer sieben Jahre andauernden Expansion, in deren Verlauf sich die Zahl der Zeitarbeitnehmer mehr als verdreifachte. Der jährliche Zuwachs erreichte 16 Prozent. Selbst die Arbeitsmarktkrise 1997 konnte das Wachstum nicht nennenswert beeinträchtigen. Ab September 2001 folgte ein erneuter Rückgang in einer Größenordnung von rund 9 Prozent, der bis in das Rezessionsjahr 2003 hineinreichte. Seitdem beschleunigte sich das Wachstum wieder. In den fünf Jahren Ende 2002 bis Ende 2007 konnte sich die Zahl der Zeitarbeitnehmer mehr als verdoppeln, das jährliche Wachstum erreichte 22 Prozent.

Abbildung 1: Überlassene Arbeitnehmer (Gleitende Durchschnitte der jeweils letzten 12 Monate)

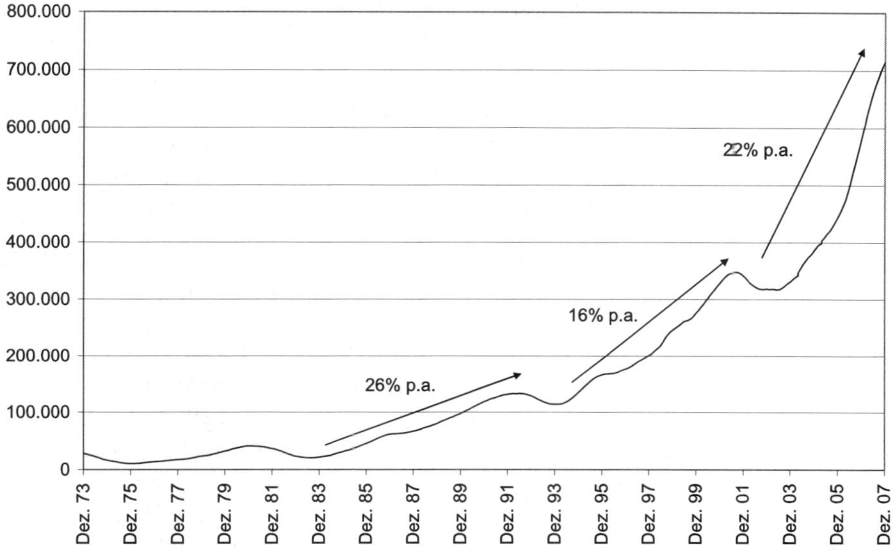

Quelle: Bundesagentur für Arbeit, Institut der deutschen Wirtschaft

Die gegenwärtig vorliegenden Daten der Bundesagentur für Arbeit reichen bis zum Dezember 2007. Aktuellere Werte liefert der IW-Zeitarbeitsindex (BZA), bei dem das Institut der deutschen Wirtschaft in Kooperation mit dem Bundesverband Zeitarbeit monatlich rund 1.400 Niederlassungen mit zusammen 165.000 Zeitarbeitnehmern über die Geschäftslage befragt. Aus den Angaben der Niederlassungen wird die Gesamtzahl der überlassenen Arbeitnehmer hochgerechnet, wobei das Hochrechnungsmodell laufend am jeweils vorhandenen Datenbestand der Arbeitnehmerüberlassungsstatistik der Bundesagentur für Arbeit kalibriert wird. Eine solche Hochrechnung liegt bis Juni 2008 vor. Diese Zahlen zeigen nach wie vor Zuwächse gegenüber dem Vorjahr an, die zur Jahresmitte hin aber deutlich abnehmen. Im Juni ist gegenüber dem Vorjahresmonat noch ein Zuwachs von 1,9 Prozent zu erwarten, während es zu Jahresbeginn noch über 9 Prozent waren. Im Zuge der konjunkturellen Abschwächung 2009 muss mithin damit gerechnet werden, dass auch die Dynamik in der Zeitarbeit nachlässt und Beschäftigungsverluste eintreten.

Dass das Wachstum der Zahl der Zeitarbeitnehmer bereits zur Jahresmitte 2008 deutlich zurückgeht und sich der Nulllinie nähert, ist zwar kompatibel mit dem konjunkturellen Kontext, weniger aber mit der allgemeinen Arbeitsmarktentwicklung. Die

Erwerbstätigkeit lag im Juni 2008 noch 1,4 Prozent über dem Vorjahresmonat, die sozialversicherungspflichtige Beschäftigung sogar 2,2 Prozent. Das sind im historischen Kontext recht hohe Wachstumsraten, während 1,9 Prozent Wachstum bei den Zeitarbeitnehmern im Vergleich zu vorangegangenen Phasen eher als gering eingestuft werden muss. Dieses Phänomen erklärt sich durch eine deutlich stärkere Konjunkturabhängigkeit der Zeitarbeit im Vergleich zum gesamten Arbeitsmarkt. Dies ist insofern wenig überraschend, als dass sich in der gesamten aggregierten Beschäftigung Branchen mit geringer oder gar keiner konjunkturellen Abhängigkeit wiederfinden, z.B. der öffentliche Sektor. Während die gesamte Beschäftigung darüber hinaus mit einer etwa sechsmonatigen Verzögerung auf konjunkturelle Impulse reagiert, verhält sich die Zeitarbeit weitgehend gleichlaufend zum konjunkturellen Umfeld.

Langfristig und unabhängig von Konjunkturschwankungen wächst die Zeitarbeit weit stärker als die Gesamtwirtschaft. Wird ein linearer Zusammenhang zwischen der Wachstumsrate des BIP und dem Wachstum der Anzahl überlassener Arbeitnehmer unterstellt, so resultiert ein um einen Prozentpunkt erhöhtes BIP-Wachstum in einem um 7,7 Prozentpunkte erhöhten Wachstum der Zeitarbeitnehmerzahl. Bei der Erwerbstätigkeit liegt der Koeffizient hingegen unter eins. Im Ergebnis steigt der Anteil der Zeitarbeitnehmer an den Beschäftigten an. Bezogen auf die Zahl der sozialversicherungspflichtigen Beschäftigten stieg er von 0,5 Prozent 1992 über 1,2 Prozent im Jahr 2000 auf 2,7 Prozent im Jahr 2008. Bezogen auf die Zahl der Erwerbstätigen liegt der Zeitarbeitsanteil bei 1,8 Prozent. Im internationalen Vergleich ergibt sich allerdings eine eher geringe Durchdringung. Auf Basis von Angaben aus dem Jahr 2006 liegt Deutschland mit 1,3 Prozent Anteil deutlich hinter Großbritannien (4,5 Prozent), den Niederlanden (2,5 Prozent) und Frankreich mit 2,4 Prozent (CIETT, 2007).

Eindeutige Gründe für die weit überdurchschnittliche Entwicklung der Zeitarbeit in Deutschland sind schwer zu identifizieren. Erstens wird die Bedeutung der verschiedenen Deregulierungsschritte betont, die nachfolgend zu einer starken Ausweitung der Beschäftigung zu führen schienen (vgl. Antoni & Jahn, 2006; Brenke & Eichhorst 2006; Bellmann & Kühl, 2007). Empirisch belastbare Beweise für einen Zusammenhang gibt es jedoch nicht. Im Gegenteil ermitteln Fertig & Kluve (2006) in Bezug auf die im historischen Kontext recht weit gehenden Hartz-Reformen nur geringe positive Beschäftigungseffekte. Zweitens vermuten Burda & Kvasnicka (2005), dass ein zunehmendes Lohndifferential zwischen Zeitarbeitnehmern und übrigen Beschäftigten die Nachfrage nach Zeitarbeit begünstigt habe. Das Lohndifferential erkläre sich aus der Abwesenheit von Tarifverträgen, der zufolge sich die Löhne marktgerecht bilden konnten. Mit der Hartz-Reform sind allerdings die Rahmenbedingungen dahingehend geändert worden, dass dank eines faktischen Tarifzwangs im Gefolge des „equal treatment"-Grundsatzes die tarifliche Bindung nahe 100 Prozent liegen dürfte. Inwieweit sich dies auf das empirische Lohndifferential ausgewirkt hat, müssen Untersuchungen erst noch zeigen. Zumindest aber hat die nahezu vollständige tarifliche Abdeckung an der Dynamik der Zeitarbeit wenig ändern können. Gegen die These der Bedeutung der Abwesenheit von Tarifverträgen spricht auch die große Konjunkturabhängigkeit der Zeitarbeit, die sich auch in der saisonalen Perspektive zeigt. Daraus kann die Schlussfolgerung gezogen werden, dass die Zeitarbeit vorrangig ein Instrument zum Ausgleich von Schwankungen im Auslastungsgrad ist (Mai, 2008).

Fraglich erscheint, ob dies eine hinreichende Erklärung für die langfristig strukturell wachsende Bedeutung der Zeitarbeit ist. Möglicherweise sind noch weitere Wachstumsfaktoren von Bedeutung. Seifert & Brehmer (2008) verweisen auf die Funktion der Zeitarbeit als Flexibilisierungsinstrument. Demnach nutzen Unternehmen die Zeitarbeit zur Stabilisierung des Personalbestandes bei schwankender Arbeitskräftenachfrage des Unternehmens, zum Zwecke der Auswahl bei der Personalrekrutierung und zum Ersatz der Stammbelegschaft. Wenn der Bedarf der Unternehmen an flexiblen Personaleinsatzmöglichkeiten im Zeitverlauf steigt, kann dies ein gewichtiger Faktor für die Expansion der Zeitarbeit sein. Für diese These spricht, dass Globalisierung und technischer Fortschritt tendenziell zu steigenden Flexibilitätsanforderungen beitragen (Mathes, 2008). Systematische empirische Evidenz in dieser Frage ist jedoch recht selten. Eine Befragung der IW Consult im Rahmen des IW-Zukunftspanels von 758 Unternehmen der Metall- und Elektroindustrie im Winter 2007 ermittelte knapp die Hälfte der Befragten als Kundenunternehmen der Zeitarbeit. Das alles überragende Motiv für den Einsatz von Zeitarbeit bestand in der „Erhöhung der Flexibilität", die fast 80 Prozent als Grund angaben. Weitere dominierende Motive waren die Vertretung ausgefallener Mitarbeiter (48 Prozent), eine bessere Kostenkalkulation (15 Prozent) und die Vermeidung der Auslagerung von Aktivitäten an andere Unternehmen (12 Prozent). Andere Motive wie die Rekrutierung von Mitarbeitern oder arbeitsrechtliche Gründe spielten dagegen keine nennenswerte Rolle.

Das steigende Flexibilitätsbedürfnis von Unternehmen beim Einsatz von Personal dürfte somit der Hauptgrund für die Expansion der Arbeitnehmerüberlassung sein. Die mit dieser Beobachtung häufig einhergehende negative Konnotation, der zufolge diese Entwicklung mit größerer Unsicherheit für die Beschäftigten verbunden ist, muss gerade im Hinblick auf die Zeitarbeit relativiert werden. Es ist ja das Kennzeichen der Zeitarbeit, dass das Beschäftigungsrisiko vom Kundenunternehmen auf das Zeitarbeitsunternehmen verlagert werden kann. ~~Offen bleibt zunächst, inwieweit der Zeitarbeitnehmer~~ überhaupt davon betroffen ist. Fest steht, dass die Zeitarbeit den gleichen Regulierungen beim Kündigungsschutz oder dem Teilzeit- und Befristungsgesetz unterliegt wie andere Branchen. Letzteres verhindert, dass synchronisierte, sachgrundlos befristete Verträge mehrfach hintereinander abgeschlossen werden können. Da Zeitarbeit per se kein sachlicher Grund zur Befristung eines Arbeitsvertrages ist, besteht auf diesem Wege keine Möglichkeit, das Beschäftigungsrisiko auf den Arbeitnehmer und an die sozialen Sicherungssysteme zu verweisen.

Ein weiterer Faktor für das Wachstum der Zeitarbeit könnte auf der Angebotsseite liegen. Die Zeitarbeitsbranche entwickelt sich weiter und kann möglicherweise in stärkerem Maße flexible Lösungen anbieten. Offeriert wird ein Portfolio personalwirtschaftlicher Leistungen, das über die reine Überlassung von Arbeitskräften hinausgeht. Dadurch verschafft sich die Zeitarbeit spezifische Kenntnisse, die zu Wettbewerbsvorteilen führen. Für das Kundenunternehmen kann es somit effizienter sein, auf die personal-wirtschaftliche Kompetenz eines Zeitarbeitsunternehmens zurückzugreifen, als eigene diesbezügliche Bemühungen zu unternehmen. „Make or buy" ist eine Entscheidung, die auch Dienstleistungen betrifft. Die verstärkte Nachfrage nach flexiblen, aber auch bedarfsgerechten personalwirtschaftlichen Dienstleistungen könnte mithin auch deshalb zustande kommen, weil mittlerweile ein entsprechendes Angebot vorliegt.

3 (Einige) Strukturelle Entwicklungen

In welche Richtung sich die Zeitarbeit entwickelt, kann am ehesten anhand verschiedener struktureller Merkmale beurteilt werden. Die statistische Basis für solche Betrachtungen ist unglücklicherweise nicht sehr breit (Burda & Kvasnicka 2005). Die wesentliche statistische Quelle über die Zeitarbeit stellt die Arbeitnehmerüberlassungsstatistik dar, die von der Bundesagentur für Arbeit auf Basis der Pflichtmeldungen der Zeitarbeitsunternehmen erstellt wird. Darin werden indes nur wenige sozio-ökonomische Merkmale der Zeitarbeitnehmer ausgewiesen. Angaben über Kundenunternehmen und Lohnstrukturen fehlen völlig. Als Datenquelle in Frage kommen zudem die Beschäftigtenstatistik bzw. die aus ihr generierten Mikrodatensätze wie die IAB-Beschäftigtenstichprobe. Das Problem an diesem Datensatz ist, dass überlassene Arbeitnehmer nicht von anderen Beschäftigten des Wirtschaftszweiges separiert werden können. Zudem bleibt Arbeitnehmerüberlassung unberücksichtigt, die außerhalb des Wirtschaftszweiges erfolgt. Als Personenbefragung grundsätzlich geeignet ist das Sozio-ökonomische Panel (SOEP), in dem seit einigen Jahren Zeitarbeit als Erwerbsform erhoben wird. Hier beschränkt aber der vergleichsweise kleine Stichprobenumfang die Analysemöglichkeiten. Zudem sind die Ergebnisse zum Teil nicht plausibel. Der Umfang der Zeitarbeit im SOEP ist weit höher als er in der Arbeitnehmerüberlassungsstatistik – die eine Registerstatistik ist– ausgewiesen wird. Letztlich könnten für bestimmte Fragestellungen Unternehmensbefragungen herangezogen werden. Erwähnenswert ist hier vor allem das IAB-Betriebspanel, auf dessen Grundlage diverse Untersuchungen (z.B. Bellmann & Kühl 2007) entstanden sind. Betriebsbefragungen sind unverzichtbar, wenn die Struktur der Kundenunternehmen untersucht werden soll.

3.1 Fluktuation

Die Zeitarbeit ist eine Branche mit einer vergleichsweise geringen Verweildauer der Beschäftigten. Dies ist vor dem Hintergrund der Humankapitaltheorie durchaus erklärbar. Ein Verweilen in einem Betrieb führt für einen Arbeitnehmer grundsätzlich zur Akquisition betriebsspezifischen Humankapitals, das beim Betriebswechsel verloren ginge. Ein neues Arbeitsverhältnis muss für den Beschäftigten attraktiv genug sein, diesen Verlust zu kompensieren. Dieses Argument akzentuiert sich noch einmal, wenn ein evolutorischer Charakter der Produktivitätsentwicklung unterstellt wird. Für einen Zeitarbeitnehmer gilt dieser Mechanismus jedoch nur bedingt, denn seine Einsatzdauer beim Kundenunternehmen ist von vorneherein befristet angelegt. Das im Kundenunternehmen erworbene betriebsspezifische Humankapital ist nicht von dauerhaftem Wert für die individuelle Produktivität. Der Zeitarbeitnehmer wird sich mithin eher um den Erwerb universell einsetzbaren Humankapitals bemühen. Unter sonst gleichen Voraussetzungen würde aber das betriebsspezifische Humankapital im Laufe der Zeit lohnwirksam. Ein Zeitarbeitnehmer hat einen Anreiz, dieses Kapital renditewirksam werden zu lassen indem er in andere Branchen strebt, solange nicht universell einsetzbare Fähigkeiten im konkreten Fall wichtiger für die individuelle Produktivität sind als betriebsspezifische Kenntnisse. Dies könnte einerseits bei Tätigkeiten mit geringen Qualifikationsanforderungen der Fall sein, aber auch bei Tätigkeiten, die sehr spezielle Kenntnisse verlangen, für die nur vorübergehend – z.B. für ein konkretes Projekt – ein betrieblicher Bedarf besteht. Von Bedeutung für die Beschäftigungsstabilität ist indes auch der gesetzliche Rahmen (Antoni & Jahn 2006) sowie die Regulierung alternativer Beschäftigungsformen. Offenkundig ist dieser Zusammenhang bei der Frage der maximalen Überlassungsdauer, die bis 2003 in der Zeitarbeit galt.

Die wenigen verfügbaren Daten deuten darauf hin, dass sich der Fluktuationsgrad in den vergangenen Jahren vermindert hat. Die Arbeitnehmerüberlassungsstatistik verzeichnet Abgänge aus der Zeitarbeit nach Dauer des Arbeitsverhältnisses. Diese werden in drei recht grobe Intervalle geteilt: unter einer Woche; eine Woche bis unter drei Monate; mehr als drei Monate. Dabei ist feststellbar, dass der Anteil der über drei Monate dauernden Beschäftigungsverhältnisse im Zeitraum 1997 bis 2007 von 36 auf 45 Prozent recht deutlich angestiegen ist. Demgegenüber blieb der Anteil der Kurzeinsätze bis zu einer Woche Dauer mit rund 11 Prozent nahezu konstant. Die Statistik weist allerdings eine Verzerrung nach unten auf, da langfristige, zum Beobachtungszeitpunkt bestehende Beschäftigungsverhältnisse nicht erfasst sind. Daten über die Betriebszugehörigkeitsdauer enthält die Arbeitnehmerüberlassungsstatistik nicht. Da aber Zu- und Abgänge sowie der durchschnittliche Bestand ausgewiesen werden, lässt sich die Beschäftigungsdauer näherungsweise mit der Umschlagsformel errechnen (Bundesagentur für Arbeit 2008, S. 46). Demnach lag die Durchschnittsdauer 1997 bei 28,2 Wochen, sank dann bis zum Jahr 2000 auf 26 Wochen ab, um seitdem wieder anzusteigen. Im Jahr 2007 lag sie bei 34,7 Wochen. Antoni & Jahn (2006), die die

Beschäftigungsdauer anhand von Daten der Beschäftigtenstatistik untersuchten, kommen dagegen zu ganz anderen Ergebnissen. Demzufolge war die Beschäftigungsdauer im Jahr 2003 mit 4,7 Monaten (20,4 Wochen) nicht nur kürzer, sie ging seit 1997 auch noch deutlich zurück. Es muss offen bleiben, inwieweit dies mit den Befunden aus der Arbeitnehmerüberlassungsstatistik zu vereinbaren ist. Die Unterschiede im Berichtskreis liefern jedenfalls keine befriedigende Erklärung. Da die Beschäftigtenstatistik im Gegensatz zur Arbeitnehmerüberlassungsstatistik das Stammpersonal inkludiert, müsste die durchschnittliche Beschäftigungsdauer hier länger sein und nicht kürzer, da die Stammbelegschaft annahmegemäß eine längere Betriebszugehörigkeit aufweist als die Zeitarbeitnehmer.

Erklärbar wäre eine verringerte Fluktuation durch die verlängerte bzw. weggefallene Höchstdauer der Überlassung in den Jahren 2002 und 2003. Auf der anderen Seite böte der Wegfall des Synchronisationsverbots einen Anreiz, verstärkt kurzfristige Überlassungen vorzunehmen. Mithin kann eine eindeutige Wirkungsrichtung der Reformen a priori nicht postuliert werden. Möglich ist aber auch, dass es sich unabhängig von der Änderung der rechtlichen Rahmenbedingungen um einen strukturellen Trend handelt. Das Unternehmensprinzip in der Zeitarbeit charakterisiert die vollwertige Arbeitgeberfunktion des Zeitarbeitsunternehmens – im Gegensatz zum Agenturprinzip, demzufolge die Zeitarbeit eher den Charakter einer Vermittlung innehat. Setzt sich das Unternehmensprinzip stärker durch, ist eine strukturelle Verringerung der Fluktuation bzw. eine längere durchschnittliche Verweildauer in der Zeitarbeit zu erwarten. Die besonderen Eigenschaften der Zeitarbeit treten immer weniger zum Vorschein.

3.2 Beruf und Qualifikation

Die Berufsstruktur in der Zeitarbeit hat sich in den letzten zehn Jahren nicht unerheblich gewandelt. Noch vor zehn Jahren lag ein eindeutiger Schwerpunkt auf Metall- und Elektroberufen. Diese hatten einen Anteil an den Arbeitnehmerüberlassungen von 42 Prozent. Bis 2007 war der Anteil auf 24 Prozent gesunken. Allerdings handelt es sich hierbei lediglich um einen relativen Bedeutungsverlust, der durch das enorme Wachstum der Zeitarbeit insgesamt mehr als kompensiert wird. Trotz des Rückgangs des Anteils der Metall- und Elektroberufe nahm die Zahl der in diesen Tätigkeiten überlassenen Arbeitnehmer stark zu: Von 1997 bis 2007 verdoppelte sich die Zahl auf fast 170.000. Das Wachstum in anderen Bereichen ist indes noch stärker.

Insbesondere zwei Berufsbereiche konnten überdurchschnittlich wachsen: Hilfsarbeiter und Dienstleistungstätigkeiten. Da letztere sich auf eine Reihe recht unterschiedlicher Berufe verteilen, erscheint das Wachstum im Hilfsarbeiterbereich besonders bemerkenswert. Die Zahl der überlassenen Arbeitnehmer stieg in diesem Bereich im Zeitraum 1997 bis 2007 von 51.000 auf 239.000 – das entspricht einem Wachstum von 368 Prozent bzw. jährlich durchschnittlich fast 17 Prozent. Der Anteil der Hilfsarbeiter an allen überlassenen Arbeitnehmern stieg von 25,6 auf 33,2 Prozent. Die mitunter geäußerte Auffassung, dass sich Zeitarbeit zunehmend in allen, auch von höheren Qualifikationsanforderungen gekennzeichneten Bereichen der Wirtschaft durchsetzt, wird zwar nicht falsifiziert. Es bleibt jedoch festzuhalten, dass ein erheblicher Teil der Expansion der Zeitarbeit im Helferbereich stattgefunden hat. Die Expansion geht so weit, dass der gesamte Hilfsarbeiterbereich bereits stark von der Durchdringung durch Zeitarbeit gekennzeichnet ist. Den 239.000 Zeitarbeitnehmern in Hilfsarbeiterfunktion stehen in der Beschäftigtenstatistik 554.000 sozialversicherungspflichtig Beschäftigte in diesem Beruf gegenüber. Es ist demzufolge davon auszugehen, dass über 40 Prozent der Hilfsarbeiter über die Zeitarbeit am Arbeitsmarkt teilnehmen. Der Befund einer wachsenden Bedeutung von Hilfstätigkeiten passt zu der Erkenntnis, dass die Flexibilität für die Kundenunternehmen das vorrangige Motiv für die Nutzung von Zeitarbeit darstellt. Denn die Nachfrage nach Hilfstätigkeiten ist stärker als die Nachfrage nach speziellen Qualifikationen von Schwankungen der Auslastung betroffen.

Die höchsten relativen Zuwächse in der Zeitarbeit erzielen die Dienstleistungsberufe. So waren Gesundheitsdienstberufe vor zehn Jahren in der Zeitarbeit so gut wie nicht vorhanden. Seitdem ist die Zahl der in diesem Bereich tätigen Zeitarbeitnehmer auf immerhin 13.000 angestiegen. Ähnlich verhält es sich mit anderen, in der Arbeitnehmerüberlassungsstatistik nicht näher spezifizierten Dienstleistungstätigkeiten – mit Ausnahme der Organisations-, Verwaltungs- und Büroberufe, deren Wachstum hinter dem Wachstum der Zeitarbeit insgesamt zurückblieb, so dass ihr Anteil leicht abnahm. Die zahlenmäßige Bedeutung der stark expandierenden Dienstleistungsberufe war zu Beginn des Beobachtungszeitraums 1997 mit 8,5 Prozent gering. Bis 2007 hat sich ihr Anteil auf immerhin 18,8 Prozent ausgedehnt. Eine Einordnung dieses Wachstums fällt angesichts der Heterogenität des Dienstleistungsbereichs nicht leicht. Die Untersuchungen von Brenke & Eichhorst (2008) legen nahe, dass auch unter den Dienstleistungsberufen einfache Tätigkeiten dominieren. So sind die Anteile der Zeitarbeit an der gesamten Beschäftigung bei Datentypisten, Telefonisten und Werbefachleuten besonders hoch. Somit würde die Zeitarbeit als Beschäftigungsform charakterisiert, in der zunehmend die Beschäftigung gering qualifizierter Arbeitnehmer organisiert ist. Dass Zeitarbeit zudem ganz andere Bereiche abdeckt, etwa die Akquisition und Bereitstellung hochqualifizierter Teams von Spezialisten für klar abgegrenzte Projektaufträge, steht diesem Befund nicht entgegen.

Untermauert wird die These der Integrationsfunktion der Zeitarbeit für Anbieter einfacher Arbeit durch eine Betrachtung der Qualifikationsstruktur. Untersuchungen von Puch (2008) auf Basis des Mikrozensus zeigen, dass 25 Prozent der Zeitarbeitnehmer über keinen beruflichen Abschluss und 44 Prozent maximal einen Hauptschulabschluss vorweisen. Die entsprechenden Anteile bei den Erwerbstätigen insgesamt liegen mit 19 bzw. 33 Prozent deutlich darunter. Dementsprechend seltener sind unter den Zeitarbeitnehmern Personen mit tertiären Bildungsabschlüssen zu finden. Der

Anteil der Erwerbstätigen mit Meister- oder Hochschulabschluss liegt mit 11 Prozent nicht einmal halb so hoch wie unter den Erwerbstätigen insgesamt (25 Prozent).

4 Fazit

Die Zeitarbeit ist eine der am schnellsten wachsenden Branchen in Deutschland. Ihr Wachstum übertrifft das der Gesamtwirtschaft bei weitem, was ihr eine entsprechende Aufmerksamkeit in der wirtschaftspolitischen Diskussion sichert. In diesen Debatten geht es vorrangig um die Frage, inwieweit die Zeitarbeit über das für andere Branchen geltende Maß hinaus reguliert werden sollte. Die Lockerung von Regulierungen dürfte für die Expansion der Zeitarbeit aber nur eine untergeordnete Rolle gespielt haben. Das dominierende Motiv der Inanspruchnahme von Dienstleistungen der Zeitarbeit war der damit mögliche Flexibilitätsgewinn. Somit ist ein zunehmendes Flexibilisierungsbedürfnis von Unternehmen, möglicherweise begleitet von zunehmend adäquaten Angeboten der Zeitarbeitsbranche als eine wichtige Ursache für ihr Wachstum zu nennen. Strukturelle Entwicklungen zeigen ein differenziertes Bild. Ein Befund besteht in der zunehmenden Zahl langfristiger Beschäftigungsverhältnisse in der Zeitarbeit. Dies ist nicht zu verwechseln mit einer längeren Überlassungsdauer bei den Kundenunternehmen. Über diese ist wenig bekannt. Vielmehr geht es um die Dauer des Beschäftigungsverhältnisses zwischen Zeitarbeitnehmer und Zeitarbeitsunternehmen. Dass es hierbei einen Trend zu längerfristigen Vertragsverhältnissen zu geben scheint, kann darauf hindeuten, dass die Zeitarbeitsbranche in verstärktem Ausmaß ihre Arbeitgeberrolle wahrnimmt – unabhängig von der konkreten Überlassung an den Kunden. Es bleibt abzuwarten, ob dies in rezessiven Konjunkturphasen Bestand hat. Ein zweiter struktureller Befund besteht in der zunehmenden relativen Bedeutung gering qualifizierter Arbeit in der Zeitarbeit. Diese kontrastiert mit Beschäftigungsverlusten in anderen Branchen und deutet darauf hin, dass einfache Tätigkeiten in zunehmendem Maße über die Zeitarbeit organisiert werden.

Quellenverzeichnis

ANTONI, M. & JAHN, E.J. (2006). Arbeitnehmerüberlassung, Boomende Branche mit hoher Fluktuation. IAB-Kurzbericht Nr. 14.

BELLMANN, L. & KÜHL, A. (2007). Weitere Expansion der Leiharbeit? Eine Bestandsaufnahme auf Basis des IAB-Betriebspanels. Studie an die Hans-Böckler-Stiftung. Berlin.

BRENKE, K. & EICHHORST, W. (2008). Leiharbeit breitet sich rasant aus. DIW Wochenbericht Nr. 19, S. 242-252.

BUNDESAGENTUR FÜR ARBEIT (HRSG./2008). Arbeitsmarkt 2007, Amtliche Nachrichten der Bundesagentur für Arbeit. Sondernummer 2/2008. Nürnberg.

BURDA, M.C. & KVASNICKA, M. (2005). Zeitarbeit in Deutschland: Trends und Perspektiven. Humboldt-Universität zu Berlin, SFB 649 Discussion Paper 2005-048. Berlin.

CIETT (2007). The agency work industry around the world, Main Statistics, 2007 Edition. Brüssel.

FERTIG, M. & KLUVE, J. (2006). Alternative Beschäftigungsformen in Deutschland: Effekte der Neuregelung von Zeitarbeit, Minijobs und Midijobs. Vierteljahreshefte zur Wirtschaftsforschung, Heft 3/2006, S. 97-117.

MAI, C.-M. (2008). Arbeitnehmerüberlassungen – Bestand und Entwicklungen. Wirtschaft und Statistik, Heft 6/2008, S. 469-476.

MATHES, J. (2008). Globalisierung: Ursache zunehmender Lohnungleichheit? In: Institut der deutschen Wirtschaft (Hrsg.). Die Zukunft der Arbeit in Deutschland (S. 31-63). Köln.

PROMBERGER, M. (2008). Leiharbeit: Zwischenbilanz und offene Fragen. WSI-Mitteilungen, Heft 4/2008, S. 223-225.

PUCH, K. (2008). Zeitarbeit 2006. Wirtschaft und Statistik, Heft 4/2008, S. 298-301.

SEIFERT, H. & BREHMER, W. (2008). Leiharbeit: Funktionswandel einer flexiblen Beschäftigungsform. WSI-Mitteilungen, Heft 6/2008, S. 335-341.

WEINKOPF, C. & VANSELOW, A. (2008). (Fehl-)Entwicklungen in der Zeitarbeit. Friedrich-Ebert-Stiftung, Gesprächskreis Arbeit und Qualifizierung. Bonn.

Martin Dreyer

Das (gute) Recht der Zeitarbeit - rechtliche Rahmenbedingungen im Überblick

1 Ausgangspunkt

Das Arbeitnehmerüberlassungsgesetz (AÜG) definiert in § 1 die Zeitarbeit, für den der Gesetzgeber den sperrigen Begriff der gewerbsmäßigen Arbeitnehmerüberlassung gefunden hat. Sie ist dann gegeben, wenn ein Arbeitgeber einen Arbeitnehmer Dritten gewerbsmäßig zur Arbeitsleistung überlässt. Zeitarbeit setzt also zwingend die Beteiligung dreier Personen voraus, für die der Gesetzgeber trotz aller berechtigten Einwände nach wir vor die rechtlich und ethisch fragwürdigen Begriffe Verleiher (Zeitarbeitsunternehmen), Leiharbeitnehmer (Zeitarbeitnehmer) und Entleiher (Kundenunternehmen) verwendet. Es werden nachfolgend die in der Praxis üblichen und vorstehend in Klammern wiedergegebenen Begriffe verwendet. Aus diesem Dreiecksverhältnis ergeben sich drei Rechtsbeziehungen, die nachfolgend untersucht werden: das Rechtsverhältnis zwischen Zeitarbeitsunternehmen und Zeitarbeitnehmer, jenes zwischen Zeitarbeitsunternehmen und Kundenunternehmen und schließlich das zwischen Zeitarbeitnehmer und Kundenunternehmen. Vorab werfen wir einen Blick auf die gewerberechtlichen Voraussetzungen der Zeitarbeit.

2 Zeitarbeit unter Aufsicht

2.1 Die Erlaubnis

Nach wie vor ist die Zeitarbeit ein erlaubnispflichtiges Gewerbe. Zuständig für die Erteilung der Erlaubnis ist die Regionaldirektion, die Mittelbehörde der Bundesagentur für Arbeit (BA), deren regionale Zuständigkeit meist mit den Bundesländergrenzen übereinstimmt. Nachdem der Antrag auf Erteilung einer Erlaubnis zur Arbeitnehmerüberlassung gestellt worden ist, prüft die Behörde in erster Linie die Zuverlässigkeit des Antragstellers (§ 3 Abs. 1 Nr. 1 AÜG). Hier können sich zum Beispiel Einträge im polizeilichen Führungszeugnis negativ auswirken. Auch frühere Insolvenzen oder sonstige Schwierigkeiten mit den Sozialversicherungsträgern bei der Abführung von Sozialversicherungsabgaben erschweren die Erteilung. Wem bereits eine zuvor erteilte Erlaubnis zu Arbeitnehmerüberlassung wegen schwerwiegender Verstöße gegen geltendes Recht entzogen wurde, hat insgesamt schlechte Karten. Zu prüfen ist auch, ob der Antragsteller über grundlegende arbeits-, sozialversicherungs- und steuerrechtliche Kenntnisse verfügt. Auch ein Mindestmaß an Büroorganisation wird verlangt; die Lohnabrechnung unter dem Küchentisch wird nicht goutiert (§ 3 Abs. 1 Nr. 2 AÜG). Außerdem müssen liquide Mittel von mindestens 10.000 Euro nachgewiesen werden.

Eine weitere Voraussetzung hat der Gesetzgeber mit dem Ersten Gesetz für moderne Dienstleistungen am Arbeitsmarkt (BGBl. I 2002, S. 4607; auch Hartz I-Gesetz) eingeführt. Das Zeitarbeitsunternehmen ist verpflichtet, dem Zeitarbeitnehmer während des Einsatzes in einem Kundenunternehmen die gleichen Arbeitsbedingungen wie einem vergleichbaren Arbeitnehmer des Kundenunternehmens zu gewähren („equal treatment"). Zugleich ermöglichte der Gesetzgeber den Zeitarbeitsunternehmen, durch Anwendung eines Zeitarbeitstarifvertrages davon auch zum Nachteil der Zeitarbeitnehmer abzuweichen (Tariföffnungsklausel). Diese rechtlich sehr umstrittene gesetzliche Regelung, gegen die wegen eines vermeintlichen Verstoßes gegen die Tariffreiheit sogar Verfassungsbeschwerde erhoben wurde, führte zu einer grundlegenden Umwälzung der arbeitsrechtlichen Rahmenbedingungen in der Zeitarbeit. Während Tarifverträge in dieser Branche zuvor die seltene Ausnahme bildeten, entstanden nun im Laufe des Jahres 2003 mehrere bundesweite Tarifverträge und eine unbekannte Zahl von Firmen(-gruppen-)tarifverträgen.

Die arbeitsrechtliche Bedeutung wird später im Einzelnen erläutert. Die hier interessierenden gewerberechtlichen Konsequenzen sind sehr schlicht: Entweder versichert das Zeitarbeitsunternehmen die Anwendung eines Zeitarbeitstarifvertrages und legt einen entsprechenden Musterarbeitsvertrag vor, der einen solchen Verweis enthält, oder es weist nach, dass es den Gleichbehandlungsgrundsatz respektiert. Die Schätzungen über die Verbreitung von Zeitarbeitstarifverträgen gehen von annähernd hundert Prozent Tarifanwendung aus, so dass im Regelfall die Aufgabe des Antragstellers darin besteht, den Zeitarbeitstarifvertrag zu benennen, nach dem er sich richten möchte.

Die Erlaubnis wird zunächst befristet für ein Jahr erteilt (§ 2 Abs. 4 AÜG). Sie wird auf Antrag um jeweils ein weiteres Jahr verlängert und wandelt sich nach drei Jahren Zeitarbeitsbetrieb ohne wesentliche Beanstandungen in eine unbefristete Erlaubnis (§ 2 Abs. 5 AÜG).

2.2 Die Aufsicht

Das AÜG wurde bei seinem erstmaligen Inkrafttreten im Kern als Zeitarbeitsbegrenzungsgesetz konzipiert. Nach den Schilderungen derer, die in den Pioniertagen der 70er und 80er Jahre Zeitarbeit betrieben, passte sich die Bundesagentur für Arbeit dieser Zielrichtung des Gesetzgebers durch ein bisweilen schroffes und von Skepsis geprägtes Aufsichtsverhalten an. Das hat sich in den letzten Jahren deutlich geändert, was vor allem auf die Liberalisierungsschübe zurückzuführen ist, die das AÜG erfahren hat. Meist hat sich ein kooperativer Stil der BA gegenüber den Zeitarbeitsunternehmen durchgesetzt.

2.2.1 Überprüfung der Zeitarbeitsunternehmen

Gleichwohl hat die BA nach wie vor die Befugnis, die Zeitarbeitsunternehmen jederzeit in umfassender Weise zu überprüfen. Deshalb hat die Behörde Auskunftsansprüche (§ 7 Absätze 1 und 2 AÜG) und sogar Zutrittsrechte in die Geschäftsräume des Zeitarbeitsunternehmens (§ 7 Abs. 3 AÜG). In der Regel prüft die Behörde die Personalakten und sonstige Geschäftsunterlagen in den Räumen des Zeitarbeitsunternehmens, insbesondere dann, wenn es um die Verlängerung einer befristeten Erlaubnis geht. Die BA hat ein umfassendes Prüfungsrecht, das nicht nur die Einhaltung der arbeits- und sozialrechtlichen Vorschriften umfasst, sondern auch die Beachtung öffentlich-rechtlicher Vorschriften (Arbeitschutz, Arbeitszeitgesetz) sowie steuer- und sozialversicherungsrechtlicher Vorschriften. Alles kann zurückgeführt werden auf die bereits erwähnte Grundfrage, ob der Erlaubnisinhaber zuverlässig ist (§ 3 Abs. 1 Nr. 1 AÜG). Allerdings übt die BA Zurückhaltung in Fragen des Tarifrechts. Man respektiert die Vertragsfreiheit der Tarifvertragsparteien und anerkennt die Richtigkeitsgewähr, die man Tarifverträgen üblicherweise zuspricht. Deshalb sollen tarifvertragliche Normen nur dann Gegenstand einer Beanstandung sein, wenn sie offensichtlich rechtswidrig sind, was bei den großen Tarifverträgen von iGZ und BZA nicht der Fall ist. Außerdem enthält das AÜG einige spezielle Verbote oder Strafschärfungen im Vergleich zu anderen Wirtschaftsbranchen. So wird die unerlaubte Beschäftigung von Ausländern strenger geahndet; sie ist unter bestimmten Umständen sogar strafbar (§ 15 AÜG), mindestens aber bußgeldbewehrt ist (§ 16 Abs. 1 Nr. 2 AÜG). Das Gesetz verbietet die Überlassung an Betriebe des Bauhauptgewerbes (§ 1b AÜG; die gesetzlichen Ausnahmen in 1b Satz 2 AÜG sind für Zeitarbeitsunternehmen nicht einschlägig). Die Notwendigkeit dieses Verbotes wird von den Zeitarbeitsverbänden seit Jahren bestritten, was den Gesetzgeber bisher allerdings nicht sonderlich zu beeindrucken scheint. Dem Hauptargument, dass die Zeitarbeitnehmer nicht in den Anwendungsbereich der Sozialkassen des Bauhauptgewerbes fielen und deshalb schlechter gestellt seien, ließe sich leicht dadurch begegnen, dass auch für die Zeitarbeitnehmer, die an Betriebe des Bauhauptgewerbes überlassen werden, in die Sozialkassen eingezahlt werden müsste. So ist es in Österreich.

Wenn in der Einleitung von einem zwingenden 3-Personen-Verhältnis gesprochen wurde, ist dies zugleich Anforderung und Begrenzung. Denn nach Ansicht der BA ist der Weiterverleih eines bereits entliehenen Arbeitnehmers untersagt (so genannter Kettenverleih).

2.2.2 Aufsichtsrechtliche Maßnahmen

Die BA kann in bestimmten, in § 16 AÜG vorgesehenen Fallen ein Bußgeld verhängen. Wie allgemein üblich im Gewerberecht, können alternativ Auflagen verhängt werden (§ 2 Abs. 2 AÜG), etwa dergestalt, dass die Erfüllung bestimmter arbeitsrechtlicher Ansprüche in regelmäßigen Abständen nachgewiesen werden muss.

Die schärfste aufsichtsrechtliche Maßnahme ist der Entzug der Erlaubnis (oder die Nichtverlängerung einer befristeten Erlaubnis), wenn die Voraussetzungen für deren Erteilung nicht (mehr) vorliegen. So kann die erforderliche Zuverlässigkeit bei gravierenden Verstößen gegen arbeitsrechtliche Ansprüche des Arbeitnehmers (untertarifliche Vergütung, Nichtgewährung von bestehenden Mindestlöhnen) verneint werden. Auch Verstöße gegen die bereits erwähnten Verbote (unerlaubte Beschäftigung von Ausländern, Überlassung ins Bauhauptgewerbe) stellen eine ernste Bedrohung für die Erlaubnis dar. An den Entzug der Erlaubnis schließt sich eine bis zu zwölfmonatige Abwicklungsphase an, in der keine neuen Geschäfte mit den Kundenunternehmen begonnen werden dürfen, sondern nur noch die bestehenden beendet werden sollen. Danach endet die Geschäftstätigkeit. Wenn man sich diese schwerwiegenden Folgen vor Augen hält, ist auch verständlich, dass der Entzug der Erlaubnis eine im Vergleich zu der Zahl der Erlaubnisträger seltene Ausnahme darstellt.

3 Das Zeitarbeitsverhältnis

3.1 Grundsätze

Zeitarbeitnehmer und Zeitarbeitsunternehmen begründen durch Abschluss des Arbeitsvertrages ein Arbeitsverhältnis, das mit allen üblichen Rechten und Pflichten für beide Parteien verbunden ist. Der Arbeitnehmer hat Anspruch auf Entgeltfortzahlung im Krankheitsfall, Feiertagsvergütung, er erwirbt Urlaubsansprüche, die je nach Tarifvertrag weit oberhalb des gesetzlichen Mindesturlaubs liegen. Bei den beiden großen Tarifverträgen des iGZ und der BZA erhält er sogar Urlaubs- und Weihnachtsgeld. Der Kündigungsschutz besteht wie bei jedem anderen Arbeitsverhältnis. Leider ist die Aufführung dieses arbeitgeberseitigen Pflichtenkatalogs kein gesamtgesellschaftliches Allgemeingut; bisweilen besteht selbst bei passabel informierten Zeitgenossen der Irrglaube, der Zeitarbeitnehmer habe in irgendeiner Weise geringere oder in Teilbereichen gar überhaupt keine Rechte. Dazu passt die Charakterisierung des Zeitarbeitsverhältnisses als „prekär", die eine Notlage suggeriert, die jedenfalls in rechtlicher Hinsicht nicht besteht. Die einzige arbeitsrechtliche Besonderheit, die von einem Arbeitsverhältnis außerhalb der Zeitarbeit abweicht, besteht in der Verpflichtung des Arbeitnehmers, bei wechselnden Kundenbetrieben und nach Weisung der dortigen Leitung tätig zu werden. Zeitarbeit bedeutet also eine teilweise Abtretung des Weisungsrechts (§ 106 GewO) vom Arbeitgeber an das Kundenunternehmen. Der Arbeitgeber bleibt aber im Übrigen vollständig in der Arbeitgeberposition; er zahlt das Entgelt, gewährt Urlaub, mahnt unter Umständen ab oder beendet das Arbeitsverhältnis durch Kündigung. Das Zeitarbeitsunternehmen ist verpflichtet, dem Arbeitnehmer bei Abschluss des Arbeitsvertrages das „Merkblatt für Zeitarbeitnehmer" der BA auszuhändigen (§ 11 Abs. 2 AÜG). In diesem Merkblatt sind die wesentlichen Rechte des Zeitarbeitnehmers enthalten.

3.2 Befristung von Zeitarbeitsverträgen

Dem in Deutschland bestehenden Arbeitgeberprinzip entspricht es, dass mit der Beendigung einer Überlassung das Arbeitsverhältnis nicht gleichzeitig endet. Das Zeitarbeitsunternehmen wird schon aus eigenem Interesse bemüht sein, einen anderen Einsatzbetrieb zu finden. Deshalb ist auch der Begriff „Zeitarbeit" bei Lichte betrachtet nicht die optimale Wortwahl. Er suggeriert eine dem Arbeitsverhältnis immanente Befristung, die es statistisch nicht häufiger gibt als in Arbeitsverhältnissen außerhalb der Zeitarbeit. Denn die besonderen Befristungsregelungen, die es vormals im AÜG gab, wurden durch das bereits erwähnte Hartz I-Gesetz gestrichen. Es gelten für die Zeitarbeit die gleichen Befristungsregelungen nach dem Teilzeit- und Befristungsgesetz (TzBfG) wie für Arbeitsverhältnisse außerhalb der Zeitarbeit.

Das AÜG in seiner alten Fassung sah ein ausdrückliches Synchronisationsverbot vor. Deshalb war es dem Grunde nach untersagt, die Befristung eines Arbeitsverhältnisses an die Dauer eines Überlassungsauftrages zu koppeln. Mit der Abschaffung dieses Verbotes hat sich die Rechtslage aber nicht wesentlich verändert. Zwar ist nach § 14 Abs. 1 S. 2 Nr. 1 TzBfG eine Befristung wegen „vorübergehenden Bedarfs" zulässig. Davon will aber der überwiegende Teil der Rechtslehre die Zeitarbeit ausschließen, sofern das Zeitarbeitsunternehmen den befristeten Kundenauftrag als Grund benennt. Denn die Bedienung befristeter Kundeneinsätze sei typisch für die Zeitarbeit und könne keine Befristung rechtfertigen. Die BA hat sich dieser Auffassung mit aller Vehemenz angeschlossen. Es besteht also kein Sonderbefristungsrecht für Zeitarbeitsunternehmen. Im Gegenteil: Sie unterliegen eher größeren Beschränkungen als die Unternehmen außerhalb der Zeitarbeit.

3.3 Vergütung

Zu einem wesentlichen Ausfluss des bereits erwähnten Zeitarbeitsprinzips gehört es, dass der Zeitarbeitnehmer einen Anspruch auf Vergütung auch dann hat, wenn er nicht überlassen wird. Der Gesetzgeber hält dieses Prinzip für so wichtig, dass er den Zeitarbeitgeber dazu verpflichtet, die Entgelthöhe in den Nichteinsatzzeiten im Arbeitsvertrag aufzuführen (§ 11 Abs. 1 S. 2 Nr. 2 AÜG).

3.3.1 Tarifvertragliche Regelungen

Wie bereits erwähnt, beruhen die Vergütungsansprüche der Zeitarbeitnehmer zu fast hundert Prozent auf tarifvertraglichen Regelungen. Auf deutlich mehr als 50 Prozent aller Zeitarbeitsverhältnisse finden das iGZ-/DGB-Tarifwerk oder das BZA-/DGB-Tarifwerk Anwendung. Neben diesen mit der Tarifgemeinschaft des DGB erstmals im Jahre 2003 abgeschlossenen Tarifverträgen existieren noch eine Reihe von Tarifverträgen, die teils auf Firmenebene, teils auf Verbandsebene mit der für die Zeitarbeit gegründeten Tarifgemeinschaft des Christlichen Gewerkschaftsbundes (CGZP) vereinbart wurden. Davon am bedeutendsten ist der mit dem Arbeitgeberverband AMP abgeschlossene Tarifvertrag. Die Zahl der tarifvertraglichen Bindungen wundert nicht. Denn nur Tarifverträge sind nach in § 3 Abs. 1 Nr. 3 und § 9 Nr. 2 AÜG geeignet, dass ansonsten gültige Gleichbehandlungsprinzip abzuwenden. Genau hier aber könnte ein Problem für diejenigen entstehen, die auf die mit dem CGZP abgeschlossenen Tarifverträge als Grundlage für die Abwendung des Gleichbehandlungsgrundsatzes setzen. Denn nur rechtswirksame Tarifverträge können diesen Grundsatz abwenden. Die Rechtswirksamkeit der mit dem CGZP abgeschlossenen Tarifverträge ist stark umstritten, weil die Tariffähigkeit des CGZP, der mutmaßlich nur über eine geringe Zahl von Mitgliedern verfügt, angezweifelt wird. Zusätzliche Nahrung finden diese Zweifel in der kaum überschaubaren Zahl von Haustarifverträgen, die im Vergleich zu den mit dem DGB abgeschlossenen Tarifverträgen ein zum Teil deutlich geringeres Entgeltniveau vorsehen. Bisher hat noch kein Arbeitsgericht die Tarifunfähigkeit des CGZP festgestellt. Sollte das aber einmal rechtskräftig festgestellt werden, wäre die Konsequenz für die Anwender „christlicher" Tarifverträge ziemlich unangenehm. Sie müssten rückwirkend die Differenz zwischen dem gewährten Entgelt auf Basis des Tarifvertrages und des Entgelts gezahlt werden, das ein vergleichbarer Stammmitarbeiter des Kundenbetriebs bekommen hat zuzüglich der Sozialversicherungsabgaben.

3.3.2 Gleichbehandlungsprinzip („equal pay", „equal treatment")

Nach diesem Prinzip sind die wesentlichen Arbeitsbedingungen einschließlich des Arbeitsentgelts zu gewähren, die ein vergleichbarer Arbeitnehmer im Kundenbetrieb erhält. Zu dem Entgeltanspruch gehören auch Zuschläge, Provisionen, Gewinnbeteiligungen, Sachleistungen (Dienstwagen). Wesentliche Arbeitsbedingungen sind die Dauer der Arbeit, Überstunden, Pausen, Ruhezeiten, Nachtarbeiten, bezahlter Urlaub und arbeitsfreie Tage. In der Praxis ist es durchaus keine seltene Ausnahme, dass der Zeitarbeitnehmer in einem bestimmten Einsatz die gleichen oder annähernd gleichen Arbeitsbedingungen hat. Die Praxis wendet auch in diesen Fällen einen Zeitarbeitstarifvertrag an und vereinbart – befristet auf den Einsatz in dem konkreten Kundenunternehmen – die Differenzzahlung zur Erreichung des vergleichbaren Entgeltniveaus als übertarifliche Zulage.

3.4 Arbeitszeit

Die Zeitarbeitstarifverträge sehen überwiegend eine monatliche Arbeitszeit vor, die bezogen auf die Woche einer Arbeitszeit von 35 Stunden entspricht. Diese Arbeitszeit ist maßgeblich für die Berechnung der Mehrarbeit und der Mehrarbeitszuschläge. Da die Arbeitszeit in den Kundenbetrieben aber meist eine andere ist und zudem bei Wechsel des Kundenbetriebs schwanken kann, passt sich die konkrete Arbeitsverpflichtung des Zeitarbeitnehmers an die Regelungen im Kundenbetrieb an. Insofern ist die 35-Stunden-Woche in den Zeitarbeitstarifverträgen eher eine Rechengröße als eine realistische Wiedergabe der Arbeitszeit in der Zeitarbeit. Die Lage der Arbeitszeit, also die Verteilung der Arbeitszeit an einem Tag und innerhalb der Woche richtet sich ebenso nach den Regelungen im Kundenbetrieb. Damit stellen die Zeitarbeitstarifverträge die Flexibilität sicher, die man von der Zeitarbeit erwartet.

3.5 Streik im Kundenunternehmen

Im Falle eines Streiks im Kundenunternehmen entbindet das Gesetz den Zeitarbeitnehmer von seiner Verpflichtung zur Arbeitsleistung (§ 11 Abs. 5 AÜG). Der Arbeitgeber muss den Arbeitnehmer darauf hinweisen und fragen, ob er zur Arbeit bereit ist. Ist er es nicht, verliert der Zeitarbeitnehmer dadurch nicht den Anspruch auf Vergütung. Eine andere Frage ist es, ob der Kunde in einem solchen Fall zur Vergütung des Zeitarbeitsunternehmens verpflichtet ist. Da das Problem in seiner Sphäre aufgetreten ist, wird man eine solche Pflicht bejahen können. Allerdings ist der Vergütungsanspruch häufig für den Fall des Streiks vertraglich ausgeschlossen.

3.6 Kündigung von Zeitarbeitnehmern

In Teilen der Öffentlichkeit besteht der Irrglaube, in der Zeitarbeit könne nach dem Prinzip des „Hire and Fire“ verfahren werden. Dabei unterliegen Zeitarbeitnehmer in gleicher Weise dem Kündigungsschutzgesetz (KSchG) wie Arbeitnehmer außerhalb der Zeitarbeit. Hinzu kommt eine Rechtsprechung des Bundesarbeitsgerichts, die den Erfolg betriebsbedingter Kündigungen erheblich erschwert. Notwendig sei der Nachweis eines längerfristigen Auftragsrückgangs, der bei einer bloßen Abmeldung durch den Kunden nicht gegeben sei (BAG, Urteil vom 18.05.2006 – 2 AZR 412/05). Gerade in der Zeitarbeitsbranche ist eine zuverlässige Prognose für die Zukunft außerordentlich schwierig. Diese Schwierigkeit für die Zeitarbeitsunternehmen bedeutet für den Zeitarbeitnehmer, dass eine Abmeldung durch den Kunden nicht die Kündigung bedeuten muss. Selbst wenn das Zeitarbeitsunternehmen eine solche ausspricht, hat der Zeitarbeitnehmer gute Chancen, das Kündigungsschutzverfahren vor Gericht positiv für sich zu gestalten. Auch das wird in Teilen der Öffentlichkeit bisweilen übersehen, wenn die schlagzeilenträchtige Abmeldung durch den Kunden leichtfertig mit der Arbeitslosigkeit des Zeitarbeitnehmers gleichgesetzt wird. Das dürfte zukünftig noch weniger gelten, weil die Bundesagentur für Zeitarbeit jüngst durch eine Ergänzung ihrer Durchführungsbestimmungen das Kurzarbeitergeld für die Zeitarbeit geöffnet hat, so dass die Hoffnung besteht, dass auch in Krisenzeiten Kündigungen vermieden werden können.

4 Das Rechtsverhältnis zwischen Zeitarbeitsunternehmen und Kunden

4.1 Grundsatz

Rechtsgrundlage für das Rechtsverhältnis zwischen Zeitarbeitsunternehmen und Kundenunternehmen ist der Arbeitnehmerüberlassungsvertrag. Dieser Vertrag muss mindestens folgenden Inhalt haben: Erklärung des Zeitarbeitsunternehmens, dass es im Besitz einer Erlaubnis zur Arbeitnehmerüberlassung ist, die vorgesehene Tätigkeit im Kundenbetrieb und die dafür erforderliche Qualifikation (§ 12 Abs. 1 AÜG). Der Arbeitnehmerüberlassungsvertrag muss zu seiner Rechtswirksamkeit schriftlich abgeschlossen werden, also, sofern eine elektronische Signatur nicht möglich ist, von beiden Parteien handschriftlich unterschrieben werden. Häufig werden zusätzlich Rahmenverträge abgeschlossen, die bestimmte Grundregeln (z.B. Reaktionszeiten,

Ansprechpartner, Ersatzgestellung, Haftung, Arbeitsschutz) festschreiben und für die gesamte Laufzeit gelten.

4.2 Die Hauptpflichten

Das Zeitarbeitsunternehmen verpflichtet sich, einen einsatzfähigen und einsatzbereiten Zeitarbeitnehmer mit der geforderten Qualifikation an dem verabredeten Ort und zu dem verabredeten Zeitpunkt zur Verfügung zu stellen. Deshalb spricht man auch von einem Dienstverschaffungsvertrag; das Zeitarbeitsunternehmen schuldet nur die Zurverfügungstellung des Arbeitnehmers, nicht aber eine konkrete Dienst- oder Werkleistung vor Ort. Deshalb kann das Kundenunternehmen nicht etwa deshalb die Zahlung der Vergütung verweigern, weil ein bestimmtes Arbeitsergebnis nicht erzielt werden konnte. Das Kundenunternehmen schuldet die Vergütung der Überlassung. Zahlungen an den Zeitarbeitnehmer erfolgen nicht. Die Vergütung wird in vielen Fällen in den Rahmenverträgen vereinbart und - oft zum Leidwesen der Zeitarbeitsunternehmen für eine längere Laufzeit festgeschrieben.

4.3 Haftung des Zeitarbeitsunternehmens

Bereits in den 70er Jahren beschränkten das Bundesarbeitsgericht und der Bundesgerichtshof die Haftung des Zeitarbeitsunternehmens auf das so genannte Auswahlverschulden. Da das Zeitarbeitsunternehmen nur dafür einstehe, dass ein arbeitswilliger Arbeitnehmer mit den vereinbarten Qualifikationen zur vereinbarten Zeit am vereinbarten Ort zur vereinbarten Arbeitsleistung zur Verfügung steht, kann sich die Haftung auch nur auf diesen Sachverhalt beziehen. Deshalb haftet das Zeitarbeitsunternehmen zum Beispiel dann, wenn ein Zeitarbeitnehmer entgegen der Vereinbarung eine bestimmte Qualifikation nicht aufweist. Hier könnte der Kunde den Arbeitnehmer bereits am Werktor zurückweisen, einen sofortigen Ersatz verlangen und Schadensersatz für die durch die Verspätung eingetretenen Schäden verlangen. Eine Schadensersatzverpflichtung entstünde auch dann, wenn der Zeitarbeitnehmer im Kundenbetrieb einen Schaden anrichtete und dieser Schaden auf die fehlende Qualifikation des Arbeitnehmers zurückzuführen wäre. Insgesamt sind die einzelnen Voraussetzungen des Auswahlverschuldens unklar, da sich die Rechtsprechung nur selten mit diesen Fällen befassen muss. Nicht geklärt ist zum Beispiel, ob das Zeitarbeitsunternehmen in jedem Fall ein polizeiliches Führungszeugnis des Arbeitnehmers einholen muss, bevor er beim Kunden zum Einsatz kommen darf. Einzelne Instanzgerichte hatten das in der Vergangenheit bejaht.

4.4 Wechsel des Zeitarbeitnehmers

Äußert der Zeitarbeitnehmer den Wunsch, zum Kunden wechseln zu wollen, ist das für das Zeitarbeitsunternehmen ein üblicher Vorgang, der zwar keine Freude auslöst, aber akzeptiert werden muss. Der Gesetzgeber möchte verhindern, dass diesem Ansinnen irgendwelche Steine in den Weg gelegt werden. Deshalb ist es rechtlich nicht zulässig, mit dem Kunden zu vereinbaren, dass er den Arbeitnehmer nicht einstellen darf (§ 9 Nr. 3 AÜG). Verboten ist auch die Vereinbarung eines nachvertraglichen Wettbewerbsverbotes mit dem Zeitarbeitnehmer, sofern es den Wechsel zum Kunden betrifft (§ 9 Nr. 4 AÜG). Ausdrücklich zugelassen wird allerdings die Vereinbarung einer Vermittlungsprovision, die ausgelöst wird, wenn der Arbeitnehmer innerhalb bestimmter Fristen zum Kunden wechselt. Allerdings darf eine solche Vereinbarung nicht so bemessen sein, dass sie faktisch eine unüberwindbare Hürde für den wechselwilligen Arbeitnehmer darstellt. Empfehlenswert ist eine konservative Festlegung der Provisionshöhe, weil sie ansonsten von einem Gericht als nicht rechtmäßig eingeschätzt werden könnte. Gesetzlich nicht untersagt ist übrigens ein nachvertragliches Wettbewerbsverbot, das den Wechsel zu einem anderen Zeitarbeitsunternehmen untersagt. Allerdings sind hierfür die strengen Voraussetzungen der §§ 74 ff HGB zu beachten.

4.5 Unfallversicherung

Die Zeitarbeitsunternehmen sind der Verwaltungs-Berufsgenossenschaft (VBG) zugeordnet. Erleidet der Zeitarbeitnehmer einen Arbeitsunfall, erfolgt die Meldung durch das Zeitarbeitsunternehmen an die VBG (§ 193 SGB VII). Überwiegend wird auch eine Meldepflicht des Kunden angenommen. Die VBG ist leistungsverpflichtet für die Zeit nach Ablauf der Entgeltfortzahlungsverpflichtung oder im Falle von Rehabilitationsmaßnahmen. Die Unfallverhütung obliegt Zeitarbeitsunternehmen und Kundenbetrieb (§ 11 Abs. 6 AÜG). Die allgemeine Sicherheitsunterweisung erfolgt im Allgemeinen vom Zeitarbeitsunternehmen. Von ihm werden auch die eventuell notwendigen Vorsorgeuntersuchungen veranlasst und finanziert. Auch die persönliche Sicherheitsausrüstung wird regelmäßig vom Zeitarbeitsunternehmen ausgegeben. Das Kundenunternehmen unternimmt die Einweisung an der Maschine und überwacht die Einhaltung der Unfallverhütungsvorschriften.

5 Rechtsverhältnis zwischen Zeitarbeitnehmer und Kundenunternehmen

5.1 Grundsatz

Gegen das Kundenunternehmen erwirbt der Zeitarbeitnehmer auch bei längerer, ununterbrochener Überlassung keinen arbeitsrechtlichen Anspruch. Vereinzelt ist noch der Irrglaube anzutreffen, dass der Zeitarbeitnehmer sich „einklagen" könne, wenn die Überlassung länger als zwei Jahre andauert. Das ist aber nicht der Fall. Nach der Aufhebung der Höchstüberlassungsdauer durch das Erste Gesetz für moderne Dienstleistungen am Arbeitsmarkt kann der Zeitarbeitnehmer für unbegrenzte Zeit an denselben Kundenbetrieb überlassen werden. Arbeitsrechtliche Ansprüche können auch nach zehnjährigem Einsatz in einem Kundenbetrieb nur gegen das Zeitarbeitsunternehmen geltend gemacht werden, dessen Arbeitgeberposition nicht geschmälert wird.

5.2 Illegale Arbeitnehmerüberlassung

Eine einzige Ausnahme vom vorgenannten Grundsatz besteht dann, wenn ein Unternehmen Arbeitnehmer überlässt, ohne im Besitz einer Überlassungserlaubnis zu sein. Für diesen Fall wird kraft Gesetz ein Arbeitsverhältnis zwischen Kundenunternehmen und dem (Zeit-)Arbeitnehmer begründet (§ 10 Abs. 1 AÜG). Dagegen ist sowohl der Arbeitsvertrag zwischen dem verleihenden Unternehmen und dem Zeitarbeitnehmer als auch der Überlassungsvertrag unwirksam (§ 9 Nr. 1 AÜG). Dabei kommt es in der Praxis so gut wie nie vor, dass ein Unternehmen als Zeitarbeitsunternehmen auf dem Markt auftritt und über keine Erlaubnis verfügt. Meist entstehen Gefahren daraus, dass eine Tätigkeit im Rahmen eines vermeintlichen Werkvertrags ausgeübt wird, der aber kein solcher ist, weil in Wirklichkeit das Kundenunternehmen gegenüber den eingesetzten Arbeitnehmern des „Werkunternehmers" das Weisungsrecht ausübt. Dann aber handelt es sich um verdeckte Arbeitnehmerüberlassung. Da sich der Werkunternehmer nicht als Personaldienstleister versteht, kann es in solchen Konstellationen vorkommen, dass eine Erlaubnis nicht vorhanden ist und damit die beschriebenen gravierenden zivilrechtlichen und gewerberechtlichen Rechtsfolgen eintreten (Ordnungswidrigkeit gem. § 16 Abs. 1 Nr. 1 AÜG; Bußgeld bis zu 25.000 Euro für Verleiher und Entleiher).

5.3 Kollektive Rechte im Kundenbetrieb

Zwar bleibt der Zeitarbeitnehmer – zur Erinnerung: zeitlich unbegrenzt – auch während der Überlassung Angehöriger des Zeitarbeitsunternehmens (§ 14 Abs. 1 AÜG). Allerdings wird er im Hinblick auf einige Kollektivrechte wie ein Stammmitarbeiter im Kundenbetrieb behandelt. So hat er einen Anspruch auf Besuch der Sprechstunden im Kundenunternehmen und Teilnahme an den Betriebsversammlungen (§ 14 Abs. 2 BetrVG). Wenn der Einsatz länger als drei Monate dauern soll, ist er für die Wahl des Betriebsrats wahlberechtigt (§ 7 S. 2 BetrVG). Allerdings darf er sich nicht zur Wahl des Betriebsrats aufstellen lassen (§ 14 Abs. 2 Satz 1 BetrVG.) Auch zählt er für die Berechnung der Betriebsgröße in betriebsverfassungsrechtlicher Hinsicht nicht mit (BAG, Beschluss vom 16.04.2003 – 7 ABR 53/02). Die Zeitarbeitnehmer zählen also nicht mit, wenn es um die je nach Betriebsgröße gestaffelte Zahl der Betriebsratsmitglieder und der freigestellten Betriebsratsmitglieder geht.

Der Gesetzgeber ordnet außerdem an, dass für jeden Einsatz eines Zeitarbeitnehmers die Zustimmung des Kundenbetriebsrats einzuholen ist (§ 14 Abs. 3 AÜG i.V.m. § 99 BetrVG). Diese Regelung enthält viel Sprengstoff. Es gibt Hinweise darauf, dass vereinzelt Kundenbetriebsräte dieses Beteiligungsrecht als willkommene Gelegenheit nutzen, um Zeitarbeit grundsätzlich zu verhindern. Allerdings steht ihnen nur in den in § 99 Abs. 2 BetrVG genannten Fällen ein Zustimmungsverweigerungsrecht zu. Der pauschale Hinweis, man sei gegen Zeitarbeit oder Zeitarbeit sei generell unsozial, ist keinesfalls eine rechtlich tragfähige Argumentationsgrundlage. Auch ein unterschiedliches Entgeltniveau kann eine Ablehnung nicht rechtfertigen, da der Gesetzgeber im AÜG die Schaffung eines eigenen Branchentarifniveaus für die Zeitarbeit vorgesehen hat. Der Arbeitsvertrag betrifft die Rechtsbeziehung zwischen Zeitarbeitnehmer und Zeitarbeitsunternehmen und ist deshalb auch dem Mitbestimmungsrecht des Kundenbetriebsrats entzogen. Deshalb steht es ihm nicht zu, die Zustimmung zu verweigern, weil er der Ansicht ist, der Zeitarbeitnehmer sei falsch eingruppiert worden. Überhaupt ist der Arbeitsvertrag keine Unterlage, die dem Kundenbetriebsrat vorgelegt werden muss.

Allerdings hat das Bundesarbeitsgericht auf der anderen Seite jede Erleichterung bei der Mitbestimmung abgelehnt. Auch Kurzeinsätze, selbst solche für einige Stunden, bedürfen der vorherigen Beteiligung des Kundenbetriebsrats (BAG, Beschluss vom 23.01.2008 – 1 ABR 74/06).

Teil 2

Chancen und Risiken der Zeitarbeit aus unterschiedlichen Perspektiven

Markus-Oliver Schwaab

Zeitarbeit aus Unternehmenssicht

Rechnet sich Zeitarbeit? Es kommt darauf an! Um Personalmanagern eine bessere Basis für ihre Entscheidung zu geben, ob und inwieweit sie auf Zeitarbeitslösungen zurückgreifen sollen, werden in diesem Beitrag die verschiedenen Aspekte näher beleuchtet, die es in der betrieblichen Praxis zu berücksichtigen gilt.

1 Zeitarbeit: eine Option unter mehreren

Unternehmen, die mit ihrem Personaleinsatz flexibel auf sich verändernde Rahmenbedingungen reagieren wollen, haben dazu verschiedene Möglichkeiten (Schenk, 2002). Die naheliegendste ist, die Stammbelegschaft so zu organisieren, dass die Mitarbeiter unterschiedliche Aufgaben übernehmen können. Dies setzt voraus, dass bei den Beschäftigten Kenntnisse, Fertigkeiten oder Fähigkeiten vorhanden sind, die einen Einsatz in diversen Tätigkeitsfeldern ermöglichen. Daneben kann die Lage und Dauer der Arbeitszeit und/oder der Ort der Beschäftigung bedarfsgerecht an den Arbeitsanfall angepasst werden. Gefragt sind hier innovative Arbeitszeit- und Arbeitsortlösungen, die eine flexible Beschäftigung der Mitarbeiter erlauben. Wurden die vertraglichen Flexibilisierungspotenziale ausgeschöpft, können die Kapazitäten mit bezahlter Mehrarbeit ausgeweitet werden – allerdings nur übergangsweise und im Rahmen der gesetzlichen Grenzen.

Wollen Unternehmen ihre Stammbelegschaft schnell aufstocken, d.h. die Dauer der Personalbeschaffung so kurz wie möglich halten, und gleichzeitig Festanstellungen vermeiden, um im Sinne einer atmenden Organisation wieder schnell reagieren zu können, wenn der Personalbedarf abnimmt, so haben sie die Wahl unter mehreren Optionen. Befristete Arbeitsverträge sind bei weitem nicht die einzige Möglichkeit, wie die Abbildung 1 zeigt.

Abbildung 1: Optionen zur temporären Ausweitung der Personalkapazitäten

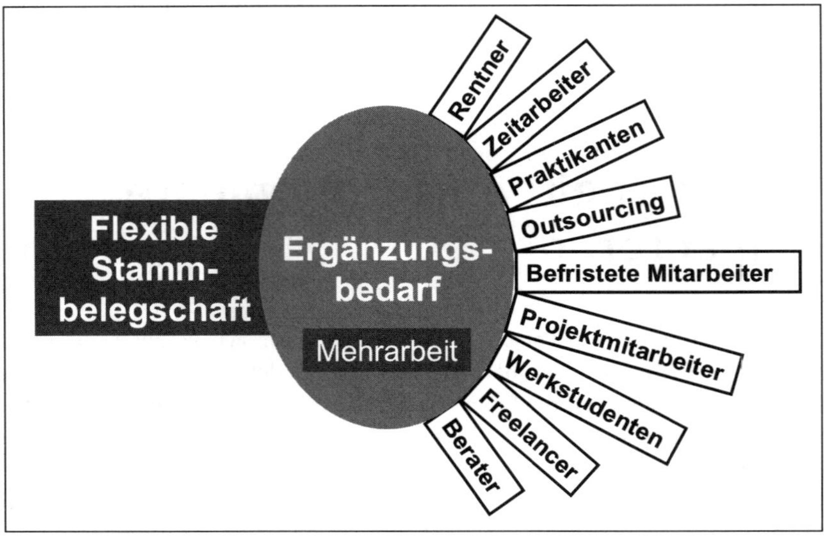

Viele Unternehmen setzen auf studentische Aushilfskräfte, da diese aufgrund vergleichsweise bescheidener Vergütungserwartungen und sozialversicherungsrechtlich bedingter Kostenvorteile attraktiv sind – einige Arbeitgeber haben diese Option in der Vergangenheit allerdings überstrapaziert. Ergebnis: die zu recht heftig diskutierte Generation Praktikum – viele junge Arbeitskräfte wurden mit inakzeptablen arbeitsvertraglichen Konstruktionen abgespeist.

Auch Rentner werden gerne auf Teilzeitbasis weiter beschäftigt oder reaktiviert, wenn es Kapazitätsengpässe gibt. Mit ihrem Erfahrungsschatz stellen sie eine wichtige Flexibilitätsreserve dar. Bei Aufgaben, die ein spezielles Know-how oder besondere Fähigkeiten erfordern, werden häufig Externe eingebunden. Als Berater oder freie Mitarbeiter werden sie gerne auf Projektbasis und mit Werkverträgen verpflichtet. Teilweise werden Tätigkeiten auch völlig ausgelagert und an externe Dienstleister oder Subunternehmer vergeben.

Unter einer Vielzahl von Möglichkeiten ist die Zeitarbeit damit nur eine Variante, um die Personalkapazitäten unter Einbindung zusätzlicher Arbeitskräfte vorübergehend zu erhöhen. Will man die Zeitarbeit unter betriebswirtschaftlichen Gesichtspunkten beurteilen, ist es wichtig, sie mit den richtigen Alternativen zu vergleichen. Zu diesen zählt mit Sicherheit nicht die Festanstellung, da diese nur ganz bedingt geeignet ist, um eine flexible Anpassung der Personalkapazitäten an den Bedarf vorzunehmen. Angebracht ist dagegen die Gegenüberstellung mit der Mehrarbeit und befristeten Beschäftigungsverhältnissen.

2 Zeitarbeit: Pluspunkte aus Unternehmenssicht

Für Unternehmen bedeutet Zeitarbeit zunächst Flexibilität (Burgess & Connell, 2006). Sie greifen gerne auf Mitarbeiter von Personaldienstleistern zurück, wenn sie es scheuen feste Arbeitsplätze zu schaffen und es stattdessen vorziehen, einen atmenden Personalbestand zur Verfügung zu haben. Gerade in Phasen wirtschaftlicher Unsicherheit ist dies ein Thema (Schäfer, 2007). Belastungsspitzen können mit Zeitarbeitern flexibel abgefedert werden. Wenn die Verfügbarkeit qualifizierter Zeitarbeitskräfte gesichert ist, kann zumindest teilweise auf Personalreserven oder so genannte Springer verzichtet werden (Watzka, 2000). Das Arbeitgeberrisiko wird dabei genauso auf den Personaldienstleister abgewälzt wie das Fehlzeitenrisiko.

Gleichzeitig können mit der Zeitarbeit auch Kosten der Personalrekrutierung und -administration eingespart werden. Gerade bei kürzeren Beschäftigungszeiten zahlt es sich für Unternehmen nicht aus, selbst neue Mitarbeiter zu beschaffen. Die Ausgaben für die Stellenanzeigen und die Personalauswahl liegen üblicherweise weit über den zusätzlichen Kosten, die für eine Arbeitskraft anfallen, wenn statt eines eigenen Mitarbeiters ein Zeitarbeitnehmer beschäftigt wird. Auch die Aufwendungen für die Anmeldung und Abrechnung eines befristet angestellten Mitarbeiters sprechen dafür eine Arbeitskraft auszuleihen, wenn nur vorübergehend ein Personalbedarf existiert.

Bemerkenswert: Gerade kleinere und mittelständische Unternehmen, die sich noch im Aufbau befinden, über kein ausgeprägtes Arbeitgeberimage verfügen oder nur eingeschränkte Budgets für Personalwerbung besitzen, haben erkannt, dass es für sie sinnvoll sein kann, über etablierte Zeitarbeitsfirmen zu rekrutieren. Sie profitieren so von deren Image und Marktkenntnis. Ob groß oder klein, alle Unternehmen sehen inzwischen in den Zeitarbeitsunternehmen eine zusätzliche Rekrutierungsquelle.

Wird ein Zeitarbeitnehmer eingesetzt, kann dessen Beschäftigung als Probezeit angesehen werden. Verläuft diese überzeugend, lässt sich meist ohne große Hindernisse und Verzögerungen eine Übernahme in eine Festanstellung realisieren. Fast jeder dritte Zeitarbeitnehmer wurde in der Vergangenheit von einem Einsatzbetrieb übernommen (Interessenverband Deutscher Zeitarbeitsunternehmen, 2009). Der Arbeitgeber kann dabei oft schon frühzeitig erkennen, inwieweit die neue Arbeitskraft etwas mitbringt, was heute immer wichtiger wird: Innovationspotenzial. Vor allem Zeitarbeiter, die mehrere Stationen in unterschiedlichen Unternehmen durchlaufen haben, können häufig Erfahrungswerte und neuartige Ideen einbringen, die ihren Beitrag zur Wertschöpfung noch größer werden lassen.

Stellt man die Zeitarbeit der Mehrarbeit gegenüber, so spricht zunächst die Tatsache für das Anordnen von Mehrarbeit, dass die betroffenen Mitarbeiter im Normalfall bereits mit den zu bewältigenden Aufgaben vertraut sind. Zeitarbeiter müssen sich in der Regel erst einarbeiten und in der Organisation zurechtfinden. Als gewichtiges Argument gegen die Mehrarbeit – und damit für die Zeitarbeit – ist allerdings anzuführen, dass die zusätzlich beanspruchten Beschäftigen häufig bereits stark belastet sind, zumindest wenn die Mehrarbeit ein gewisses Maß überschreitet. Die zusätzlichen Arbeitszeiten gefährden dann die Work-Life-Balance und unter Umständen auch nachhaltig die Leistungsfähigkeit der Betroffenen.

Ein Argument, das regelmäßig als ein Vorteil der Zeitarbeit angeführt wird, ist die Möglichkeit der aus Sicht des Einsatzbetriebs vergleichsweise einfachen Freisetzung der Arbeitskräfte, die von einem Personaldienstleister zur Verfügung gestellt werden. Geht der Mitarbeiterbedarf zurück, kann seitens des Unternehmens recht schnell eine Korrektur der Personalkapazitäten vorgenommen werden – im Winter 2008/2009 hat sich dies in der Wirtschaftskrise gezeigt. Die betroffenen Fremdmitarbeiter werden einfach abgemeldet, scheiden in der Regel innerhalb weniger Tage aus dem Unternehmen aus. Fragen der Mitbestimmung, Sozialplankosten oder die Erstellung von Arbeitszeugnissen spielen hier keine Rolle. Auch die möglichen Imageschäden oder innerbetrieblichen Konflikte halten sich in Grenzen, da ja keine Mitarbeiter aus der eigenen Stammbelegschaft freigesetzt werden müssen.

3 Zeitarbeit: Risiken aus Unternehmenssicht

Entscheidet sich ein Unternehmen für den Einsatz von Zeitarbeitern, so sind damit einige Risken verbunden – bei genauer Analyse fällt jedoch auf, dass viele dieser Unwägbarkeiten auch auf befristete Beschäftigungsverhältnisse zutreffen. Die größte Gefahr besteht darin, dass es den Personaldienstleistern nicht gelingt, einen geeigneten Mitarbeiter zu finden, der kurzfristig zur Verfügung stehen kann. Dieses Risiko können die Firmen, die Zeitarbeit nachfragen, dadurch etwas verringern, dass sie mit mehreren Anbietern zusammenarbeiten und somit einen breiteren Zugang zum Arbeitsmarkt haben.

Die Gefahr, dass neu eingesetzte Arbeitskräfte schnell wieder abspringen, ist natürlich auch bei Zeitarbeitnehmern vorhanden – doch auch nicht größer als bei befristeten Beschäftigten. Nicht auszuschließen ist, dass Zeitarbeiter nicht hundertprozentig auf eine vakante Position passen. Je enger der Arbeitsmarkt und je schneller die Besetzung stattfinden muss, desto größer ist das Risiko, dass die Zeitarbeitsunternehmen einen Kompromisskandidaten vermitteln. Letztlich steht das Unternehmen mit dem Personalbedarf oft vor der Entscheidung, schnell eine Vakanz halbwegs auszufüllen oder eine Stelle unbesetzt zu lassen. Was besser ist, muss sicherlich gut abgewogen und situationsabhängig beurteilt werden.

Die Tätigkeit eines Zeitarbeiters in einem Unternehmen ist meistens auf einige Wochen oder Monate angelegt. In diesem Zeitraum erhält der Beschäftigte einen Einblick in viele betriebliche Abläufe und Zugang zu zahlreichen, oft sensiblen Informationen. Nicht erst, wenn er ausscheidet, stellt sich die Frage der Geheimhaltung. Mit schriftlichen Erklärungen kann man den Versuch unternehmen dies abzusichern, doch eines ist klar: Jeder Zeitarbeiter nimmt betriebsspezifische Kenntnisse mit. Im Zweifel spricht dies dafür, nur vorübergehend im Unternehmen tätige Personen von diesen kritischen Bereichen fernzuhalten.

Probleme können bei Unternehmen entstehen, die durch den verstärkten Einsatz von Zeitarbeitnehmern dafür sorgen, dass der Anteil der Stammbelegschaft an dem insgesamt beschäftigen Personal immer mehr abnimmt. Sie gehen das Risiko ein, dass die Identifikation der Arbeitskräfte abnimmt und es durch den wiederholten Wechsel der Zeitarbeiter an Kontinuität fehlt, vielleicht sogar Unruhe im Betrieb auftritt.

4 Finanzwirtschaftliche Betrachtung der Zeitarbeit

Um eine genauere Analyse und Beurteilung der finanziellen Auswirkungen der Zeitarbeit vornehmen zu können, muss zunächst klar sein, welche Gesichtspunkte von Relevanz sind. Strebt man seitens des Unternehmens den Kostenvergleich mit einem regulären Anstellungsverhältnis an, so sind neben den direkten Personalkosten, zu denen die Vergütung und die Personalzusatzkosten beim Einsatz eines Mitarbeiters gerechnet werden müssen, die indirekten Personalkosten zu berücksichtigen, die bei der Beschaffung, Freisetzung und Administration des Personals anfallen.

4.1 Direkte Personalkosten im Vergleich

Für den Vergleich der Aufwendungen für Zeitarbeit mit den direkten Kosten für angestelltes Personal ist es sinnvoll, zunächst die Aufwendungen für eine tatsächlich geleistete Arbeitsstunde zu bestimmen. Bei der Zeitarbeitsstunde ist dies recht einfach möglich – relevant ist der vom Personaldienstleister in Rechnung gestellte Stundensatz, regelmäßig ohne Beachtung der ausgewiesenen Mehrwertsteuer.

Etwas schwieriger gestaltet sich die Berechnung der relevanten Vergleichsgröße, d.h. der direkten Personalkosten, die für eine Stunde effektive Arbeitszeit eines angestellten Mitarbeiters anfallen, da das für diese Zeit gezahlte Bruttoentgelt nur einen Teil der Gesamtkosten ausmacht. Eine genauere Analyse der Kostensituation (vgl. Abbildung 2) ergibt, dass sich die Gesamtkosten aus dem Direktentgelt, das für die tatsächlich geleistete Arbeitszeit gezahlt wird, und den daneben anfallenden Personalzusatzkosten zusammensetzen, denen keine unmittelbare Arbeitsleistung gegenübersteht.

Abbildung 2: Relevante Vergleichsgrößen für den Kostenvergleich mit der Zeitarbeit

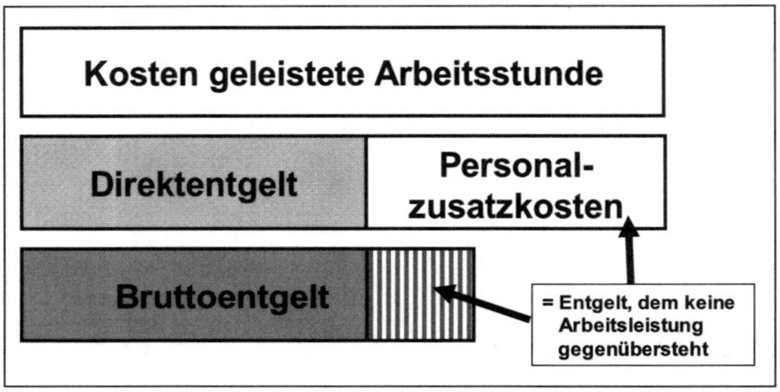

Ein Teil dieser Personalzusatzkosten ist bereits in dem Bruttoentgelt enthalten, das ein Mitarbeiter erhält. Konkret handelt es sich hierbei um die Kosten, die für die Entgeltfortzahlung während des Jahresurlaubs, im Krankheitsfall oder an Feiertagen entstehen. Auch fest vereinbarte Sonderzahlungen wie beispielsweise vermögensbildende Leistungen, ein Weihnachtsgeld oder ein zusätzliches Urlaubsgeld werden diesem Teil der Personalzusatzkosten zugerechnet (Schröder, 2008). Der zweite Teil der Personalzusatzkosten fällt für die Unternehmen neben dem Bruttoentgelt an. Sie müssen für die Arbeitgeberbeiträge zur Sozialversicherung aufkommen, tragen dazu häufig noch die Kosten für eine betriebliche Altersversorgung und weitere Leistungen, die sie ihren Mitarbeitern anbieten. Lange Zeit wurden auch leistungs- oder erfolgsabhängige Vergütungen diesem Teil der Personalzusatzkosten zugerechnet, inzwischen hat sich aber zu Recht die Auffassung durchgesetzt, dass diese in einem Zusammenhang mit der Arbeitsleitung des Mitarbeiters stehen und damit nicht den Personalzusatzkosten, sondern dem Direktentgelt zuzuordnen sind (Schröder, 2006).

Die genaue Höhe der Personalzusatzkosten hängt vom jeweiligen Unternehmen und den von diesen gewährten betrieblichen Sozialleistungen ab. Eine grobe Einschätzung ermöglicht ein Branchenvergleich. Für das Jahr 2007 ergab dieser, dass die Personalzusatzkosten im produzierenden Gewerbe durchschnittlich 70,8 Prozent des Direktentgelts betrugen. Im Groß- und Einzelhandel lagen diese mit 63,0 bzw. 62,8 Prozent etwas niedriger, im Bank- und Versicherungsgewerbe mit 78,5 bzw. 80,5 Prozent sogar noch etwas höher (Schröder, 2008).

Ein Unternehmen bekommt für eine mit dem Bruttostundenentgelt bezahlte Arbeitsstunde im Durchschnitt aufgrund der Urlaubsansprüche, krankheitsbedingter Fehlzeiten, betrieblicher Weiterbildung und sonstiger Abwesenheiten der Mitarbeiter vom Arbeitsplatz tatsächlich nur etwa 80 Prozent effektive Arbeitszeit. Um wirklich auf 60 Arbeitsminuten zurückgreifen zu können, muss ein Unternehmen folglich weitere 12 Minuten einsetzen. Unter Berücksichtigung der Ausfallzeiten bedeutet dies, dass es die Kosten einer zusätzlichen Viertel Arbeitsstunde einplanen muss. Die direkten Personalkosten von 60 effektiven Arbeitsminuten berechnen sich damit so, wie es in Abbildung 3 beispielhaft für das produzierende Gewerbe beschrieben ist.

Abbildung 3: Direkte Personalkosten für eine effektive Arbeitsstunde im produzierenden Gewerbe

Berechnungsgröße	Kostenberechnung
Bruttoentgelt für eine effektive Arbeitsstunde	1,25 x Bruttostundenentgelt (BSE)
Direktentgelt für eine effektive Arbeitsstunde	1,25 x BSE x 0,8 = 1 BSE
Direkte Personalkosten für eine effektive Arbeitsstunde	Direktentgelt + Personalzusatzkosten: 1 BSE x (1 + 0,708) = 1,708 BSE

Als Basis für den Kostenvergleich mit der Zeitarbeit ist somit näherungsweise je nach Branche das relevante Bruttostundenentgelt mit dem Faktor 1,63 bis 1,80 zu multiplizieren. Exakte Berechnungen müssen die betriebsspezifischen Besonderheiten berücksichtigen, aus denen sich niedrigere oder höhere Zuschlagsätze ergeben können.

Konkretes Beispiel: In der chemischen Industrie, in der in der niedrigsten Entgeltgruppe 1 gemäß des Tarifvertrags für Baden-Württemberg pro Stunde 12,13 Euro gezahlt werden, kostet eine solche effektive Arbeitsstunde damit durchschnittlich etwas unter 21 Euro. Für einen Facharbeiter, der nach Entgeltgruppe 6 vergütet wird, fallen bei einem (erfahrungsabhängigen) Stundenentgelt zwischen 14,26 und 16,54 Euro im Schnitt direkte Personalkosten zwischen 24,36 und 28,25 Euro an. Doch Vorsicht: Genau genommen gelten alle genannten Zuschlagssätze nur für unbefristet Beschäftigte und sind damit nicht die richtige Berechnungsbasis. Der Grund für diese

Einschränkung liegt darin, dass bei einer befristeten Beschäftigung in der betrieblichen Praxis in vielen Fällen nicht die gleichen Personalzusatzkosten entstehen. Sicherlich mag dies von Unternehmen zu Unternehmen verschieden sein, doch im Normalfall kommen die Mitarbeiter mit einem befristeten Vertrag nicht in den Genuss einer betrieblichen Altersversorgung, erhalten – wenn überhaupt – nur geringere Sonderzahlungen oder werden seltener bei Qualifizierungsmaßnahmen berücksichtigt. In den beschriebenen Rechenbeispielen für die chemische Industrie würde sich für einen Mitarbeiter mit einem befristeten Arbeitsvertrag ein Zuschlagssatz von grob geschätzten 50 Prozent ergeben, d.h. die als Vergleichsbasis zur Zeitarbeit heranzuziehenden Kosten einer Arbeitsstunde würden deutlich niedriger bei etwa 18 Euro bzw. zwischen 21 und 25 Euro liegen.

Sollen die direkten Personalkosten einer betrieblichen Beschäftigungslösung mit denen einer Zeitarbeitslösung verglichen werden, so ist es sicherlich angebracht, den um einiges niedrigeren Stundensatz eines befristet angestellten Arbeitsnehmers heranzuziehen. Der immer wieder thematisierte Kostenvorteil der Zeitarbeit im Vergleich zu betrieblichen Beschäftigungslösungen (siehe z.B. Durian, 2005) mag aus dieser Perspektive deutlich geringer eingeschätzt werden, zumindest was die isolierte Betrachtung der direkten Personalkosten angeht.

Ein kurzer Blick sei noch auf die finanzwirtschaftlichen Auswirkungen der Alternative der bezahlten Mehrarbeit geworfen, mit der die Personalkapazitäten ebenfalls vorübergehend angehoben werden können. Im Regelfall sind von den Unternehmen bei Mehrarbeit entsprechende Zuschläge zu bezahlen – die tariflichen Regelungen sehen oft 25, 40 oder 50 Prozent vor. Diese Zuschläge gelangen meist dann zur Anwendung, wenn Vollzeitkräfte ihre Arbeitszeiten nicht mehr über flexible Arbeitszeitkonten auffangen können, sondern vom Unternehmen angehalten werden, ihre zusätzlichen Arbeitszeiten speziell zu erfassen und finanziell abgelten zu lassen. Da sich die Mehrarbeitszuschläge nicht nur auf das Direktentgelt, sondern teilweise auch auf die Höhe der Personalzusatzkosten auswirken, erhöhen sich dadurch auch erheblich die direkten Personalkosten. Der Vorteil der Mehrarbeit, auf eingearbeitete Arbeitnehmer zurückgreifen zu können und dadurch keinen Qualifizierungsbedarf zu haben, kann unter Umständen durch diese zuschlagsbedingten Kosten aufgewogen werden. Können in dieser Konstellation über Personaldienstleister geeignete Zeitarbeitskräfte abgerufen werden, so wird die Arbeitnehmerüberlassung nicht selten die günstigere Alternative darstellen.

4.2 Indirekte Personalkosten im Vergleich

Neben den direkten Personalkosten, die pro tatsächlich geleistete Arbeitsstunde anfallen, dürfen die indirekten Personalkosten nicht aus dem Auge verloren werden, die mit einem Beschäftigungsverhältnis verbunden sind. Insgesamt muss nämlich eine Gesamtkostenbetrachtung der Entscheidung des Unternehmens zugrunde liegen, ob auf eine betriebliche Beschäftigungsform oder Zeitarbeit zurückgegriffen werden soll. Die indirekten Personalkosten entstehen bei der Personalbeschaffung und -freisetzung, aber auch während der laufenden Personaladministration.

Während die Personalbeschaffung eines Zeitarbeitnehmers über einen Personaldienstleister relativ günstig ausfällt, weil dieser die Rekrutierungskosten fast vollständig trägt, so liegen diese bei betrieblichen Beschäftigungsformen im Vergleich dazu hoch. Im Einzelnen sind folgende Vorteile der Zeitarbeit gegenüber der traditionellen Personalrekrutierung zu berücksichtigen:

- keine Personalwerbungskosten (z.B. Stellenanzeigen),
- deutlich geringere Auswahlkosten,
- keine bzw. kürzere Wartezeiten (Kündigungsfristen),
- keine Administrationskosten (z.B. Bewerberkorrespondenz, Erstellung Arbeitsvertrag, Anlegen Personalakte),
- unkomplizierte Probezeit.

Berücksichtigt man alle diese Aspekte, kann sich der Kostenvorteil zugunsten der Zeitarbeit bei einer zu besetzenden Stelle schnell auf 2.500 bis 5.000 Euro belaufen. Allein die eingesparte Stellenanzeige würde im Normalfall mit einem hohen dreistelligen, meist vierstelligen Eurobetrag zu Buche schlagen. Geht man von 20 Bewerbungen für eine Stelle und fünf persönlichen Interviews aus, so werden die unterlagengestützte Vorselektion und die Auswahlgespräche (inklusive Vor- und Nachbereitung) sicherlich einen Arbeitstag eines Personalreferenten ausfüllen. Realistischer Kostenpunkt dafür: 400 bis 600 Euro.

Auch bei den indirekten Personalkosten, die mit dem Einsatz der Arbeitskräfte verbunden sind, sammelt die Zeitarbeit einige Pluspunkte. Für die Beschäftigung von Zeitarbeitskräften sprechen folgende Effekte beim Einsatzbetrieb:

- flexiblerer Personalbestand (u.a. kann so das unternehmerische Risiko bei fehlender Auslastung der Belegschaft abgewälzt werden),

- geringerer Bedarf an Personalreserven, um Ausfallzeiten innerbetrieblich kompensieren zu können,
- kein Fehlzeitenrisiko,
- geringere Administrationskosten (z.B. Lohn- und Gehaltsabrechnung, Abführen Sozialabgaben).

Während das Einsparungspotenzial infolge der drei erstgenannten Aspekte unternehmensspezifisch abgeschätzt werden muss, kann die Aussage bezüglich der Administrationskosten konkreter ausfallen. Das Unternehmen, das auf Zeitarbeitskräfte setzt, kann hier monatlich 10 bis 15 Euro im Vergleich zu einer Beschäftigung eines eigenen Mitarbeiters einsparen.

Die Personalfreisetzung geht bei Zeitarbeitnehmern in der Regel reibungslos über die Bühne. Stellt man die Konsequenzen gegenüber, die eine Freisetzung bei einer betrieblichen Beschäftigungslösung mit sich bringen würde, so spricht aus Sicht des Unternehmens für die Zeitarbeit:

- Auswechslung des Mitarbeiters bei Bedarf schnell möglich,
- kurze Wartezeiten (keine Kündigungsfristenproblematik),
- geringere Imageschäden,
- weniger ausgeprägte „Überlebendenproblematik“,
- keine Administrationskosten (z.B. Arbeitszeugnisse, Abmeldungen, Verdienstbescheinigungen, eventuelle Anwalts- und Gerichtskosten).

Die einfachere Freisetzung der Zeitarbeitskräfte schlägt sich erneut in Form von möglichen Kosteneinsparungen nieder, die von Fall zu Fall genauer abzuschätzen sind. Allein die mit der Erstellung eines qualifizierten Arbeitszeugnisses verbundenen Kosten können mit mindestens 50 Euro angesetzt werden. In vielen Fällen werden sie deutlich höher liegen.

4.3 Gesamtkosten im Vergleich

Stellt man einen Vergleich der Zeitarbeit mit einer befristeten Beschäftigung auf Basis einer Gesamtkostenrechnung an, so ergibt sich ein differenziert zu betrachtendes Bild, wie die Abbildung 4 zeigt.

Abbildung 4: Vergleich der kumulierten Gesamtkosten bei der Beschäftigung von Zeitarbeitskräften und befristet Beschäftigten

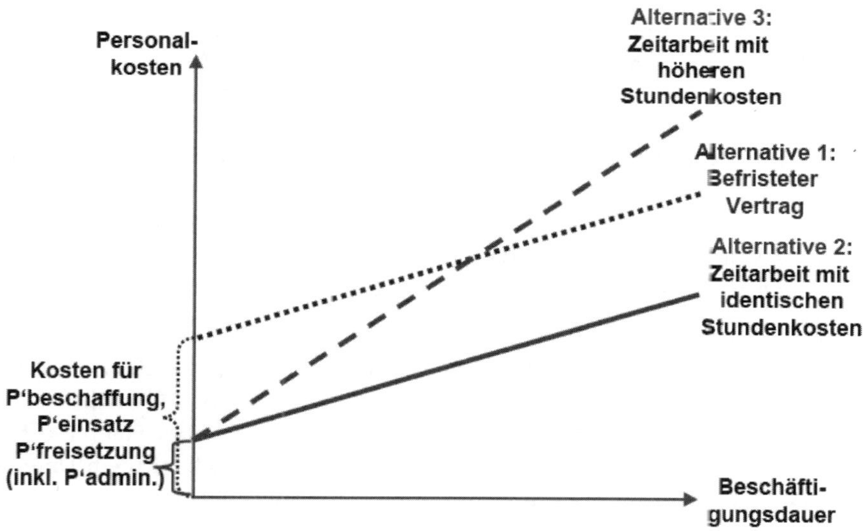

In der Abbildung 4 sind zunächst die indirekten Personalkosten zu beachten, die mit der Beschaffung, dem Einsatz oder der Freisetzung eines Mitarbeiters verbunden sind. Bei Zeitarbeitskräften sind diese Kosten im Normalfall deutlich niedriger als bei Beschäftigten, die unmittelbar von einem Unternehmen angestellt werden.

Zu diesen indirekten Personalkosten sind die Kosten hinzuzurechnen, die zusätzlich für die geleisteten Arbeitsstunden anfallen. Ausgangspunkt für den Kostenvergleich ist der Gesamtkostenverlauf für einen im Betrieb angestellten befristeten Arbeitnehmer (Alternative 1). Liegt der Verrechnungssatz, den ein Personaldienstleister für eine Zeitarbeitskraft fakturiert, niedriger oder auf dem gleichen Niveau wie die direkten Personalkosten, die bei befristet Beschäftigten anfallen (Alternative 2), dann werden die Gesamtkosten für die Zeitarbeitnehmer immer niedriger liegen als die Kosten, die insgesamt bei Mitarbeitern zu verzeichnen sind, die im Unternehmen angestellt sind. Liegen die Stundensätze der Zeitarbeitsfirmen über den betrieblichen Arbeitskosten pro Stunde (Alternative 3), so wird die Zeitarbeit bei kurzfristigen Arbeitnehmerüberlassungen regelmäßig noch die günstigere Alternative darstellen. Erst wenn die höheren Stundensätze kumuliert den Kostenvorteil der niedrigeren indirekten Personalkosten der Zeitarbeitslösung auffressen, weil die Zeitarbeitskräfte länger eingesetzt werden, macht es für die Betriebe Sinn, eigene Mitarbeiter zu rekrutieren.

Was heißt das, auf den Punkt gebracht, für die betriebliche Personalplanung? Die Unternehmen werden immer dann auf Zeitarbeit zugreifen, wenn sie die zusätzlichen Mitarbeiter voraussichtlich nur für einen kürzeren Zeitraum benötigen. Erst wenn ein längerfristiger Einsatz wahrscheinlich ist, gewinnt die Einstellung eigenen Personals unter Kostengesichtspunkten an Attraktivität.

Für die Zeitarbeit spricht im Übrigen noch ein weiteres Argument. Wenn ein Zeitarbeitnehmer bei seinem Einsatz überzeugt, kann er – seine Zustimmung natürlich vorausgesetzt – regelmäßig recht einfach in die Stammbelegschaft übernommen werden. Viele Personaldienstleister sehen in ihren Vereinbarungen mit den Einsatzbetrieben vor, dass dieser Übergang nach einer gewissen Zeit sogar ohne weitere Kosten möglich ist. Konsequenz für die Praxis: Liegt der Stundensatz für einen guten Zeitarbeiter über den betrieblichen Gesamtkosten für eine Arbeitsstunde, so wird das Unternehmen anstreben, den Mitarbeiter selbst anzustellen, sobald es absehen kann, dass es auf längere Sicht für diese Person einen gesicherten Arbeitsanfall gibt.

Der eben vorgenommene Kostenvergleich hat die Kosten für eine Zeitarbeitskraft zu denen für einen befristet angestellten Mitarbeiter in Beziehung gesetzt. Wie wirkt sich jetzt aber die weiter oben beschriebene Tatsache, dass die direkten Personalkosten für unbefristet Beschäftigte regelmäßig höher ausfallen als die für Mitarbeiter mit befristeten Verträgen, auf diese finanzwirtschaftliche Analyse aus? Stellt sich ein Unternehmen wirklich die Frage, ob es auf Dauer besser Zeitarbeitskräfte anstatt von eigenen Mitarbeitern mit unbefristeten Verträgen beschäftigen soll, so ergibt sich – angenommen, die relevanten Arbeitskräfte verfügen sonst über die gleichen Eigenschaften – folgende Situation. Liegen die direkten Personalkosten für einen Zeitarbeitnehmer unter denen eines unbefristet Beschäftigten oder genauso hoch, so wird die Zeitarbeit aufgrund der geringeren indirekten Personalkosten dauerhaft günstiger sein. Sind die Verrechnungssätze für einen Zeitarbeiter jedoch höher als der betriebliche Kostensatz, so wird hier ebenfalls irgendwann der Punkt erreicht sein, an dem es für das Unternehmen sinnvoller ist selbst zu rekrutieren. Dieser Zeitpunkt wird aber noch später liegen als bei der Alternative, befristet eigene Mitarbeiter einzustellen.

5 Fazit

Unterm Strich bleibt festzuhalten, dass die Zeitarbeit auf längere Sicht betrachtet immer dann die im Vergleich zu betrieblichen Beschäftigungslösungen teurere Alternative darstellt, wenn die von den Zeitarbeitsunternehmen in Rechnung gestellten Stundensätze über den betrieblichen Gesamtkosten für eine – hinsichtlich der ausgeübten Tätigkeit vergleichbare -Arbeitsstunde liegen. Kann ein Unternehmen jedoch absehen, dass es nur für einen kürzeren Zeitraum seine Stammbelegschaft aufstocken muss, oder gibt es keine längerfristige Planungssicherheit, so gewinnt die Zeitarbeit erheblich an Attraktivität. Schaffen es die Personaldienstleister, mit hoher Zuverlässigkeit und ohne größere Wartezeiten qualifizierte Mitarbeiter bereitzustellen, so spricht vieles dafür, auf deren Angebot zurückzugreifen. Hier liegt aber auch ein nicht zu unterschätzendes Risiko. Sind der Arbeitsmarkt oder relevante Teilsegmente von diesem nämlich leergefegt, wie es Mitte 2008 bereits der Fall war und angesichts des demografischen Wandels ein durchaus realistisches Zukunftsszenario ist, so werden die Zeitarbeitsunternehmen sich alles andere als leicht tun, geeignete Arbeitskräfte zu rekrutieren (Wolf & Huke, 2007). Es wird ihnen dann zunehmend schwerfallen, ihren Kunden kurzfristig qualifiziertes Personal zur Verfügung zu stellen.

In letzter Konsequenz heißt das: Solange auf dem Arbeitsmarkt noch genügend qualifizierte Beschäftigte auf der Suche nach einer Anstellung sind, solange können auch die Unternehmen versuchen, mithilfe von kleinen Stammbelegschaften und flexibel eingesetzten Zeitarbeitskräften eine Kostenoptimierung zu betreiben (Buscher, 2007), da sie davon ausgehen können, dass es guten Personaldienstleistern gelingen wird, geeignete Mitarbeiter zu rekrutieren. Sobald aber die Zahl der Arbeitssuchenden erheblich schrumpft, so droht diese Strategie sehr schnell ins Leere zu laufen, da dann das primäre Personalbeschaffungsreservoir der Zeitarbeitsunternehmen auszutrocknen droht. Die Firma, die sich dann noch allein auf die Zeitarbeit verlässt, die setzt sich der großen Gefahr aus, den Aufschwung zu verpassen, weil sie kein geeignetes Personal zur Verfügung hat (vgl. dazu auch Brenke & Eichhorst, 2008).

Quellenverzeichnis

BRENKE, K. & EICHHORST, W. (2008). Leiharbeit breitet sich rasant aus. Wochenbericht des Deutschen Instituts für Wirtschaftsforschung Berlin Nr. 19/2008, S. 242-252.

BURGESS, J. & CONNELL, J. (2006). Temporary work and human resources management: issues, challenges and responses. Personnel Review, Heft 2/2006, S. 129-140.

BUSCHER, H. S. (2007). Leiharbeit – ein Schmuddelkind des deutschen Arbeitsmarktes? Wirtschaft im Wandel, Heft 2/2007, S. 47-53.

DURIAN, A. (2005). Was Zeitarbeit heute kostet. Personalmagazin, Heft 11/2005, S. 18.

INTERESSENVERBAND DEUTSCHER ZEITARBEITSUNTERNEHMEN (2009). Zahlen zur Zeitarbeit. http://www.ig-zeitarbeit.de/ (20.03.09)

SCHÄFER, H. (2007). Warum die Zeitarbeit boomt. Thema Wirtschaft Nr. 108 des Instituts der deutschen Wirtschaft, Köln.

SCHENK, U. (2002). Flexibilisierung betrieblicher Arbeitsmärkte, Fallstudien strategischer Nutzung der Zeitarbeit. München, Mering.

SCHRÖDER, C. (2006). Personalzusatzkosten in der deutschen Wirtschaft. IW-Trends, Heft 2/2006, S. 47-57.

SCHRÖDER, C. (2008). Die Struktur der Arbeitskosten in der deutschen Wirtschaft. IW-Trends, Heft 2/2008, S. 41-54.

WATZKA, K. (2000). Personalleasing – eine kritische Bewertung. WISU – Das Wirtschaftsstudium, Heft 3/2000, S. 321-326.

WOLF, R. & HUKE, R. (2007). Zeitarbeit als Beschäftigungsmotor. Status: Recht, Beilage zu Der Betrieb, Heft 12/2007, S. 380.

Klaus Moser & Nathalie Galais

Zeitarbeit aus Mitarbeitersicht

Zeitarbeit kann als Prototyp flexibler Beschäftigung angesehen werden und ist insofern ein besonders markantes Beispiel des Gegenmodells zum Normalbeschäftigungsverhältnis. Statt unbefristeter Vollzeitbeschäftigung mit langfristiger Perspektive wird der Arbeitsalltag von Zeitarbeitnehmern von der Dynamik kurzfristig wechselnder Einsätze geprägt. Zeitarbeitnehmer sind zwar bei Zeitarbeitsunternehmen beschäftigt, ihr Arbeitsalltag spielt sich aber in verschiedenen Einsatzunternehmen ab. Wir gehen einerseits auf die Frage ein, wie sich die konkreten Anforderungen und Chancen darstellen, zum anderen berichten wir über die Reaktionen von Zeitarbeitnehmern auf ihre Situation und gehen auf die Konsequenzen eines ausbleibenden Übernahmeangebots ein.

1 Zeitarbeitsverhältnisse als „unliebsame Alternative"

Es gibt verschiedene Argumente, warum sich die Arbeitsplätze von regulär Beschäftigten und von Zeitarbeitskräften selbst dann unterscheiden, wenn vergleichbare Arbeitsaufgaben zu erledigen sind. Besonders hervorhebenswert dürften die vergleichsweise geringe Höhe der Bezahlung, eingeschränkte Weiterbildungsangebote und die Arbeitsplatzunsicherheit sein. Tatsächlich stehen bei der Entscheidung für Zeitarbeit bei den Arbeitnehmern meist „unfreiwillige" Gründe im Vordergrund. Die Mehrheit wählt diese Beschäftigungsform aufgrund fehlender Beschäftigungsalternativen. So versteht es sich, dass etwa die Hälfte der Zeitarbeitnehmer vor ihrer Beschäftigung in der Zeitarbeit erwerbslos war (Jahn, 2004; ANBA, 2004). Arbeitnehmer sehen in der Zeitarbeit die Möglichkeit zum Wiedereinstieg in ein „normales Beschäftigungsverhältnis" (EUROCIETT, 2007; Druker & Stanworth, 2004; Jahn & Rudolph, 2002). Ein weiteres zentrales Motiv ist der Erhalt und die Weiterentwicklung ihrer Qualifikationen (CIETT, 2000; Galais, 2003). Zeitarbeitnehmer versprechen sich, wichtige berufliche Erfahrungen sammeln zu können, die ihre Beschäftigungsfähigkeit erhalten und vielleicht sogar erhöhen.

2 Personalauswahl und Zeitarbeit

Kaum eine Branche hat einen derartig hohen „Personaldurchlauf" wie die Zeitarbeit. Die enorme Dynamik der Branche zeigt sich z.B. an den relativ niedrigen jahresdurchschnittlichen Bestandsgrößen von Zeitarbeitnehmern (für das Jahr 2005 waren es 444 Tsd.) im Vergleich zur Anzahl von Einstellungen (738 Tsd.) und Beendigungen (724 Tsd.) von Zeitarbeitsverträgen über das Jahr hinweg (Jahn & Antoni, 2006, S. 2). Die Fluktuation in der Zeitarbeit ist extrem hoch und die Mehrheit der Zeitarbeitnehmer in Deutschland ist nicht länger als drei Monate bei einem Zeitarbeitsunternehmen beschäftigt (Jahn & Antoni, 2006).

Das Kerngeschäft von Zeitarbeitsunternehmen besteht entsprechend auch in der Rekrutierung einerseits und Platzierung von Mitarbeitern bei ihren Kundenunternehmen andererseits. Im Gegensatz zur „klassischen" internen Personalauswahl in einem Unternehmen, suchen die Zeitarbeitsunternehmen Mitarbeiter für andere, ganz unterschiedliche Organisationen. Es ist ihre Aufgabe, in kürzester Zeit möglichst „passgenaue" Mitarbeiter für die Kundenunternehmen zu finden bzw. für ihre Mitarbeiter einen angemessenen Einsatz zu finden. Bei der Personalauswahl steht somit die „Vermittlungsfähigkeit" einer Person im Vordergrund.

Die Bewerbungssituation in der Zeitarbeit unterscheidet sich auch aus der Perspektive der Bewerber in einigen Aspekten grundsätzlich von der klassischen Personalauswahl. Denn wer sich bei einem Zeitarbeitsunternehmen bzw. Personaldienstleister bewirbt, hat, wie oben schon ausgeführt, häufig eine andere Motivationslage als dies bei der Bewerbung um eine interne Arbeitsstelle der Fall ist. Selten handelt es sich bei einem Zeitarbeitsunternehmen um den „Traumarbeitgeber" und eine dauerhafte Beschäftigung steht weit weniger im Vordergrund als die Hoffnung, von einem Einsatzunternehmen übernommen zu werden. Aber auch der Wunsch durch die Zeitarbeit dazuzulernen, Abwechslung zu erleben und wieder ins Erwerbsleben einzusteigen (z.B. nach Elternzeit) sind häufige Motive der Zeitarbeitnehmer.

Die Auswahlsituation in der Zeitarbeit ist somit zunächst durch einen starken Pragmatismus beider Seiten geprägt. Für die Bewerber steht die Rolle des Zeitarbeitsunternehmens als Vermittler eines adäquaten Einsatzes im Vordergrund, während die Vermittlungsfähigkeit der Bewerber für das Zeitarbeitsunternehmen Priorität hat. Das Zeitarbeitsunternehmen orientiert sich an der Passung der Bewerber zu den Kundenanforderungen und weniger an der Passung des Bewerbers zum eigenen Unternehmen. Entsprechend hängt auch die Auswahl des Zeitarbeitsunternehmens bei vielen Bewerbern weniger von Merkmalen des Zeitarbeitsunternehmens ab als von dem aktuellen Einsatzangebot und den Verdienstmöglichkeiten. Erst während der weiteren Zusammenarbeit der Zeitarbeitnehmer mit dem Personaldienstleister bildet sich eine Arbeitgeber-Arbeitnehmer-Beziehung heraus, die verschiedene Einsätze überdauern kann. Die relative Unverbindlichkeit, die im Kontext der Zeitarbeit zunächst herrscht, äußert sich auch darin, dass es, wie Personaldisponenten berichten, nicht selten vorkommt, dass Bewerber nicht zum vereinbarten Bewerbungsgespräch erscheinen.

Während so mancher Bewerber in der Zeitarbeit eine Chance sieht, „beißen andere in den sauren Apfel“. Tatsächlich gilt es aber für fast alle Mitarbeiter Abstriche zu machen, was die Bezahlung angeht, da diese im Rahmen der tarifvertraglich festgelegten Lohngruppen in der Zeitarbeit meist geringer ist als in der Normalbeschäftigung.

Aber auch von Seiten der Zeitarbeitsunternehmen werden teilweise „Abstriche“ gemacht, wenn es darum geht, den passenden Arbeitnehmer zu finden. Je enger der Markt für Arbeitskräfte ist, desto eher werden auch Arbeitnehmer eingestellt, die eher „schlechte Karten“ auf dem „freien“ Arbeitsmarkt hätten. Für Menschen mit geringer Beschäftigungsfähigkeit kann die Zeitarbeit daher tatsächlich eine Chance sein, sich im Einsatz zu bewähren.

Die Motivlage der Zeitarbeitnehmer zu kennen und diese soweit wie möglich zu erfüllen oder zumindest offen mit diesen Erwartungen und deren Erfüllbarkeit umzugehen, stellt einen wichtigen, häufig vernachlässigten Aspekt der Personalauswahl in der Zeitarbeit dar. Meist wird lediglich auf die Passung der Qualifikationen bzw. Fertigkeiten mit den Anforderungen der Kunden fokussiert.

Häufig beklagen Zeitarbeitnehmer, dass die von den Zeitarbeitsunternehmen ausgestellten Arbeitszeugnisse ihrer Arbeit in den Einsatzunternehmen nicht gerecht würden. Da Zeitarbeitnehmer ihre Arbeit im Einsatzunternehmen ableisten, ist es schwierig für die Zeitarbeitsunternehmen, eine konkrete und spezifische Beurteilung vorzunehmen. Viele Zeitarbeitnehmer bitten daher die Führungskräfte in den Kundenunternehmen um ein Zeugnis. Sie sind hierbei jedoch auf die Gefälligkeit des Kundenunternehmens angewiesen, das nicht dazu verpflichtet ist, Arbeitszeugnisse für Zeitarbeitnehmer, die ja nicht Teil ihrer Belegschaft sind, auszustellen.

3 Die Rolle der Zeitarbeitnehmer im Kundenunternehmen

Zeitarbeitnehmer können ganz unterschiedliche Rollen im Kundenunternehmen haben, je nach dem wie sie von den internen Mitarbeitern aufgenommen werden. Die Stammbeschäftigen können Zeitarbeitnehmer als „Retter in der Not“ und willkommene Hilfe betrachten, aber auch als Konkurrenten ansehen. Insbesondere die Angst der internen Mitarbeiter, durch flexibles Personal ersetzt zu werden, ist zentral für die Einstellung gegenüber Zeitarbeitnehmern. Auf welche Weise Zeitarbeitnehmer von den Stammbeschäftigten wahrgenommen werden, hängt auch davon ab, wie die Kundenunternehmen die soziale Integration von Zeitarbeitnehmern handhaben. Ein Einsatz von Zeitarbeitnehmern kann auch negative Konsequenzen für die Motivation des Stammpersonals haben, was das Betriebsklima empfindlich stören kann (von Hippel, Mangum, Greenberger, Heneman, & Skoglind, 1997). Diese können sowohl das Resultat von Abwehr- als auch von Solidarisierungsprozessen sein. Erstere entstehen meist durch die Angst der internen Mitarbeiter vor Arbeitsplatzverlust: Sie befürchten, selbst über kurz oder lang durch externes Personal ersetzt zu werden. Daneben ergeben sich Gefühle von Ungerechtigkeit und Solidarität mit den externen Mitarbeitern, die teilweise einen geringeren Lohn für die gleiche Arbeit erhalten und eine hohe Unsicherheit erleben. Auch wenn der Grundsatz des „equal pay" besteht, erhalten die Zeitarbeitnehmer im Rahmen von Tarifverträgen meist geringere Löhne als die Stammbeschäftigten. Diese erlebte Ungerechtigkeit kann die Einstellung der Stammbelegschaft zum eigenen Unternehmen verschlechtern. Außerdem werden Zeitarbeitnehmer in Deutschland teilweise als „Arbeitnehmer 2. Klasse" angesehen und sie erfahren im Vergleich mit Normalbeschäftigten eher eine geringere Wertschätzung. Sozialpsychologische Befunde zeigen, dass Arbeitsgruppen mit einem hohen Anteil von Personen mit geringem Status wenig attraktiv sind und die Bereitschaft aller Teammitglieder, sich mit diesem Team zu identifizieren, sinkt (Chattopadhyay, George, & Lawrence, 2004). In Unternehmen, in denen Zeitarbeitnehmer abgewertet werden, hat dies indirekt somit auch Konsequenzen für die Identifikation der Stammbelegschaft mit ihrer Arbeitsgruppe.

Die Beziehung zwischen den internen Mitarbeitern des Kunden und den Zeitarbeitnehmern ist durch eine eigene Dynamik gekennzeichnet, die sich von der Integration eines neuen internen Mitarbeiters unterscheidet. Neue interne Mitarbeiter werden von Beginn an als dauerhafte Mitglieder der Arbeitsgruppe betrachtet, mit denen man auskommen „muss" und denen ein Platz in der Arbeitsgruppe zusteht. Die Zeitarbeitnehmer dagegen werden zu Beginn lediglich als temporäre Arbeitskräfte gesehen, die jederzeit wieder ausgetauscht werden können, erst später im Laufe der Zusammenarbeit ergibt sich möglicherweise eine engere Beziehung zwischen Stammpersonal und Zeitarbeitnehmern. Die Zeitarbeitnehmer verwandeln sich quasi von der „Arbeitskraft" zum „Kollegen", je länger sie mit den Stammbeschäftigten zusammenarbeiten.

Die subjektiv erlebte „Austauschbarkeit" der eigenen Person und der hohe Bewährungsdruck können neben negativen Effekten auf den Selbstwert der Arbeitnehmer auch negative Konsequenzen für das Kundenunternehmen haben. Dies ist beispielsweise der Fall, wenn die Kommunikation von Fehlern ausbleibt oder Kritik an problematischen Betriebsabläufen unterdrückt wird, weil die Zeitarbeitnehmer fürchten, ihren Arbeitsplatz beim Kunden zu verlieren. Aufgrund der triangulären Konstruktion der Zeitarbeit, die damit einhergeht, dass der Arbeitgeber (das Zeitarbeitsunternehmen) nicht den Arbeitsplatz stellt sowie der kurzfristigen Perspektive in der Zeitarbeit kann es außerdem zu einer gewissen Verantwortungsabwehr der Zeitarbeitnehmer kommen. Diese fühlen sich zu keinem Unternehmen wirklich zugehörig und erleben wenige Einflussmöglichkeiten, was zu geringer Eigeninitiative und zu kontraproduktivem Verhalten führen kann (Connelly, Gallagher & Gilley, 2007). Grundsätzlich ist die Bereitschaft von Zeitarbeitnehmern, sich für das Einsatzunternehmen zu engagieren, allerdings als hoch anzusehen (Galais & Moser, in Druck). Empirische Studien konnten zeigen, dass die Arbeitszufriedenheit und die Motivation von Zeitarbeitnehmern teilweise höher ausgeprägt sind als die der Stammbelegschaft (Sodenkamp & Schmidt, 2001).

4 Weiterbildung in der Zeitarbeit

Aufgrund der temporären Stellung der Zeitarbeitnehmer im Einsatzunternehmen lässt sich zwar annehmen, dass sie eher für Teilaufgaben herangezogen werden, an deren Planung und Konzeption sie weniger wahrscheinlich partizipieren können, als festangestellte Mitarbeiter (Wieland, Grüne, Schmitz & Roth, 2000). In der Tat sind die Tätigkeiten und Aufgaben, die in den Einsatzunternehmen an die Zeitarbeitnehmer vergeben werden, durch eine starke Standardisierung und Kontrollierbarkeit gekennzeichnet, was die Möglichkeiten der Kompetenzentwicklung einschränken kann (Kalleberg & Rognes, 2000). Andere Autoren dagegen weisen jedoch darauf hin, dass Einsatzunternehmen teilweise auch für hoch spezialisierte Tätigkeiten, die nicht von den Kernmitarbeitern geleistet werden können, Zeitarbeitnehmer einsetzen (z.B. Sullivan, 1999).

Da das Arbeitsverhältnis Unternehmen und Arbeitnehmer in flexiblen Beschäftigungsformen wie der Zeitarbeit deutlich auf zeitliche Befristung hin orientiert ist, ist es ganz besonders fraglich, ob Unternehmen bereit sind, beispielsweise durch kostenintensive Weiterbildungen aktiv in die Kompetenzentwicklung der Mitarbeiter zu investieren. Die Zeitarbeitsunternehmen rekrutieren entsprechend den Marktanforderungen, d.h. sie wählen Arbeitnehmer aus, die aufgrund ihrer bereits existierenden Qualifikationen gut an Einsatzunternehmen „entliehen" werden können. Die Selektion steht daher gegenüber der Qualifizierung im Vordergrund. Für Zeitarbeitsunternehmen lohnt sich die Qualifizierung der Mitarbeiter allenfalls dann, wenn dies nur dann die Vermittlung in einen konkreten Einsatz ermöglicht und keine anderen zur Verfügung stehen. Auch die hohe Fluktuation der Arbeitnehmer in der Zeitarbeit, die trotz der meist unbefristet gestalteten Arbeitsverhältnisse zu beobachten ist, spricht eher gegen eine intensive Förderung der Mitarbeiter durch Weiterbildungsmaßnahmen von Unternehmensseite (Burda & Kvasnicka, 2005). Die Einsatzunternehmen wiederum sind an Zeitarbeitnehmern interessiert, die den anstehenden Aufgaben gewachsen sind, und es ist kaum anzunehmen, dass sie für das externe Personal kostenintensive Qualifizierung anbieten. Wenn sich die Qualifikationen eines Zeitarbeitnehmers als unzureichend für die Tätigkeit im Einsatz erweist, ist es für ein Einsatzunternehmen viel nahe liegender, den Arbeitnehmer „auszuwechseln" und einen „Ersatzarbeitnehmer" vom Zeitarbeitsunternehmen anzufordern als Qualifizierungsmaßnahmen zu initiieren.

Empirische Untersuchungen, die bisher vorwiegend im US-amerikanischen Raum durchgeführt wurden, weisen entsprechend darauf hin, dass Zeitarbeitnehmer insgesamt in geringerem Maße Weiterbildungsangebote seitens der Unternehmen erhalten (Finegold, Levenson & Van Buren, 2005; Kalleberg, Reskin & Hudson, 2000). Ähnliches ergab sich für Arbeitnehmer mit befristeten Verträgen in Belgien: Im Vergleich zu Normalbeschäftigten erhielten Mitarbeiter mit befristeten Verträgen deutlich weniger formale Weiterbildungsangebote (Forrier & Sels, 2003). Eine Studie von Wiens-Tuers und Hill (2002) verglich darüber hinaus die Trainingsangebote an befristet Beschäftigte mit denen für Zeitarbeitnehmer und fand, dass letztere deutlich weniger Angebote erhielten. Die Autoren erklären sich dies dadurch, dass Zeitarbeitnehmer, im Gegensatz zu befristet Beschäftigten, als „Externe" nicht zum Einsatzunternehmen zugehörig angesehen werden. Insbesondere für gering qualifizierte Arbeitnehmer, die als Hilfspersonal in der Industrie oder der Verwaltung eingesetzt werden, scheint der Zugang zu Weiterbildungsmöglichkeiten eingeschränkt (Finegold, Levenson & Van Buren, 2005; Rudolph & Schröder, 1997).

In unserer eigenen Studie (Galais, Moser & Münchhausen, 2006) befragten wir 433 Zeitarbeitnehmer in Deutschland. Im Folgenden berichten wir einige ausgewählte Ergebnisse.

4.1 Formale Weiterbildung durch Zeitarbeits- und Einsatzunternehmen

Formelle Weiterbildungen, wie sie im Rahmen der vorliegenden Untersuchung verstanden werden, umfassen sowohl Schulungen, Kurse oder Seminare sowie Zusatzqualifikationen, die beispielsweise im Rahmen bestimmter Berufe erlangt werden können (z.B. Gabelstaplerschein).

Das Engagement der Zeitarbeitsunternehmen im Hinblick auf Weiterbildungsangebote beschränkt sich weitestgehend auf Sicherheitsunterweisungen, die Verteilung von Informationsmaterial und die Förderung von Zusatzqualifikationen. Letzteres bezieht sich beispielsweise auf die Finanzierung eines „Gabelstaplerscheins" oder eines „Schweißscheins" im gewerblichen Bereich. Insgesamt erhielt nur ein kleiner Teil von Zeitarbeitnehmern Weiterbildungsangebote vom Zeitarbeitsunternehmen. Einsatzunternehmen scheinen im Vergleich zu Zeitarbeitsunternehmen tendenziell eine stärkere Weiterbildungsförderung der Zeitarbeitnehmer vorzunehmen. Auch hier stellt die Sicherheitsunterweisung die häufigste Weiterbildungsmaßnahme dar, gefolgt von der Bereitstellung von Informationsmaterial. Fast 20 Prozent der Zeitarbeitnehmer erhalten mindestens einmal eine Produktschulung. Seminare zur Qualitätssicherheit und

Computerschulungen gehören neben der Weiterbildung in spezifischen Produktionsverfahren und Seminaren zum Umgang mit Menschen zu den häufigsten Weiterbildungsangeboten.

Weiterführende Analysen ergaben, dass sich der Umfang der Weiterbildungsangebote für die verschiedenen Tätigkeitsbereiche kaum unterscheidet (Galais et al., 2006). Es ist lediglich eine Tendenz zu erkennen, dass Zeitarbeitnehmer im Bereich „Dienstleistungen und Verkauf" mehr Schulungen vom Einsatzunternehmen erhalten als Arbeitnehmer in den anderen Tätigkeitsbereichen. Erstere erhalten insbesondere Schulungen zum „Umgang mit Menschen" (z.B. Kommunikationsschulungen), Verkaufs- und Produktschulungen sowie Computerschulungen.

4.2 Informelles Lernen

Neben den formellen Weiterbildungsangeboten, die sich auf Maßnahmen wie Trainings, Kurse, Seminare, Workshops oder schriftliches bzw. elektronisches Lernmaterial beziehen, ist auch das informelle Lernen für die individuelle Kompetenzentwicklung von großer Bedeutung (Bergmann & Pietrzyk, 2000). Daher stellt sich die Frage, inwiefern die Tätigkeiten und Arbeitsaufgaben, die von Zeitarbeitnehmern übernommen werden, Möglichkeiten des Lernens und der persönlichen Entwicklung bieten. Das informelle Lernen findet im Prozess der Arbeit statt und bezieht sich auf verschiedene Lernformen, wie beispielsweise das Lernen am Vorbild anderer, Lernen durch Ausprobieren bzw. „Learning by doing" oder das Sammeln von Erfahrungen am Arbeitsplatz. Studien bei US-amerikanischen Zeitarbeitnehmern gehen davon aus, dass etwa 70 Prozent der Weiterbildung und des Lernens informell stattfinden (Benson, 1997). In unserer eigenen Untersuchung (Galais et al., 2006) fanden wir, dass die Zeitarbeitnehmer den informellen Quellen des Lernens einen höheren Lerngewinn attestieren als den formalen Weiterbildungsangeboten durch das Einsatz- oder das Zeitarbeitsunternehmen. Hierbei ist jedoch zu beachten, dass nur wenige Zeitarbeitnehmer überhaupt an formellen Weiterbildungsangeboten teilnehmen konnten.

4.3 Erwerb von Meta-Kompetenzen

Der Prozess der Kompetenzentwicklung in der Zeitarbeit ist jedoch nicht auf einen spezifischen Arbeitsplatz beschränkt, sondern muss über verschiedene Einsätze hinweg betrachtet werden. Dies gilt ebenso für fachliche und interaktive Kompetenzen wie für die Entwicklung von „Meta-Kompetenzen", beispielsweise die schnelle Anpassung an neue Anforderungen in den Einsätzen. Der Wechsel der Einsatzstelle und die Integration in die Einsatzunternehmen verlangen den Arbeitnehmern ein hohes

Maß an Anpassungsfähigkeit ab (Jahn & Rudolph, 2002). Hier kann Potential für die individuelle Kompetenzentwicklung liegen. Zeitarbeitsunternehmen könnten durch eine adäquate Platzierung der Arbeitnehmer und einer Einsatzlogik, die neben den Geschäftsinteressen die Qualifizierung der Mitarbeiter im Auge behält, sowohl zu deren Kompetenzentwicklung beitragen als auch den „Markt- und Überlassungswert" ihrer Mitarbeiter erhöhen.

Somit kann das Lernen im Prozess der Arbeit neben der Aneignung fachlicher Fertigkeiten und Fähigkeiten auch die Entwicklung von Meta-Kompetenzen beinhalten. In der Tat sahen unter den befragten Zeitarbeitnehmern über 70 Prozent einen wesentlichen Lerngewinn der Zeitarbeit darin, sich schnell in neue Tätigkeiten einarbeiten zu können, und 66 Prozent haben ihre Fähigkeit, sich in wechselnden Situationen zurechtzufinden, weiterentwickeln können. Über die Hälfte der Zeitarbeitnehmer sah bei sich eine Weiterentwicklung in Aspekten der proaktiven sozialen Interaktion, wie beispielsweise „auf Menschen zuzugehen" oder „aktiv Fragen zu stellen und Informationen zu suchen". Abbildung 1 zeigt die verschiedenen Fähigkeiten und den Anteil derjenigen, die dahingehend jeweils eine starke Weiterentwicklung erlebt haben.

Abbildung 1: Fähigkeiten, die durch die Zeitarbeit weiterentwickelt werden konnten (Galais et al., 2006)

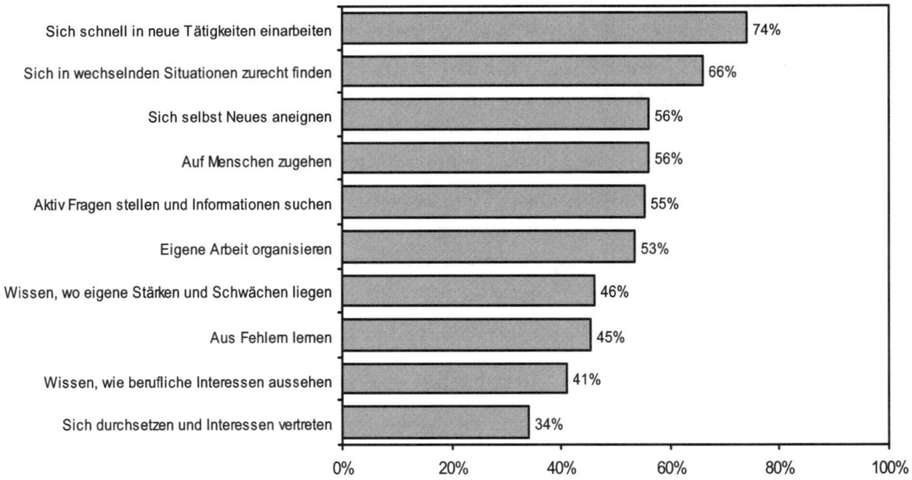

Interessant ist schließlich, in welchem Umfang die Zeitarbeitnehmer eine Passung zwischen ihrem Wissen und Können und den Anforderungen im Einsatz sehen. In Abbildung 2 ist zudem wiedergegeben, wie hoch der Anteil der Arbeitnehmer war, die einen hohen Lerngewinn in der Zeitarbeit sahen. Die Passung zwischen den Ausbildungsprofilen der Zeitarbeitnehmer und den Einsatztätigkeiten in den unterschiedlichen Bereichen variierte stark. Eine sehr hohe Passung wurde von den Zeitarbeitnehmern im Bau-Nebengewerbe berichtet, gefolgt von Zeitarbeitnehmern, die im Gesundheitsbereich tätig waren und den Beschäftigten in der IT Branche. Die geringste Zahl von Arbeitnehmern, die eine hohe Passung erlebten, war im Bereich Gaststätten und Reinigung sowie bei den gewerblichen Zeitarbeitnehmern zu finden. Betrachtet man den Zusammenhang zwischen Passung und dem subjektiv eingeschätzten Lerngewinn der Arbeitnehmer, so ergibt sich eine Produkt-Moment-Korrelation von r = .36. Für die Gesamtstichprobe gilt demnach zunächst einmal: Je höher die Passung zwischen Arbeitnehmerprofil und Anforderungen im Einsatz war, desto höher schätzten die Zeitarbeitnehmer den subjektiven Lerngewinn der Zeitarbeit ein.

Abbildung 2: Passung von beruflichem Ausbildungshintergrund und den Einsatztätigkeiten sowie Einschätzung des Lerngewinns in Abhängigkeit vom Einsatzbereich (Galais et al., 2006)

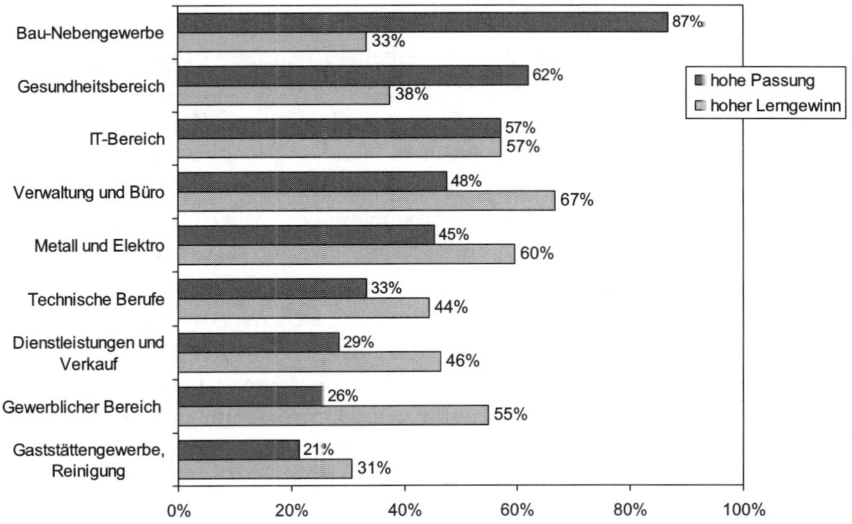

Auch wenn sich für die Gesamtstichprobe eine signifikant positive Korrelation zwischen Passung und Lerngewinn ergibt, stellt sich diese Beziehung in den verschiedenen Tätigkeitsgebieten unterschiedlich dar. Auffällig ist, dass im Gesundheitsbereich und im Bau-Nebengewerbe zwar eine relativ hohe Passung vorlag, aber ein vergleichsweise geringer Lerngewinn von den Zeitarbeitnehmern berichtet wurde. Umgekehrt verhält es sich für den Bereich Verwaltung und Büro. Hier bestand zwar einer geringere Passung, aber fast 70 Prozent der Zeitarbeitnehmer erlebten einen hohen Lerngewinn. In den Bereichen Metall- und Elektro- und dem gewerblichen Bereich hat über die Hälfte der Befragten angegeben, dass sie durch Zeitarbeit viel dazugelernt haben. Der Gaststätten- und Reinigungsbereich ist sowohl hinsichtlich der Passung als auch hinsichtlich des Lerngewinns vergleichsweise negativ beurteilt worden.

Die Arbeits- bzw. Beschäftigungsfähigkeit hängt eng mit der Entwicklung von Fähigkeiten und Fertigkeiten zusammen. Betrachtet man die Einschätzung der Arbeitsmarktchancen, gehen fast 60 Prozent der Zeitarbeitnehmer davon aus, dass sich ihre Arbeitsmarktchancen erhöht haben. Ein Drittel der Befragten sieht keine Veränderung ihrer Arbeitsmarktfähigkeit und acht Prozent berichten eine Verschlechterung ihrer Chancen auf dem Arbeitsmarkt.

5 Commitment und Zeitarbeit

Bereits eingangs wurde erwähnt, dass Zeitarbeitsverhältnisse problematische Merkmale zu haben scheinen. Beispielsweise lässt sich aufgrund der häufigen Wechsel, des hohen Anpassungsdrucks und der „Feuerwehrfunktion" von Zeitarbeitnehmern im Einsatzunternehmen, bei gleichzeitig geringem Handlungsspielraum, annehmen, dass sie stärker beansprucht werden als Normalbeschäftigte und mehr Stresssymptome zeigen. Befunde bei gewerblichen Zeitarbeitnehmern weisen in diese Richtung (Wieland et al., 2000). Einer kürzlich vorgestellten umfangreichen Analyse der Daten von mehreren Tausend finnischen Zeitarbeitnehmern, ist zu entnehmen, dass diese Arbeitnehmer eine hohe Unsicherheit erleben, was sich negativ auf ihr Privatleben auswirkt (Virtanen, Kivimäki, Joensuu, Virtanen, Elovainio & Vahtera, 2005). So zeigen sie deutlich Stresssymptome und im Vergleich zu anderen Arbeitnehmern war der Medikamentenmissbrauch erhöht. Weiterführende Längsschnittanalysen zeigten, dass die Arbeitnehmer dieses schädliche Verhalten nicht schon vor der Zeitarbeit gezeigt hatten und es auch nach der Zeitarbeit wieder einstellten.

Es gibt zwar noch eine ganze Reihe weiterer Belege dafür, dass Zeitarbeitnehmer stärker beansprucht und weniger mit ihrer Arbeit zufrieden sind als andere Mitarbeiter, allerdings existieren auch gegenteilige Befunde. Beispielsweise wurde in einige Studien weniger Überforderung durch zu hohe Verantwortung gefunden als dies andere

Beschäftigte berichten. Überraschenderweise zeigt sich sogar, dass teilweise die Arbeitszufriedenheit höher war als bei permanent beschäftigten Mitarbeitern. Wir meinen, dass dies aus zwei Gründen nicht eindeutig interpretierbar ist. Erstens mag ein vergleichsweise hohes Zufriedenheitsurteil daraus resultieren, dass die Zeitarbeitnehmer zunächst einmal ihre Situation mit der vorhergehenden vergleichen, und da ein erheblicher Anteil zuvor arbeitslos war, dürfte der neue Zustand aus guten Gründen als positiver wahrgenommen werden. Hinzu kommt, dass für viele das „Zeitarbeitnehmerdasein“ eine Übergangssituation ist und von daher ihre neue Situation zuversichtlich bewerten lässt. Galais und Moser (in Druck) haben daher längsschnittlich untersucht, wie sich das Befinden über die Zeit hinweg entwickelt, wenn Zeitarbeitnehmer kein von ihnen erwartetes Übernahmeangebot erhalten.

Nach Lage der Dinge, nämlich aufgrund des triangulären Beschäftigungsverhältnisses von Zeitarbeitnehmern, müsste sich eigentlich ein Gefüge von schwachen Bindungen ergeben. Insbesondere müsste sich aus der Befristetheit des Beschäftigungsverhältnisses beim Entleiher, auf das die Zeitarbeitnehmer auch kaum Einfluss haben, ein schwaches Commitment ergeben. Eine Reihe von Befragungen hat allerdings bereits gezeigt, dass tatsächlich eine beträchtliche Ambiguität hinsichtlich des Status' „Mitarbeiter“ bei Zeitarbeitsmitarbeitern existiert. Einerseits sind sie zwar formal Beschäftigte im Zeitarbeitsunternehmen, eine hohe Anzahl von Zeitarbeitsnehmern fühlt sich aber eher als Mitarbeiter des Entleiherunternehmens.

Hieraus ergibt sich die zunächst etwas sonderbar klingende Konstellation, dass Zeitarbeitnehmer dazu neigen, Commitment zum „falschen“ Unternehmen aufzubauen. Dies müsste sich jedenfalls dann negativ auswirken, wenn sie nicht von eben diesem Entleiherunternehmen übernommen werden. In unserer Studie (Galais & Moser, in Druck) haben wir genau dies gefunden: Es zeigt sich, dass sich eben solch ein hohes Commitment dann negativ auf die Gesundheit der Zeitarbeitnehmer auswirkte, wenn sie zuvor ein Commitment gegenüber dem Entleiherunternehmen aufgebaut hatten. Dies ist umso bedenklicher, als kurzfristig eben dieses Commitment eher förderlich zu sein schien; jedenfalls fanden wir im Querschnitt, dass Personen, die sich stärker an das Entleihunternehmen gebunden fühlten, auch ein besseres Befinden aufwiesen.

6 Ausblick

Sich mit Zeitarbeitsverhältnissen zu befassen bedeutet, bestimmte Kategorien und Denkgewohnheiten zu hinterfragen. Dies haben unsere Ergebnisse zu den riskanten Folgen der Neigung, ein Commitment zum Entleiherunternehmen zu entwickeln, exemplarisch gezeigt. Während die bisherige Forschung und Praxis von einer sehr wohl förderlichen Wirkung von hohem Commitment zum Unternehmen für das Unternehmen und die Beschäftigten ausging, muss dies für Zeitarbeitnehmer zumindest in gewisser Hinsicht in Frage gestellt werden. Möglicherweise tun Zeitarbeitnehmer „besser" daran, ein Commitment zum Zeitarbeitsunternehmen zu entwickeln, und dazu bereit zu sein, eine spezifische Identität als Zeitarbeitnehmer zu entwickeln?

Auch andere gewohnte Kategorien sind neu zu analysieren, etwa die Bedeutung des Begriffs der Arbeitsgruppe. Teams, die sich ausschließlich aus Normalbeschäftigten mit einer Vollzeit-Dauerbeschäftigung zusammensetzen, sind seltener geworden, während beschäftigungsstatus-diverse Teams zunehmend den Arbeitsalltag prägen. Immer häufiger arbeiten Mitarbeiter mit unterschiedlichen Beschäftigungsverhältnissen zusammen (z.B. Feldman, 2006). Eine Arbeitsgruppe kann beispielsweise aus Normalbeschäftigten, befristeten Mitarbeitern, Teilzeitbeschäftigten, Zeitarbeitnehmern und freien Mitarbeitern bestehen. Sowohl was die zeitliche Perspektive der Zusammenarbeit, die Entlohnung oder den Zugang zu Weiterbildungsangeboten, als auch was die vertraglich geregelte Rolle der Beschäftigten im Unternehmen angeht, ergeben sich je nach Beschäftigungskonstellation große Unterschiede (Connelly & Gallagher, 2004).

Und schließlich meinen wir, dass Zeitarbeit aus personalpsychologischer Perspektive nur dann angemessen bewertet werden kann, wenn sie auch im strategischen Kontext der Entleiherunternehmen gesehen wird. Unternehmen, denen es primär darum geht, flexibel auf Markterfordernisse zu reagieren, werden Zeitarbeitsverhältnisse gerade nicht als „Sprungbretter" anbieten. Auf der anderen Seite werden Unternehmen, in denen Mitarbeiter ausführlich geschult werden müssen und für die Fluktuation ein Risiko für konstant hohe Qualität darstellt, Zeitarbeitsverhältnisse nur sehr zurückhaltend anbieten wollen und können.

Quellenverzeichnis

ANBA (2004). Amtliche Nachrichten der Bundesagentur für Arbeit. Nürnberg.

BERGMANN, B. & PIETRZYK, U. (2000). Lernanforderungen von Arbeitsaufgaben und Kom-petenzentwicklung. Arbeit, 1, S. 40-53.

BENSON, G. (1997). Informal training takes off. Training & Development, 1, S. 93-94.

BURDA, M. C. & KVASNICKA, M. (2005). Zeitarbeit in Deutschland: Trends und Perspektiven. Discussion Paper, SFB 649.

CHATTOPADHYAY, P., GEORGE, E. & LAWRENCE S. A. (2004). Why does dissimilarity matter? Exploring self-categorization, self-enhancement, and uncertainty reduction. Journal of Applied Psychology, 89, S. 892-900.

CIETT (2000). Orchestrating the evolution of private employment agencies towards a stronger society, Brüssel, (Forschungsbericht auf Basis einer Studie von McKinsey & Company sowie Deloitte & Touche). (http://www.Ciett.org/)

CONNELLY, C.E., GALLAGHER, D.G., & GILLEY, K.M. (2007). Organizational commitment among contracted employees: A replication and extension with temporary workers, Journal of Vocational Behavior, 70, S. 326-335.

DRUKER, J. & STANWORTH, C. (2004). Mutual expectations: A study of the tree-way relation-ship between employment agencies, their client organisations and white-collar agency "temps", Industrial Relations Journal, 55, S. 58-75.

EUROCIETT (2007). The agency work industry around the world, Main Statistics, Brüssel.

FINEGOLD, D., LEVENSON, A. & VAN BUREN, M. (2005). Access to training and its impact on temporary workers, Human Resource Management Journal, 15, S. 66-85.

FORRIER, A. & SELS, L. (2003). Temporary employment and employability: Training opportunities and efforts of temporary and permanent employees in Belgium. Work, Employment & Society, 17, S. 641-666.

GALAIS, N. (2003). Anpassung bei Zeitarbeitnehmern - Eine Längsschnittstudie zu individuellen Determinanten der Übernahme und des Wohlbefindens, Nürnberg.

GALAIS, N., MOSER, K. & MÜNCHHAUSEN, G. (2006). Arbeiten, Lernen und Weiterbildung in der Zeitarbeit – Eine Befragung von Zeitarbeitnehmer/innen in Deutschland. In G. Münchhausen (Hrsg.), Kompetenzentwicklung in der Zeitarbeit - Potentiale und Grenzen (S. 161-178), Bonn.

GALAIS, N. & MOSER, K. (in Druck). Commitment, reassignment and the well-being of temporary agency workers: A longitudinal study, Human Relations.

HACKER, W. (1986). Arbeitspsychologie, Bern.

JAHN, E. & ANTONI, M. (2006). Boomende Branche mit hoher Fluktuation, Nürnberg: IAB Kurzbericht, 14.

JAHN, E. (2004). Leiharbeit - für Arbeitslose (k)eine Perspektive? In A. van Aaken & G. Grözinger (Hrsg.), Ungleichheit und Umverteilung (S. 215-236), Marburg.

JAHN, E. & RUDOLPH, H. (2002). Zeitarbeit auch für Arbeitslose ein Weg mit Perspektive. Nürnberg: IAB-Kurzbericht, 20.

KALLEBERG, A. L., RESKIN, B. F. & HUDSON, K. (2000). Bad jobs in America: Standard and nonstandard employment relations and job quality in the United States, American Sociological Review, 65, S. 256-278.

KVASNICKA, M. & WERWATZ, A. (2002). Lohneffekte der Zeitarbeit, Wochenbericht des DIW, 49, S. 1-11.

RUDOLPH, H. & SCHRÖDER, E. (1997). Arbeitnehmerüberlassung: Trends und Einsatzlogik. Mitteilungen aus der Arbeitsmarkt- und Berufsforschung, 30, S. 102-126.

SODENKAMP, D. & SCHMIDT, K. H. (2001), Erleben von Rollenambiguität bei Leiharbeitnehmern. Zeitschrift für Arbeitswissenschaft, 55, S. 32-38.

SULLIVAN, S. E. (1999). The changing nature of careers: A review and research agenda. Journal of Management, 25, S. 457-484.

VIRTANEN, M., KIVIMÄKI, M., ELOVAINIO, M. VAHTERA, J. & COOPER, C. L. (2001). Contingent employment, health and sickness absence, Scandinavian Journal of Work Environment and Health, 27, S. 365-372.

VIRTANEN, M.; KIVIMÄKI, M., JOENSUU, M., VIRTANEN, P., ELOVAINIO, M. & VAHTERA, J. (2005). Temporary employment and health: a review. Journal of International Journal of Epidemiology, 34, S. 610–622.

VON HIPPEL, C. MANGUM, S. L., GREENBERGER, D. B., HENEMANN, R. L. & SKOGLIND, J. D. (1997). Temporary employment: Can organizations and employees both win? Academy of Management Executive, 11, S. 93-104.

WESTERMANN, A. (2001). The relation between corporate training and development expenditures and the use of temporary employees. Ethics & Behavior, 11, S. 67-86.

WIELAND, R., GRÜNE, P., SCHMITZ, U. & ROTH, K. (2000). Zeitarbeit optimal gestalten. „Spezifische psychische Belastungen bei Leiharbeit", Abschlussbericht des Projekts F1709. Dortmund/Dresden.

WIENS-TUERS, B. A. & HILL, E. T. (2002). Do they bother? Employer training of temporary workers. Review of Social Economy, 60, S. 543-563.

Harald Strotmann

Beschäftigungswirkungen der Zeitarbeit aus gesamtwirtschaftlicher Perspektive

1 Hintergrund

Bis vor wenigen Jahren war der Zeitarbeitsmarkt in Deutschland im internationalen Vergleich besonders starken Regulierungen ausgesetzt (für Details vgl. z.B. Burda & Kvasnicka, 2005, oder Sachverständigenrat, 2008). Insbesondere das Synchronisationsverbot, welches untersagte, den Arbeitsvertrag mit dem Zeitarbeitsunternehmen auf die Dauer des ersten Einsatzes zu befristen, das Wiedereinstellungsverbot und die zeitliche Begrenzung der Überlassungsdauer waren als Regelungen Ausdruck der Befürchtung, dass es sich bei der Zeitarbeitsbranche zu erheblichen Teilen um eine Branche handele, in der den Arbeitnehmern elementare Arbeitsrechte vorenthalten werden. Mit der Reform des Arbeitnehmerüberlassungsgesetzes, die in 2002 verabschiedet wurde und zum 01.01.2004 in Kraft trat, wurde die Zeitarbeit im Zuge der Hartz-Reformen wirtschaftspolitisch erheblich aufgewertet, den Reformen lag somit ein deutlich positiveres Leitbild von den Wirkungen der Arbeitnehmerüberlassung zugrunde (Weinkopf & Vanselow, 2008). Eine unbegrenzte Überlassungsdauer wurde ermöglicht, das Wiedereinstellungsverbot aufgehoben und das Synchronisationsverbot beseitigt. Im Gegenzug dazu wurde zu Gunsten der Leiharbeitnehmer der Gleichstellungsgrundsatz im Gesetz verankert. Abweichungen davon lässt das Gesetz nur auf der Grundlage eines Tarifvertrags zu, was jedoch inzwischen mit Blick auf die Entlohnung die eindeutige Regel ist (Promberger, 2006, oder Sachverständigenrat, 2008).

Mit der Reform des Arbeitnehmerüberlassungsgesetzes wurden somit aus volkswirtschaftlicher Sicht einerseits erhebliche Hoffnungen, andererseits aber auch große Befürchtungen verbunden. Diese prägen bis heute die kontrovers geführten Diskussionen um die Vor- und Nachteile der Zeitarbeit. Befürworter einer Deregulierung der Zeitarbeitsbranche verweisen einerseits darauf, dass Leiharbeit aus gesamtwirtschaftlicher Sicht ein Instrument zur Steigerung der Beschäftigung darstellen könnte. Darüber hinaus wird in einem funktionierenden Zeitarbeitssektor ein wichtiges Instrument gesehen, das nicht nur eine flexiblere Personalanpassung der Unternehmen auf der Mikroebene er-möglicht, sondern auch gesamtwirtschaftlich zu einer Verbesserung der Flexibilität und somit der Anpassungsfähigkeit auf dem Arbeitsmarkt beiträgt. Dies mag umso wichtiger sein, als viele Ökonomen gerade im Vorfeld der „Hartz-Reformen", aber auch noch heute eine zu hohe Anpassungsrigidität auf dem deutschen Arbeitsmarkt – als Kehrseite der höheren Stabilität der bestehenden Arbeitsverhältnisse – dafür verantwortlich machen, dass für Arbeitslose die Rückkehr in den Arbeitsmarkt erheblich erschwert wird und Arbeitslosigkeit zu Langzeitarbeitslosigkeit verkrustet (vgl. z.B. Sachverständigenrat, 2005). Kritiker der Leiharbeit stellen sowohl die Existenz positiver Beschäftigungswirkungen als auch die Notwendigkeit einer größeren Anpassungsflexibilität des Arbeitsmarktes in Frage und sehen vielmehr die Gefahr, dass Leiharbeit die Verhandlungsmacht der Arbeitnehmer gegenüber den Arbeitgebern weiter schwächt und es somit zu einer Zweiklassengesellschaft am

Arbeitsmarkt kommt (vgl. z.B. Bosch & Weinkopf, 2007, oder Weinkopf & Vanselow, 2008).

Der vorliegende Beitrag verfolgt das Ziel, mögliche positive und negative Wirkungen der Zeitarbeit aus gesamtwirtschaftlicher Sicht sowohl anhand theoretischer Argumente als auch empirisch für Deutschland zu beleuchten. Ausgangspunkt bilden einige grundlegende Bemerkungen zu Bestimmungsgründen des Angebots und der Nachfrage nach Leiharbeit sowie eine Diskussion der Bedeutung von Leiharbeit als Instrument zur Erhöhung der Anpassungsflexibilität auf dem Arbeitsmarkt. Darauf aufbauend wird insbesondere untersucht, welche Gründe für oder gegen das Auftreten positiver gesamt-wirtschaftlicher Beschäftigungswirkungen sprechen und wie diese vor dem Hintergrund der bisherigen empirischen Forschungsergebnisse zu bewerten sind. Der letzte Abschnitt fasst die zentralen Ergebnisse des Beitrags zusammen und nimmt abschließend eine Bewertung der Wirkungen der Zeitarbeit vor.

2 Zeitarbeit - Instrument zur Verringerung von Anpassungskosten und zur Verbesserung der gesamtwirtschaftlichen Flexibilität auf dem Arbeitsmarkt?

Gerade der sich bereits seit vielen Jahren verschärfende internationale Wettbewerb, dem insbesondere exportorientierte Unternehmen des Verarbeitenden Gewerbes ausgesetzt sind, verlangt von den Unternehmen, sich flexibel, schnell und effizient an sich verändernde Rahmenbedingungen anzupassen. Ein wesentlicher Ausgangspunkt der „Hartz-Reformen" auf dem Arbeitsmarkt war daher auch die Überzeugung, dass das institutionelle Regelwerk auf dem deutschen Arbeitsmarkt eine effiziente Anpassung der Unternehmen teilweise behindere. Gerade das Problem der in Deutschland auch im internationalen Vergleich sehr hohen Langzeitarbeitslosigkeit und somit der besonders ausgeprägten Verkrustungseffekte auf dem Arbeitsmarkt ließen die Forderung aufkommen, dass die Anpassungsfähigkeit des Arbeitsmarkts und seiner Akteure verbessert werden müssten. Die Deregulierung der Leiharbeit war dabei ein Baustein, mit dem die Anpassungsfähigkeit des Arbeitsmarktes gerade aus Sicht der Arbeit nachfragenden Unternehmen erhöht werden sollte. Im Folgenden wird zunächst allgemein dargestellt, welche Gründe auf der Angebotsseite aus Sicht der Arbeitnehmer bzw. auf der Nachfrageseite aus Sicht der Unternehmen für ein Angebot bzw. eine Nachfrage nach Leiharbeit sprechen. Danach wird auch vor dem Hintergrund empirischer Ergebnisse diskutiert, ob und in welchem Maße Leiharbeit zu einer Flexibilisierung des deutschen Arbeitsmarkts beiträgt.

2.1 Determinanten des Angebots und der Nachfrage nach Leiharbeit

Aus Sicht der ihre Arbeitskraft anbietenden Arbeitnehmer dürften Arbeitsplätze in der Leiharbeit überwiegend weiterhin „nur" zweitbeste Arbeitsplätze darstellen. Zwar ist durchaus auch denkbar, dass Leiharbeitsplätze teilweise den Präferenzen der Beschäftigten entsprechen, zum Beispiel dem Wunsch nach einer möglichst abwechslungsreichen Tätigkeit, regelmäßig würden die Leiharbeitskräfte aber zweifelsohne ein Normalarbeitsverhältnis[1] bevorzugen und Leiharbeit als einen Einstieg in den Arbeitsmarkt betrachten, der ihnen den Erhalt und die Erweiterung von Qualifikationen sowie den eigenen Erwerb von Einkommen ermöglicht (Sachverständigenrat, 2008). Angebotsseitig spielen dabei insbesondere die Arbeitsmarktsituation und die damit verbundene relative Verhandlungsmacht der Arbeitnehmer, aber auch die Intensität des arbeitsmarktpolitischen Drucks der Arbeitsagenturen auf die Arbeitslosen eine wichtige Rolle für deren Bereitschaft Leiharbeitstätigkeiten anzunehmen.

Aus Sicht der Leiharbeit nachfragenden Unternehmen ist Leiharbeit ein kostengünstiges Instrument zur Anpassung der quantitativen Arbeitsnachfrage an (kurzfristige) Schwankungen der Geschäftstätigkeit. Dies gilt bereits auf einem voll funktionsfähigen Arbeitsmarkt, jedoch umso mehr, je stärker unternehmerische Anpassungen der Arbeitsnachfrage im Bereich der Normalarbeitsverhältnisse durch institutionelle Regelungen und Rigiditäten behindert werden. Betriebe und Unternehmen haben grundsätzlich sehr vielfältige Möglichkeiten, ihre quantitative Arbeitsnachfrage an Schwankungen der Geschäftstätigkeit anzupassen. In der Literatur üblich ist die Unterscheidung zwischen Maßnahmen der unternehmensinternen und der unternehmensexternen numerischen Flexibilität (vgl. z.B. Keller & Seifert, 2007; Seifert & Brehmer, 2008). Maßnahmen der internen Flexibilisierung sind insbesondere der Einsatz von Überstunden und Kurzarbeit, aber auch Flexibilisierungen der Arbeits- und Urlaubszeiten der Beschäftigten. Die Nachfrage nach Leiharbeit gehört dagegen zu den Maßnahmen der externen-numerischen Flexibilität und konkurriert hier nicht nur mit Formen unternehmensinterner Flexibilität, sondern auch mit der – häufig zunächst befristeten – Einstellung von Personen in Normalarbeitsverhältnissen, aber auch mit

1 Der Begriff Normalarbeitsverhältnis wird hier und im Weiteren (ebenso wie die Begriffe der „regulären Beschäftigung" oder des „regulären Arbeitsmarkts") zur Charakterisierung unbefristeter abhängiger Vollzeitbeschäftigungsverhältnisse auf dem ersten Arbeitsmarkt verwendet, während Leiharbeit – obwohl auch sozialversicherungspflichtige Beschäftigung – als atypische Beschäftigung bezeichnet wird.

anderen Formen atypischer Beschäftigung. Für die Entscheidung eines Unternehmens, auf welche Anpassungswege es im Zuge von Schwankungen der Geschäftstätigkeit zurückgreift, sind die entstehenden Kosten, die mit Arbeitsnachfrage und ihrer Anpassung verbunden sind, wesentlich. Diese können sowohl die entstehenden Anpassungskosten als auch die Lohnkosten betreffen.

Leiharbeit ist für die Unternehmen einerseits ein attraktives Instrument, weil aus verschiedenen Gründen die Anpassungskosten besonders gering ausfallen. So führt die Auslagerung der Rekrutierungs- und der Arbeitgeberfunktion auf die Entleihunternehmen zu einer deutlichen Verringerung der Anpassungskosten (Burda & Kvasnicka, 2005).[2] Für das entleihende Unternehmen entstehen keine oder kaum Such- und Rekrutierungskosten und die zeitliche Entleihdauer lässt sich optimal und auch kurzfristig mit dem Bedarf zeitlich synchronisieren. Folgekosten einer Fehlentscheidung spielen keine Rolle.[3] Leiharbeit eignet sich daher für die Unternehmen hervorragend als Instrument zur Deckung gerade kurzfristiger Personalengpässe bei Schwankungen der Nachfrage oder des eigenen Angebots (z.B. Krankheitsüberbrückung, Freistellungszeiten von Fest-mitarbeitern, Urlaub). Die Alternative einer internen Flexibilisierung wie z.B. durch eine Ausweitung von Überstunden der eigenen Belegschaft unter Zustimmung der Beschäftigten oder des Betriebsrats, ist dabei umso weniger attraktiv, je höher die Überstundenzuschläge ausfallen und je relevanter das Ausmaß der Verhandlungskosten mit der Belegschaft oder mit dem Betriebsrat ist. Existieren institutionelle Regelungen am Arbeitsmarkt, die eine flexible Anpassung der Arbeitsnachfrage erschweren, so kann Leiharbeit für die Unternehmen eine Möglichkeit darstellen, den entstehenden Anpassungskosten auszuweichen (vgl. dazu im Detail 2.2).

Neben den geringen Anpassungskosten werden als weiteres Argument für eine Verringerung der Kosten für die Unternehmen bei Inanspruchnahme auch Lohnkostenargumente angeführt. Leiharbeit wird als Anpassungsmechanismus für die Unternehmen zumindest dann attraktiver als reguläre Beschäftigung, wenn unter sonst gleichen Bedingungen die entstehenden Lohnkosten geringer ausfallen.

Im folgenden Abschnitt wird ein Überblick über das Ausmaß und die Entwicklung der Inanspruchnahme von Leiharbeit als Flexibilisierungsinstrument in Deutschland gegeben. Die damit verbundenen möglichen Beschäftigungswirkungen werden später eingehend thematisiert.

---

[2] Die Entleihunternehmen können das Risiko einer Kündigung sowie Ausbildungs- und Auswahlkosten diversifizieren und auf mehrere Anbieter umlegen (Burda & Kvasnicka, 2005).

[3] Gleichzeitig kann Leiharbeit für die Unternehmen auch noch eine wichtige „Screening-Funktion" erfüllen, wenn man die Fähigkeiten von Beschäftigten im Rahmen einer Leiharbeitstätigkeit zunächst erproben kann, um die Personen gegebenenfalls anschließend zu übernehmen.

2.2 Betriebliche Inanspruchnahme von Zeitarbeit als Flexibilisierungsinstrument in Deutschland

Von 1992 bis 2007 hat sich laut Arbeitnehmerüberlassungsstatistik der Bundesagentur für Arbeit in Deutschland die Zahl der Verleihunternehmen mehr als verdreifacht, die Zahl der Leiharbeitnehmer sogar fast versechsfacht (Sachverständigenrat, 2008). Die zunehmende Bedeutung der Leiharbeit führt der Sachverständigenrat dabei einerseits auf die Reformen der vergangenen Jahre auf dem Arbeitsmarkt zurück, die angebotsseitig einen deutlich stärkeren Akzent auf das „Fordern" gelegt haben und somit die Anspruchslöhne der Menschen gesenkt haben. Zum anderen jedoch haben Unternehmen gerade vor dem Hintergrund des sich verschärfenden Standortwettbewerbs und der verbesserten Nachfragebedingungen im Bereich der Leiharbeit verstärkt auf das Anpassungsinstrument der Zeitarbeit gesetzt.[4]

Die besondere und zunehmende Bedeutung der Leiharbeit als Anpassungsinstrument unterstreicht insbesondere eine Betrachtung der Stromgrößen auf dem Leiharbeitsmarkt: Zwar ist die relative Bedeutung der Leiharbeit trotz des erheblichen Anstiegs ihrer Verbreitung in den letzten Jahren mit 721.000 Leiharbeitnehmern im Dezember 2007 oder 2,4 Prozent aller sozialversicherungspflichtig Beschäftigten weiterhin und auch im internationalen Vergleich gering. Die immer noch vergleichsweise geringen Bestandszahlen verdecken jedoch, dass Leiharbeit für die Beschäftigungsanpassung der Unternehmen in Deutschland von sehr wichtiger Bedeutung ist. So wurden im Jahr 2007 1,056 Millionen neue Zeitarbeitsverhältnisse abgeschlossen und 1,086 Millionen Leiharbeitsverhältnisse beendet (Bundesagentur für Arbeit, 2008). Diese enorm hohe Dynamik ist Ausdruck der Tatsache, dass die Dauer der einzelnen Beschäftigungsverhältnisse in der Leiharbeit sehr kurz ist und verdeutlicht somit, dass Leiharbeit insbesondere als kurzfristiges Anpassungs- und Flexibilisierungsinstrument eingesetzt wird. Gerade die hohe intertemporale Volatilität der Nachfrage nach Zeitarbeit, die deutlich ausgeprägter ist als die Nachfrage nach Überstunden und geringfügiger oder befristeter Beschäftigung, zeigt, dass der Leiharbeit eine ganz besondere Pufferfunktion zukommt.

Aus allokativer Sicht ist Leiharbeit somit aufgrund der geringen Anpassungskosten zu einem gewissen Teil selbst auch auf einem voll funktionstüchtigen Arbeitsmarkt sinnvoll (Sachverständigenrat, 2008). Ein anderer Teil der Nachfrage nach Leiharbeit würde jedoch auf einem voll funktionsfähigen Arbeitsmarkt nicht entstehen, wenn es sich bei ihm um betriebliche Ausweichreaktionen zur Umgehung der höheren Anpas-

[4] Eine weitere Erklärung für die größere Nachfrage nach Leiharbeit stellt auch die gestiegene Akzeptanz der Leiharbeitsunternehmen bei den Unternehmen dar (Sachverständigenrat, 2008).

sungskosten institutioneller Restriktionen handelt. Zeitarbeit wird von den Unternehmen gerade in Deutschland in einem beträchtlichen Maße auch dazu verwendet, die Wirkungen restriktiver institutioneller Regelungen auf dem Arbeitsmarkt abzumildern (vgl. z.B. Brenke & Eichhorst, 2008; Buscher, 2007; Sachverständigenrat, 2008). Dies gilt insbesondere für die Regelungen des Kündigungsschutzes, aber unter Umständen auch für das kollektiv vereinbarte Tariflohnniveau der Stammbelegschaft. Zu weiteren Aspekten, die betriebliche Vermeidungsstrategien induzieren können, gehören neben zu stark reglementierten Beschäftigungsverhältnissen (nicht nur durch Kündigungsschutz, sondern z.B. auch durch betriebliche Mitbestimmung) ebenfalls zu starre Nominallöhne sowie zu hohe Kosten beim Auf- und Abbau von Beschäftigung z.B. durch Sozialpläne und Abfindungen. Ein zu großer Bürokratieaufwand, z.B. durch vielfältige Meldepflichten oder eine Vielzahl verschiedener Krankenkassen, kann gleichfalls zu betrieblichen Reaktionen führen (Buscher, 2007).[5] Auch das Umgehen der Folgekosten des Überschreitens bestimmter Schwellenwerte kann für die Nachfrage nach Leiharbeit von Bedeutung sein.

Die Bewertung dieses Unterlaufens der institutionellen Regelungen aus ökonomischer Perspektive hängt gesamtwirtschaftlich entscheidend davon ab, wie man den gegenwärtigen Grad der Regulierung auf dem deutschen Arbeitsmarkt beurteilt. Der Sachverständigenrat zur Begutachtung der gesamtwirtschaftlichen Entwicklung weist zu Recht darauf hin, dass nicht jede Regulierung ineffizient ist und zum Beispiel ein transparent geregelter Kündigungsschutz eine ökonomisch wichtige Rolle spielt (Sachverständigenrat, 2008). Ist der optimale Regulierungsgrad jedoch überschritten – und dies gilt nach Auffassung vieler Ökonomen trotz gewisser Fortschritte in den vergangenen Jahren weiterhin in verschiedener Hinsicht für den deutschen Arbeitsmarkt – , so kann die Nachfrage nach Leiharbeit eine durchaus erwünschte „second-best"-Ausweichreaktion darstellen, welche die Flexibilität des Arbeitsmarkts zumindest auf indirektem Wege in Teilen erzwingt.

Teilweise wird gefordert, dass das Unterlaufen der institutionellen Regelungen dadurch zurückgedrängt werden sollte, dass man die Leiharbeit wieder stärkeren Regulierungen unterzieht. Zu bedenken ist dann jedoch, dass eine Wirtschaftspolitik, die diesen Teil der Nachfrage nach Leiharbeit zurückdrängen möchte, ohne dabei die institutionellen Rahmenbedingungen zu ändern, dann nicht an den Ursachen ansetzen, sondern die Symptome bekämpfen würde. Dies könnte die Gefahr implizieren, dass den Betrieben wichtige Luft zum Atmen genommen wird, so dass die Unternehmen in ihrer Fähigkeit, effizient und flexibel auf veränderte Rahmenbedingungen zu reagieren und somit in ihrer Wettbewerbsfähigkeit beeinträchtigt werden. Eine stärkere Regulierung der „zweitbesten Arbeitsplätze" im Bereich der Leiharbeit könnte so-

[5] So gelangt eine Studie für die Vereinigten Staaten zu dem Ergebnis, dass 20 Prozent des Beschäftigungsaufbaus im Zeitraum von 1973 bis 1995 auf die Zunahme der Zeitarbeit als Folge eines stärkeren Kündigungsschutzes zurückzuführen seien (Sachverständigenrat, 2008).

mit die Gefahr beinhalten, zu einem Anstieg der Arbeitslosigkeit zu führen und somit den Menschen, denen man durch die Regulierung helfen möchte, letztlich zu schaden. Eine genauere Analyse der Beschäftigungswirkungen erfolgt später.

Durchaus umstritten ist aus empirischer Sicht für Deutschland auch das Argument, dass die geringeren Lohnkosten der Leiharbeit entscheidend für die Nachfrage nach Leiharbeit seien und dadurch die höheren Löhne der Stammbelegschaften unterwandert werden. Zunächst ist festzustellen, dass Löhne im deutschen Zeitarbeitssektor inzwischen selbst ganz überwiegend tariflich festgelegt werden (Promberger, 2006). Boockmann & Ammermüller (2003) gelangen auf der Grundlage einer Erhebung bei Zeitarbeitsbetrieben zu dem Ergebnis, dass die Lohnkosten alleine nicht das ausschlaggebende Argument für die Nachfrage nach Leiharbeit sind. 36 Prozent der befragten Leiharbeitsfirmen gaben zwar an, dass ihre Entleihsätze um bis zu 10 Prozent unter den Kosten lagen, die bei einer Festanstellung anfallen würden. Gleichzeitig gaben jedoch auch 30 Prozent der befragten Betriebe an, dass die letztlich zu zahlenden Entleihsätze, die auch noch eine Prämie für den Entleiher enthielten, sogar oberhalb der Festanstellungskosten lagen. Dabei ist das Bild entscheidend durch die Qualifikation der Leiharbeiter geprägt: Während vor allem bei gering qualifizierten Tätigkeiten die Verrechnungssätze für die Entleihbetriebe häufig noch deutlich unter den Kosten für Festanstellungen liegen (Miegel, Wahl & Schulte, 2007; Buscher, 2007), dreht sich mit zunehmender Qualifikation das Bild um (Ammermüller, Boockmann, Garloff, Kuckulenz & Spermann, 2003). Insgesamt dürften somit im Durchschnitt weniger die Lohnkosten als vielmehr die Vermeidung anderer ökonomischer, technischer oder institutioneller Anpassungskosten, die bei der Anpassung der Arbeitsnachfrage entstehen, zentral für die Nachfrage nach Leiharbeit sein.

3 Beschäftigungswirkungen der Zeitarbeit

Während vorangehend die Bedeutung der Zeitarbeit als betriebliches und gesamtwirtschaftliches Instrument zur Erhöhung der Anpassungsflexibilität thematisiert wurde, wendet sich dieser Abschnitt nun den gesamtwirtschaftlichen Beschäftigungswirkungen der Leiharbeit zu, die letztlich auch auf der erhöhten Anpassungsflexibilität basieren. Gerade bei der Reform des Arbeitnehmerüberlassungsgesetzes im Zuge der Hartz-Reformen waren diese Hoffnungen auf positive Beschäftigungswirkungen und somit eine Reduktion der Arbeitslosigkeit ein zentrales Argument.

3.1 Wirkt Zeitarbeit für den einzelnen Beschäftigten als Sprungbrett in eine anschließende reguläre Beschäftigung oder als Stolperstein?

Wenn über die möglichen Beschäftigungswirkungen der Leiharbeit diskutiert wird, so wird häufig insbesondere oder sogar ausschließlich auf die möglichen individuellen „Klebeeffekte" der Leiharbeit abgestellt. Diese entstehen, wenn Leiharbeiter bei einem Entleihbetrieb in eine reguläre Beschäftigung übernommen werden (Klebeeffekt im engeren Sinne) oder wenn sie durch die Leiharbeit den Sprung in ein Normalarbeitsverhältnis bei einem anderen Arbeitgeber schaffen. Auch wenn deren Existenz keineswegs bereits hinreichend und auch nicht zwingend notwendig für positive gesamtwirtschaftliche Beschäftigungseffekte ist (vgl. 3.2), soll im Weiteren zunächst diskutiert werden, welche Argumente für oder gegen das Auftreten individueller Klebeeffekte durch Leiharbeit sprechen. Darüber hinaus wird ein Überblick gegeben, ob und in welchem Maße bisherige empirische Studien das Vorliegen von Klebeeffekten untermauern oder widerlegen.

Für die These, dass Leiharbeit für arbeitslose Personen eine Brücke in ein späteres Normalarbeitsverhältnis darstellen kann, lassen sich sehr verschiedene Gründe anführen (Kvasnicka, 2008). Ein erstes Argument stellt auf die erheblich geringeren Einstiegsschwellen am Markt für Leiharbeit für Arbeitslose im Vergleich zum regulären Arbeitsmarkt ab. Aufgrund der geringeren Rekrutierungs-, Einstellungs- und Entlassungskosten, geringerer möglicher Folgekosten einer Fehlentscheidung sowie ggf. auch geringerer Lohnkosten sind die Unternehmen viel eher bereit, Arbeitslose zu beschäftigen als auf dem ersten Arbeitsmarkt. Leiharbeit kann somit die Funktion eines Türöffners für den Arbeitsmarkt („access-to-work-function") für ehemals Arbeitslose haben (Kvasnicka, 2008; Mangum, Mayall & Nelson, 1985), die häufig keinen direkten Einstieg in den regulären Arbeitsmarkt finden. Darüber hinaus gibt die Leiharbeit den dort beschäftigten Personen die Chance, neue Fähigkeiten zu erlernen, ihre Berufserfahrung zu verbessern und somit im Zuge einer gestiegenen Produktivität, aber auch im Zuge einer positiven Signalwirkung für potenzielle Arbeitgeber hinsichtlich ihrer Arbeitsbereitschaft, ihre Perspektiven für ein unbefristetes Normalarbeitsverhältnis zu verbessern. Das gerade in Deutschland sehr erhebliche Problem der Langzeitarbeitslosigkeit kann durch die Aufnahme einer Leiharbeitstätigkeit vermieden oder zumindest gelindert werden. Damit verbunden können auch die mit Langzeitarbeitslosigkeit verbundenen Dequalifizierungs- und Stigmatisierungseffekte abgeschwächt werden, die dazu führen, dass sich Arbeitslosigkeit systematisch verfestigt (Hystereseeffekte). Dieser Effekt ist nicht nur individuell, sondern auch bei der Diskussion der gesamtwirtschaftlichen Wirkungen der Zeitarbeit von wichtiger Bedeutung (vgl. 3.2).

Ein individueller Klebeeffekt kann auch dadurch wahrscheinlicher werden, dass Leiharbeit sowohl aus Sicht der Unternehmen als auch aus Sicht der Beschäftigten die Effektivität des Suchprozesses und somit die Qualität des Matching auf dem regulären Arbeitsmarkt verbessert, so dass ein letztlich daraus resultierendes Normalarbeitsverhältnis vielleicht stabiler sein könnte als eine anderweitig eingegangene reguläre Beschäftigung (Segal & Sullivan, 1997; Storrie, 2002).

Gegen die These positiver individueller Klebeeffekte wird dagegen angeführt, dass Leiharbeit zu einer Segmentierung des Arbeitsmarkts führe, der durch ein Nebeneinander stabiler und gut bezahlter Normalarbeitsverhältnisse und instabiler Niedriglohnbeschäftigung im Bereich der Leiharbeit charakterisiert sei, wobei die Durchlässigkeit gerade aus der Leiharbeit in den regulären Arbeitsmarkt sehr schlecht sei (Segal & Sullivan, 1997). Wird den Unternehmen die Möglichkeit geboten, langfristig auf Leiharbeit zu setzen, so könnte die Gefahr bestehen, dass es statt individueller Klebeeffekte zu Mitnahmeeffekten der Unternehmen kommt, die weiter auf die für sie vorteilhaftere Leiharbeit setzen, anstatt den Menschen ein Normalarbeitsverhältnis anzubieten. Für die These, dass Unternehmen bewusst immer einen Teil der Arbeitsnachfrage auch als Leiharbeit tätigen, könnten auch Disziplinierungseffekte, sprechen, da den Stammbelegschaften in gewissem Maße ihre Ersetzbarkeit vor Augen geführt wird und somit die relative Verhandlungsmacht der bereits Beschäftigten sinkt (Weinkopf, 2007). Diskutiert werden im Bereich der Leiharbeit auch mögliche Probleme, die sich daraus ergeben könnten, dass zu wenig in die Weiterbildung der Mitarbeiter investiert wird, dass diese Beschäftigten die Suche nach einer Beschäftigung außerhalb der Leiharbeit vernachlässigen könnten, oder dass Leiharbeit sogar negativ stigmatisierend wirken und als Signal für eine geringe Produktivität eines Beschäftigten verstanden werden könnte (Kvasnicka, 2008).

Aus theoretischer Sicht gibt es somit sowohl Argumente für als auch Argumente gegen das Auftreten individueller Klebeeffekte. Welche Wirkungen überwiegen, ist letztlich eine Frage, die anhand methodisch fundierter empirischer Studien zu beantworten ist. Verschafft man sich einen Überblick über die bisherige Forschung, so kann man zusammenfassend feststellen, dass die Studien, die hinsichtlich der verwendeten Methodik, der verwendeten Datengrundlagen, der betrachteten institutionellen Rahmenbedingungen und der betrachteten Zeiträume sehr heterogen sind, noch kein ganz eindeutiges Fazit erlauben.

In der Tendenz deutet die Mehrzahl der bisherigen Studien für Deutschland (z.B. Rudolph & Schröder, 1997) und für andere Länder (Garcia-Perez & Munoz-Bullon, 2005; Ichino, Mealli & Nannicini, 2006; Zijl, van den Berg & Heyma, 2004) auf die Existenz zumindest gewisser positiver Klebeffekte hin. Arbeitgeberverbände beziffern die direkten Klebeffekte der Zeitarbeit auf rund 30 Prozent (Weinkopf & Vanselow 2008), Promberger (2006) schätzt die durchschnittliche Übernahmequote mit Daten der repräsentativen Betriebsbefragung des IAB-Betriebspanels für Deutschland auf rund 12 bis 15 Prozent, Strotmann & Vogel (2004) beziffern den direkten Klebeeffekt – allerdings nur für Baden-Württemberg – nur auf 4 bis 7 Prozent. Im Gegensatz zu diesen Studien, die zumindest für geringe positive Klebeffekte sprechen, gelangen Autor & Houseman (2005) in einer experimentellen Studie sogar zum Ergebnis, dass Leiharbeit nicht nur nicht positiv, sondern sogar kontraproduktiv auf die späteren Beschäftigungschancen wirken kann.

Kritisch anzumerken ist gegenüber vielen Studien, dass diese häufig – auch datenbedingt – nur auf deskriptiven Analysen von Fallzahlen basieren und deren Ergebnisse somit nicht kausal interpretierbar sind. Insbesondere können diese Studien häufig keine fundierte Antwort auf die entscheidende kontrafaktische Frage geben, d.h. die Frage „Was wäre mit den Personen geschehen, wenn sie keine Leiharbeit angenommen hätten?". Eine neue Studie mit deutschen Daten aus der IAB-Beschäftigtenstichprobe von Kvasnicka (2008) verwendet das Verfahren des „propensity score matching", um diese kontrafaktische Frage methodisch adäquater zu beantworten. Er gelangt dabei zu dem Ergebnis, dass sich in einem Zeitintervall von vier Jahren nach Aufnahme einer Leiharbeitstätigkeit kein statistisch signifikant positiver individueller Klebeeffekt in regulärer Beschäftigung nachweisen lässt, gleichzeitig jedoch immerhin das Risiko der Arbeitslosigkeit in diesem Zeitintervall – nicht zuletzt wegen der Leiharbeit – sinkt. Darüber hinaus weist Kvasnicka jedoch auch darauf hin, dass er keinen Beleg für die Befürchtung negativer Stigmatisierungseffekte der Leiharbeit findet.[6] Seine empirischen Studien können also als Indiz dafür interpretiert werden, dass Leiharbeit zwar kein verlässliches Sprungbrett in ein festes Beschäftigungsverhältnis, aber zumindest einen wichtigen Türöffner für den Arbeitsmarkt darstellt und dabei keinesfalls ein Stolperstein auf dem Weg in ein Normalarbeitsverhältnis ist.

3.2 Führt Zeitarbeit gesamtwirtschaftlich zu mehr Beschäftigung und zu weniger Arbeitslosigkeit?

Die Betrachtung individueller Klebeeffekte steht häufig im Zentrum der öffentlichen Diskussion um die Beschäftigungswirkungen von Zeitarbeit. Aus gesamtwirtschaftlicher Perspektive ist jedoch das Vorliegen individueller Klebeeffekte der Zeitarbeit weder hinreichend noch zwingend für positive gesamtwirtschaftliche Beschäftigungswirkungen der Zeitarbeit.

Das Vorliegen individueller Klebeeffekte ist nicht hinreichend für positive Beschäftigungswirkungen, da aus gesamtwirtschaftlicher Sicht nicht nur die direkten Beschäftigungswirkungen der Zeitarbeit betrachtet werden dürfen, sondern auch indirekte

6 Zu entsprechenden Ergebnissen gelangen auch Addison & Surfield (2006) in einer empirischen Studie für die USA.

Beschäftigungswirkungen berücksichtigt werden müssen. So kann innerhalb eines Unternehmens ein verstärkter Einsatz von Leiharbeit dazu führen, dass reguläre Beschäftigungsverhältnisse durch Leiharbeit verdrängt werden („Substitutionseffekte"). Ebenso könnte ein verstärktes Setzen einzelner Unternehmen auf Leiharbeit zu Wettbewerbsvorteilen gegenüber Wettbewerbern führen, so dass reguläre Beschäftigung bei anderen Unternehmen im Zuge der Ausweitung der Leiharbeit abgebaut wird („Verdrängungseffekte"). Zumindest auf die Qualität der Arbeit könnten sich Mitnahmeeffekte der Unternehmen auswirken, wenn Unternehmen eine geringere Regulierung der Zeitarbeit gar nicht nötig hätten, aber dennoch davon Gebrauch machen.

Andererseits sind individuelle Klebeeffekte jedoch auch keineswegs zwingend notwendig für positive gesamtwirtschaftliche Beschäftigungswirkungen. Führt die Deregulierung der Zeitarbeit dazu, dass Unternehmen Zeitarbeit im Vergleich zu anderen betrieblichen Anpassungsstrategien, insbesondere im Vergleich zu Überstunden und zu Formen der internen Arbeitszeitflexibilisierung, als attraktiver empfinden, so könnten zusätzliche Arbeitsplätze dadurch entstehen, dass Unternehmen Produktionsschwankungen weniger stark durch Überstunden der vorhandenen Belegschaft, sondern stärker durch Leiharbeit abfedern, oder im konjunkturellen Aufschwung bereits zeitlich früher auf Leiharbeit zurückgreifen. Dadurch kann ein zusätzlicher Pool an Zeitarbeitskräften entstehen, den es ohne die Deregulierung nicht gegeben hätte, und der auch ohne individuelle Klebeeffekte längerfristig Bestand haben kann. Dies gilt umso mehr, als die Nichtübernahme, aber auch die Nichtweiterbeschäftigung von Leiharbeitern in einem Entleihbetrieb keineswegs automatisch den Übergang eines Zeitarbeiters in die Arbeitslosigkeit bedeuten, da diese ja selbst bei einem Verleihunternehmen sozialversicherungspflichtig beschäftigt sind. Von zentraler Bedeutung ist somit auch bei der Frage nach den gesamtwirtschaftlichen Beschäftigungswirkungen der Zeitarbeit – wie bereits bei der Analyse individueller Klebeffekte – die Frage nach der kontrafaktischen Situation, d.h. die Frage, welche Konstellation sich ergeben hätte, wenn die Zeitarbeit nicht dereguliert worden wäre.

Eindeutige empirische Antworten auf diese Fragen nach den gesamtwirtschaftlichen Beschäftigungswirkungen der Zeitarbeit und nach dem Ausmaß möglicher unerwünschter indirekter Nebenwirkungen sind daher keineswegs ohne Weiteres möglich. Der starke Anstieg der Zahl der Leiharbeitskräfte in Deutschland um 224 Prozent von 1997 bis 2007 bzw. um 115 Prozent von Juni 2003 bis Juni 2007 zeigt, dass die Nachfrage nach Leiharbeit im Zuge der Deregulierung und des konjunkturellen Aufschwungs der letzten Jahre deutlich gestiegen ist (Bundesagentur für Arbeit, 2008).[7] Dies wird von verschiedener Seite als Indiz gewertet, dass das Wachstum der Zeitarbeit im Zuge der Deregulierung tatsächlich schneller zu mehr Beschäftigung führt, weil Unternehmen ihre Anpassungsstrategien verändern und schneller auf Zeitarbeit setzen. So nahm nach Auskunft der Bundesagentur für Arbeit die Beschäftigung in der Zeitarbeit

7 Die Zahl der in Personal-Service-Agenturen (PSA) beschäftigten Arbeitnehmer ist dabei inzwischen vernachlässigbar gering (Sachverständigenrat, 2008).

auch schon in den Jahren 2004 und 2005 zu und bremste hier den allgemeinen Beschäftigungsabbau. Mit zunehmender Stärke des konjunkturellen Aufschwungs resultierte dann in der Folgezeit ein immer kleinerer Teil der zusätzlichen sozialversicherungspflichtigen Beschäftigung aus der Zeitarbeit, im Juni 2007 nur noch rund 25 Prozent des Zuwachses an sozialversicherungspflichtiger Beschäftigung. Man kann somit zumindest berechtigte Zweifel an der These haben, dass ohne Zeitarbeit tatsächlich ein entsprechender Beschäftigungsaufbau ausschließlich im Bereich der Normalarbeitsverhältnisse stattgefunden hätte. Vielmehr ist durchaus wahrscheinlich, dass viele Unternehmen dann in einem stärkeren Maße zunächst auf Überstunden und eine Flexibilisierung der Arbeitszeit der bereits beschäftigten Personen und somit auf Formen interner Flexibilität gesetzt hätten. Diese These wird unterstützt durch die empirischen Ergebnisse von Bellmann & Kühl (2007), die auf der Grundlage des IAB-Betriebspanels, einer repräsentativen Befragung von rund 16.000 Betrieben in Deutschland aller Branchen und Größenklassen, zeigen, dass gerade Betriebe, die in besonders starkem Maße Leiharbeit genutzt haben, dabei in geringerem Maße auf die Nutzung von Überstunden durch die Kernbelegschaft zurückgreifen, die häufig akzeptanz- und kostensensibel sind. Insofern können die Ergebnisse von Bellmann/Kühl als Indiz interpretiert werden, dass die Inanspruchnahme von Überstunden zumindest teilweise durch die Nutzung von Leiharbeit substituiert wurde. Auch deuten die Ergebnisse an, dass insbesondere im Verarbeitenden Gewerbe Leiharbeit zu einem gewissen Teil auch Formen der geringfügigen Beschäftigung substituiert haben dürfte. Darüber hinaus gibt die Studie von Bellmann & Kühl (2007) Hinweise darauf, dass durch den Einsatz von Leiharbeit eine Stabilisierung der Beschäftigung der Kernbelegschaft gelingen könnte, da insbesondere im Verarbeitenden Gewerbe Betriebe mit intensiver Nutzung von Leiharbeit deutlich seltener Personalabgänge durch Kündigung seitens des Betriebs zu verzeichnen hatten und auch Personalabgänge nach Auslaufen befristeter Verträge seltener wurden.

Durchaus bemerkenswert ist, dass mit 67 Prozent die deutliche Mehrzahl der neu abgeschlossenen Zeitarbeitsverhältnisse im ersten Halbjahr 2007 mit Personen geschlossen wurden, die direkt zuvor keine Beschäftigung ausübten. In 46 Prozent aller Fälle waren die eingestellten Personen maximal ein Jahr zuvor, in 13 Prozent der Fälle sogar länger als ein Jahr zuvor ohne Beschäftigung. 8 Prozent der neu abgeschlossenen Zeitarbeitsverhältnisse wurden mit Personen eingegangen, die zuvor noch gar nicht beschäftigt waren (Bundesagentur für Arbeit, 2008). Selbst wenn daraus letztlich keine dauerhafte Beschäftigung bei einem Entleihbetrieb resultiert, bedeutet Zeitarbeit somit für viele Arbeitslose tatsächlich eine Chance, wieder in den Arbeitsmarkt hineinzukommen, und unterstreicht somit empirisch für Deutschland zumindest die bereits angesprochene Türöffnerfunktion der Zeitarbeit. Ob diese Personen auch ohne Zeitarbeit in ähnlichem Umfang einen Eintritt in eine – wenn auch vielleicht teilweise nur temporäre – sozialversicherungspflichtige Beschäftigung geschafft hätten, darf ebenfalls zumindest ernsthaft bezweifelt werden. Antoni & Jahn (2006) unterstreichen diese Türöffnerfunktion und weisen auf der Grundlage einer erweiterten Version der IAB-

Beschäftigtenstichprobe für Deutschland darauf hin, dass Zeitarbeit gerade für benachteiligte Gruppen am Arbeitsmarkt, insbesondere für gering qualifizierte Personen, Arbeitslose und Ausländer, Beschäftigungsoptionen bietet.

Ein weiteres Indiz – wenn auch kein Beleg – für die Überzeugung, dass es beim Anstieg der Leiharbeit regelmäßig um kurzfristige Anpassungen der Arbeitsnachfrage der Unternehmen und nicht um eine dauerhafte Substitution regulärer Beschäftigung durch Leiharbeitsbeschäftigung geht, kann darin gesehen werden, dass die überwiegende Mehrzahl der Beschäftigungsverhältnisse in der Leiharbeit weiterhin eher kurzfristiger Natur sind.[8] So hatten 55 Prozent der Beschäftigungsverhältnisse in der Leiharbeit im Jahr 2007 eine Dauer von maximal drei Monaten. Der Anstieg der Beschäftigungsverhältnisse in der Zeitarbeit mit einer Dauer von drei oder mehr Monaten ist zwar von 1997 auf 2007 von 39 auf 45 Prozent etwas angestiegen, doch auch hier dürfte die Mehrzahl der Beschäftigungsdauern unter einem Jahr liegen.

Zu bedenken ist auch, dass selbst nach diesem von einem mehrjährigen konjunkturellen Aufschwung getragenen erheblichen Boom in der Zeitarbeitsbranche der Anteil der in der Zeitarbeit sozialversicherungspflichtig beschäftigten Personen an allen sozialversicherungspflichtig Beschäftigten im Juni 2007 bei „nur" 2,4 Prozent lag, so dass von einem im Durchschnitt gravierenden Durchgreifen der Leiharbeit auf die Kernbelegschaften eigentlich noch nicht die Rede sein kann. Weinkopf & Vanselow (2008) weisen jedoch darauf hin, dass Betriebe teilweise sogar eigene Zeitarbeitsunternehmen gegründet haben. Dieses Vorgehen dürfte dann häufig tatsächlich mit der Gefahr von relevanten Substitutionseffekten einhergehen. Stammbelegschaften werden durch flexiblere Randbelegschaften ergänzt oder zumindest teilweise auch ersetzt (Promberger, 2006). Gleichzeitig stellt sich jedoch auch in diesem Fall die Frage, was mit den Jobs passiert wäre, wenn es die Möglichkeit der Zeitarbeit nicht gegeben hätte. Es ist keineswegs sicher davon auszugehen, dass diese Jobs ansonsten alle weiterhin in dem Unternehmen oder auch in Deutschland als reguläre Normalarbeitsverhältnisse erhalten geblieben wären.

Im konjunkturellen Abschwung im Laufe des Jahres 2008 zeigt sich, dass die Entleihbetriebe spiegelbildlich zum Aufschwung Rückgänge der Produktion zunächst mit dem Abbau von Leiharbeitskräften beantworten. Nicht jeder Abbau von Leiharbeitskräften durch Entleihbetriebe muss jedoch auch direkt zu einem Beschäftigungsabbau führen, da die Leiharbeitnehmer sozialversicherungspflichtig bei einem Verleihunternehmen angestellt sind. Zumindest einem Teil der Leiharbeiter bleibt somit der direkte Fall in die Arbeitslosigkeit erspart. Doch selbst in dem Fall, dass im Zuge des Abschwungs der gesamte Zuwachs der Zahl der Leiharbeitskräfte aus dem konjunkturel-

[8] Seifert & Brehmer (2008) weisen in ihrer empirischen Studie der Inanspruchnahme von Leiharbeit auf der Grundlage der WSI-Betriebsrätebefragung darauf hin, dass steigende Verweildauern in Zeitarbeit bzw. in den Entleihbetrieben als Indiz für das Vorliegen von Substitutionseffekten interpretiert werden können.

len Aufschwung wieder abgebaut werden würde, bleibt zumindest temporär ein gesamtwirtschaftlicher positiver Beschäftigungseffekt bestehen, da Menschen zumindest vorübergehend in den Arbeitsmarkt integriert waren. Dieser hätte nicht oder nur in geringerem Maße bestanden, wenn die Betriebe in stärkerem Maße auf Überstunden oder flexible Arbeitszeiten zurückgegriffen hätten. Gerade diese temporäre Beschäftigung kann jedoch aus volkswirtschaftlicher Sicht wünschenswerte indirekte Effekte auf dem Arbeitsmarkt auslösen, indem die Gefahr von Dequalifizierungs- und Stigmatisierungseffekten durch Langzeitarbeitslosigkeit reduziert wird und somit Verkrustungseffekte auf dem Arbeitsmarkt im Zuge der höheren Anpassungsflexibilität des Arbeitsmarkts zumindest teilweise bekämpft werden. Dies gilt umso mehr als die vorliegenden Studien (vgl. 3.1) zeigen, dass von der Leiharbeit keinerlei negative Stigmatisierungswirkungen ausgehen (Kvasnicka, 2008; Addison & Surfield, 2006).

4 Zusammenfassende Bewertung

Der vorliegende Beitrag analysiert aus gesamtwirtschaftlicher Perspektive die Chancen und Risiken, die sich durch Leiharbeit ergeben, und legt dabei ein besonderes Augenmerk auf die Beschäftigungswirkungen der Zeitarbeit aus gesamtwirtschaftlicher Sicht.

Unternehmen in Deutschland haben in den vergangenen Jahren in zunehmendem Maße von der Möglichkeit Gebrauch gemacht, auf Leiharbeit zurückzugreifen. Angebotsseitig ist dies einerseits die Folge ungünstiger Arbeitsmarktbedingungen und einer über viele Jahre hinweg und bis heute immer noch sehr hohen Arbeitslosigkeit, andererseits die Konsequenz einer Verschärfung des Drucks auf die Arbeitslosen im Zuge der „Hartz-Reformen" und der Umsetzung der Idee des „Förderns und Forderns". Nachfrageseitig hat insbesondere die Deregulierung der Leiharbeit im Rahmen der Reform des Arbeitnehmerüberlassungsgesetzes die Attraktivität der Zeitarbeit als betriebliches Flexibilisierungsinstrument zur Anpassung der Arbeitsnachfrage an Schwankungen der Geschäftstätigkeit im Vergleich zu anderen Formen der betrieblichen Anpassung weiter erhöht.

Dadurch, dass die Betriebe im Zuge der Deregulierung der Zeitarbeit im konjunkturellen Aufschwung in einem stärkerem Maße und zeitlich schneller auf Leiharbeit statt auf Überstunden oder andere Formen der unternehmensinternen Anpassung der Arbeitsnachfrage setzen, kann Zeitarbeit selbst dann zu zumindest temporären positiven gesamt-wirtschaftlichen Beschäftigungseffekten führen, wenn die Unternehmen im konjunkturellen Abschwung auch den Nachfragerückgang entsprechend stark mit einem Abbau von Leiharbeit beantworten. Dies gilt umso mehr, als trotz negativer Einzelbeispiele Indizien für flächendeckende Substitutions- und Verdrängungseffekte von Normalarbeitsverhältnissen durch Zeitarbeit sich vor dem Hintergrund der weiterhin sehr geringen Verweildauer in der Zeitarbeit nicht bestätigen lassen. Auch wenn die Stabilität der individuellen Beschäftigungsverhältnisse in der Zeitarbeit in Deutschland weiterhin gering ausfällt und auch wenn die Studien zu den individuellen Klebeffekten der Zeitarbeit durchaus berechtigte Zweifel aufkommen lassen, ob Zeitarbeit für einen erheblichen Teil der Arbeitslosen einen verlässlichen Weg in ein Normalarbeitsverhältnis darstellen kann, erhöht Leiharbeit somit zumindest temporär die gesamtwirtschaftliche Zahl der Beschäftigten. Sie verhindert das Entstehen von Verkrustungseffekten und der besonders problematischen Langzeitarbeitslosigkeit und stellt für die Arbeitslosen zumindest einen Türöffner in den Arbeitsmarkt dar. Dies gilt umso mehr, als sich die Befürchtung sogar negativer Stigmatisierungswirkungen durch Leiharbeit empirisch nicht bestätigen lässt. In der öffentlichen Diskussion um die Beschäftigungswirkungen der Zeitarbeit werden diese häufig unzulässig nur auf die möglichen individuellen Klebeeffekte reduziert, die jedoch wie in diesem Beitrag erläutert weder zwingend notwendig, noch hinreichend für positive gesamtwirtschaftliche Beschäftigungseffekte sind.

Leiharbeit erfüllt aus allokativer Sicht selbst auf einem voll funktionierenden Arbeitsmarkt eine zentrale Funktion, da sie aufgrund der geringen Anpassungskosten die Anpassungsflexibilität der Betriebe und somit die Flexibilität des Arbeitsmarktes erhöht. Wenn institutionelle Rahmenbedingungen am Arbeitsmarkt die Anpassungsfähigkeit der Betriebe behindern, wird Leiharbeit von den Betrieben darüber hinaus als ein Weg genutzt, um diese Rigiditäten zu umgehen und somit indirekt eine hinreichende Anpassungsfähigkeit zu erzwingen.

In dem Maße, wie institutionelle Regelungen unterwandert werden, wird Leiharbeit von verschiedenen Seiten daher auch sehr kritisch betrachtet. Allerdings stellt sich auch hier jeweils die Frage des „Was wäre wenn?", d.h. der kontrafaktischen Situation. Wenn man den derzeitigen Grad der Regulierung auf dem deutschen Arbeitsmarkt für erforderlich hält, gleichzeitig aber auch die Bedingungen für Leiharbeit verschlechtern möchte, ist keineswegs sicher, dass ein großer Teil der Leiharbeiter dann alternativ auf Normalarbeitsplätzen im ersten Arbeitsmarkt beschäftigt sein wird. Dass Leiharbeit aus Sicht der Arbeitnehmer „zweitbeste Arbeitsplätze" sind, heißt leider noch lange nicht, dass bei einer stärkeren Beschränkung der Leiharbeit daraus regelmäßig erstbeste Jobs werden. Die kontrafaktische Situation kann durchaus auch Beschäftigungslosigkeit sein, wenn die Unternehmen wieder stärker auf Überstunden und Arbeitszeitflexibilisierung zurückgreifen und Leiharbeit somit wieder stärker durch Formen interner numerischer Flexibilität ersetzen. Eine stärkere Regulierung der Leiharbeit könnte insofern kontraproduktiv sein, sowohl für die Anpassungsflexibilität des Arbeitsmarktes als auch im Zuge eines negativen gesamtwirtschaftlichen Beschäftigungseffekts in Erwerbstätigen, wenn Leiharbeit wieder durch Formen interner Flexibilität substituiert wird.

Möchte man tatsächlich mehr Leiharbeitsverhältnisse in Normalarbeitsverhältnisse überführen, so wäre dafür eher eine Wirtschaftspolitik erforderlich, die an den Ursachen ansetzt und zumindest den Teil der Nachfrage nach Leiharbeit, der eine Ausweichreaktion auf bestehende institutionelle Regelungen darstellt, dadurch überflüssig macht, dass die institutionellen Regelungen kritisch auf ihre Wirkungen hin überprüft werden. Dies muss und sollte keineswegs eine Abschaffung des Kündigungsschutzes oder anderer Regulierungen bedeuten, die bis zu einem gewissen Grad für alle Akteure wichtig und effizient sind, jedoch eine kritische Überprüfung, ob der optimale Grad der Regulierung in Deutschland nicht doch an der einen oder anderen Stelle deutlich überschritten sein könnte. Dies könnte umso wichtiger sein, als empirische Befunde dafür sprechen, dass die vorhandenen Rigiditäten auf dem Arbeitsmarkt und Leiharbeit sowie weitere atypische Beschäftigungsverhältnisse keine vollständigen Substitute sind. Man kann durch Leiharbeit somit zwar die Defizite eines zu rigiden Arbeitsmarktes und die Verkrustungseffekte lindern, sie sind jedoch geringer, wenn der Arbeitsmarkt insgesamt flexibler funktioniert (Sachverständigenrat, 2008).

Quellenverzeichnis

ADDISON, J. T. & SURFIELD, C. J. (2006). Does Atypical Work Help the Jobless? Evidence from a CAEAS/CPS Cohort Analysis. IZA-Discussion Paper, Nr. 2325.

AMMERMÜLLER, A., BOOCKMANN, B., GARLOFF, A., KUCKULENZ, A. & SPERMANN, A. (2003). Die ZEW-Erhebung bei Zeitarbeitsbetrieben. Dokumentation der Umfrage und Ergebnisse von Analysen. ZEW Dokumentationen, Nr. 3.

ANTONI, M. & JAHN, E. J. (2006). Do Changes in Regulation Affect Employment Duration in Temporary Work Agencies? IAB-Discussion Paper, Nr. 18.

AUTOR, D.H. & HOUSEMAN, S. (2005). Do Temporary Help Jobs Improve Labor Market Outcomes for Low-Skilled Workers? Evidence from 'Work First', NBER Working paper, Nr. 11743.

BELLMANN, L. & KÜHL, A. (2007). Weitere Expansion der Leiharbeit? Eine Bestandsaufnahme auf Basis des IAB-Betriebspanels, Abschlussbericht des Forschungsprojekts 2007-990-3 der Hans-Böckler-Stiftung.

BOOCKMANN, B. & AMMERMÜLLER, A. (2003). Perspektiven der Zeitarbeit. Ergebnisse der ZEW-Erhebung bei Zeitarbeitsbetrieben, Mannheim.

BOSCH, G. & WEINKOPF, C. (2007). Arbeiten für wenig Geld: Niedriglohnbeschäftigung in Deutschland. Frankfurt.

BRENKE, K. & EICHHORST, W. (2008). Leiharbeit breitet sich rasant aus, DIW-Wochenbericht Nr. 19/2008, S. 242-252.

BUNDESAGENTUR FÜR ARBEIT (2008). Arbeitsmarktberichterstattung: Branchen und Berufe in Deutschland 1997-2007, Zeitarbeit. Nürnberg.

BURDA, M. C. & KVASNICKA, M. (2005). Zeitarbeit in Deutschland: Trends und Perspektiven. SFB 649 Discussion Paper, 48.

BUSCHER, H. (2007). Leiharbeit – ein Schmuddelkind des deutschen Arbeitsmarktes? Wirtschaft im Wandel, Heft 2/2007, S. 47-53.

GARCIA-PEREZ, J. & MUNOZ-BULLON, F. (2005). Are Temporary Help Agencies Changing Mobility Patterns in the Spanish Labour Market? Spanish Economic Review, Heft 1/2005, S. 43-65.

ICHINO, A., MEALLI, F. & NANNICINI, T. (2006). From Temporary Help Jobs to Permanent Employment: What can we learn from Matching Estimators and their Sensitivity. IZA-Discussion Paper, Nr. 2149.

KELLER, B. & SEIFERT, H. (2007). Atypische Beschäftigungsverhältnisse. Flexibilität, soziale Sicherheit und Prekarität. In B. Keller & H. Seifert (Hrsg.): Atypische Beschäftigung – Flexibilisierung und soziale Risiken, Berlin, S. 11-26.

KVASNICKA, M. (2008). Does Temporary Help Work Provide A Stepping Stone to Regular Employment? NBER-Working Paper, Nr. 13843.

MANGUM, G., MAYALL, D. & NELSON, K. (1985). The Temporary Help Industry: A Response to the Dual Internal Labor Market. Industrial and Labor Relations Review, Heft 4/1985, S. 599-611.

MIEGEL, M., WAHL, S. & SCHULTE, M. (2007). Die Rolle der Zeitarbeit in einem sich ändernden Arbeitsmarkt. IWG Bonn.

PROMBERGER, M. (2006). Leiharbeit im Betrieb. Strukturen, Kontexte und Handhabung einer atypischen Arbeitsform. Abschlussbericht für die Hans-Böckler-Stiftung, Düsseldorf.

RUDOLPH, H. & SCHRÖDER, E. (1997). Arbeitnehmerüberlassung: Trends und Einsatzlogik. Mitteilungen aus der Arbeitsmarkt- und Berufsforschung, Heft 1/1997, S. 102-126.

SACHVERSTÄNDIGENRAT ZUR BEGUTACHTUNG DER GESAMTWIRTSCHAFTLICHEN ENTWICKLUNG (2008). Jahresgutachten 2008/2009.

SACHVERSTÄNDIGENRAT ZUR BEGUTACHTUNG DER GESAMTWIRTSCHAFTLICHEN ENTWICKLUNG (2005). Jahresgutachten 2005/2006.

SEGAL, L.M. & SULLIVAN, D. G. (1997). The Growth of Temporary Services Work. Journal of Economic Perspectives, Heft 2/1997, S. 117-136.

SEIFERT, H. & BREHMER, W. (2008). Leiharbeit: Funktionswandel einer flexiblen Beschäftigungsform. WSI-Mitteilungen, Heft 6/2008, S. 335-341.

STORRIE, D. (2002). Temporary agency work in the European Union, European Foundation for the Improvement of Living and Working Conditions, Dublin.

STROTMANN H. &VOGEL A. (2004). Zur Bedeutung der Bundesagentur für Arbeit für die Stellenvermittlung in Baden-Württemberg. Untersuchung über den Einschaltungsgrad der Bundesagentur für Arbeit und alternative Wege zur Personalrekrutierung auf Basis einer repräsentativen Arbeitgeberbefragung. IAW-Kurzbericht Nr. 4/2004.

WEINKOPF, C. (2007). Zeitarbeit setzt Löhne und Arbeitsbedingungen unter Druck. Der Kommentar, Arbeitsrecht und Betrieb, Heft 7/2007, S. 377.

WEINKOPF, C. & VANSELOW, A. (2008). (Fehl-)Entwicklungen in der Zeitarbeit? Expertise im Auftrag der Friedrich-Ebert-Stiftung, Bonn.

ZIJL, M., VAN DEN BERG, G.J. & HEYMA, A. (2004). Stepping Stones for the Unemployed: The Effect of Temporary Jobs on the Duration until Regular Work. IZA-Discussion Paper, Nr. 1241.

Wilfried Schulz

Zeitarbeit aus Sicht eines Betriebsratsvorsitzenden

An sich ist das Thema Zeitarbeit kein Thema, mit dem sich Betriebsräte überhaupt befassen sollten, da die im Rahmen der Zeitarbeit im Unternehmen eingesetzten Mitarbeiter grundsätzlich nicht zu dem von Betriebsräten zu betreuenden Personenkreis gehören. Außerdem stehen Betriebsräte der Zeitarbeit grundsätzlich sehr reserviert gegenüber. Da Zeitarbeit aber in nahezu allen Unternehmen in Deutschland heute im großen Stil Verbreitung gefunden hat, ist es auch in unserem Unternehmen zu einem Thema geworden.

1 Mitarbeiter 2. Klasse?

Generell stellt sich die Frage: Sind Mitarbeiter, die von Zeitarbeitsunternehmen kommen, wirklich Arbeitnehmer 2. Klasse? Eigentlich nicht, denn sonst würden sich nicht so viele in Zeitarbeitsunternehmen beschäftigen lassen. Der überwiegende Teil der Zeitarbeitskräfte, die über Personaldienstleister in unserem Unternehmen tätig sind, sieht in dem Einsatz eine Möglichkeit sich zu präsentieren und hofft natürlich auf eine Übernahme und Festanstellung in unserem Unternehmen. Für diese Arbeitskräfte ist die Zeitarbeit häufig der erste, willkommene Schritt aus der Arbeitslosigkeit, eine Art Sprungbrett in den ersten Arbeitsmarkt.

Im Unternehmen muss es das Ziel sein, aus den Stammkräften und den Leiharbeitnehmern eine schlagkräftige Einheit zu machen. Dies ist gar nicht einfach, kann jedoch dann gelingen, wenn alle respektvoll miteinander umgehen und sich gegenseitig achten. Hier kann die Personalabteilung wichtige Zeichen setzen und auch der Betriebsrat kann unterstützend tätig werden.

Für die Betriebsräte stellt Zeitarbeit eine große Herausforderung dar. Einerseits streben wir Arbeitnehmervertreter zum Schutz der Stammbelegschaft und zur Vermeidung von Unruhen in unserem Unternehmen die Begrenzung der Zeitarbeit an, andererseits sollen wir auch die Interessen der Zeitarbeiter verstehen und für diese Kollegen auf Zeit ebenfalls da sein. Dieser Spagat ist nicht immer einfach.

2 Zeitarbeit - Geringverdiener?

Die Zeitarbeit boomt, immer häufiger „mieten" Unternehmen Arbeitskräfte, statt sie selbst einzustellen. So wächst die Zahl derjenigen, die mit ihrer Arbeit weniger verdienen als der Kollege nebenan, der einer festen Beschäftigung nachgeht. Problematisch ist, dass es sich bei den meisten Zeitarbeitsmitarbeitern um Geringverdiener handelt, obwohl diese über einen normalen Schulabschluss verfügen.

Die Entgeltunterschiede sorgen in der Belegschaft für Spannungen und beim Betriebsrat für Herausforderungen. Während sich die Stammkräfte angesichts der Billiglohnkonkurrenz nicht selten Sorgen um ihren Arbeitsplatz machen, fühlen sich die Zeitarbeiter benachteiligt, weil sie für die gleiche oder nur unwesentlich andere Tätigkeit deutlich weniger verdienen. Der Betriebsrat steht häufig mitten im Spannungsfeld und muss versuchen allen gerecht zu werden, was eigentlich nicht möglich ist.

3 Zeitarbeit - warum?

Eine bedarfsgerechte Ergänzung des Stammpersonals durch Leiharbeitnehmer lässt die Produktion atmen und erlaubt es den Unternehmen, gezielt auf projektbedingte oder konjunkturelle Spitzen zu reagieren. So wird es seitens der Personalmanager nicht nur den Betriebsräten verargumentiert, auch über die Medien wird diese Botschaft gezielt verbreitet. In der Praxis sieht es aber nicht selten anders aus. Da wird versucht, einen Teil der Personalbedarfs dauerhaft über Zeitarbeitskräfte abzudecken, um noch flexibler zu bleiben.

Generell ist in den Unternehmen ein Trend klar auszumachen: Man möchte sich nicht mehr langfristig an Mitarbeiter binden. Klar zu erkennen ist, dass Auszubildende und befristet Beschäftigte nicht mehr in unbefristete Arbeitsverhältnisse übernommen werden. Offene Stellen in der Produktion werden bevorzugt mit Zeitarbeitnehmern besetzt. Man testet sie, in dem man sie über ein Zeitarbeitsunternehmen ausleiht und verlängert somit die Probezeit. Die normale Form der Probezeit, wenn man Mitarbeiter gleich fest einstellt, beträgt – je nach Tarifvertrag – nur einige Monate. Das reicht oft nicht aus, um einen Mitarbeiter richtig einschätzen zu können. Hier sammelt die Zeitarbeit dicke Pluspunkte: Sie ermöglicht es, Mitarbeiter über einen längeren Zeitraum kennen zu lernen, ohne sich gleich fest an sie binden zu müssen.

4 Was kann der Betriebsrat tun?

Unser Betriebsrat steuert ganz klar gegen die zu starke Ausdehnung der Zeitarbeit. Er nutzt dabei auch seine Rechte nach dem Betriebsverfassungsgesetz. Danach unterliegt der Einsatz von Zeitarbeitskräften der Mitbestimmung. Wir können unsere Zustimmung aber nur dann zum Beispiel verweigern, wenn Besorgnis besteht, dass infolge einer solchen personellen Maßnahme im Betrieb beschäftigte Arbeitnehmer gekündigt werden oder sonstige Nachteile erleiden könnten.

Wenn wir die Zeitarbeit nicht verhindern können, so sollten wir zumindest auf die Einhaltung klarer Leitlinien achten. Es ist allgemein bekannt, dass es unter den vielen Zeitarbeitsvermittlern auch schwarze Schafe gibt. Diese gilt es zu identifizieren und aus dem Betrieb herauszuhalten. Hier müssen entsprechende Kontrollen aufgebaut und aufrecht erhalten werden. In diesem Zusammenhang muss auch verstärkt auf die Einhaltung der Eingruppierungsgrundsätze geachtet werden, die in den Tarifverträgen für die Zeitarbeit festgelegt worden sind. Hier gilt es parallel mit den Zeitarbeitsunternehmen entsprechende Rahmenvereinbarungen abzuschließen und natürlich auch zu kontrollieren.

Betriebsräte sollten verstärkt darauf drängen, dass generell Betriebsvereinbarungen zwischen Arbeitgeber und Betriebsräten getroffen werden mit folgenden inhaltlichen Schwerpunkten:

- Wie wird der generelle Umgang mit der Zeitarbeit geregelt?
- Wann werden Zeitarbeitskräfte angefordert?
- Wie sind die Kriterien bei der Auswahl der Zeitarbeitsfirmen (welcher Tarifvertrag der Zeitarbeit findet Anwendung) mit denen zusammengearbeitet werden soll?
- Wie findet die Auswahl von Zeitarbeitskräften statt?
- Ab wann erfolgt die Einstellung in ein direktes Arbeitsverhältnis im Unternehmen?
- Wie werden die Zeitarbeitsmitarbeiter ins Unternehmen integriert?
- Festlegung einer Obergrenze des Anteils der Zeitarbeitsmitarbeiter im Verhältnis zur Stammbelegschaft
- Mindestentlohnung für die Zeitarbeitsmitarbeiter in Höhe des Einstiegslohnes der Stammbelegschaft
- Gestaltung der Arbeitszeiten
- korrekte Umsetzung des Arbeitsschutzes
- Möglichkeit zur Nutzung aller sozialen Einrichtungen, wie z.B. der Kantine und der Pausenräume

In unserem Unternehmen gibt es einen so genannten Kapazitätspool, in den die Mitarbeiter von Zeitarbeitsunternehmen eingebunden sind. Im Logistikzentrum können etwa 10 bis 15 Personen von Zeitarbeitsunternehmen angefordert werden, wenn ein entsprechender Bedarf besteht. Dies ist zum Beispiel bei Krankheitsausfällen, Urlaubsüberbrückungen oder bei hohem Arbeitsaufkommen der Fall, wie es bei Marketingaktionen möglich ist. Meist werden dann Personen eingesetzt, die die Arbeit und das Unternehmen schon kennen. Somit wird die Kapazität erhalten bzw. bei Bedarf aufgestockt. Unsere aktuelle Forderung lautet in diesem Zusammenhang: Die Zeitarbeiter sollen in Zukunft mindestens den Einstiegslohn der Stammbelegschaft vergütet bekommen.

5 Wann ist Zeitarbeit wirklich sinnvoll?

Unser Betriebsrat sieht die Zeitarbeit dann als sinnvolles Instrument an, wenn es um Auftragsspitzen beziehungsweise die Überbrückung von Erkrankungen oder Erziehungszeiten der Stammbelegschaft geht. Wir sind dann mit dem Einsatz von Zeitarbeitsmitarbeitern einverstanden, wenn die Arbeitsbedingungen der Zeitarbeitnehmer denen der Stammbelegschaft entsprechen und die Dauer und der Umfang der Zeitarbeit nicht zur Verdrängung der Stammbelegschaft führen.

Sollten wir feststellen müssen, dass die Geschäftsleitung letzteres vorhaben sollte, so würden wir uns heftig widersetzen, da dann diejenigen gefährdet würden, die uns ihr Vertrauen ausgesprochen und uns mit der Wahrnehmung ihrer Interessen beauftragt haben.

6 Zeitarbeit bei der Dr. Wilmar Schwabe AG

Die Unternehmensgruppe Dr. Willmar Schwabe beschäftigt weltweit 3.200 Mitarbeiter. In der in Karlsruhe ansässigen Dr. Willmar Schwabe AG arbeiten etwa 700 Mitarbeiter. Im Jahr 2006 waren durchschnittlich 28 Zeitarbeitnehmer im Einsatz, 2007 waren es mit 23 etwas weniger und im Jahr 2008 waren es 24. Im Frühjahr 2009 hat sich die Zahl der Zeitarbeitnehmer unverändert gehalten. Analysiert man die Zahlen aus 2008 genauer, so stellt man fest, dass 56,5 Prozent von diesen Arbeitskräften im gewerblichen Bereich eingesetzt wurden. Im Bereich der Forschung und Entwicklung arbeiteten 8 Mitarbeiter, die von Zeitarbeitsunternehmen überlassen wurden. Im kaufmännischen Bereich beschäftigten wir unter 2 Prozent Leiharbeitnehmer.

Die Gründe unserer Geschäftsleitung für den anhaltenden Einsatz von Zeitarbeit sind, dass das Unternehmen in den vergangenen Jahren mit Zeitarbeitnehmern zahlreiche gute Erfahrungen gemacht hat. Viele dieser Arbeitskräfte konnten aufgrund überzeugender Leistungen anschließend in ein festes Arbeitsverhältnis übernommen werden. Dabei ist jedoch im Auge zu behalten, dass das Verhältnis zwischen Stammpersonal und Zeitpersonal stets ausgewogen bleibt und kein Lohndumping betrieben wird.

Bei der Dr. Wilmar Schwabe AG gibt es derzeit noch keine Betriebsvereinbarung zur Zeitarbeit. Es wird jedoch bereits daran gearbeitet. Wir als Betriebsrat denken, dass uns eine solche Vereinbarung eine größere Sicherheit geben und das Gleichgewicht zwischen Stammpersonal und geliehenem Personal damit auch dauerhaft zu kontrollieren sein wird.

Armin Schild & Ingo Petzold

Zeitarbeit aus Sicht der Gewerkschaften

1 Entwicklungen in der Leiharbeit

Zeitarbeit tritt mittlerweile in allen Branchen als Mitbewerber um Erwerbsarbeit auf. Die Branche verzeichnete bis Ende 2008 massive Beschäftigungszuwächse. Zeitweise konnte man bei über 21.000 Anbietern über 850.000 Leiharbeiter auswählen. Alle konkurrieren auf einem Markt, der profitabler ist als andere Märkte und der deshalb immer neue Anbieter anzieht. Befördert durch die zunehmend veränderte Nutzung von Leiharbeit als Verdrängungsinstrument für reguläre Beschäftigung ist der Unterbietungswettlauf gnadenlos. Das betrifft vor allem aber die Leiharbeiter selbst. Die sind gefangen zwischen Hartz IV und extrem prekärer Beschäftigung zu miserablen Löhnen.

Die IG Metall ist von dieser Entwicklung besonders betroffen. Die Metall- und Elektrobranche gehört zu den größten Nutzern der Leiharbeit. Nach Schätzungen werden zwischen 25 und 50 Prozent der Leiharbeitnehmer im Organisationsbereich der IG Metall beschäftigt. Teilweise gründen Unternehmen auch eigene Verleihfirmen. Der Anteil an Leihbeschäftigten in den Betrieben im Organisationsbereich der IG Metall beträgt dabei in einigen Fällen sogar bis zu 50 Prozent. Nach bisherigen Erkenntnissen ist die Nutzung der Leiharbeit zwar nicht flächendeckend und konzentriert sich auf ca. ein Drittel der Betriebe, hier werden aber größtenteils erhebliche Quoten erreicht. Besonders die Intensivnutzung von Leiharbeit hat in den letzten Jahren stark zugenommen. Gegenwärtig kann bei ca. 10 Prozent der Entleihbetriebe eine Leiharbeitsquote von 20 Prozent festgestellt werden (Bellmann & Kühl, 2007). Insgesamt werden im Organisationsbereich der IG Metall zurzeit über 215.000 Leihbeschäftigte eingesetzt - Tendenz weiter steigend.

Im IG Metall Bezirk Frankfurt wurde ebenfalls ein rasantes Ansteigen der Leihbeschäftigtenzahl konstatiert. Besonders betroffen ist dabei das Land Hessen. Hier stieg die Leihbeschäftigtenzahl zwischen 1999 und 2007 von 36.053 auf über 141.061. Das entspricht einer Zunahme von 391 Prozent. Gleichzeitig sank allerdings die Anzahl der hessischen Beschäftigten in der Metall- und Elektrobranche von etwa 255.000 auf ca. 228.000, d.h. um 11 Prozent. Diese Entwicklungen lassen vermuten, dass reguläre Be-schäftigung durch Leiharbeit ersetzt wird.

Ein weiteres Kennzeichen für den enormen Zuwachs der Leiharbeit ist die stark gestiegene Anzahl der Verleihunternehmen. Während die Bundesagentur für Arbeit im Jahr 1995 bundesweit 7.513 Verleihbetriebe registrierte, konnte man im Jahr 2007 schon 21.241 Verleihfirmen deutschlandweit zählen. Hinzu kommen weitere Verleihfirmen aus den europäischen Nachbarländern, die den grenzüberschreitenden Leihbeschäftigteneinsatz ebenfalls ansteigen lässt.

2 Änderungen der gesetzlichen Rahmenbedingungen

Ein Auslöser des Wachstums der Leiharbeit ist in ihrer gesetzlichen Neuregelung zu sehen. Die Leiharbeit als Element eines flexibler ausgestalteten Arbeitsmarktes wurde im Rahmen der Hartz-Reformen im Jahr 2004 neu gestaltet. Die Reform des Arbeitnehmerüberlassungsgesetzes (AÜG) kann als Deregulierung verstanden werden, die unmittelbaren Einfluss auf die Wachstumsdynamik der Verleihbranche hatte. Durch die Aufhebung des Synchronisationsverbots, des besonderen Befristungsverbots sowie des Wiedereinstellungsverbots wurden für Unternehmen veränderte Handlungsspielräume geschaffen, die nachweislich zur Ausweitung des Verleihgeschehens führten. Insbesondere der gesetzliche Wegfall der Beschränkungen kombiniert mit einer verstärkten Akquisetätigkeit der Verleihunternehmen führte nachweislich zu einer intensivierten Nutzung von Leiharbeit durch die Betriebe in Deutschland.

Der Zeitarbeitsunternehmer ist nach § 9 Nr. 2 AÜG verpflichtet, den Zeitarbeitnehmer in allen Bereichen des Arbeitsverhältnisses einem vergleichbaren Nicht-Zeitarbeitnehmer im Kundenbetrieb gleichstellen, so genanntes Equal Treatment/Equal Pay. Dies beinhaltet auch alle Sondervergütungen, Jahreszahlungen (Weihnachtsgeld, Urlaubsgeld, Prämien) sowie die Zuschläge für Schicht- und Mehrarbeit. Hierzu sind die Bezüge der eigenen Mitarbeiter im Zweifelsfall gegenüber dem Überlasser offen zu legen und in einen Stundenlohn für den Zeitarbeitnehmer umzurechnen.

Dieser Gleichstellungsgrundsatz kann gemäß der Vorgaben des AÜG jedoch durch einen Tarifvertrag umgangen werden, wovon in Deutschland praktisch in der gesamten Zeitarbeitsbranche Gebrauch gemacht wird. Die gegenüber dem Arbeitnehmer des Entleihers schlechtere Behandlung und Vergütung der Leiharbeitnehmer ist also zum Regelfall geworden. Die so genannten „Christlichen Gewerkschaften" und der Arbeitgeberdachverband AMP nutzen diese Lücke im Gesetz und schließen Tarifverträge mit Hungerlöhnen ab.

3 Die DGB Tarifgemeinschaft

Es gibt aber auch in der Zeitarbeitsbranche Unternehmen, die fairen Wettbewerb suchen. Diese werden allerdings durch unfaire Rahmenbedingungen benachteiligt. Die DGB Gewerkschaften haben, mit dem Abschluss von Zeitarbeitstarifverträgen die Vorraussetzungen für eine Zivilisierung und Weiterentwicklung der Leiharbeit zur Zeitarbeit geschaffen. Zusammen mit den beiden Dachverbänden iGZ und BZA hat der DGB in einer Tarifgemeinschaft mit seinen Einzelgewerkschaften Tarifverträge zur Regelung der Leiharbeit abgeschlossen. Ein Bestandteil dieser Tarifverträge war, dass ab 2003 die Löhne über einen Stufenplan zugesichert steigen und vor allem über Branchenzuschläge binnen 5 Jahren, also bis 2008, auf ein vertretbares Niveau entwickelt werden sollten. Die Entgelterhöhung pro Stufe setzt sich zum einen aus der durchschnittlichen Entgelterhöhung aller DGB-Tarifabschlüsse zusammen. Zum anderen kommt eine zusätzliche Steigerung von x Prozent hinzu, welche jährlich von den Tarifparteien ausgehandelt und vereinbart werden sollte. Einsatzzeiten in höher entlohnten Industriebranchen sollten mit einem Branchenzuschlag im Sinne des Equal-Pay-Gebotes vergütet werden. Zudem beinhaltet die Vereinbarung noch eine Öffnungsklausel für den Fall, dass Leihbeschäftigte vom Entleiher besser bezahlt werden, als es das DGB-Tarifwerk gewährleistet. Damit wäre eine Variante des Equal-Pay entstanden, die zum Flächentarifsystem in Deutschland kompatibel wäre.

Durch die schon beschriebenen gesetzlichen Änderungen im AÜG und durch die Reformmaßnahmen der rot-grünen Koalition im Rahmen der „Agenda 2010" wurden dem Stufenmodell die stützenden Säulen genommen. Profiteure sind unseriöse Leiharbeitsfirmen, die nun mit ihren Hungerlöhnen einen Dumping- und Unterbietungswettlauf in Gang setzen konnten. Der unseriöse Teil der Zeitarbeitsunternehmen hat sich unter Duldung und mit teilweiser Zustimmung der Politik unter Mithilfe des Bundesverbandes Deutscher Arbeitgeberverbände dieser ausgestreckten Hand für eine vernünftige Lösung entzogen. Stattdessen wurden Dumpingverbände gegründet, willfährige „Kaufgewerkschaften" gesucht oder geschaffen. Ihre Funktion ist es offensichtlich, die Zivilisierung der Zeitarbeit in Deutschland zu verhindern und sie in den vom Staat erst bewässerten Sümpfen immer tiefer in einen anachronistischen, an frühkapitalistische Methoden erinnernden Lohndumpingwettbewerb zu ziehen. Im Ergebnis konnten die bereits 2003 vereinbarten Stufenpläne des DGB bislang nicht aufrechterhalten werden.

4 Auswirkungen und Folgen der Leiharbeit

Die oben beschriebenen Entwicklungen in der Leiharbeit sind in dreifacher Hinsicht problematisch. Einmal arbeiten Leihbeschäftigte zu Niedriglöhnen und meist unter schlechten Arbeitsbedingungen. Außerdem werden gut bezahlte Arbeitsplätze abgebaut. Schließlich werden die Belegschaften in Entleihbetrieben unter Druck gesetzt. Bei genauer Betrachtung können noch weitere negative Auswirkungen von Leiharbeit konstatiert werden. Diese werden besonders auf der betriebspolitischen, tarifpolitischen und gesellschaftspolitischen Ebene erkennbar.

4.1 Betriebspolitische Auswirkungen

Die marktliberale Politik und die betrieblichen Strategien zur Kostensenkung der vergangenen Jahre zeigen auch im Organisationsbereich der IG Metall ihre Wirkung. Der Leistungs- und Kostendruck auf die Beschäftigten hat enorm zugenommen. Neu ist in bisher nicht gekanntem Ausmaß, dass Leiharbeit und damit prekäre Arbeitsverhältnisse verstärkt Einzug in den Organisationsbereich der IG Metall halten. Durch Fremdpersonaleinsatz, über Ausgliederung, Werkverträge und Leiharbeit nimmt die Zahl der Beschäftigten in den Betrieben zu, die in unsicheren Arbeitsverhältnissen und zu geringeren, zum Teil nicht existenzsichernden Entgelten arbeiten. Die Fragmentierung innerbetrieblicher Belegschaften nimmt stetig zu und erhöht den Kontroll- und Arbeitsaufwand von Betriebsräten, die den Anspruch haben, ihren gesetzlichen Rechten und Pflichten im Zusammenhang mit dem Leiharbeitereinsatz nachzukommen.

Die deutliche Zunahme der Leihbeschäftigten bei teilweise sinkender Anzahl von Normalarbeitsverhältnissen sowie die deutliche Zunahme der Intensivnutzung von Leiharbeit zeigen, dass Leiharbeit nicht mehr nur zur Abfederung von Auftragsspitzen verwendet wird, sondern mittlerweile auch Dauerarbeitsplätze mit Leiharbeit besetzt werden. Die Prekarisierung frisst sich also in die Belegschaften. Zum Teil entsteht in Betrieben der Eindruck, dass getestet werden soll, wie weit sich dies noch ausdehnen lässt. Dabei ersetzt Leiharbeit Normalbeschäftigung zum einen auf direkte Art und Weise, in dem Stammbeschäftigte unmittelbar durch Leihbeschäftigte ersetzt werden. Meist verläuft der Austausch von Stamm- zu Leiharbeitnehmern aber auf indirekte Art und Weise. Nachdem in den vergangenen Krisenjahren die Zahl der festen und unbefristeten Stellen reduziert wurde, bedient sich das Management in der Phase des wirtschaftlichen Aufschwungs überwiegend des Leiharbeitereinsatzes, um den gewachsenen Bedarf an Arbeitskraft kurzfristig zu decken (Wassermann & Rudolph, 2007). Es wird deutlich, dass viele Arbeitgeber durch den teilweise massiven Einsatz von Leihbeschäftigten einen betrieblichen Niedriglohnsektor einführen wollen.

Der zunehmende und dauerhafte Einsatz von Leiharbeit hat eine Spaltung der Belegschaft zur Folge und ist Quelle innerbetrieblicher Konflikte. Leiharbeit belastet den innerbetrieblichen Frieden und nicht zuletzt die Arbeit des Betriebsrats. Die schon erwähnte Fragmentierung der Belegschaften lässt den Kern der Stammbeschäftigten immer weiter schrumpfen. Die tatsächliche betriebliche Integration insbesondere der Leihbeschäftigten ist hingegen kaum möglich. Diese ist jedoch Grundvoraussetzung für eine funktionierende innerbetriebliche Mitbestimmung. „Wir konnten zeigen, dass eine Integration der Leiharbeiter in die betriebliche Mitbestimmung deren soziale Integration in Betrieb und Belegschaft voraussetzt. (...) Wo dies nicht der Fall war, blieb das neue Wahlrecht ohne größere Bedeutung. Wir kamen zu der Einschätzung, dass das vom Gesetzgeber 2001 eingeführte „doppelte Wahlrecht" der Leiharbeitnehmer noch nicht zu ihrer Integration in die betriebliche Mitbestimmung in den Entleihbetrieben geführt hatte" (Wassermann & Rudolph, 2007, S. 6). Somit bewirkt der Einsatz von Leiharbeit eine Schwächung innerbetrieblicher Mitbestimmung und der Arbeit des Betriebsrats. Hinzu kommt, dass Verleihfirmen dazu übergehen, eigene Servicebüros für Leihbeschäftigte in den Entleihbetrieben einzurichten, die die Leiharbeiter vor Ort im Entleihbetrieb betreut. Das so genannte „On site Management" bewirkt eine Externalisierung von Kernfragen der Arbeitsbedingungen der Leihbeschäftigten aus dem Mitbestimmungshandeln der Betriebsräte. „Den Betriebsräten im Entleihbetrieb können solche Rundum-Modelle Probleme bringen: Ihr wichtigster Ansprechpartner, die eigene Personalabteilung, ist für den Einsatz der Leiharbeiter nicht mehr zuständig" (Seifert, 2008, S. 1).

4.2 Tarifpolitische Auswirkungen

Die Entwicklung der Leiharbeit hat für alle Beschäftigten, für Stammpersonal wie für die betroffenen Leihbeschäftigten selbst, eine Aushöhlung von arbeitsvertraglichen Standards, Lohndumping und Tarifumgehung zur Folge. Es findet eine schleichende Erosion von Arbeitnehmerrechten statt. Die Interessenvertretungen in den Betrieben werden durch den Fremdpersonaleinsatz geschwächt, die Durchsetzungs- und Gestaltungsfähigkeit der Belegschaften verringert.

Der zunehmende Einsatz von Leihbeschäftigten, die keiner flächentarif- oder haustarifvertraglichen Regelungen unterliegen, führt zu einer Verringerung der Reichweite von Flächentarifverträgen. Somit können mit Abschlüssen von Tarifverträgen weniger Beschäftigte des eigentlich angesprochenen Geltungsbereiches tatsächlich erreicht werden. Hinzu kommt, dass Leiharbeit auch den Druck auf bestehende Tarifverträge erhöht und so die strategische und machtpolitische Position von Gewerkschaften und ihren Mitgliedern geschwächt wird. Nicht selten werden tarifpolitische Standards auf betriebspolitischer Ebene unterlaufen.

Zwar konnten über die DGB-Tarifgemeinschaft einige Exklusionen vermieden werden. Es ist jedoch unübersehbar, dass mit diesem Tarifwerk, das faktisch in seinem Ursprungszustand eingefroren ist und somit nur unzureichend zur Geltung kam, eine faktisch zweite tarifvertragliche Ebene installiert wurde, die die politische Durchsetzungskraft von Branchen- oder Flächentarifverträgen – etwa bei Tarifauseinandersetzungen – schwächt. Die originäre Stärke einer Gewerkschaft liegt in ihrer betrieblichen Verankerung und ihrer Durchsetzungskraft in Tarifkonflikten. Ohne wirkungsvolle Warn- und Erzwingungsstreiks und ohne die Organisation von betrieblicher Solidarität ist eine Gewerkschaft nicht durchsetzungsfähig. Kann in einem Betrieb zu einem Streik nicht aufgerufen werden, weil ein immer größer werdender Teil der Belegschaft aus Leihbeschäftigten besteht, schwindet die Handlungsmacht von Gewerkschaften und somit die Handlungsspielräume für die Interessen der Arbeitnehmerinnen und Arbeitnehmer.

4.3 Gesellschaftspolitische Auswirkungen

Ungleiche, niedrige Löhne sind oft das einzig nennenswerte Wettbewerbspotenzial vieler Leiharbeitsunternehmen. Das dadurch entstehende Lohngefälle wirkt aber auch an anderer Stelle. Hochproduktive, erfolgreiche Unternehmen wandeln Teile ihrer bisher nicht prekären Beschäftigung um und lassen sie über Leiharbeit billig erledigen. Das funktioniert, wenn die fälligen Stundensätze, nach Abzug von Verwaltungskosten und Gewinn durch den Verleiher, noch unter denen der Stammbelegschaften liegen. Die Behauptungen, mit denen Leiharbeit befürwortet wird, treffen eben aus diesem Grund immer weniger zu. Neue Beschäftigung wird kaum generiert und Leiharbeit immer seltener zur Umwandlung von Auftragsschwankungen in Beschäftigung eingesetzt.

Ungleicher Lohn für gleichwertige Arbeit ist aber nicht nur ein moralischer Missstand. Der legalisierte Missbrauch der Leih- und Zeitarbeit als Instrument des Lohndumpings verursacht auch enormen volkswirtschaftlichen Schaden. Die Differenz der Armutslöhne zur Hartz-definierten Armutsgrenze zahlt die sozialversicherungspflichtige Allgemeinheit. Das ist ein verdeckter Lohnzuschuss durch die Sozialkassen, den gerade die Unternehmen in Anspruch nehmen, deren Auftragsbücher voll sind.

Die zunehmende Prekarisierung von Arbeitsverhältnissen bewirkt eine tiefe Verunsicherung in der Gesamtbevölkerung. Die Arbeitswelt, das Leben und das Lebensgefühl von Menschen verändern sich. Die Ausbreitung von Leiharbeit spaltet die Arbeitsgesellschaften. Meist getrieben von einseitiger und kostenorientierter Rationalisierungsstrategien, durch eine neoliberalisierte Sozial- und Arbeitsmarktpolitik, welche Marktrisiken von dem Arbeitgeber auf die Beschäftigten abwälzt, entstehen weite Zonen der Unsicherheit. Am unteren Ende der Markthierarchie befinden sich Gruppen ohne eine reale Chance auf eine Integration in reguläre Beschäftigung. Leiharbeit und prekäre Beschäftigung zeichnen sich durch ein erhöhtes Armutsrisiko aus. Vor allem junge Menschen, Frauen und Geringqualifizierte sind davon betroffen. Es ist unverantwortlich, dass gerade junge Menschen es nicht nur schwer haben überhaupt eine Beschäftigung zu finden, sondern sich auch noch mit dem Problem konfrontiert sehen, oftmals einer schlecht bezahlten, perspektivlosen und befristeten Beschäftigung nachzugehen.

Hinzu kommt, dass der so genannte „Klebeeffekt" der Leiharbeit bei kritischer Prüfung meist sehr viel geringer ausfällt als im Allgemeinen angenommen. So zeigen Studien, dass maximal ein Viertel der Leihbeschäftigten mit einer anschließenden Übernahme im Entleihbetrieb rechnen können. Andere Untersuchungen wiederum ziehen die „Sprungbrettthese" der Leiharbeit ganz in Frage (Bellmann & Kühl, 2007; Boockmann & Hagen, 2005). Den sozialen Aufstieg schaffen nur sehr wenige, zumal die Weiterbildungsrate von Leihbeschäftigten geringer ausfällt als die von Stammbeschäftigten. Dauerhafte Armut trotz harter Arbeit ist für viele die bittere Realität.

5 Antworten der IG Metall

Ein rechtsstaatlicher Grundsatz ist, dass es staatliche Aufgabe sei, Missbrauch in Rechtsbeziehungen zu verhindern. Die Aufnahme der Zeitarbeitstarifverträge in das Entsendegesetz, den die beiden seriösen Arbeitgeberverbände gemeinsam mit dem DGB beantragt haben, ist der richtige Schritt hin zu einer zivilisierten und modernen Zeitarbeit. Es stellt in keiner Weise eine Infragestellung der Tarifautonomie dar, wenn der Staat die von ihm selbst verursachten Schäden an deren Fundament selbst wieder repariert. Wer in der aktuellen Debatte um Mindestlohn mehr tun will als das Schattenboxen um Wahlkampfzeiten zu überstehen, der muss Farbe bekennen: Wenn es eine Branche gibt, die einen Mindestlohn braucht, dann ist es die Leiharbeit.

Aufgrund der drastischen Zunahme und der entstehenden Probleme von Leihbeschäftigung war Leiharbeit eines der bestimmenden Themen des Gewerkschaftstages 2007. Der Vorstand der IG Metall hat im Januar 2008 beschlossen, die Kampagne „Gleiche Arbeit - Gleiches Geld" zu entwickeln und damit das Thema Leiharbeit in den nächsten drei Jahren zu einem Schwerpunktthema für die gesamte Organisation zu machen.

Ziel der Kampagne ist es zum einen, auf der betrieblichen Handlungsebene „Besservereinbarungen“ im Sinne von Equal-Pay und Equal-Treatment-Vereinbarungen zugunsten der Leihbeschäftigten abzuschließen. Zum anderen soll die politische Ebene ins Visier genommen und das Thema in die Öffentlichkeit getragen werden, um politischen Handlungsdruck zu erzeugen. Ein weiteres Handlungsfeld stellen die Leihbeschäftigen selbst dar. Die IG Metall will durch konkrete Hilfestellungen, Sensibilisierung und Beratung den Leihbeschäftigten helfen und sie für die IG Metall gewinnen.

6 Das Projekt „Gemeinsam besser“ des IG Metall Bezirks Frankfurt

Vor dem Hintergrund der skizzierten Entwicklungen in der Leiharbeit, sah sich der IG Metall-Bezirk Frankfurt ebenfalls zu Maßnahmen gezwungen. Der IG Metall Bezirk hatte Ende 2007 unter dem Titel „Gemeinsam besser“ mit einem Projekt zur Verbesserung der Bedingungen für Leiharbeitnehmer begonnen. Während sich die Kampagne des Vorstands der IG Metall stärker auf die Entleihbetriebe und die Politik bezieht, richtet der IG Metall Bezirk Frankfurt mit dem Fairness-Abkommen den Blick stärker in Richtung Verleihbetriebe.

Das Projekt „Leiharbeit“ versteht sich als Ergänzung und thematische Vertiefung vor dem Hintergrund der Kampagne „Gleiche Arbeit – gleiches Geld“ des Vorstands der IG Metall. Beide Kampagnen verfolgen die gleichen Ziele und sind aufeinander abgestimmt. „Wir gehen im Übrigen davon aus, dass das Fairness-Abkommen uns die Auseinandersetzung im Rahmen des vom Vorstand beschlossenen Leiharbeitsprojektes erleichtern wird. Dazu gehören sowohl die Aufklärung und Einbeziehung der Stammbelegschaften und Betriebsräte der Entleihbetriebe als auch die Aufklärung der Politik und der Öffentlichkeit“(Schild, 2008, S. 5).

Das Projekt „Leiharbeit“ im Bezirk Frankfurt gliedert sich in mehrere Phasen, die wiederum eigene Schwerpunkte und Handlungsstrategien aufzeigen.

Phase I: Sensibilisierung:

Zentrale Handlungsschritte:

- Sensibilisierung für das Thema Leiharbeit in den Verwaltungsstellen und bei Betriebsräten
- Analyse bezirklicher Leiharbeitszahlen
- Herausgabe spezieller Informationsmaterialien

Phase II: Aktivierung

Zentrale Handlungsschritte:

- Fairness-Abkommen zwischen Verleihern und IGM Bezirk abschließen
- Betriebsräte und Vertrauensleute für Fairness-Abkommen mobilisieren
- Kontaktaufnahme mit reg. Niederlassungen der Verleihbetriebe
- Abschließen von Fairness-Abkommen zusammen mit regionalen Niederlassungen der Verleihbetriebe.
- Seminare und Workshops zum Thema Leiharbeit

Phase III: Mobilisierung

Zentrale Handlungsschritte:

- Bilanz Fairness-Abkommen
- „Unfaire“ Verleiher skandalisieren und politischen Druck erzeugen
- Aus den „fairen“ Betrieben CGM-Tarifverträge verdrängen

- In mindestens 54 Betrieben Besser-Vereinbarungen zu fairer Leiharbeit
- Aufnahme von 1.000 Leihbeschäftigten in die IG Metall
- Gesellschaftspolitische Thematisierung im Rahmen der „Truck-Tour"

Das Herzstück des Projekts „Gemeinsam besser" bildet das „Fairness-Abkommen". Das Abkommen wurde am 06.02.2008 der Öffentlichkeit vorgestellt. Es beinhaltet eine Aufforderung an das örtliche Verleihunternehmen mit der IG Metall vier Verabredungen zu treffen:

- Die Einhaltung der BZA / iGZ / DGB-Tarifverträge.
- Die Bereitschaft, dreiseitige Vereinbarungen zwischen Kundenunternehmen, Zeitarbeitunternehmen und IG Metall / Betriebsrat zu schließen, die Zeitarbeitnehmer besser stellen als im Flächentarifvertrag der Zeitarbeitsbranche geregelt ist.
- Zeitarbeitnehmer können ungehindert einen Betriebsrat wählen.
- Die IG Metall anerkennt den eigenständigen Charakter und Wert der Zeitarbeitsbranche. Deshalb setzen wir uns gemeinsam für die Aufnahme der Zeitarbeitsbranche in das Arbeitnehmer-Entsendegesetz ein und unterstützen einen Branchenmindestlohn. Dies ist spätestens mit Eintritt der Arbeitnehmerfreizügigkeit, voraussichtlich im Jahr 2009, notwendig, um die in der Zeitarbeitsbranche beschäftigten Arbeitnehmer zu schützen.

Das Fairness-Abkommen wurde mit den Dachverbänden iGZ und BZA am 11.04.2008 zusammen mit dem IG Metall Bezirk Frankfurt unterschrieben. Das Abkommen wird in den Betrieben der Verleih- und Entleihunternehmen umgesetzt. Verleihunternehmen, die dem Fairness-Abkommen nicht beitreten, werden vom IG Metall Bezirk Frankfurt als „unfaire" Verleiher eingestuft und sehen sich mit einer öffentlichkeitswirksamen Skandalisierungskampagne konfrontiert. Mit „fairen" Leiharbeitsunternehmen verhandeln wir weiter. Ebenso werden die Entleihunternehmen aufgefordert künftig nur noch mit „fairen" Leiharbeitsunternehmen zusammen zu arbeiten.

Des Weiteren wird die IG Metall an die Leihbeschäftigten dieser Betriebe selbst herantreten. Neben der Aufklärung über Rechte und Ansprüche wird die IG Metall den Beschäftigten in Zeitarbeitsunternehmen, die keine fairen Bedingungen bieten, helfen, in solche Unternehmen zu wechseln, mit denen ein Fairness-Abkommen vereinbart wurde. Das Fairness-Abkommen dient den Beschäftigten somit als „TÜV für Leihfirmen". Tarifpolitisch streben wir eine Verbesserung der Tarifverträge mit den Leiharbeitsverbänden IGZ und BZA an. Das Entgeltniveau dieser Tarifverträge ist generell zu niedrig. Ostabschläge und Regelungen wie in § 8 des BZA-Manteltarifvertrages, die eine Verrechnung von Wege- und Verpflegungskosten mit dem Arbeitsentgelt erlauben, können wir nicht länger hinnehmen. Doch die Tarifverhandlungen mit diesen beiden Verbänden sind schwierig.

7 Abschließende Überlegungen

Leiharbeit hat eine deutliche Zunahme prekärer Beschäftigung bewirkt. Über 5,4 Millionen Menschen (ca. 14 Prozent) sind in Deutschland prekär beschäftigt. Gegen den Trend der EU wächst der Niedriglohnsektor in Deutschland rasant an. Im Jahr 2005 lag der Anteil bei 22 Prozent. In Rheinland-Pfalz gelten 26 Prozent als prekär beschäftigt. Zwischen 1995 und 2005 hat der Sektor um 48 Prozent zugenommen.

Seit 15 Jahren entwickelt sich Leiharbeit immer schneller von einem Instrument zur Deckung eines vorübergehenden Personalbedarfs zu einem Instrument, das zum Lohndumping genutzt wird. Vor allem die Änderungen durch die Hartz-Gesetze Anfang 2003 haben die Entstehung eines Niedriglohnsektors und das enorme Anwachsen prekärer Beschäftigung gefördert. Damit soll der Druck auf Arbeitslose erhöht werden, auch niedrig entlohnte Jobs anzunehmen. Beides zielt darauf ab, die Entgelte und Arbeitsbedingungen der relativ gut bezahlten, sozial abgesicherten Segmente der Arbeitnehmerschaft, eben jener „soziologischen Mitte", unter Druck zu setzen. Deren Bedingungen sind zwar typischerweise in Tarifverträgen geregelt und damit unmittelbarem Handeln der Politik entzogen. Arbeit unter der Armutsgrenze betrifft aber nicht nur den, der gezwungen ist sie ausüben, sondern auch jenen, dem sie droht. Die Ausweitung prekärer Beschäftigung erhöht den Druck auch auf die relativ abgesicherten Teile der Arbeitnehmerschaft. Besonders die vollständige Deregulierung der Zeitarbeit hat diesen Druck erhöht. Sie stellt den bislang schwerwiegendsten Eingriff der Politik in die Tarifautonomie dar. Die Zeitarbeitstarifverträge kamen deshalb zustande, weil die damalige Bundesregierung ihren Abschluss von Arbeitgebern und Verbänden faktisch erzwungen hat. Einem ganzen Sektor wurden Niedrigstlöhne, flexible und extrem unsichere Arbeitsverhältnisse durch gesetzliche Zwangstarifverträge ermöglicht.

Analysiert man die Formen heutiger Leiharbeit, so könne drei Unterscheidungen vorgenommen werden. Die „lohnorientierte Leiharbeit" setzt auf billige Arbeitskräfte und zielt auf die Einrichtung eines betrieblichen Niedriglohnsektors. Die „flexibilitätsorientierte Leiharbeit" zielt auf die Flexibilisierung des Arbeitskräfteeinsatzes. Die „vermittlungsorientierte Leiharbeit" schließlich zielt auf die Wiedereingliederung von Arbeitslosen und schwer vermittelbaren Arbeitskräften in den ersten Arbeitsmarkt.

Unter den oben genannten Bedingungen ist vermittlungsorientierte Leiharbeit für die IG Metall akzeptabel. Dazu zählt auch Leiharbeit zur Abdeckung von kurzfristigen Auftrags-spitzen oder krankheitsbedingten Ausfällen von Stammbeschäftigten. Alle anderen Formen sind bedenklich und bergen die beschriebenen Risiken für Stammbelegschaften. Sie erfordern daher ein gemeinsames Handeln von Gewerkschaften und Betriebsräten. Leihbeschäftigte dürfen nicht Arbeitnehmer zweiter Klasse sein und haben Anspruch auf gleichen Lohn für gleiche Arbeit. Da, wo Gewerkschaften Leiharbeit nicht verhindern können gilt es sie im Sinne der Leihbeschäftigten positiv zu gestalten. Dazu gehört zum einen die Aufnahme der Leiharbeit in das Arbeitnehmerentsendegesetz, bzw. die Einführung eines allgemeinen Mindestlohns, und zum anderen eine seriöse tarifvertragliche Regelung der Leiharbeitsbranche. Eine Lohnuntergrenze, wie von der Bundesregierung gefordert, ist zwar das richtige Ziel, aber das falsche Verfahren. Anders als bei einem tarifgestützten Mindestlohn, sollen nun künftig die Politik und nicht die Tarifparteien über einen „Mindestlohn" entscheiden. Das ist eine Zäsur im deutschen Tarifrecht, deren Tragweite die meisten Akteure noch gar nicht erfasst haben. „Die Festlegung eines Mindestlohns gehört in die Hände der Tarifparteien. Dazu liegt der Politik ein überzeugender Vorschlag der beiden Arbeitgeberverbände und der DGB-Tarifgemeinschaft vor" heißt es dazu in einer gemeinsamen Pressemitteilung der beiden Arbeitgeberverbände BZA und iGZ sowie der IG Metall Bezirk Frankfurt.[1]

Die negativen Folgen der Leiharbeit zeigen sich auch vor dem Hintergrund der aufkommenden Wirtschaftskrise. Vor allem Leihbeschäftigte sind von Massenentlassungen betroffen oder bedroht. Alleine im IG Metall Bezirk Frankfurt sind in den ersten Wochen der Wirtschaftskrise über 6.000 Leihbeschäftigte entlassen worden. In den meisten Fällen von einem auf dem anderen Tag, also ohne jeden Kündigungsschutz. Während die Verleih- und Entleihfirmen in der Hochphase des wirtschaftlichen Booms dank der Leiharbeit milliardenschwere Gewinne einfuhren, werden nun die Kosten in der Abschwungphase durch Massenentlassungen der Allgemeinheit aufgedrückt. Hier kehrt ein Gesellschaftsbild zurück, welches an Phasen frühkapitalistischer und vordemokratischer Zeitepochen eines hire and fire in einem unkontrollierten (Finanz)Kapitalismus erinnert.

1 Gemeinsame Pressemitteilung von BZA/iGZ und IG Metall Bezirk Frankfurt, Lohnuntergrenze in der Zeitarbeit. Richtiges Ziel – falscher Weg. Zäsur im deutschen Tarifrecht. IG Metall Pressemitteilung vom 16.01.2009

Quellenverzeichnis

BELLMANN, L. & KÜHL, A. (2007). Weitere Expansion der Leiharbeit? Eine Bestandsaufnahme auf Basis des IAB-Betriebspanels. Berlin.

BOOCKMANN, B. & HAGEN, T. (2005). Befristete und andere „atypische" Beschäftigungsverhältnisse: Wird der Arbeitsmarkt funktionsfähiger? Zeitschrift für Arbeitsmarktforschung, Heft 2-3/2005, S. 305-324.

SCHILD, A. (2008). Pressestatement PK IG Metall Frankfurt. Fairness-Abkommen Frankfurt.

SEIFERT, H. (2008). Konkurrenz für die Stammbelegschaft. Böckler Impuls, Ausgabe Nr.6, 16. April 2008, S. 1.

WASSERMANN, W. & RUDOLPH, W. (2007). Leiharbeit als Gegenstand betrieblicher Mitbestimmung, Anforderungen und Arbeitsressourcen von Betriebsräten in Betrieben mit hohem Leiharbeitnehmeranteil, Ergebnisse einer Befragung von Betriebsräten in Betrieben des Organisationsbereichs der IG Metall im Frühjahr 2007. Düsseldorf.

Teil 3

Betriebliche Erfahrungen mit Zeitarbeit

Elmar Ensmann

Zeitarbeit: Betriebliche Erfahrungen der PFW Aerospace AG

1 Das Unternehmen und seine personalpolitischen Rahmenbedingungen

Die PFW Aerospace AG gilt als Weltmarktführer auf dem Gebiet der Rohrleitungssysteme für die Luftfahrt. Das gesamte Leistungsspektrum umfasst zudem die Herstellung von Strukturkomponenten, Frachtladesystemen und Zusatztanksystemen. Das Unternehmen mit Hauptsitz in Speyer beschäftigt weltweit mehr als 1.600 Mitarbeiter an seinen Produktions- und Service-Standorten Farnborough, Nuneaton, Coventry, Izmir, Samer, Nanterre, Nagoya, Dallas, Seattle, Singapur und Xian. Es erwirtschaftete in 2007 einen Umsatz von 190,7 Mio. €. Die deutsche Luft- und Raumfahrtindustrie befindet sich nach dem Jahr 2007 weiter auf Wachstumskurs. Die Branche hat zum zweiten Mal in Folge ein Allzeithoch erreicht. Der positive Trend wirkte sich auch auf die Zahl der Beschäftigten aus. Die deutsche Luft- und Raumfahrtindustrie schuf 2007 2.700 zusätzliche Arbeitsplätze. Der Exportanteil der Luftfahrt ist auf 75 Prozent gestiegen. Daher haben Maßnahmen zur Absicherung des rapiden Wertverfalls des Dollar und ehrgeizige Kostensenkungs- und Effizienzsteigerungsprogramme oberste Priorität bei den OEM (Original Equipment Manufacturer; Originalausrüstungshersteller; hier Airbus und Boeing), die bei ihren Zulieferern einen Konsolidierungsprozess forcieren. Neben diesen kurzfristigen Maßnahmen steht aber die Sicherung einer ausreichend hohen Zahl verfügbarer, hoch qualifizierter Fachkräfte und Ingenieure auf der Aufgabenliste für die Branche ganz oben (Enders, 2008). Aufgrund dieses Branchenwachstums, das den Bedarf an qualifizierten Mitarbeitern erhöht und der demografischen Entwicklung, die den Anteil der werktätigen Bevölkerung hingegen stetig abnehmen lässt, geht die Schere auf dem Arbeitsmarkt für qualifizierte Fach- und Führungskräfte nicht nur in der Luftfahrt immer weiter auseinander. Auch als mittelständisches Unternehmen befindet sich die PFW Aerospace AG bereits mitten in einem internationalen Wettbewerb um die besten Köpfe. Der Arbeitsmarkt für die direkten Beschäftigten in der Produktion hält ähnliche Herausforderungen bereit. Der Facharbeiteranteil, inklusive unserer Leiharbeitskräfte, beträgt bei der PFW Aerospace AG mehr als 95 Prozent. Aufgrund der geringen Stückzahlen, höchster Qualitätsanforderungen sowie hochwertigster und schwer zu bearbeitender Werkstoffe ist der Anteil der manuellen Fertigung in der Luftfahrt verglichen mit anderen Branchen sehr hoch. Automatisierung birgt für die PFW Aerospace AG also auch nur geringes Rationalisierungspotenzial, das dem Facharbeitermangel entgegenwirken könnte. Neben dem quantitativen Rückgang der Bewerbungszahlen verzeichnen wir auch eine abnehmende Qualität der Schulabgänger. Wir erwarten spätestens für das Einstellungsjahr 2010 erstmals Ausbildungsstellen unbesetzt lassen zu müssen, da qualifizierte Bewerber nicht in ausreichender Anzahl zur Verfügung stehen werden.

Die Produktlebens- und Entwicklungszyklen in der Luftfahrt sind vergleichsweise lang. Dieser Umstand sollte grundsätzlich eine gute Planbarkeit des mittel- und langfristigen Personalbedarfs ermöglichen. Demgegenüber stellen die höchst komplexen, interdependenten Anforderungen an die weltweit dislozierten Zulieferer das Programmmanagement der OEMs immer häufiger vor kaum beherrschbare ablauforganisatorische und logistische Herausforderungen. Das gilt für beide OEM der Branche. Airbus hat in seinem A380-Programm Zeitpläne ebenso verschieben müssen wie Boeing für sein neues Mittelstreckenflugzeug, die B787. Programmverschiebungen und Designänderungen verursachen, sowohl in der Entwicklung, als auch in der Produktion nicht planbare Auslastungsspitzen und zeitlich gestauchte Produktionsanläufe, da sich die Verspätungen in den Programmen nicht auf die Termine der Erstflüge, Erstauslieferungen und Serienanläufe auswirken sollen. Die besondere Herausforderung für die Personalbeschaffung der PFW Aerospace AG besteht also zusammenfassend darin diese kurzfristigen Auslastungsspitzen nur mit hochqualifiziertem Personal decken zu können, welches es auf dem Arbeitsmarkt nicht mehr gibt.

2 Strukturelle Lösungsansätze zur Anpassung der Personalkapazität an den schwankenden Bedarf

2.1 Ausgewogenes Verhältnis von Stamm- und Leiharbeitspersonal

Grundvoraussetzung, um die Auslastungsspitzen managen zu können, ist ein ausgewogenes Verhältnis von Stammpersonal zu Leiharbeitspersonal. Vor allem bei unseren vergleichsweise hoch qualifizierten Tätigkeiten muss die Ausgangsbasis stimmen und eine Stammbelegschaft zur Verfügung stehen, die auch das Stamm- und Kerngeschäft bewältigen kann. Beispiele anderer Industrien zeigen, dass die Volatilität der Leiharbeitnehmer mit all ihren negativen Konsequenzen, wie z.B. Qualitätsverlusten, Produktivitätsverlusten, erhöhtem Managementaufwand oder sozialen Spannungen zwangsläufig zunimmt, sobald 25 Prozent der Belegschaft oder mehr aus Leiharbeitnehmern bestehen; insbesondere wenn mit dem Zeitarbeitspersonal über die Auslastungsspitzen hinaus auch Teile des strukturellen Personalbedarfs gedeckt werden (Brehmer, 2008). Wir haben den maximalen Anteil der Leiharbeitnehmer an der Gesamtbelegschaft in Speyer in einer Betriebsvereinbarung auf 16 Prozent festgeschrieben.

2.2 Hochflexibles Arbeitszeitsystem

Der wichtigste Lösungsansatz, um dem Dilemma der Personalbeschaffung in einem leeren Arbeitsmarkt zu begegnen, ist das vorhandene Personal effizient und bedarfsgerecht einzusetzen. Dies bewerkstelligen wir mit einem hochflexiblen Arbeitszeitsystem, das dem Unternehmen die Arbeitskraft seiner Stammbelegschaft dann zur Verfügung stellt, wann es sie benötigt. Die PFW Aerospace AG hat zusätzlich zu der in der Vergangenheit praktizierten Möglichkeit die tarifliche Arbeitszeit zu verlängern oder zu verkürzen, ein Arbeitszeitsystem etabliert, das ein so genanntes „Sicherheitskonto" vorsieht. Auf dieses Sicherheitskonto haben Vorstand und Arbeitnehmervertretung kollektivrechtlich Zugriff, um auf konjunkturell bedingte Auslastungsrückgänge und Luftfahrtkrisen reagieren zu können. Des Weiteren haben wir ein Lebensarbeitszeitkonto eingeführt und damit eine erste Antwort auf die mit der Verlängerung der Lebensarbeitszeit verbundenen Fragen gefunden.

2.3 Teilautonome Gruppenarbeit

Ein weiterer wichtiger Lösungsansatz, um den kurzfristigen Personalmehr- bzw. -minderbedarf zu steuern, ist eine weitgehende Zeitautonomie der Arbeitsgruppen, in denen die Mitarbeiter gestützt auf ein Kennzahlensystem ihre individuellen Anwesenheiten bedarfsgerecht steuern. Dank funktionierender Gruppenarbeit gelingt es, gleichzeitig die persönlichen Interessen der Mitarbeiter und die betrieblichen Belange angemessen zu berücksichtigen.

3 Erfolgsfaktoren der Zeitarbeit bei der PFW Aerospace AG

Neben den bereits beschriebenen Möglichkeiten ist der systematische Einsatz von Leiharbeitskräften ein weiterer, nicht minder wichtiger Ansatz um die Personalkapazität an den schwankenden Bedarf anzupassen.

3.1 Realistische Übernahmeperspektive

Seit der Verselbständigung in 1997 wuchs die Belegschaft in Speyer von 518 Mitarbeiter auf 1.173 Mitarbeiter (Stand: November 2008). Der überwiegende Teil dieses Zuwachses sowohl im direkten als auch im indirekten Bereich erfolgte durch die Übernahme von Leiharbeitskräften. Die Zeitarbeit war für die PFW Aerospace AG immer schon ein bedeutendes Rekrutierungsinstrument. Wir haben in einer Betriebsvereinbarung festgeschrieben, dass bei Festeinstellungen unsere Leiharbeitnehmer externen Bewerbern bei vergleichbarer persönlicher und fachlicher Eignung vorzuziehen sind.

Um den mit Programmanläufen verbundenen hohen Personalbedarf decken zu können, bedient man sich bei der PFW Aerospace AG regelmäßig des Beschaffungsweges Zeitarbeit. Wir schätzen die Expertise unserer langjährigen Kooperationspartner in der Personalauswahl und Rekrutierung. Zudem eröffnet uns die vorgeschaltete Beschäftigung unserer zukünftigen Stamm-Mitarbeiter in Zeitarbeit die Möglichkeit sie noch besser kennen zu lernen, als uns das im Rahmen der sechsmonatigen Wartezeit nach dem Kündigungsschutzgesetz oder einer befristeten Beschäftigung möglich ist.

Beim Hochlauf des A380 haben wir in 2006 auf diesem Wege unsere direkte Belegschaft um über 20 Prozent aufgestockt. Da sich die Vertragsverhandlungen mit Airbus lange hinzogen, wurde das Personal erst vergleichsweise spät zum Serienanlauf beschafft. Für die Qualifizierung blieb kaum Zeit, woraus ein hoher technischer Mehraufwand, hohe Gemeinkostenunterbrechungen und immense Qualitätskosten durch Nacharbeit resultierten. Je mehr Personal in den Bereich gepumpt wurde, desto geringer schien der Ausstoß zu werden und die Effizienz des neuen Personals lag zeitweise nur bei 50 Prozent. Das für die Wirtschaftlichkeit des Programms benötigte Cost Improvement blieb angesichts der mangelnden Qualifizierung der Mitarbeiter und der ungeordneten Ablauforganisation aus.

3.2 Kompetenzentwicklung der Leiharbeitnehmer

Nicht zuletzt auf Grund dieser Erfahrung sind wir der Überzeugung, dass auch die Qualifizierung unseres Leiharbeitspersonals ein kritischer Erfolgsfaktor beim Programmanlauf ist. Insbesondere ist die Qualifizierung unserer Leiharbeitnehmer notwendig, weil faktisch keine einfachen und unqualifizierten Tätigkeiten bei der PFW Aerospace AG existieren und weil im Hochlauf fast jedem Leiharbeiter anspruchsvolle Facharbeit abverlangt wird.

Vor allem die Beschaffung des direkten Personals stellte uns vor Probleme. Auf dem bundesweiten Arbeitsmarkt standen beispielsweise keine Luftfahrtschweißer zur Verfügung. Selbst Metall-Facharbeitskräfte, die in der Lage gewesen wären, den außerordentlichen Qualitätsanforderungen in unserer Produktion zu genügen, waren weder regional noch überregional zu beschaffen. Sogar aus festen Arbeitsverhältnissen abgeworbene Facharbeiter taten sich schwer mit unseren hochwertigen und speziellen Werkstoffen.

Wir fanden eine Lösung in einer engen Kooperation mit der Arbeitsverwaltung und der DIS AG. Wir bildeten überbetrieblich für die DIS AG Fachkräfte für die Luftfahrt aus, da auch in anderen Luftfahrtbetrieben ein ähnlicher Bedarf vorhanden war. Anstatt dem umliegenden Handwerk mit zweifelhaftem Erfolg Facharbeiter abzuwerben, gaben wir gemeinsam mit der Agentur für Arbeit und der DIS AG Arbeitslosen die Chance in einer boomenden Branche Fuß zu fassen.

Bei ihrem Einsatz in unserer Produktion wurden die Qualifikanten voll in die Arbeitsgruppen integriert. In der Gruppenarbeit bot sich Ihnen so die Gelegenheit auch „informell“ zu lernen und Schlüsselqualifikationen zu entwickeln (Münchhausen, 2005).

Bei der PFW Aerospace AG fand eine systematische Kompetenzentwicklung der Leiharbeitskräfte der DIS AG über den eigenen Bedarf hinaus statt, was uns auch Arbeitgeber bestätigten, die zwischenzeitlich Absolventen dieser Maßnahme übernommen haben.

Endergebnis: eine Win-Win-Win-Win-Situation. Die Agentur für Arbeit verlor „Kunden“, zahlreiche Arbeitslose verfügten über neue zukunftsträchtige Beschäftigungsalternativen, die DIS AG gewann qualifiziertes Personal und die PFW Aerospace AG luftfahrttaugliche Leiharbeitnehmer.

3.3 Integration der Leiharbeitnehmer

Es war nie unser Ziel eine zweite Belegschaft aufzubauen, die länger arbeitet, weniger verdient und täglich disponibel ist. In diesem Zusammenhang mache ich mir gerne eine Überzeugung unseres Betriebsratsvorsitzenden zu eigen – auch um zu verdeutlichen, dass in dieser wichtigen Frage Einigkeit zwischen den betrieblichen Sozialpartnern herrscht und der Betriebsrat die heutige Form der Zusammenarbeit mit unseren Leiharbeitnehmern maßgeblich mitgestaltet hat: „Wer den Fuß auf unseren Hof setzt, ist PFW'ler".

Trotzdem wurden und werden zuweilen immer noch soziale Spannungen spürbar. Dies liegt einerseits sicherlich an sozialpsychologischen Gesetzmäßigkeiten, denn soziale Konflikte können bereits durch deutlich weniger als unterschiedliche Arbeitskleidung oder unterschiedliche Arbeitsverträge ausgelöst werden. Heute sind die Leiharbeitskräfte als vollwertige und gleichberechtigte Mitglieder in die Arbeitsgruppen integriert. Dadurch definieren die Stammmitarbeiter und Leiharbeitskräfte ihre soziale Identität über die gemeinsame Zugehörigkeit zu einer Arbeitsgruppe und konkurrieren nicht mehr als Angehörige von verschiedenen Gruppen miteinander (Tajfel, 1982).

3.4 Tendenzielle Gleichbehandlung der Leiharbeitnehmer

Über diese gruppendynamischen Effekte hinaus förderten natürlich auch konkrete, materielle Unterschiede in den Arbeitsbedingungen diese aufkeimenden sozialen Spannungen. Heute haben die im Prämienlohnbereich eingesetzten Leiharbeitnehmer die Möglichkeit sich einen zusätzlichen variablen leistungsbezogenen Vergütungsbestandteil zu erarbeiten, der bis zu 30 Prozent ihres Grundentgeltes beträgt. Für die Ermittlung des Leistungsgrades gelten für sie die gleichen betrieblichen Regelwerke. Mit diesem Entgeltbestandteil liegen sie annähernd auf dem Niveau der regionalen Metall- und Elektroindustrie, jedoch immer noch unter dem Niveau unserer eigenen Facharbeiter.

Nach unseren Erfahrungen ist die Integration der Leiharbeitskräfte von den Führungskräften zu managen, wenn die Leiharbeitnehmer ein ehrliches Bemühen aller Betriebsparteien wahrnehmen, sie tendenziell gleich und fair zu behandeln und wenn ihnen mit der in einer werteorientierten Führung selbstverständlichen Wertschätzung begegnet wird. Diese „gefühlte Gleichbehandlung" ist unseres Erachtens wichtiger als eine „absolute Gleichmacherei", wie sie zuweilen in equal-treatment-Diskussionen gefordert wird.

3.5 Auf Dauer angelegte Zusammenarbeit mit unseren Leiharbeitnehmern

Die Zusammenarbeit mit unseren Leiharbeitnehmern ist grundsätzlich auf Dauer angelegt. Dies lässt sich am Beispiel unserer augenblicklichen Auslastungssituation verdeutlichen. Auf Grund der Verschiebung der Anläufe mehrerer personalintensiver Programme liegt zurzeit voraussichtlich eine längere Phase der Unterauslastung vor uns. Eine kurzsichtige Unternehmensleitung hätte sich des Flexibilisierungsbausteins Zeitarbeit bedient und Leiharbeitskräfte abgebaut, um eine kurzfristige Kostenreduzierung realisieren zu können.

Unsere strategisch ausgerichtete Unternehmensleitung entschied sich zu Lasten der kurzfristigen Kostensituation unsere Leiharbeitnehmer an Bord zu halten, um einen erneuten Qualifizierungs- und Einarbeitungsaufwand zu vermeiden. Es waren allerdings auf allen Seiten echte „Überzeugungstäter" und eine solidarische Stammbelegschaft notwendig, die bereit war, zumindest einen Teil ihrer Langzeitkonten abzubauen, damit unsere Leiharbeitnehmer ihren Arbeitsplatz bei der PFW Aerospace AG behalten konnten.

3.6 Die Auswahl der richtigen Kooperationspartner

Man kann sich bisweilen des Eindrucks nicht erwehren, dass mehrere und immer wieder neue schwarze Schafe in der Herde der Zeitarbeitsunternehmen hart daran arbeiten, das schlechte Image einer ganzen Branche zu festigen. Überzeichnend und verallgemeinernd von „prekären Beschäftigungsverhältnissen in der Zeitarbeit" (IG Metall, 2008) zu sprechen, wird der Situation jedoch sicherlich auch nicht gerecht, wie der vorliegende Beitrag zeigt.

Daher kommt der Auswahl der Kooperationspartner besondere Bedeutung zu. Wir erwarten von allen unseren Verleihern, dass sie sich zumindest am BZA orientieren, um sicherzustellen, dass die materiellen Arbeitsbedingungen unsere Leiharbeitnehmer zumindest annähernd vergleichbar sind.

Zur weitergehenden Vereinheitlichung der Konditionen und zur Entlastung der Personalbetreuung haben wir uns entschlossen mit unserem langjährigen Kooperationspartner, der DIS AG, einen so genannten Master-Vendor-Vertrag abzuschließen. Von unserem Master-Vendor erwarten wir sogar, dass er dem BZA angehört und mit denen in unserem Hause beschäftigten Leiharbeitnehmern unbefristete Arbeitsverträge abschließt.

Das Management von mehr als 30 unterschiedlichen Verleihern mit unterschiedlichen Vertragswerken, Konditionen und Ansprechpartnern band fast die gesamten Kapazitäten in unserer Personalbetreuung. Strukturelle, wertschöpfende und strategische Personalarbeit konnte kaum noch geleistet werden. Unser Master Vendor ist nun unser zentraler Ansprechpartner für den gesamten Einsatz von Leiharbeitspersonal. Die DIS AG verhandelt die Konditionen von Überlassungsverträgen in einem vorgegebenen Rahmen, sie kontrolliert Rechnungen, sie kommuniziert Stellenausschreibungen an alle Co-Lieferanten, sie sichtet Profile und trifft eine grobe Vorauswahl. Sie vereinheitlicht auch die relevanten Rahmenbedingungen, wie z.B. die Einrichtung von Zeitkonten für alle Leiharbeitskräfte. Die DIS AG unterhält als unser zentraler Dienstleister ein Onsite-Management und stimmt Details über den Personaleinsatz mit unseren Führungskräften ab.

Unabdingbare Voraussetzung für eine vertrauensvolle Zusammenarbeit mit der PFW Aerospace AG als Entleiher einerseits und mit den anderen Verleihern als Co-Lieferanten andererseits ist, dass sich der Master Vendor als „verlängerte Werkbank" unseres Personalbereichs versteht und bei Interessenkollisionen in unserem Sinne entscheidet.

4 Ausblick

Der Markt wird die schwarzen Schafe richten!

Die Zeitarbeitsbranche wird als erstes unter der mit der demografischen Entwicklung verbundenen Verknappung des qualifizierten Personals leiden. Nur noch seriöse Arbeitgeber werden qualifizierte Mitarbeiter gewinnen, was für die Entleiher zur Folge haben wird, dass sie sich ihre Flexibilität teuer erkaufen müssen, denn die Entgelte der Zeitarbeitsbranche werden sich auch ohne staatliche Regulierung in Form von Mindestlöhnen an die übrigen Tariflandschaften angleichen.

Die Zeiten der „Söldnerheere" von Leiharbeitnehmern, die die Massenproduktion beispielsweise in der Konsumgüterindustrie in Deutschland noch rentabel machen, werden bald der Vergangenheit angehören. Eine Entwicklung, die für das akademisch ausgebildete Zeitarbeitspersonal bereits hinter uns liegt. Industrieunternehmen zahlen heute schon für leihweise beschäftigte Ingenieure bereitwillig mehr als für fest angestellte Ingenieure. In diesem Segment hat sich die Branche schon ein Face-Lift verordnet und bezeichnet sich als Engineering-Dienstleister oder Interims-Management-Agenturen. Diese teilweise hoch spezialisierten Dienstleister beschäftigen sehr gut bezahlte Spezialisten, deren Engagement sich die Unternehmen nur auf Zeit für entscheidende Projektphasen leisten können oder wollen.

Diese neue, gut ausgebildete und gut bezahlte Generation der Leiharbeitnehmer identifiziert sich weniger mit ihrem Arbeitgeber als vielmehr mit ihrem Berufsstand oder dem Programm, das sie viele Jahre begleiten. Zunächst arbeiten sie auf Zeit in den Entwicklungsabteilungen der OEMs an „ihrem" Programm und in der Folge arbeiten sie, ebenfalls auf Zeit, im Vertrieb oder im Programmmanagement der Zulieferer an dem gleichen Programm. Diese „Knowledge-Worker" ziehen einen Werkvertrag einem Arbeitsvertrag vor. Der Schritt in die Selbständigkeit als „Contractor" liegt für sie näher als der Schritt in eine auf Dauer angelegte abhängige Beschäftigung, da sie auf diese Weise noch die Gewinnmargen der Verleiher persönlich einstreichen können (Sattelberger, 1996).

Für den gewerblichen Bereich möchte ich nicht das Bild des von Projekt zu Projekt sich selbst vermarktenden Schlossers an die Wand malen. Aber ich könnte mir eine Zukunft der Zeitarbeit im gewerblichen Bereich vorstellen als Vermittler von qualifizierten Spezialisten, die in einem Arbeitnehmermarkt abwechslungsreiche Einsätze unter fairen Bedingungen suchen und diese bei Zeitarbeitsunternehmen finden. Wie in den Niederlanden könnten dann auch die deutschen Verleiher die frisch gebackenen Hochschulabsolventen und die ihre Ausbildung erfolgreich abschließenden Nachwuchskräfte, die zunächst einmal für zwei Jahre „auf die Walz" gehen wollen, als Zielgruppe für sich entdecken.

Die Personalverantwortlichen werden sich bis dahin längst an die „Beweislastumkehr" in den Vorstellungsgesprächen gewöhnt haben, in denen der Werbeblock für das Unternehmen mehr Zeit in Anspruch nehmen wird, als die kritischen Fragen an die Bewerber. Daher wird es ihnen als Entleiher auch nicht schwer fallen, ihren wählerischen Leiharbeitnehmern ihre bis dahin intelligenten, überzeugenden und fairen Beschäftigungskonzepte für Zeitarbeitspersonal zu verkaufen.

Quellenverzeichnis

BREHMER, N. (2008). Strategien für den Einsatz von Leiharbeitnehmern. Personalführung, Heft 1/2008, S. 44-50.

ENDERS, T. (2008). Die Luft- und Raumfahrtindustrie 2007 – Auf Wachstumskurs trotz großer Herausforderungen, Presseerklärung BDLI vom 24.04.2008.

IG METALL (2008). Schlusserklärung der Teilnehmer/Innen der Aktionskonferenz „Leiharbeit – verhindern, begrenzen, gestalten" vom 05.03.2008.

MÜNCHHAUSEN, G. (2005). Kompetenzentwicklung in der Zeitarbeit. Personalführung, Heft 1/2005, S. 30-37.

SATTELBERGER, T. (1996). Zehn Thesen zu Human Ressourcen in virtueller werdenden Organisationen, Personalführung. Heft 11/1996, S. 974-984.

TAJFEL, H. (1982). Gruppenkonflikt und Vorurteil: Entstehung und Funktion sozialer Stereotype. Bern.

Friedrich Christandl

Zeitarbeit: Good-Practice-Beispiel in der debitel Group

1 Ein Praxisbeispiel für Zeitarbeitsbedarf

Im Call Center herrschen beispiellose Betriebsamkeit und Konzentration:

„24 Kunden in der Warteschlange!"

Die überdimensionalen Displays an Wänden und Decken, die von allen Call Center-Agents einsehbar sind, melden den augenblicklichen Status ohne Gnade im Sekundentakt. Die Zahl ändert sich ständig, aber die Anzeige bleibt rot, d.h. nach intern definierten Qualitätsmaßstäben müssen augenblicklich einige unserer Kunden zu lange auf das persönliche Gespräch mit einer Mitarbeiterin oder einem Mitarbeiter im Call Center warten.

Frau K., die Leiterin des Teams „Produkte", ist alles andere als zufrieden. Bereits am Vortag wurde das Team durch weitere Kolleginnen aus dem Bereich „Rechnung" verstärkt und auch die Kapazität des Outsourcers, ein auf unsere Produkte spezialisierter externer Call Center-Betrieb, ist ausgereizt. Die neuen Produkte sind echte Renner. Marketing und Vertrieb sind stolz auf ihre Aktionen und trotz sorgfältiger Planung und Kapazitätsaufstockung wirkt sich dieser Erfolg als unakzeptabler Engpass im Bereich Kundenbetreuung aus. Nach einigen Telefonaten mit dem Vertrieb steht für Frau K. fest: Das „Callvolumen" wird sich voraussichtlich auf längere Sicht auf das aktuell hohe Niveau einpendeln.

Sie muss ihr Team dringend mit vier weiteren Mitarbeitern verstärken. Besser heute als morgen müssen neue Kolleginnen und Kollegen an Bord. Die klassische Konsequenz wäre: Personalanforderung erstellen und Genehmigungsprozess durchlaufen, Ausschreibung der Stellen im Internet, Bewerbungsgespräche führen, Auswahl-Assessment-Center durchführen, Betriebsrat anhören, Arbeitsverträge erstellen und nach den Bewerberzusagen warten bis zum nächsten Quartalsbeginn, dann im Rahmen der Einarbeitung eine mehrwöchige Schulung einplanen. Das wäre der übliche Ablauf, um die Leute an Bord zu holen und damit das Team dauerhaft zu verstärken.

Unsere anrufenden Kunden erwarten aber, dass sie ihr Anliegen, ohne in die Warteschlange zu geraten, sofort mitteilen können und dass dabei ihre Probleme schnell gelöst werden. Die zusätzlichen Mitarbeiter werden deshalb schneller gebraucht – und der HR-Bereich ist entsprechend gefordert. Konkret: Wir schalten Personaldienstleistungsunternehmen unseres Vertrauens ein und besprechen mit ihnen so schnell wie möglich die relevanten Stellenprofile. Meist können so sehr zügig – in dem geschilderten, realen Fall schon am nächsten Montag – die ersten Stellen besetzt werden.

2 Personalstrategie und Einsatz von Zeitarbeitnehmern

Generell spielt der Einsatz von Zeitarbeitnehmern bei debitel nur eine marginale Rolle; die tatsächliche Anzahl der pro Jahr eingesetzten Zeitarbeitnehmer liegt daher deutlich unter einem Prozent der Belegschaft, wobei der Einsatz in der Regel nur selten länger als drei bis vier Monate dauert.

Vergleichsweise gut planbare Geschäftsverläufe, Kontinuität und relativ lange Einarbeitungszeiten sprechen für eine Festeinstellung von Mitarbeitern. Außerdem ist zu berücksichtigen, dass geeignete Prozesse und Aufgaben, in denen tendenziell Leiharbeitnehmer eingesetzt werden könnten, bereits seit geraumer Zeit von externen Dienstleistern im Rahmen von Outsourcing-Vereinbarungen wahrgenommen werden. Darüber hinaus übernehmen dort, wo früher Zeitarbeitnehmer eingesetzt wurden, soweit möglich, eigene, flexible Mitarbeiter temporär die anstehenden Aufgaben.

3 Typische Anlässe, die zum Einsatz von Zeitarbeitnehmern führen

In ganz bestimmten Konstellationen greifen wir in unserem Unternehmen auf Zeitarbeitslösungen zurück. Konkret sind das:

- Unerwartet höherer Personalbedarf

Neue Produkte, aber auch gezielte Vertriebsprogramme (Verkaufsaktionen) werden häufig ohne langen Planungsvorlauf lanciert. Dies erfordert eine enorme Flexibilität und häufig auch Mehraufwand. Selbst bei einer routinierten, zuverlässigen Personaleinsatzplanung sind Engpässe möglich.

- Saisonale Spitzen

Das Weihnachtsgeschäft kann beispielsweise insbesondere im Verkauf und in der Logistik zu vorübergehenden personellen Engpässen führen.

- Recruitingphasen

Die Gründung neuer Geschäftsbereiche/-einheiten oder die Ausdehnung von Geschäftsfeldern können in der Regel nicht allein mit dem Einsatz von vorhandenen Mitarbeitern bewältigt werden. Häufig müssen zügig neue Mitarbeiter eingestellt werden. Die erforderlichen Recruitingmaßnahmen können nicht immer schnell genug bewältigt werden, sodass ein entsprechender vorübergehender Kapazitätsausgleich mit externer Unterstützung erforderlich sein kann.

- Vertretungseinsatz

In Einzelfällen kommt es zu personellen Engpässen aufgrund von Urlaub, Mutterschutz, Elternzeit oder längerer Erkrankung.

4 Leiharbeitnehmer-Anforderung, Auswahl und Entscheidung

Eine Zeitarbeitskraft wird von uns bei den Personaldienstleistern telefonisch oder schriftlich unter Beschreibung des notwendigen Profils angefordert. Hier zeigt sich in weiterer Folge deren Professionalität: Die angebotenen Kandidaten müssen optimal geeignet sein und es muss schnell gehen.

Eine gute Auftragnehmer-Auftraggeber-Beziehung ist die Grundlage hierfür. Und diese muss erst einmal wachsen. Eine langjährige Zusammenarbeit und ein offenes Feedback im Rahmen eines gemeinsamen Workshops geben dem Personaldienstleister die Möglichkeit, unser Geschäft optimal zu verstehen. Und das wiederum ist erforderlich, um Leiharbeitskräfte mit den richtigen Qualifikationen vorzuschlagen.

Mit einem jährlich zu überprüfenden „Rahmenvertrag für die Überlassung von Leiharbeitnehmern" regeln wir üblicherweise die wesentlichen Eckpunkte, sodass im konkreten Fall nur noch der individuelle Arbeitnehmerüberlassungsvertrag erforderlich ist. Dieses bewährte Vorgehen erlaubt die Konzentration auf die Kandidaten. Der anfordernde Fachbereich führt mit dem Zeitarbeitnehmer vor dem Einsatz ein Gespräch mit dem Ziel, sich persönlich kennen zu lernen und die Qualifikation zu hinterfragen. Die Intensität dieser Gespräche ist unterschiedlich. Soll beispielsweise die Sekretärin eines Bereichsleiters für mehrere Monate ersetzt werden, so wird sich das Gespräch mit der vorgeschlagenen Leiharbeitskraft kaum von einem regulären Bewerberauswahlgespräch unterscheiden, da eine intensive Zusammenarbeit in einer verantwortungsvollen Position auch ein gewisses Maß an persönlichem Vertrauen von beiden Seiten erforderlich macht.

5 Einarbeitung und Integration

Bei debitel erfährt jeder Zeitarbeitnehmer ganz spezielle Maßnahmen, die zu seiner Einarbeitung und Integration beitragen sollen. Geht es bei der Einarbeitung um die pragmatische Vermittlung der, je nach Aufgabengebiet mehr oder weniger komplexen, auszuführenden Tätigkeiten und die damit verbundene Verantwortung, so sehen wir die verschiedenen Maßnahmen zur Integration als nicht zu vernachlässigende Begleitung während des gesamten Einsatzes.

Die Integration eines Zeitarbeitnehmers ist die Voraussetzung dafür, dass die gestellten Aufgaben von ihm mit entsprechender Motivation erledigt werden. Eine gute Integration muss dem Zeitarbeitnehmer das Gefühl vermitteln, für die Dauer seines Einsatzes im emotionalen Sinne „dazuzugehören". Wie anders wäre es beispielsweise in einem Call-Center möglich, 40 oder mehr Kundenanrufe täglich mit höchster Freundlichkeit und in verbindlich kompetenter Weise entgegenzunehmen und das Anliegen des Kunden so zu lösen, dass dieser zufrieden ist.

Die Säulen unserer Integrationsmaßnahmen:

- Bereitstellung der wesentlichen Infrastruktur

Jede Zeitarbeitskraft erhält neben einem Telefonanschluss auch einen persönlichen E-mail-Account sowie Zugriff zu den erforderlichen Informationssystemen.

- Fachinformation

Die kontinuierliche Einbindung in die für alle Mitarbeiter relevanten Informationsprozesse und Meetings ist der Schlüssel für eine gute Integration und gibt dem Zeitarbeitnehmer auch die erforderliche Plattform, sich persönlich und fachlich auszutauschen.

- Informelle Einbindung

Es ist für unsere Mitarbeiter selbstverständlich, Kollegen von Personaldienstleistungsunternehmen auf persönlicher Ebene voll einzubinden. Ein Kaffeeklatsch oder ein gemeinsames Mittagessen gehören ebenso dazu wie die Einladung zu betrieblichen Veranstaltungen. Unsere Kultur fördert dieses Verhalten, auch wenn reine Win-Win-Überlegungen zu derselben Haltung führen würden: Ein gut eingebundener Zeitarbeitnehmer entlastet durch seine Arbeit unsere Mitarbeiter.

6 Übernahme von Zeitarbeitnehmern

In der Praxis kommt es häufig vor, dass Leiharbeitskräfte einen Einsatz als Versuch nutzen, in ein festes Arbeitsverhältnis mit dem Auftraggeber zu gelangen. Bei Bedarf und bei entsprechender Eignung kommt es durchaus dazu, dass das Unternehmen einem Zeitarbeitnehmer im Anschluss an seinen Einsatz ein Übernahmeangebot in ein Arbeitsverhältnis unterbreitet. Einige Personaldienstleister erwarten in diesem Fall gewöhnlich eine Vermittlungsprovision. Eine klare Regelung hierzu in den Allgemeinen Beschäftigungsbedingungen des Personaldienstleisters oder im Rahmenvertrag erspart im Übernahmefall unnötige Diskussionen.

In den letzten Jahren haben wir sehr gute Erfahrungen bei der Übernahme von Leiharbeitnehmern gemacht. Speziell in Bereichen der Kundenbetreuung gibt es eine Reihe von sehr qualifizierten Mitarbeitern, die vor Jahren als Zeitarbeitskraft eingesetzt waren und sich nach der Übernahme in ein festes Beschäftigungsverhältnis weiterentwickeln konnten, in Einzelfällen sogar bis zum Abteilungsleiter.

7 Prozessbeschreibung: Einsatz von Zeitarbeitskräften

Es hat sich bewährt, den Einsatz von Zeitarbeitnehmern im Unternehmen zentral zu administrieren. Der Einkauf regelt federführend alle vertraglichen Aspekte mit den Personaldienstleistern. Die Fachbereiche richten ihre Leiharbeitnehmer-Anforderungen an den Bereich Human Resources, der für die Rekrutierung und Administration verantwortlich ist. Die einzelnen Prozessschritte sind der Abbildung 1 zu entnehmen.

Abbildung 1: Überblick über die Prozessschritte beim Einsatz von Zeitarbeitskräften

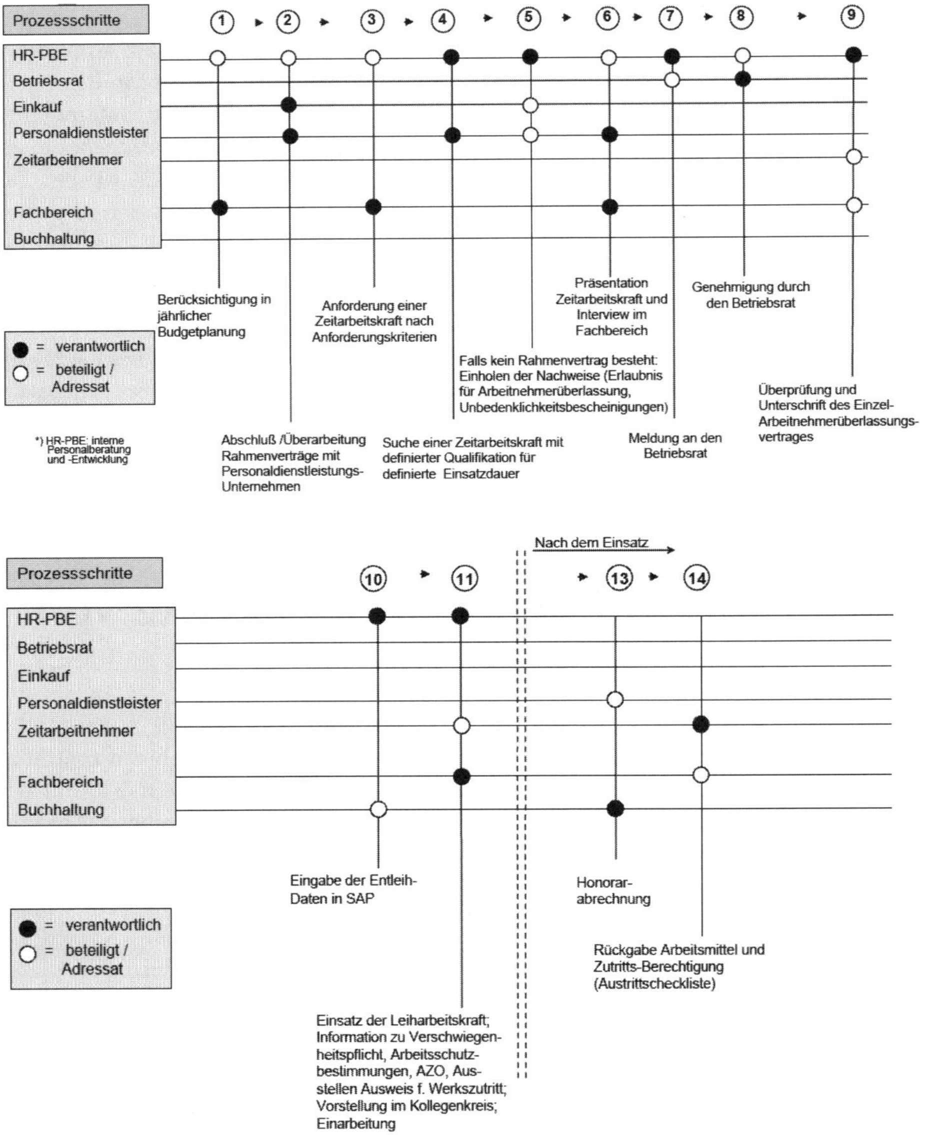

Wolfgang Zechmeister

Zeitarbeit: Erfahrungen in der betrieblichen Praxis von Entleihunternehmen

1 Gründe für Zeitarbeit

„Möglichst viele Menschen in Brot und Arbeit bringen!", das, so teilte mir im Oktober 2007 die Inhaberin einer ca. 13.000 Mitarbeiter zählenden Zeitarbeitsfirma mit über 70 Niederlassungen in Deutschland und Österreich mit, sei ihre berufliche Mission. „Und das geht natürlich nur, wenn mein Zeitarbeitsunternehmen auf wirtschaftlich gesunden Beinen steht!"

In mehr als 20 Jahren hat die Unternehmerin ihr Ziel ungezählte Male erreicht – für Menschen, die wohl am so genannten ersten Arbeitsmarkt wenig bis gar keine Chancen gehabt hätten. Und am wirtschaftlichen Erfolg hat sie ihre Mitarbeiter auch beteiligt – wenn es möglich war. Dafür hat sie einige Auszeichnungen erhalten. Und bei Diskussionen um das Thema Zeitarbeit scheint sie weiter omnipräsent und unermüdlich zu sein.

Seit 1997 hat sich die Zahl der Zeitarbeitnehmer in Deutschland fast vervierfacht. Es gab in den letzten Jahren wohl kaum ein kleines oder mittelständisches Unternehmen, das keine Zeitarbeitnehmer eingesetzt hat, um Produktionsschwankungen auszugleichen, die Kostenseite zu flexibilisieren oder langjährig nicht mehr Beschäftigte (z. B. Elternzeitrückkehrer) in der Praxis zu testen. Und Großunternehmen gingen oftmals sogar den Weg, aus wirtschaftlichen und/oder beschäftigungspolitischen Gründen ein eigenes Zeitarbeitsunternehmen zu gründen.

Bedingt durch diese in kurzer Zeit gewachsene Bedeutung und dadurch, dass die Zeitarbeitsunternehmen eigene Tarifverträge mit den Gewerkschaften geschlossen haben, sind Zeitarbeitsunternehmer nicht nur „salonfähig" geworden, sondern gehörten in den letzten Jahren zu den wichtigsten Motoren des Wirtschaftsaufschwungs.

Und heute, in der Wirtschaftskrise, sind sie diejenigen, die am schnellsten die Auswirkungen zu spüren bekommen und sich in dieser schwierigen Situation sehr schnell zurechtfinden und neu aufstellen müssen.

2 Herausforderungen der Wirtschaftskrise

Man darf sich sicher sein, dass auch in der Wirtschaftskrise alle Beteiligten – Zeitarbeitsunternehmen, Zeitarbeitnehmer und Entleihunternehmen – ihre individuellen Vorteile aus der jeweiligen Geschäftsbeziehung ziehen können. Auf lange Sicht wird das jedoch nur funktionieren, wenn jeder die berechtigten Ansprüche des Anderen partnerschaftlich anerkennt und sich an die allgemeinen Fairnessregeln hält.

Und genau an dieser Stelle muss sich jeder Beteiligte tief in die Augen sehen lassen und „Farbe bekennen". Konkret heißt das:

- Hat das Zeitarbeitsunternehmen ein Leitbild und handelt es wirklich und überprüfbar nach diesem? Oder ist dieses nicht das (Hochglanz-)Papier wert, auf dem es gedruckt ist?
- Gibt der Zeitarbeitnehmer wirklich sein Bestes oder handelt er – mit einem mürrischen Blick auf die meist besser bezahlten Kollegen aus der Stammbelegschaft – nach dem Motto „Solange ihr so tut, als würdet ihr mich ‚richtig' bezahlen, tue ich so, als würde ich ‚richtig' arbeiten"?
- Nutzt das Entleihunternehmen den teilweise ruinösen Wettbewerb in der Zeitarbeitsbranche aus, um sich kurzfristig Kostenvorteile zu verschaffen – wohl ahnend oder das Risiko in Kauf nehmend, dass dies wahrscheinlich eine hohe Fluktuation und Qualitätsprobleme und in der Folge Reklamationen und unzufriedene Kunden nach sich zieht?

Allen Beteiligten ist in konjunkturellen Abschwungphasen bewusst, dass Zeitarbeitnehmer als erstes abgebaut werden – diese Flexibilität ist letztendlich ein gewichtiger Grund für den Einsatz von Zeitarbeitnehmern. Die praktische Erfahrung aus vergleichbaren Situationen in der Vergangenheit zeigt, dass wohl ein Verhalten gemäß der Gauß'schen Normalverteilung eintreten wird. Das heißt:

- Wenige handeln strikt nach ihren Werten:
  - Das Zeitarbeitsunternehmen handelt gleichermaßen nach wirtschaftlichen Erfordernissen und nach den persönlichen (Schutz-) Erwartungen seiner Zeitarbeitnehmer.
  - Der Zeitarbeitnehmer zeigt nach den ersten Kündigungen aus seinem Kollegenkreis weiterhin mindestens die gewohnten Leistungen.
  - Das Entleihunternehmen widersteht der Versuchung, die besondere Wirtschafts- und Wettbewerbssituation zu seinem finanziellen Vorteil auszunutzen.

- Die Masse lässt im Hinblick auf die Werte „fünfe auch mal grade sein"
  - Das Zeitarbeitsunternehmen denkt an eine rasche Senkung der Kosten und zugleich an den nächsten Wirtschaftsaufschwung: Es verabschiedet sich zügig und mit hoffnungsvollen Worten – auch an diejenigen, die man nicht mehr einzustellen beabsichtigt – von den betroffenen Zeitarbeitnehmern.
  - Der Zeitarbeitnehmer versucht, sich schweren Herzens (und ohne Abfindung) einen guten Abgang zu verschaffen, der ihm einen Wiedereinstieg möglich macht.
  - Das Entleihunternehmen versucht, für die verbliebenen Zeitarbeitnehmer Preiszugeständnisse auszuhandeln, um seine eigenen Personalkosten zu senken, boxt diese aber letztendlich nicht zuungunsten der bisher guten Geschäftsbeziehung durch.
- Nur Wenige handeln entgegen ihren Werten
  - Das Zeitarbeitsunternehmen betreibt „harten" Personalabbau und setzt in einer nächsten Aufschwungphase auf überwiegend neue Mitarbeiter.
  - Der Zeitarbeitnehmer nimmt nach dem Motto „Ich bin mir selbst der Nächste!" mit, was mitzunehmen ist (Klage, Abfindung).
  - Das Entleihunternehmen sucht sich umgehend und aller Risiken bewusst neue Geschäftspartner mit günstigeren Konditionen.

3 Betriebliche Anforderungen an Zeitarbeitsunternehmen und Zeitarbeitnehmer

In konjunkturellen Schönwetterphasen und vor allen Dingen in stürmischen Zeiten ist es für ein seine selbst auferlegten Werte lebendes Entleihunternehmen wichtig, mit ebenfalls werttreuen, verlässlichen und loyalen Partnern zusammenzuarbeiten. In der Praxis bedingt dies auf allen drei Seiten qualifizierte und konsequent handelnde Partner. Nur in dieser Konstellation werden alle Beteiligten erfolgreich sein und gemeinsam gerade schwierige wirtschaftliche Zeiten nicht nur überstehen, sondern gestärkt daraus hervorgehen.

Doch wie erkennt ein Entleihunternehmen diesen geeigneten Partner? Alles zu glauben, was auf einem (Hochglanz-)Leitbild oder in Prospekten steht, wäre sicherlich etwas zu blauäugig. Die Erfahrung zeigt ohnehin, dass ein Entleihunternehmen nicht mit DEM Zeitarbeitsunternehmen, sondern mit DEM Niederlassungsleiter oder Disponenten einen Vertrag schließt. Der „Kauf" einer menschlichen Arbeitskraft ist schließlich Vertrauenssache. Und Vertrauen hat man nicht zu einem Unternehmen, sondern zu den Menschen, die dieses Unternehmen repräsentieren bzw. „sind". Aufgrund dieser Tatsache ist es ja auch schon sehr vielen ehemaligen Niederlassungsleitern/ Disponenten gelungen, selbst ein Zeitarbeitsunternehmen zu gründen und erfolgreich auf- und auszubauen (Anmerkung: die eingangs genannte Unternehmerin ist ein lebendes Beispiel dafür).

Die Konsequenz daraus ist, dass nicht nur die Dienstleistungen, Prozesse, Bewertungen und Auszeichnungen des Zeitarbeitsunternehmens „TOP" sein müssen, sondern vor allem deren handelnde Galionsfiguren. Doch was sieht man auf den Websites aller, wirklich aller führenden Zeitarbeitsunternehmen? Menschen. Strahlende, aber anonyme Gesichter. Stellenangebote, Auszeichnungen, Preise, Presseartikel, und vieles mehr.

Aber wo wird für ein potenzielles Entleihunternehmen DER Mensch vorgestellt, bei dem es eine Dienstleistung – reduziert auf eine menschliche Arbeitskraft – „kaufen" möchte? Woran kann der Kaufinteressent (in aller Öffentlichkeit und damit nachprüf- und einforderbar) erkennen, was ein Zeitarbeitsunternehmen bei der Auswahl seiner Galionsfiguren als Maßstab anlegt? Woran, wie es mit diesen Schlüsselpersonen umgeht? Und zwar nicht nur bei der Einstellung, sondern auch bei der weiteren Zusammenarbeit.

Haben die Marketingexperten das schlicht und einfach vergessen oder liegt hier vielleicht etwas im Argen? Das Erstere wollen wir hier nicht näher untersuchen oder beurteilen. Bei der Betrachtung eines manchen Disponenten-Lebenslaufes kann sich allerdings hin und wieder schon das Gefühl einschleichen, dass bei der einen oder anderen Auswahlentscheidung – aus welchen Gründen auch immer – der Schwerpunkt zu sehr auf die Vertriebskompetenzen gelegt oder insgesamt der Not gehorchend getroffen wurde.

4 Der ideale Partner „Zeitarbeitsunternehmen"

Da es in der Natur des Menschen liegt, das eigene Verhalten in der Öffentlichkeit als „durchaus o. k." zu beurteilen (... und Verbesserungen allenfalls still, heimlich und leise vorzunehmen), jedoch immer positive Veränderungsmöglichkeiten im Verhalten „des Anderen" zu finden sind, soll an dieser Stelle keine Ausnahme gemacht und die Gelegenheit genutzt werden, um Zeitarbeitsunternehmen zwei grundsätzliche Denkanstöße für die Zeit in und nach der Wirtschaftskrise zu geben.

4.1 Führung in für Zeitarbeitsunternehmen typischen dezentralen Strukturen

Das Führen in einer dezentralen Organisationsstruktur (mit mehreren Niederlassungen) stellt in der Praxis eine große Herausforderung für Führende und Geführte dar. Fehler im organisatorischen Aufbau haben Ressourcenverschwendungen, die jedoch selten konkret monetär messbar sind, zur zwangsläufigen Folge. In einer optimal strukturierten Organisation sollte deshalb Klarheit in folgenden Punkten bestehen:

- Erwartungen an die persönlichen, fachlichen und methodischen Grundvoraussetzungen an eine Führungskraft in einer für Zeitarbeitsunternehmen typischen dezentralen Struktur mit hohem Selbständigkeitsgrad der einzelnen Niederlassungen (Kontrollbedürfnis, Vertrauensbereitschaft, partizipative Orientierung, Entscheidungsbeteiligung, Bedürfnisse erkennen ohne face-to-face-Kontakt u.v.m.)
- effektive Anwendung der Kommunikationskanäle und -regeln in dezentralen Teams im zeitkritischen Zeitarbeitsgeschäft
- mindestens erforderliche Medienkompetenz zur Erhöhung der Effizienz bei der Zusammenarbeit (Telefon, Email, Videokonferenz, NetMeeting usw.)
- Mitarbeiter-/Teamentwicklung und konstruktives Feedback geben auf Distanz
- Offenheit gegenüber unterschiedlichen Kulturen:
  - nationale (gerade im gewerblichen Bereich)
  - organisationale (Dienstleistungskultur leben)
  - funktionale (z. B. respektvolle und wertschätzende Zusammenarbeit zwischen Disponent, Innendienst und Lohnsachbearbeitung)

- Grundfragen der Delegation (Voraussetzungen und Verhaltenstipps für den Delegierenden bzw. den Delegationsempfänger)
- materielle und immaterielle Möglichkeiten zur Mitarbeiterbindung (Prämien, PKW-Regelung, Weiterbildungsmöglichkeiten, transparente Aufstiegsmöglichkeiten, Mitarbeiter-Events, Statussymbole u.v.m.)
- Implementierung eines Frühwarnsystems und von darauf aufbauenden Reaktionsmöglichkeiten, um Personalrisiken (Engpass-, Austritts-, Anpassungs- und Motivationsrisiko) frühzeitig entgegenwirken zu können.

4.2 Schlüsselfunktion Disponent

Ein Unternehmer oder Niederlassungsleiter hat unbestritten eine wichtige Funktion beim Aufbau und der Führung einer Zeitarbeitsfirma – den Dreh- und Angelpunkt bei der „richtigen" Personalauswahl und Stellenbesetzung stellt jedoch derjenige dar, der dem Kunden und den Mitarbeitern gegenüber „die Zeitarbeitsfirma" verkörpert: der Disponent. Er arbeitet täglich an der Markt-, Mitarbeiter- und Kundenfront und muss:

- auf vielfältige Vertriebserfahrungen zurückgreifen können,
- wirksame Personalauswahl- und Führungsinstrumente kennen und individuell flexibel anwenden können,
- eine Affinität zur Administration besitzen,
- die Markt- und Wettbewerbsentwicklung realistisch einschätzen und daraus seine Vorteile erkennen und umsetzen können,
- darüber hinaus das personifizierte Aushängeschild des Zeitarbeitsunternehmens sein.

In der Praxis erlebt man sehr oft Disponenten, die sehr vertriebserfahren sind, einen straffen (wenig Mitarbeiter orientierten) Führungsstil praktizieren, durchschnittliche kaufmännische Kenntnisse und kaum Affinität zur Administration/ Lohnsachbearbeitung besitzen. Die aus dem Letztgenannten resultierenden Reibungen erfährt der Kunde meist ziemlich offen vom Innendienst, wenn es um Reklamationen geht: „Hat er mal wieder mehr versprochen, als wir halten können!".

Die Kernfrage lautet in diesem Zusammenhang: Wie findet man als Personaldienstleister die oben beschriebene umgangssprachliche „Eier legende Wollmilchsau ohne Höhenangst und mit Tiefseeerfahrung"?

Antwort: Mit hoher Wahrscheinlichkeit mit einem werteorientierten, mehrstufigen und an den individuellen Bedürfnissen der jeweiligen Zeitarbeitsfirma ausgerichteten Personalauswahlverfahren.

Voraussetzung hierfür ist jedoch, dass ein Zeitarbeitsunternehmen zunächst seine Vision und seine (bereits gelebten und zukünftig realistisch erwarteten) Grundwerte definiert, idealerweise in einem Leitbild schriftlich fixiert sowie an alle Mitarbeiter kommuniziert hat und dafür sorgt, dass die dort verankerten Aussagen nicht zu reinen Lippenbekenntnissen verkommen.

An dieser Vision und den Grundwerten orientiert wird ein Tätigkeits- und Anforderungsprofil für Disponenten erstellt (Vorlage siehe Abbildung 1), aus dem sowohl die Personalrecruiter als auch die Bewerber selbst die Erwartungen des Unternehmens ersehen können.

Mittels eines werteorientierten mehrstufigen Personalauswahlverfahrens (siehe Abb. 2) werden dann die einzelnen Anforderungen realitätsnah überprüft und unternehmens- bzw. niederlassungsindividuell bewertet.

Nach der Einstellung kann der Zeitarbeitsunternehmer bzw. Niederlassungsleiter mithilfe des Tätigkeitsprofils zudem regelmäßig einen Soll-/Ist-Abgleich durchführen und Abweichungen in dem mindestens ein Mal jährlich zu führenden Zielvereinbarungsgespräch zur Sprache bringen bzw. daraus gezielte Veränderungsmaßnahmen einleiten.

Verkürzt und zusammenfassend dargestellt kann erwartet werden, dass ein mittels dieses Verfahrens und ohne jegliche Kompromisse gewonnener Disponent persönlich bereit und fachlich in der Lage ist, selbst geeignetes Personal zu gewinnen und entsprechend der Unternehmenswerte zu führen. Die auf diese Weise gewonnenen und gemäß dem Unternehmensleitbild geführten Zeitarbeitnehmer leisten wiederum eine die Zufriedenheit des Kunden erhöhende Arbeit – wofür dieser bereit ist, einen höheren Preis zu bezahlen.

Abbildung 1: Formular Tätigkeits- und Anforderungsprofil

Tätigkeitsprofil
(org. KZ)

Gültig ab
Blatt x von y

1. Tätigkeitsbezeichnung

2. Stelleneinordnung

2.1. Vorgesetzte Stelle(n)

2.2. Nachgeordnete Stelle(n)

3. Befugnisse

4. Stellvertretung

4.1. wird vertreten von

4.2. vertritt

5. Stellenziele *Beantwortung der Frage: Warum hat das Unternehmen diese Stelle überhaupt geschaffen?*

6. Fachliche Hauptaufgaben (max. 8)

6.1.

6.2.

6.z.

7. Fachliche, methodische und soziale Kompetenzen

7.1. Fachkompetenzen

7.2. Methodenkompetenzen

7.3. Sozialkompetenzen

8. Anforderungsprofil										
Anforderungsmerkmale	weniger ausgeprägt		ausgeprägt		gut ausgeprägt		sehr gut ausgeprägt		hervorstechend	
Ausdrucksvermögen										
Beharrlichkeit										
Belastbarkeit										
EDV Anwendung										
Einfallsreichtum										
Einsatzbereitschaft										
Entscheidungsfreude										
Erinnerungsvermögen										
Fachwissen										
Flexibilität										
Initiative										
Kontaktfreudigkeit										
Kostenbewusstsein										
Kritisches Denken										
Loyalität										
Menschenführung										
Organisationsgeschick										
Selbstvertrauen										
Sorgfalt										
Teamfähigkeit										
Überzeugungsfähigkeit										
Verantwortungsbewusstsein										
Zahlenverständnis										
Zukunftsorientierung										

Quelle: Personal Source

Abbildung 2: Werteorientiertes mehrstufiges Personalauswahlverfahren

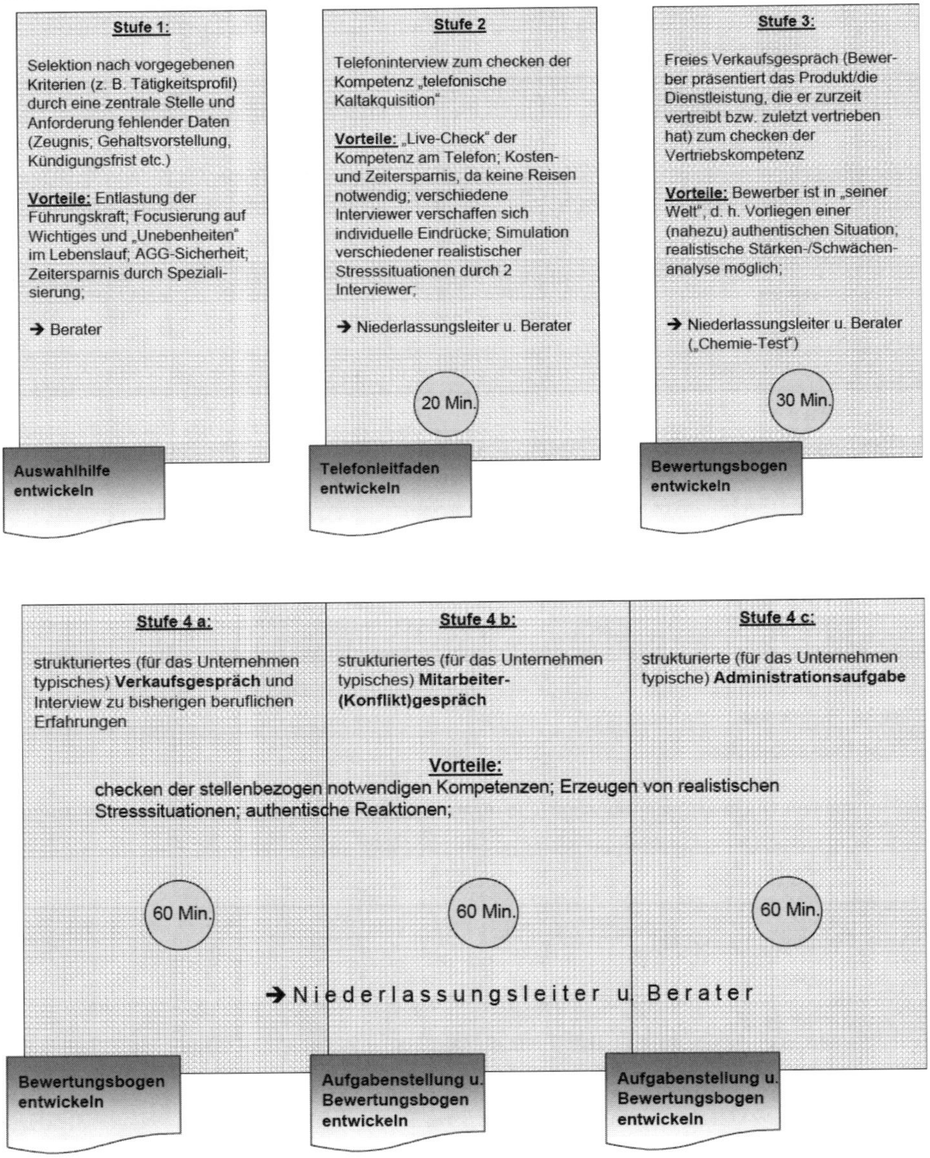

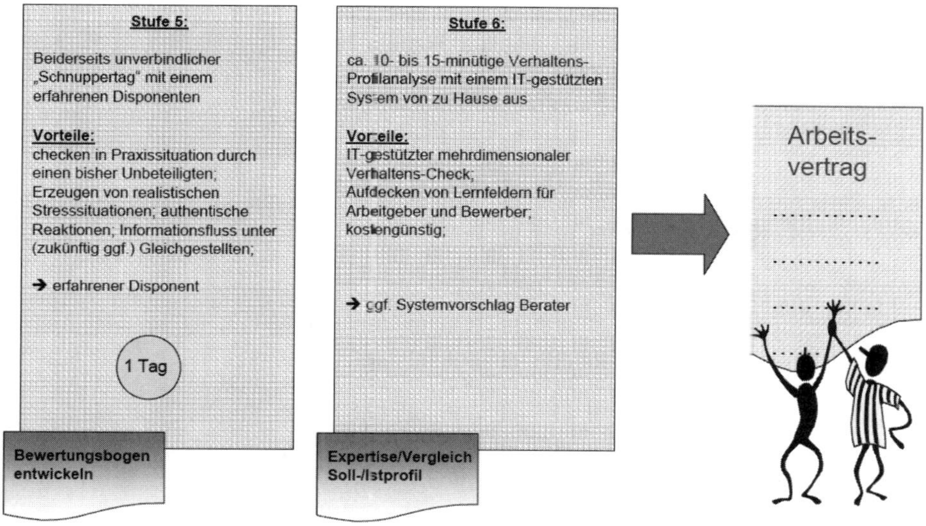

Quelle: Personal Source

5 Kurzer Ausblick

Es wird – gerade in der momentan schwierigen Situation – Zeitarbeitsunternehmen (gegebenenfalls auch unter dem Druck von Entleihunternehmen) geben, die, um überhaupt überleben zu können, die individuelle Notsituation von Arbeitslosen (aus)nutzen und diese unterhalb der Arbeitslosengeld-II-Grenze entlohnen werden.

Entleiher, die sich gerade in dieser Lage mit solchen Zeitarbeitsunternehmen einlassen, werden ihre schmerzhaften Lehren daraus ziehen müssen. „Mit besserem Hafer macht man zwar aus einem Ackergaul kein Rennpferd – aber mit schlechtem Futter lockt man kein Rennpferd in seinen Stall."

Rudolf Schicho

Zeitarbeit in einer Großforschungseinrichtung

1 Bedeutung der Zeitarbeit im organisatorischen Kontext

Das Thema „Einsatz von Zeitarbeitnehmern" wird im Forschungszentrum Karlsruhe kontrovers diskutiert, wenn auch die Intensität der Gespräche in den letzten Jahren deutlich nachgelassen hat. Auch unser Betriebsrat akzeptiert mittlerweile, dass die Zeitarbeitnehmer in bestimmten Situationen durchaus sinnvoll eingesetzt werden können und zur Entlastung der Stammbelegschaft beitragen. Dies trifft nicht nur bei der Überbrückung von kurzfristigen Personalengpässen, sondern auch bei Übergangssituationen zu, wie sie im Zusammenhang mit der Neuausrichtung von Forschungsprogrammen, der Übernahme zusätzlicher sonderfinanzierter Vorhaben oder den damit verbundenen organisatorischen Anpassungen auftreten können.

Unser Unternehmen ist Mitglied der Herrmann von Helmholtz-Gemeinschaft Deutscher Forschungszentren, einem Zusammenschluss der großen nationalen Forschungslabore mit einer nationalen Mission, wichtige Beiträge zur Lösung drängender Fragen von Gesellschaft, Wissenschaft und Wirtschaft zu leisten. Das Forschungszentrum beschäftigt etwa 3.800 Mitarbeiter, die in den Bereichen Energie, Umwelt, Schlüsseltechnologien und Struktur der Materie wesentliche Beiträge zu dieser Mission leisten. Wir erforschen Systeme hoher Komplexität unter Einsatz von oftmals weltweit einzigartigen Großgeräten und wissenschaftlichen Technologieplattformen gemeinsam mit nationalen und internationalen Partnern.

Das Forschungszentrum steht im internationalen Wettbewerb mit anderen forschenden Stellen, muss sich deshalb am Markt behaupten und sich schnell konjunkturellen Schwankungen anpassen. Darüber hinaus sind immer wieder Fusionen, Reorganisationen, Schließungen und Zusammenlegungen sowie Umstrukturierungen zu bewerkstelligen. Die Umsetzung und die Verantwortung für den Erfolg dieser unternehmerischen Entscheidungen obliegen im Wesentlichen den Beschäftigten aus den administrativen Bereichen.

2 Einsatzbereiche der Zeitarbeit

Vor dem beschriebenen Hintergrund ist die Zeitarbeit für das Forschungszentrum Karlsruhe ein probates Mittel, um durch flexiblen Personaleinsatz die Servicefunktion für die Wissenschaft sicherstellen zu können. Ingenieure, Techniker, Laboranten und Facharbeiter unterstützen die Wissenschaftler bei langfristigen Forschungsvorhaben, aber auch bei kurz- und mittelfristigen Projekten, die von anderen Institutionen oder

der Industrie finanziert werden. Gerade für diesen Sonderfinanzierungsbereich ist der Einsatz von Zeitpersonal notwendig und wirtschaftlich geboten, da eine längerfristige Beschäftigungsmöglichkeit oftmals nicht absehbar oder möglich ist.

Die Abteilungen der technischen Infrastruktur (das Forschungszentrum Karlsruhe hat eine eigene Wasserversorgung, betreibt ein Heizwerk sowie Klär- und Dekontaminationsanlagen), die den reibungslosen Betriebsablauf zu gewährleisten haben, sind auf Unterstützung durch Zeitarbeitnehmer angewiesen. Ohne die Möglichkeit des kurzfristigen Bereitstellens von Fachpersonal könnten diese Ver- und Entsorgungsbetriebe ihre Aufgaben oft nicht erfüllen.

Die kerntechnische Vergangenheit und die Lage mitten in einem Waldgebiet erfordern besondere Sicherheitsmaßnahmen. Die Abteilung Sicherheit, die auch für die Umgebungsüberwachung zuständig ist und zu der auch die Werksfeuerwehr gehört, kann ihren Personalstand ebenfalls nur durch den Einsatz von Zeitarbeitnehmern konstant halten.

Im Bereich des kaufmännisch-administrativen Personals, das als zentraler Dienstleister die wissenschaftlichen Institute und Einrichtungen unterstützt, wurden in der Vergangenheit überwiegend Sekretariatskräfte eingesetzt, die von Zeitarbeitsunternehmen überlassen wurden. Inzwischen werden Sachbearbeiterqualifikationen für alle klassischen betrieblichen Verwaltungsaufgaben benötigt.

3 Zusammenarbeit mit Zeitarbeitsunternehmen

Die Einhaltung der bestehenden gesetzlichen Regelungen, die Anwendung eines Branchentarifvertrages und eine Unbedenklichkeitsbescheinigung des Finanzamtes sowie der Sozialversicherungsträger sind wichtige Grundvoraussetzungen für unsere Zusammenarbeit mit einem Zeitarbeitsunternehmen. Entscheidend ist aber auch, wie diese Personaldienstleister mit ihren Mitarbeitern umgehen und wie die relevanten tariflichen Regelungen umgesetzt werden. Beschwerden von Zeitarbeitnehmern werden von uns beim Unternehmen konsequent hinterfragt. Sollten wir hier – objektiv betrachtet – eine Unseriosität feststellen, würden wir die Geschäftsbeziehungen sofort beenden.

Bei der Entscheidung für einen Anbieter werden immer die Seriosität und die nachhaltige Verlässlichkeit des Zeitarbeitsunternehmens den Ausschlag geben. Natürlich werden auch die Lohnkosten verglichen, doch diese sind nicht primär entscheidend. Eine höhere Priorität genießt die schnelle Verfügbarkeit der benötigten Qualifikation, zumindest der Basisqualifikation, die wir in vielen Fällen durch spezielle Einarbeitungsmodule ergänzen.

Das Forschungszentrum Karlsruhe arbeitet bereits seit vielen Jahren erfolgreich mit Zeitarbeitsfirmen zusammen, die unter Beachtung dieser Grundsätze ausgewählt wurden. So existiert eine ganze Reihe langjähriger Geschäftsbeziehungen. Bereits seit 1990 unterstützt beispielsweise die CONNECT Personal-Service GmbH unsere Forschungseinrichtung darin, geeignete Zeitarbeitnehmer insbesondere für den Bereich Verwaltung zu finden.

4 Beurteilung der Zeitarbeit

Aus unserer Sicht ergeben sich durch die Arbeitnehmerüberlassung nur positive Effekte. Für unser Unternehmen wird durch die Zeitarbeitslösungen ein zunehmendes Maß an Flexibilität geschaffen, da wir auf den Ausfall von Mitarbeitern schnell reagieren können, sei es zum Beispiel aufgrund Urlaub, Krankheit, Mutterschutz oder Elternzeit. Zudem ist es uns möglich, bei einem erhöhten Anfall von Arbeit („Ausnahmesituationen") kurzfristig zu reagieren.

Neben der Flexibilität ist es uns auch wichtig, „gute Leute" zu finden. In der Vergangenheit haben wir eine Vielzahl von Zeitarbeitnehmern in ein festes Anstellungsverhältnis übernommen. Die Zusammenarbeit mit Zeitarbeitsfirmen stellt für uns daher auch eine sehr gute Möglichkeit dar, geeignetes Personal zu finden. Insbesondere haben beide Seiten, sowohl Arbeitgeber als auch Arbeitnehmer, die Möglichkeit zu prüfen, ob sie „zueinander passen". Sowohl für uns als auch für die Zeitarbeitnehmer ist es leichter und schneller möglich, das Beschäftigungsverhältnis wieder zu beenden, wenn die Tätigkeit nicht den Erwartungen entspricht bzw. die Leiharbeitskraft nicht den Erwartungen des Arbeitgebers.

Nach unseren Erfahrungen sieht die überwiegende Anzahl der Zeitarbeitnehmer ihre Situation als Chance zum Wiedereinstieg in den ersten Arbeitsmarkt. Die gesetzlichen Anpassungen und die in den letzten Jahren veränderte Lohnpolitik haben den schlechten Ruf der Zeitarbeit positiv beeinflusst. Die zum Teil noch verbreitete Ansicht, dass Leiharbeitnehmer niedrig entlohnt, je nach Bedarfslage von einem Unternehmen zum anderen geschickt werden, ohne Hoffnung, jemals einen sicheren Arbeitsplatz zu erhalten, entspricht unseren Eindrücken nach nicht der Realität.

Bei uns wurde immer wieder eine erhebliche Anzahl von Zeitarbeitnehmern übernommen. Natürlich spielt bei der Frage der Übernahme die Leistungsfähigkeit und -bereitschaft eine wichtige Rolle. Wer diesen Nachweis bei der praktischen Arbeit in unserem Betrieb erbringt, hat große Chancen schon bald zur Stammbelegschaft zu gehören.

Die Zusammenarbeit mit dem Stammpersonal gestaltet sich in unserem Betrieb problemlos, da es keine Konkurrenzsituation gibt. Leiharbeitskräfte werden als willkommene Unterstützung und als Entlastung in besonderen Situationen gesehen. Die Mitarbeiter, die mit den Zeitarbeitnehmern zusammen arbeiten, müssen frühzeitig informiert werden. Die Einarbeitung wird von einem „Kümmerer" unterstützt, der auch über die Sachverhalte informiert, die über den Arbeitsplatz hinausgehen, und die notwendigen Einweisungen vornimmt, wie sie zum Beispiel in den Arbeitsschutzvorschriften niedergelegt sind. Die Integration ist, wie bei allen Neueinstellungen auch, von der sozialen Kompetenz aller Beteiligten abhängig.

5 Perspektiven der Zeitarbeit

Die Zeitarbeit wird im Forschungszentrum Karlsruhe sicherlich weiter an Bedeutung gewinnen, und zwar über den kurzfristigen Personaleinsatz hinaus auch als mittelfristiges Instrument der Personalplanung. Das liegt unter anderem daran, dass zukünftige Personalstrukturen neben der Kernbelegschaft weitere Mitarbeitergruppen erfassen, die mit einem höheren Flexibilisierungsgrad ausgestattet sind. Hierzu zählen vor allem Berufsgruppen, die nicht direkt dem Kernkompetenzfeld des Betriebes zugeordnet werden können.

Die zunehmende Projektfinanzierung erfordert Personalkapazitäten, die schnell mit einem spezifischen Know-how bereitstehen müssen. Der Zeitdruck spricht gegen den Einsatz eigener Auswahlverfahren, die zudem mit beachtlichem Aufwand verbunden sein können. Dazu kommen restriktive Regulierungen durch die Gesetzgebung und die kollektiven Vereinbarungen, die die Handlungsspielräume für einen flexiblen Arbeitseinsatz der Stammbelegschaft einengen. Eine stärkere Nutzung der Möglichkeit der Befristung von Arbeitsverträgen und eine verstärkte Umwandlung von Vollzeit- in Teilzeitarbeitsverhältnisse sind auch aus diesen Gründen nur begrenzt möglich.

Ob die Zeitarbeitsfirmen die an sie gestellten Anforderungen erfüllen können, hängt davon ab, ob es ihnen gelingt, genügend Fachkräfte mit einer entsprechend hohen Qualifikation anzuwerben und deren monetären und sozialen Bedürfnisse zu erfüllen. Vor dem Hintergrund der Knappheit an qualifizierten Arbeitskräften und des anhaltenden demografischen Wandels ist dies sicherlich keine leichte Aufgabe, doch dieser Herausforderung müssen sich die Personaldienstleister stellen, wenn sie sich auf Dauer am Markt behaupten wollen.

Teil 4

Herausforderungen der Zeitarbeit

Markus-Oliver Schwaab

Auswirkungen des demografischen Wandels auf die Zeitarbeit

Die Größe und die Struktur der deutschen Bevölkerung werden sich in den nächsten Jahrzehnten stark verändern. Dass damit große Herausforderungen auf das Personalmanagement zukommen, ist für die betrieblichen Personalverantwortlichen kein Geheimnis mehr (Schwaab, 2008). Die Frage, ob und inwieweit dieser Wandel auch Konsequenzen für die Zeitarbeit haben wird, steht im Mittelpunkt dieses Beitrages.

1 Konsequenzen des demografischen Wandels für den deutschen Arbeitsmarkt

Die Geburtenhäufigkeit der in Deutschland lebenden Frauen liegt seit Jahren bei durchschnittlich unter 1,4 Kindern pro Frau und damit weit unter den knapp 2,1 Geburten, die erforderlich wären, um den Bevölkerungsstand dauerhaft auf dem alten Niveau zu halten. Aufgrund der stetig steigenden Lebenserwartung und der Zuwanderung, vor allem aus Osteuropa, ging die Zahl der Bundesbürger in den letzten Jahren zwar nur leicht zurück. Doch aus der Alterspyramide ist bereits seit einiger Zeit eine Zwiebel geworden. Nicht abzuwenden ist, dass die deutsche Bevölkerung in den nächsten Dekaden aufgrund des Sterbeüberschusses erheblich abnehmen wird, wenn nicht gerade eine riesige Einwanderungswelle ausgelöst werden sollte. Für das Jahr 2050 wird – abhängig von den Annahmen zur Lebenserwartung und Zuwanderung – erwartet, dass noch etwa 68 bis 74 Millionen Menschen im Bundesgebiet leben. Gleichzeitig wird sich wohl deren Durchschnittsalter von 42 Jahren bis 2050 um sechs bis zehn Jahre erhöhen (Statistisches Bundesamt, 2006).

Der demografische Wandel hat Konsequenzen für den Arbeitsmarkt, auf den die Unternehmen in Deutschland in Zukunft zugreifen. Das Erwerbspersonenpotenzial wird deutlich zurückgehen, wenn das effektive Renteneintrittsalter, die Erwerbsquote und die zuletzt weit unter den Erwartungen liegende Zuwanderung nicht deutlich ansteigen. Statt heute über 44 Millionen dürften 2050 nur noch knapp 36 Millionen Erwerbspersonen zur Verfügung stehen, selbst wenn bis dahin die den Schätzungen zugrundeliegende Annahme einer Nettozuwanderung von durchschnittlich 200.000 Menschen pro Jahr erreicht werden sollte (Fuchs & Dörfler, 2005), was angesichts der tatsächlichen Zuwanderungszahlen – seit 2003 liegen die Werte deutlich unter 200.000 – allerdings recht unwahrscheinlich erscheint, zumal der demografische Wandel auch in vielen unserer europäischen Nachbarländer zu verzeichnen ist, aus denen in der Vergangenheit Arbeitskräfte nach Deutschland eingewandert sind (Eurostat, 2008).

Bleibt gleichzeitig der Arbeitskräftebedarf auf dem jetzigen Niveau, wird sich der Wettbewerb der Unternehmen um Mitarbeiter zusehends verschärfen. Anders ausgedrückt: Der wahre „War for Talent", wie ihn McKinsey bereits Ende der neunziger Jahre vorausgesagt hat (Chambers, Foulon, Handfield-Jones, Hankin & Michaels, 1998), steht uns noch bevor. Konnten sich dies viele noch vor wenigen Jahren angesichts von über fünf Millionen Arbeitssuchenden nur in bestimmten Teilsegmenten des Arbeitsmarkts vorstellen, z.B. bei Ingenieuren oder Fach- und Führungskräften mit einem internationalen Profil, so sieht es inzwischen ganz anders aus. In den Aufschwungjahren 2006 und 2007 sank die Zahl der Arbeitslosen rapide – im Sommer 2008 wurde die Marke von 3,2 Millionen unterschritten. In einer ganzen Reihe von Regionen Deutschlands wurde schon von einer annähernden Vollbeschäftigung gesprochen. Die Rekrutierung qualifizierter Mitarbeiter wurde so zu einer immer größeren Herausforderung. Die Perspektive, dass ab 2010 jedes Jahr voraussichtlich mehr Menschen aus Altersgründen den Arbeitsmarkt verlassen werden, als junge Arbeitskräfte in diesen drängen, hat manch einem Personalmanager weitere Sorgenfalten ins Gesicht getrieben.

Die im Herbst 2008 einsetzende Wirtschaftskrise hat dafür gesorgt, dass der Stellenaufbau und der damit einhergehende Rückgang der Zahl der Arbeitssuchenden abrupt gestoppt wurden. In vielen Unternehmen dominieren jetzt Themen der flexiblen Anpassung der Personalkapazitäten und der Personalfreisetzung. Die mit der Rekrutierung neuer Arbeitskräfte betrauten Personen sind inzwischen vielerorts nahezu beschäftigungslos. Während Unternehmen mit Weitblick diese Phase als Verschnaufpause ansehen und die Zeit nutzen, um sich auf den zukünftigen Wettbewerb um gute Mitarbeiter vorzubereiten, das heißt ihre Methoden der Personalbeschaffung und Mitarbeiterauswahl auf den Prüfstand stellen und optimieren, treten andere Arbeitgeber voll auf die Beschäftigungsbremse; sie ziehen sich weitgehend aus dem Arbeitsmarkt zurück und vernachlässigen Kontakte oder Netzwerke, die sie zuvor oft mühevoll aufgebaut haben, um sich im Wettbewerb um gutes Personal einen Vorsprung zu sichern.

Klar ist, dass auf die wirtschaftliche Rezession auch wieder bessere Zeiten folgen werden. Spätestens dann wird in Deutschland die Verknappung der Arbeitskräfte im Allgemeinen und der qualifizierten Mitarbeiter im Besonderen wieder im Zentrum des Interesses stehen. Angesichts der im weltweiten Vergleich hohen deutschen Arbeitskosten (Schröder, 2008), die bereits oft als gewichtiger Standortnachteil genannt werden, stellt die Gefahr, dass die Gehälter für fachkundige Mitarbeiter aufgrund der Wettbewerbssituation wieder deutlich ansteigen, eine Horrorvision für viele Betriebsleitungen dar. Es ist nicht auszuschließen, dass dann auch bald Unternehmen in personalintensiven Wirtschaftszweigen über Standortverlagerungen nachdenken werden, die diese Option bislang ausgeschlossen haben.

2 Auswirkungen auf die Zeitarbeit

Um dem scharfen internationalen Wettbewerb gewachsen zu sein, setzen viele deutsche Unternehmen nicht nur auf Innovation und Qualität, sondern ebenso auf Flexibilität, um sich immer wieder schnell an die Erfordernisse des Marktes anpassen zu können. Dies zeigt sich an der kontinuierlichen Zunahme der atypischen Beschäftigungsverhältnisse (Statistisches Bundesamt, 2008), zu denen neben der Zeitarbeit auch die Teilzeitarbeit und befristete Anstellungen gezählt werden. Allein die Zahl der Zeitarbeiter hat sich von Anfang 2004 (326.151) bis Mitte 2008 (794.363) weit mehr als verdoppelt (Bundesagentur für Arbeit, 2009). Vor der Wirtschaftskrise waren zahlreiche Stimmen zu vernehmen, wonach die Zeichen für die Zeitarbeit dauerhaft auf Wachstum stehen würden.

Nicht erst die Rezession und die damit verbundenen Personalfreisetzungen, die gerade die Zeitarbeitsbranche hart getroffen haben, ließen begründete Zweifel an diesen optimistischen Prognosen laut werden. Schon vorher waren Aussagen zu vernehmen, dass das Wachstum der Zeitarbeitsbranche wegen des demografischen Wandels und dessen Auswirkungen auf den Arbeitsmarkt eingeschränkt sein könnte. Die Argumente für diese Position liegen auf der Hand. Das infolge des Bevölkerungsrückgangs schrumpfende Erwerbspersonenpotenzial wird dazu führen, dass langfristig die absolute Zahl der Arbeitssuchenden – sieht man einmal von vorübergehenden, konjunkturbedingten Schwankungen ab – weiter zurückgehen wird und die Arbeitgeber in einem zunehmenden Wettbewerb um Mitarbeiter stehen werden. Insbesondere um qualifiziertes Personal wird zukünftig hart gerungen werden. Dies hat zwei unmittelbare Konsequenzen für die Zeitarbeitsbranche. Zum einen wird es den Personaldienstleistern ganz offensichtlich immer schwerer fallen, an gute Mitarbeiter heranzukommen und diese über einen längeren Zeitraum zu binden (Frensch, 2006); für die Zeitarbeitsunternehmen wird damit die Herausforderung noch größer, ihre Kunden schnell mit geeigneten Arbeitskräften zu versorgen. Zum anderen spricht vieles dafür, dass die Unternehmen in diesem Wettstreit um Talente vermehrt dazu übergehen werden, in den Einsatzbereichen mit anspruchsvolleren Tätigkeiten neue Mitarbeiter wieder selbst unter Vertrag zu nehmen. Wo sie sich zuvor vielleicht darauf verlassen haben und verlassen konnten, dank Zeitarbeitsunternehmen ganz flexibel auf geeignetes Personal zugreifen zu können, werden sie wieder versuchen selbst zu rekrutieren. Um das Risiko zu verringern, kurzfristig eventuell keine qualifizierte Unterstützung von einem Personaldienstleister bekommen zu können und deshalb mit Personalengpässen klarkommen zu müssen, wird bei den Betrieben die Bereitschaft wieder zunehmen, eigene Personalreserven aufzubauen. Immer dann, wenn die Chance bestehen wird, direkt einen gut qualifizierten Arbeitnehmer unter Vertrag zu nehmen, werden die Arbeitgeber gleich zuschnappen. Sie werden, um dies klarzustellen, den Zeitarbeitsunternehmen als Kunden nicht verloren gehen, jedoch ihr Schicksal am Arbeitsmarkt wieder stärker in die eigenen Hände nehmen.

3 Strategische Optionen

Es spricht vieles für Zeitarbeit! Dennoch wird diese Beschäftigungsform noch nicht allgemein anerkannt und geschätzt. Viele Arbeitnehmer, aber teilweise auch Unternehmen haben Informationsdefizite. Bei den verschiedenen Marktteilnehmern sorgt nicht zuletzt die undurchsichtige politische Diskussion für Verunsicherung. Diese gilt es zu beseitigen, damit sich die Vorteile der Zeitarbeit richtig entfalten können.

Zunächst ist sicherlich das Image der Zeitarbeit weiter zu verbessern. Dazu sind die komparativen Vorteile gegenüber den eigentlichen Alternativen aufzuzeigen und klare Antworten zur aufkommenden Prekaritätsdiskussion (siehe z.B. Vogel, 2004, Promberger, 2007, oder Koch, 2007) zu geben. Die Einführung einer einheitlichen Mindestvergütung wäre hier sicherlich hilfreich. Die Vereinbarung von Dumpinglöhnen in zweifelhaften Tarifvereinbarungen muss definitiv der Vergangenheit angehören.

Die Zeitarbeitsunternehmen müssen ihrerseits ihre Professionalisierung weiter vorantreiben und mehr für ihr Image tun. Qualitätsstandards müssen aufgestellt und eingehalten werden. Schwarze Schafe können so aus dem Markt gedrängt werden. Die Herausforderung schlechthin muss es sein, stets die richtigen Zeitarbeitnehmer auf die zu besetzenden Stellen zu bringen – eine 100-prozentige Passung muss das Ziel sein. Gleichzeitig sollte angestrebt werden, die noch viel zu hohe Zahl derer zu verringern, die sehr schnell aus der Zeitarbeit wieder ausscheiden (Jahn & Antoni, 2006). Zeitarbeit darf nicht eine zweitklassige Beschäftigungsform sein, sondern muss sich als zweite, andere Form der Beschäftigung etablieren.

Pluspunkte könnten die Zeitarbeitsunternehmen in der Gesellschaft sammeln, wenn sie gezielt versuchen würden, Routiniers in der Arbeitswelt zu halten oder in diese wieder zu integrieren. Dies sollte gar nicht so schwierig sein, denn diese Personen bringen häufig genau das mit, was sich Unternehmen von einem guten Zeitarbeiter wünschen: breite Berufserfahrung, schnelle Integration, ausgeprägte Flexibilität. Ältere Arbeitnehmer – lange Zeit über Altersteilzeit sowie andere Modelle frühzeitig aus dem Arbeitsmarkt gedrängt – könnten so vom Problem zum Problemlösungsansatz werden. Die Personaldienstleister sind hier gefordert Ansätze zu entwickeln, die es unserer Gesellschaft ermöglichen, den Erfahrungsschatz der älteren Arbeitskräfte geschickter zu nutzen, als dies derzeit noch oft geschieht. Mit kreativen Teilzeitlösungen wäre beispielsweise ein besserer, gleitender Übergang in den Ruhestand möglich. Die Sozialkassen könnten so unter Umständen entlastet, die nicht verfrüht aufs Abstellgleis abgeschobenen Arbeitskräfte sinnvoll eingesetzt und die Unternehmen mit schwankendem Arbeitsanfall wirkungsvoll unterstützt werden.

Eine andere strategische Option der Zeitarbeitsunternehmen könnte sein, sich an einer anderen Stelle des Arbeitsmarkts gewinnbringend einzuschalten. Im Bestreben flexible und kostengünstige Beschäftigungsverhältnisse einzugehen, haben in der Vergangenheit immer wieder Arbeitgeber über das Ziel hinausgeschossen. Ergebnis: die Generation Praktikum. Viele motivierte Nachwuchskräfte, die über Kompetenzen in weniger nachgefragten Fachrichtungen verfügten (z.B. Geisteswissenschaftler, Architekten), sind mit arbeitsvertraglichen Konstruktionen abgespeist worden, die inakzeptabel sind. Der zwischenzeitlich aufgetretene Mangel an Fachkräften hat zwar glücklicherweise dafür gesorgt, dass viele Unternehmen von diesen zweifelhaften Praktiken wieder Abstand nehmen mussten, weil so kein Talent mehr anzulocken war. Doch noch immer gibt es Teilbereiche des Arbeitsmarktes, in denen ausgenutzt wird, dass es (zu) viele Bewerber mit einem Qualifikationsprofil gibt, das wenig nachgefragt wird. Gerade in Krisenzeiten ist deshalb nicht auszuschließen, dass die Generation Praktikum wieder auflebt.

Die Personaldienstleister könnten in diesem Kontext einen konstruktiven Weg wählen und den gefährdeten Gruppen von Nachwuchskräften frühzeitig Entwicklungsmöglichkeiten aufzeigen. So könnten beispielsweise junge Menschen dabei unterstützt werden, parallel zu ihrer Hochschulausbildung mithilfe der Zeitarbeit erste Praxiserfahrungen zu sammeln. Mit einer geschickt gesteuerten Einsatzplanung könnte so im Idealfall frühzeitig eine praxisbezogene Zusatzqualifikation gezielt aufgebaut und damit die berufliche Flexibilität vergrößert werden. Auch könnten die Zeitarbeitsunternehmen versuchen, den Übergang von der Hochschule in den Arbeitsmarkt aktiv zu begleiten. Das Ergebnis wäre dabei jeweils das Gleiche: Eine typische Win-Win-Situation. Den „verhinderten" Praktikanten würden sich regelmäßig verbesserte Berufseinstiegsmöglichkeiten bieten, die Zeitarbeitsfirmen und die Einsatzbetriebe hätten motivierte Mitarbeiter. Dass auch das Image der Zeitarbeitsbranche kräftig profitieren würde, muss eigentlich nicht unterstrichen werden.

Eine denkbare Antwort der Personaldienstleister auf die demografisch bedingten Engpässe am Arbeitsmarkt könnte auch sein, sich aktiv in die Zuwanderungsproblematik einzubringen. Wie weiter oben gezeigt, werden wir in Deutschland in den nächsten Dekaden auf Zuwanderung angewiesen sein, wenn wir das Erwerbspersonenpotenzial nicht zu sehr absinken lassen und damit letztlich auch unser Sozialsystem in akute Gefahr bringen wollen. Zukunftsorientierte Zeitarbeitsunternehmen könnten als verlängerter Arm deutscher Unternehmen im Ausland versuchen, geeignete Arbeitskräfte für den Einsatz in deutschen Betrieben zu rekrutieren. Gerade kleinere und mittelständische Unternehmen haben kaum das Know-how, um selbstständig fern der Heimat auf Mitarbeiterjagd zu gehen – über eine kompetente Unterstützung durch international vernetzte Personaldienstleister würden sie sich daher mit Sicherheit freuen. Doch eine grenzüberschreitende Personalbeschaffung wäre für deutsche Zeitarbeitsunternehmen keine leichte Aufgabe, da auch etliche andere Nationen um qualifizierte Zuwanderer buhlen.

Die Zeitarbeitsunternehmen könnten sicherlich zunächst in den EU-Mitgliedsstaaten in die Offensive gehen, in denen das Vergütungsniveau noch deutlich unter dem in der Bundesrepublik liegt. Der finanzielle Anreiz sollte sich positiv auf die Mobilitätsbereitschaft auswirken. Doch die meisten EU-Länder stehen vor der gleichen demografischen Herausforderung wie wir in Deutschland; sie werden folglich einiges tun, um die dauerhafte Abwanderung ihrer Erwerbsbevölkerung zu vermeiden. Das unterschiedliche Entgeltniveau in der Europäischen Union wird sich deshalb nach und nach nivellieren. Innovative Personaldienstleister werden deshalb gut daran tun, frühzeitig nach alternativen Optionen in Ländern Ausschau zu halten, in denen der Arbeitsmarkt mittel- und langfristig weniger angespannt sein wird.

4 Ausblick

71,1 Prozent der Personalverantwortlichen, die im Rahmen der Studie „Personalmanagement – Horizont 2015" befragt wurden, sagten eine weitere Zunahme der Zeitarbeit voraus (Schwaab, 2008).

Ist das realistisch? Vor dem Hintergrund des aktuellen Krisenszenarios kurzfristig sicher nicht!

Sobald die Wirtschaft aber wieder anspringt, werden sich die Unternehmen der Zeitarbeitsbranche wie alle anderen Arbeitgeber auch dem „War for Talent" stellen müssen. Sollte die Wirtschaft nachhaltig wachsen, wird die Zahl der Arbeitssuchenden schnell wieder sinken und vermutlich rasch das Niveau vom Sommer 2008 erreichen und vielleicht sogar unterschreiten. Gerade die qualifizierten Arbeitskräfte werden dann sehr schnell unterkommen.

Konsequenz für die Zeitarbeitsbranche: Es wird für sie immer schwerer werden, auf dem deutschen Arbeitsmarkt die Mitarbeiter zu rekrutieren, mit denen die Entleihunternehmen zufrieden gestellt werden können. Kreative Lösungsansätze, wie sie oben beschrieben worden sind, werden erforderlich sein, um mit den Personaldienstleistungen im Wettbewerb nachhaltig bestehen zu können. Der Blick über die Landesgrenzen hinaus ist dabei sicherlich ein reizvoller, doch sollten zunächst all die oft noch ungenutzten Potenziale genutzt werden, die bereits in Deutschland vorhanden sind. Dazu zählen nicht nur die vielen Arbeitskräfte, die in den vergangenen Jahren Restrukturierungen zum Opfer gefallen und schon lange vor dem Erreichen des regulären Rentenalters ins Abseits geraten sind. Dieses vernachlässigte Humankapital gilt es in unserer Volkswirtschaft unbedingt zu reaktivieren und intelligent zu nutzen.

Auch wenn der Boom der Zeitarbeit vielleicht etwas abflachen wird, so bleiben zwei Dinge festzuhalten: Die Zeitarbeit hat einen wichtigen Beitrag dazu geleistet, dass sich die deutsche Wirtschaft in den letzten Jahren flexibel an die steigende Nachfrage anpassen konnte. Und sie kann zweifelsohne auch mit neuartigen Lösungen mithelfen, dass die deutschen Unternehmen auf die anstehenden Herausforderungen in einem weltweiten Wettbewerb die richtige Antwort geben können.

Quellenverzeichnis

BUNDESAGENTUR FÜR ARBEIT (2009). Statistik der Bundesagentur für Arbeit. Arbeitsmarkt in Zahlen, Arbeitnehmerüberlassung 1. Halbjahr 2008. Nürnberg.

CHAMBERS, E. G., FOULON, M., HANDFIELD-JONES, H., HANKIN, S. M. & MICHAELS III, E. G. (1998). The War for Talent. The McKinsey Quarterly, Heft 3/1998, S. 44-57.

EUROSTAT (2008). Bevölkerungsprojektionen 2008-2060: In der EU27 wird die Zahl der Sterbefälle ab 2015 die Zahl der Geburten übersteigen. Pressemitteilung Nr. 119/2008 vom 26.08.2008.

FRENSCH, L. (2006). Handbuch der Arbeitnehmerüberlassung. Bremen.

FUCHS, J. & DÖRFLER, K. (2005). Demografische Effekte sind nicht mehr zu bremsen. IAB-Kurzbericht Nr. 11 vom 26.07.2005.

JAHN, E. & ANTONI, M. (2006). Zeitarbeit: Kräftiges Wachstum aber kurze Beschäftigungsdauer. Bundesarbeitsblatt, Heft 12/2006, S. 3-9.

KOCH, M. (2007). Letzter Ausweg Leiharbeit? Die prekäre Wirklichkeit einer flexiblen Beschäftigungsform. Dortmund.

PROMBERGER, M. (2007). Leiharbeit. Flexibilität und Prekarität in der betrieblichen Praxis. In B. Keller & H. Seifert (Hrsg.), Atypische Beschäftigung – Flexibilisierung und soziale Risiken (S. 127-144). Berlin.

SCHRÖDER, C. (2008). Industrielle Arbeitskosten im internationalen Vergleich. IW-Trends, Heft 3/2008, S. 75-90.

SCHWAAB, M.-O. (2008). Horizont 2015 – Die Zukunft des Personalmanagements. Personalführung, Heft 9/2008, S. 54 - 63.

STATISTISCHES BUNDESAMT (2006). 11. koordinierte Bevölkerungsvorausberechnung – Annahmen und Ergebnisse. Wiesbaden.

STATISTISCHES BUNDESAMT (2008). Atypische Beschäftigung auf dem deutschen Arbeitsmarkt. Begleitmaterial zum Pressegespräch am 9. September 2008 in Frankfurt am Main.

VOGEL, B. (HRSG./2004). Leiharbeit. Neue sozialwissenschaftliche Befunde zu einer prekären Beschäftigungsform. Hamburg.

Holger Bartlick & Tanja Siegmund

Ansätze für die Zeitarbeit im Spannungsfeld von globalen Trends und gesellschaftlicher Verantwortung

Megatrends wie der demografische Wandel, die Internationalisierung oder der steigende Kostendruck stellen die Zeitarbeit im Allgemeinen und die Personalarbeit der Dienstleister im Besonderen vor komplexe Herausforderungen. Gleichzeitig werden die Rufe nach Übernahme von Verantwortung aus Politik und Gesellschaft immer lauter. Der nachfolgende Beitrag soll anhand von zwei Projektbeispielen darstellen, wie verantwortungsvolles Handeln und kreative Lösungen in der Rekrutierung, Qualifizierung und Bindung von Mitarbeitern nutzbringend für alle Seiten vereinbar sind.

1 Das Geschäft der Zeitarbeit im Spiegel der Herausforderungen

Die Zeitarbeit gilt als Wachstumsbranche und Jobmotor. Dennoch, oder gerade deswegen treffen die Unternehmen in dieser Branche auf besondere Herausforderungen in Bereichen der Personalarbeit, dem Rekrutieren, dem Qualifizieren und dem Binden von Mitarbeitern. Sie stehen damit an vorderster Front im Wettbewerb um die geeignetsten Bewerber, dem „War for Talent".

Der Kostendruck, der auf dem Großteil der Unternehmen liegt, wird häufig an die Personaldienstleister weitergereicht. Eine vertrauensvolle, langfristige und vor allem mitarbeiterorientierte Zusammenarbeit wird so häufig erschwert. Die stetig zunehmende Internationalisierung fördert über neue Verfahren und weitere Anbieter diesen Kostendruck, dem die Zeitarbeitsunternehmen – genauso wir ihre Kunden – ausgesetzt sind. Die Internationalisierung ist das Öl im Feuer des „War for Talent", denn qualifizierte Mitarbeiter werden inzwischen ebenso von ausländischen Unternehmen umworben, wie von deutschen Arbeitgebern. Nicht selten wandern hervorragend ausgebildete deutsche Fachkräfte in die skandinavischen Länder aus. Medizinisches Personal zieht es immer häufiger in die USA. Die Liste ließe sich beliebig fortsetzen.

Unabhängig von der Branche ist deshalb der Zeitaufwand für die Rekrutierung bereits erheblich gewachsen. 2007 benötigte ein Unternehmen noch durchschnittlich zwei Monate, um eine vakante Stelle zu besetzen. Im Sommer 2008 waren es – vor der überraschenden Wirtschaftskrise – bereits drei bis sechs Monate.

Seit Jahren bekannt, aber mittelfristig kaum zu beeinflussen: Die demografische Entwicklung wird den Mangel an qualifizierten Fachkräften weiter verschärfen. Der deutsche Mittelstand leidet bereits jetzt erheblich unter dem Fachkräftemangel. Die beiden Wirtschaftsverbände „Die Familienunternehmer – ASU" und „Die Jungen Unternehmer – BJU" befragten für das Magazin „Wirtschaftswoche" 450 Unternehmen und kamen zu dem Ergebnis, dass 60 Prozent von ihnen freie Stellen hatten und fast 30 Prozent der Unternehmen wegen der Personalmisere schon mindestens einmal einen

Auftrag ablehnen mussten. Rund 43 Prozent der Unternehmen gab an, dass es zwar Bewerber gab, diese aber nicht den Anforderungen entsprochen haben (O.V., 2008).

Gerade in den technischen Berufen beklagen schon heute viele Unternehmen einen Mangel an qualifiziertem Personal. Die Süddeutsche Zeitung hat berichtet, dass 2014 deutschen Unternehmen bis zu 95.000 Ingenieure und 135.000 Naturwissenschaftler fehlen werden. Bezogen auf das Bruttoinlandsprodukt von 2007 entspräche dies einem gesamtwirtschaftlichen Schaden von 20 Milliarden Euro (Bovensiepen, 2008). Betroffen sind vor allem Schlüsselindustrien, die für die technologische Leistungsfähigkeit im internationalen Wettbewerb besonders wichtig sind. Die Rezession, die ab dem Herbst 2008 zahlreiche Wirtschaftsakteure stark verunsichert, mag zwar dafür sorgen, dass sich die Situation auf dem Arbeitsmarkt vorübergehend etwas entspannt, doch sobald eine wirtschaftliche Erholung eintritt, sind die Engpässe beim qualifizierten Personal wieder vorprogrammiert.

Einerseits sind die beschriebenen Entwicklungen für die Zeitarbeitsbranche von Vorteil, denn Unternehmen benötigen verstärkt flexible Personallösungen und greifen hierzu auf die Unterstützung von Personaldienstleistern zurück. Andererseits ist die Zeitarbeit von dem Mangel an Fachkräften ebenso betroffen. Die gezielte Qualifizierung der Zeitarbeitnehmer und die Erschließung neuer Rekrutierungspotenziale sind Maßnahmen, die Personaldienstleister daher verstärkt forcieren.

2 Die Zeitarbeit als Kompetenzträger für die Schaffung von Win-Win-Situationen

Nach Ansicht der Autoren kann durch ein geeignetes Engagement der Zeitarbeitsfirmen für Mitarbeiter und potenzielle Mitarbeiter im Einzelnen und die Gesellschaft im Ganzen den genannten Herausforderungen entschlossen entgegen getreten werden. So wird die Rekrutierung, aber auch die Qualifizierung und die Bindung der Mitarbeiter gefördert und gleichzeitig ein Nutzen geschaffen, der über die rein ökonomischen Aspekte des Unternehmens weit hinausgehen und so idealerweise auch Teilen der Gesellschaft zugute kommen kann.

Ein Engagement in diesem Kontext ist dann positiv zu bewerten, wenn es gewinnbringend für alle Beteiligten ist, oder zumindest für keinen Beteiligten eine Verschlechterung seiner Position mit sich bringt. Zudem sollte das Engagement nachhaltig und glaubwürdig sein. Das heißt im Falle eines Zeitarbeitsunternehmens, dass es sich um

Aktivitäten handeln sollte, die typischerweise die Beschäftigungsfähigkeit von Menschen erhöhen oder ihnen den Eintritt in die Arbeitswelt erleichtern.

Wichtig für die Glaubwürdigkeit ist weiterhin, dass dieses Engagement auf einem sauberen Fundament steht. Dies bedeutet, dass hinter der Arbeit eine den Zielen und den allgemeinen Wertvorstellungen entsprechende Unternehmenspolitik steckt. In Bezug auf Zeitarbeitsunternehmen bedeutet dies beispielsweise eine klare Human-Resources-Politik, Entwicklungspläne und -möglichkeiten für die Mitarbeiter, regelmäßige Mitarbeitergespräche, Anbindung an einen Tarifvertrag, Qualitätsprüfung nach DIN ISO 9001:2000 und Erfüllung der Vorgaben aller Verbände, denen man angehört.

Darin eingebettet und darauf aufbauend können Projekte etabliert werden, die sich von der traditionellen Personalarbeit abheben, diese jedoch unterstützen und gleichzeitig das Spannungsfeld zwischen dem Bedarf der operativen Einheiten (typischerweise den Niederlassungen) und den Anforderungen der Gesellschaft an ein Unternehmen (Stichwort: Corporate Social Responsibility) nutzen, um daraus Energien für kreative Lösungen zu generieren (vgl. Abbildung 1).

Abbildung 1: Projekte im Spannungsfeld globaler Trends, gesellschaftlicher Verantwortung und betrieblicher Notwendigkeiten

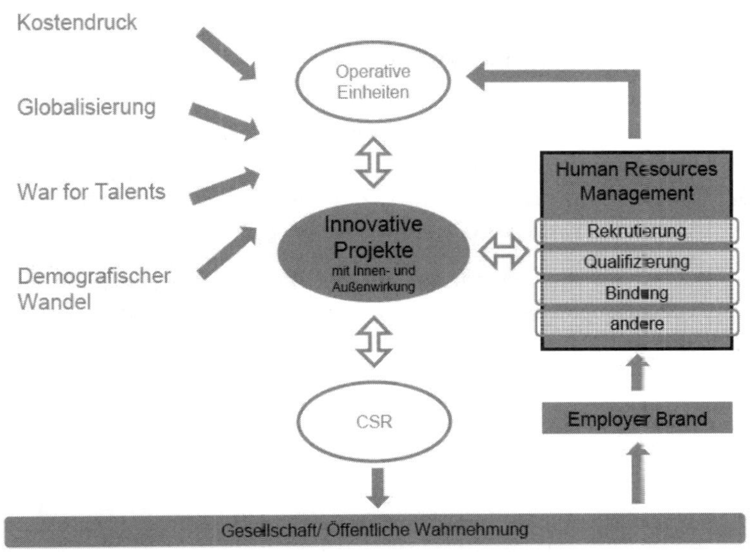

Am Beispiel der Adecco Personaldienstleistungen GmbH sollen im Folgenden zwei Projekte vorgestellt werden, die diesen Ansprüchen gerecht werden. Bei dem ersten Projekt, dem Adecco Job Coaching Center QUADRIGA geht es um die Integration von arbeitslosen Jugendlichen, die gemeinhin als schwer vermittelbar gelten. Kernthema ist hier die Qualifizierung.

Das zweite Beispiel befasst sich mit dem Adecco Athletenprogramm, durch das Spitzensportler darin unterstützt werden sollen, nach ihrer aktiven Sportzeit den Zugang zum Arbeitsmarkt zu erhalten. Hierbei werden bislang vernachlässigte Zielgruppen für die Rekrutierung erschlossen.

Beide Projekte besitzen einen hohen gesellschaftlichen Nutzen, da sie besonders Zielgruppen unterstützen, die beim Einstieg in das Berufsleben häufig mit Hindernissen konfrontiert werden. Dies ist im Rahmen des Employer Brandings und des Marketings mithilfe der Darstellung der Corporate Social Responsibility von hohem Wert. Im Fokus der nachfolgenden Betrachtung sollen jedoch insbesondere der Nutzen für die Teilnehmer, die beteiligten Partner und die konkrete Umsetzung stehen, um den praktischen Ansatz in den Vordergrund zu stellen.

3 Projekt zur Erhöhung der Beschäftigungsfähigkeit

3.1 Projektbeteiligte

Das hier vorgestellte Projektformat „Adecco Job Coaching Center QUADRIGA" (im Folgenden kurz QUADRIGA genannt) wurde gemeinschaftlich von der Jacobs Foundation, der Bundesagentur für Arbeit (BA), dem Institut für Arbeitsmarkt- und Berufsforschung (IAB) und der Adecco-Gruppe ins Leben gerufen.

Im ersten Treffen der Spitzenvertreter der beteiligten Organisationen einigten sich diese darauf, neue Wege aus dem damaligen Höchststand der Arbeitslosigkeit finden zu wollen und dabei insbesondere auch die Stärken der Zeitarbeit zu nutzen. Anfang 2006 waren über fünf Millionen Menschen in Deutschland arbeitslos.

Die Jacobs Foundation hat ein solches Projekt als förderungswürdig empfunden, da sie das Ziel hat, das Potenzial junger Menschen zu erschließen und ihnen dabei zu helfen, produktive Mitglieder der Gesellschaft zu werden. Dabei legt sie insbesondere Wert auf eine nachhaltige Wirkung und die Entwicklung von Projekten mit Pilotcharakter, die auf unmittelbare praktische Ergebnisse abzielen.

Die Bundesagentur für Arbeit hat naturgemäß ein Interesse daran, weitere nachhaltige und effiziente Wege aus der Arbeitslosigkeit zu finden und die Vermittlung in Arbeits- oder Ausbildungsstellen zu fördern.

Die Adecco-Gruppe sieht mehrere Ansatzpunkte für ihr Engagement in einem solchen Projekt. Als Experte für die Vermittlung zwischen Arbeitnehmern und Arbeitgebern kommt auf Zeitarbeitsunternehmen generell eine wichtige gesellschaftliche Verantwortung zu. Sie sollten dazu beitragen, dass der Arbeitsmarkt möglichst transparent ist, auf diese Weise die Arbeitslosigkeit gesenkt und letztlich den Unternehmen geholfen werden kann, ihr produktives Potenzial ohne Beschränkung durch fehlende Arbeitskräfte so weit wie möglich auszuschöpfen.

Ein weiterer Aspekt hebt die Expertenrolle von Adecco hervor. Unter dem Markennamen Lee Hecht Harrison verfügt der Personaldienstleister über eines der weltweit führenden Unternehmen für die Unterstützung von Menschen in der beruflichen Neuorientierung. Hierfür hat Lee Hecht Harrison eine Methode entwickelt, die den Einzelnen zielgerichtet und effektiv darin unterstützt eine neue Arbeitsstelle zu finden, die seinen Neigungen und Fähigkeiten entspricht. Ursprünglich für Manager entwickelt, wurde dieses Verfahren inzwischen für weitere Zielgruppen modifiziert. Mit Hilfe dieses Tools erreicht Adecco in anderen Arbeitsmarktprojekten Vermittlungsquoten von bis zu 60 Prozent – selbst bei durch die Wirtschaft und Gesellschaft benachteiligten Zielgruppen wie Langzeitarbeitslosen.

Darüber hinaus hat Adecco als Arbeitgeber mit stetig wachsendem Rekrutierungsbedarf auch das Interesse, durch ein Engagement in einem solchen Projekt, interessante Bewerber und somit potenzielle Stelleninhaber kennenzulernen.

Das IAB als Dienststelle der BA untersucht die Wirkung des Projektes als Instrument der Arbeitsförderung. Um eine wissenschaftlich fundierte Evaluation zu ermöglichen, war es für das IAB wichtig, dass ein klarer Rahmen, insbesondere in Bezug auf die Zielgruppe definiert wurde.

3.2 Projektziele und Vorgehen

Die Zielgruppe des Projekts sind vorerst Jugendliche unter 25 Jahre mit multiplen Vermittlungshemmnissen. Typischerweise verfügen sie über keine abgeschlossene Ausbildung. Diesen jungen Menschen soll dabei geholfen werden, ihre Beschäftigungsfähigkeit nachhaltig zu erhöhen und so den langfristigen Zugang zu einer Arbeitsstelle zu finden.

Der Bericht 2005 der Bundesregierung zur Wirksamkeit moderner Dienstleistungen am Arbeitsmarkt vom 01.02.2006 bestätigte die Projektinitiatoren in ihrer Einschätzung, dass die berufliche Weiterbildung von besonderer Wichtigkeit ist, wenn es um die nachhaltige Vermittlung in Arbeit geht. Deshalb sollte der Qualifizierung in dem Projekt ein besonders hoher Stellenwert zukommen.

Darüber hinaus war es gerade für die Teilnehmer aus der relevanten Zielgruppe, die bisher kaum Erfahrungen mit einem festen Arbeitsverhältnis gemacht hatten, wichtig, dass sie schnell berufspraktische Erfahrungen sammeln können.

Zudem galt es die schwierige motivationale Lage der Teilnehmer durch eine individuelle Betreuung aufzufangen. Diese umfasste zum einen die Zuweisung von geeigneten Standard-Entwicklungs-Modulen, die nach den Bedürfnissen des Einzelnen ausgewählt wurden. Zum anderen beinhaltete sie auch eine soziale Komponente, wie sie im folgenden Abschnitt genauer dargestellt wird.

Die Anliegen der beteiligten Initiatoren waren insbesondere für die konkrete und operationalisierte Zielsetzung maßgeblich. Da ein Projektdesign entwickelt werden sollte, das auch außerhalb des „Reagenzglases" eines Pilotprojektes funktionieren sollte, war es unerlässlich die Bedürfnisse der beteiligten umsetzenden Einheiten mit einzubeziehen. Dies waren insbesondere die ARGEn und die Adecco-Niederlassungen.

Dieses Vorgehen hatte vor allem Auswirkungen auf die Anteile der Qualifizierung, die einen erheblichen Kostenfaktor im Projekt ausmachte. Aber auch eine Abstimmung bezüglich der Teilnehmer vor Ort war im Rahmen der definierten Zielgruppe des Öfteren nötig, damit beispielsweise die Adecco Niederlassung auch eine zielführende Vermittlung von berufspraktischen Elementen garantieren konnte.

Zusammengefasst galt es letztlich ein Projektdesign zu entwickeln, das helfen würde, erwerbsfähige Hilfebedürftige gezielt und schnell in den Arbeitmarkt zu integrieren. Dies sollte erreicht werden, indem berufspraktische Tätigkeiten, zertifizierte Trainings, ein schneller Einstieg in eine arbeitsvertragliche Beschäftigung und ein individuelles Coaching für den Teilnehmer geboten wurden. Zugleich musste das Programm so flexibel sein, dass es den regionalen Bedürfnissen der ARGEn und der Niederlassungen angepasst werden konnte.

3.3 Umsetzung

Um eine zuverlässige Evaluation durchführen zu können, wurde QUADRIGA an fünf deutschen Standorten etabliert. Und obwohl zum Zeitpunkt der Drucklegung dieses Buches die Evaluierung noch nicht abgeschlossen ist, wurde QUADRIGA bereits an drei weiteren Standorten gestartet.

In der konkreten Umsetzung gliederte sich das Projekt in zwei Phasen (siehe Abbildung 2).

Abbildung 2: Projektablauf und –module QUADRIGA

In Phase 1 geht es primär um die Zuführung und Auswahl der Teilnehmer. Die ARGE identifiziert und informiert die in Frage kommenden Kandidaten, die anschließend in Informationsveranstaltungen oder Einzelgesprächen mit Vertretern von Adecco die Details des Programms erläutert bekommen.

Gleichzeitig kann Adecco an dieser Stelle schon prüfen, ob Hindernisse außerhalb der vereinbarten Vermittlungshemmnisse gegen eine Aufnahme in das Programm sprechen, wie zum Beispiel begangene schwere Straftaten.

Fällt die Entscheidung auf beiden Seiten positiv aus, kann mit der eigentlichen Arbeit begonnen werden. Eine Standort- und Potenzialanalyse gibt Aufschluss darüber, in welche Richtung die Qualifizierung und die berufspraktischen Einsätze später gehen sollten, damit der Teilnehmer seine Ziele erreichen kann. Es wird ein Plan erstellt, der es auch ermöglicht, die Fortschritte eines Teilnehmers im Laufe des Programms zu ermitteln. Sollten beim Teilnehmer gravierende Hindernisse auftauchen, die einer sofortigen Aufnahme in Phase 2 widersprechen, dann hat der Teilnehmer die Option an einer vorbereitenden Qualifizierung teilzunehmen. Diese sollte maximal vier bis sechs Wochen dauern.

Anschließend wird der Teilnehmer in Phase 2 – das eigentliche Kernstück von QUADRIGA – aufgenommen. Hier erhält er einen unbefristeten Arbeitsvertrag und eine Vereinbarung bezüglich der Zusatzmodule von QUADRIGA. Durch den unbefristeten Arbeitsvertrag zeigt das Unternehmen zum einen, dass es ernsthaft daran interessiert ist, den Teilnehmer langfristig zu integrieren. Zum anderen ist es ein wichtiger

Motivationsschub, wenn der Teilnehmer als tariflich entlohnter Arbeitnehmer seinen Lebensunterhalt alleine bestreiten kann. Einige Teilnehmer verdienen ihr Geld erstmals mit der eigenen Leistung.

Während dieser Phase des Projekts wird der Teilnehmer von einem sozialpädagogischen Coach betreut. Dieser baut das Selbstbewusstsein des Teilnehmers auf, stärkt die Arbeitsmoral und unterstützt dabei einem geregelten Erwerbsleben nachzugehen. Dazu muss man wissen, dass es bei der relevanten Zielgruppe alles andere als selbstverständlich ist, konzentriert über acht Stunden zu arbeiten oder zuverlässig über einen längeren Zeitraum morgens pünktlich bei einem Arbeitgeber zu erscheinen.

Darüber hinaus koordiniert der Coach die anderen Maßnahmen der Phase 2 und achtet darauf, dass der in Phase 1 festgelegte Entwicklungsplan eingehalten wird.

Das Element „Qualifzierung on-the-job" hat höchste Priorität bei QUADRIGA. Es ist eine besondere Herausforderung die Teilnehmer bei Kundenunternehmen unterzubringen, damit sie dort berufspraktische Erfahrungen sammeln können. Deshalb müssen sich, wenn möglich, die anderen Elemente der Qualifizierung zeitlich danach richten, wann ein Teilnehmer praktisch arbeiten kann. Diese praktische Erfahrung wird nachher besonders wichtig sein, wenn es darum geht die Nachhaltigkeit sicherzustellen. Schließlich achten zukünftige Arbeitgeber gerade in Deutschland darauf, dass ein Bewerber über entsprechende praktische Erfahrungen in dem Tätigkeitsfeld verfügt, in dem er eingesetzt werden soll.

Trotzdem kann auf eine Qualifizierung off-the-job nicht verzichtet werden. Für einige Tätigkeiten muss der Teilnehmer in einer Weiterbildungseinrichtung vorbereitet und gegebenenfalls auch zertifiziert werden. Um hier eine bestmögliche Qualität und eine große Flexibilität sicherstellen zu können, arbeitet Adecco in dieser Hinsicht vor allem mit externen Partnern zusammen. Dies sind zertifizierte Bildungsträger, die die nachgefragte Qualifikation vermitteln können und dabei so flexibel sind, dass der Teilnehmer in der Regel von einem Tag auf den nächsten zwischen den on-the-job- und den off-the-job-Aktivitäten wechseln kann und beim Bildungsträger an dem Punkt weiterlernen kann, wo er zuvor aufgehört hat.

Das vierte Element der Phase 2 trägt den Namen „Selbstvermarktung". Dahinter steht der bereits erwähnte und von Lee Hecht Harrison gestaltete Prozess zur beruflichen Neuorientierung, der mit der Standort- und Potenzialanalyse in Phase 1 begonnen hat. In Phase 2 fokussiert der Coach nun seine Arbeit mit dem Teilnehmer darauf, dass dieser in die Lage versetzt wird, sich selbst und seine Fähigkeiten klar zu kommunizieren.

Der beschriebene Aufbau von QUADRIGA stellt sicher, dass die Kundenunternehmen von Adecco gezielt davon überzeugt werden können, gerade die an diesem Projekt teilnehmenden Arbeitskräfte bei sich einzusetzen. Diese Teilnehmer werden auch langfristig in die Lage versetzt, sich selbst zu vermarkten und somit nachhaltig produktiv im Arbeitsmarkt zu verbleiben.

3.4 Zusammenfassende Projektbeurteilung

Das Projekt QUADRIGA ist in seiner Umsetzung im Vergleich zu anderen Maßnahmen zur Vermittlung von Arbeitsstellen recht komplex. Aber durch den individuellen und integrativen Ansatz werden Elemente eng aufeinander abgestimmt und effizient eingesetzt, so dass sich klar die Vorteile gegenüber den sogenannten Maßnahmekarrieren abzeichnen, die bei vielen Arbeitslosen kritisiert werden.

Auch wenn die Ergebnisse der Begleitforschung des IAB noch ausstehen, so zeigt das Interesse der ARGEn an einer Verlängerung der Projekte, beziehungsweise am Start neuer QUADRIGA-Projekte, dass die Einschätzung seitens der ARGEn grundsätzlich positiv ist. Dies wird dadurch unterstrichen, dass das QUADRIGA-Projekt in Gelsenkirchen als Best-Practice in das Intranet der BA eingestellt wurde, um andere ARGEn und Arbeitsagenturen zur Nachahmung anzuregen.

Aus Sicht von Adecco ist QUADRIGA ebenfalls ein Erfolgsmodell, da dadurch bereits etliche neue Mitarbeiter gefunden wurden und Aufträge bei Kunden besetzt werden konnten. Das Feedback, welches die Coachs von ihren Teilnehmern bekommen, ist ebenfalls überwiegend positiv. Viele wollen nach Abschluss des Programms bei Adecco bleiben, andere haben bereits Stellenangebote von anderen Unternehmen erhalten. Und einige wenige haben sogar Mut gefasst und die Möglichkeit gefunden, aus QUADRIGA heraus eine Ausbildung zu beginnen.

Alles in allem bietet QUADRIGA die Möglichkeit nachhaltig die Beschäftigungsfähigkeit von Jugendlichen zu erhöhen und somit die Arbeitslosigkeit zu senken. Zugleich unterstützt das Projekt die Adecco-Niederlassungen – bei richtiger Koordination mit der jeweiligen ARGE – bei der Rekrutierung von benötigtem Personal. Darüber hinaus bietet sich mit dem Element der Qualifizierung die Möglichkeit, ganz gezielt geeignetes Personal zu entwickeln.

4 Spitzensportler ins Bewerbungsgespräch

4.1 Kooperationspartner des Athletenprogramms

Das im Folgenden dargestellte Athletenprogramm ist ein Kooperationsprojekt zwischen den jeweiligen olympischen Komitees und Adecco auf internationaler und nationaler Ebene und dient der Integration von Spitzensportlern in den Arbeitsmarkt. Dieses Programm existiert in einigen Ländern bereits seit 1999. Formell besiegelt wurde es im Jahr 2005 zwischen dem Internationalen Olympischen Komitee (IOC) und der Adecco-Gruppe. Im Jahr 2008 nahmen bereits über 30 Länder an dem Projekt teil. In Deutschland wurde diese Kooperation durch einen Vertrag zwischen dem Deutschen Olympischen Sportbund (DOSB) und der Adecco Personaldienstleistungen GmbH ratifiziert und auf die Bedürfnisse der deutschen Sportler angepasst.

Das IOC und der DOSB nehmen mit diesem Programm eine Verantwortung gegenüber den Spitzensportlern wahr, die über das rein sportliche Engagement hinaus geht. Durch die Unterstützung der Sportler können diese sich während ihrer aktiven Sportzeit umso aktiver dem Training und den Wettkämpfen widmen, da sie wissen, dass sie nach dem Ende der Sportkarriere optimale Einstiegsmöglichkeiten in den Arbeitsmarkt geboten bekommen. Adecco sieht hier zum einen die wichtige identitätsstiftende Wirkung von Spitzensport und will durch Einbringen seiner Fähigkeiten der gesellschaftlichen Verantwortung gerecht werden. Zum anderen ist Adecco davon überzeugt, dass Sportler im Allgemeinen und Spitzensportler im Speziellen soziale Kompetenzen entwickeln, die für den Arbeitsmarkt und somit auch für Adecco unter dem Aspekt der Rekrutierung sehr attraktiv sind.

Der DOSB ist im Rahmen dieses Programms auch als Schnittstelle zu anderen Partnern zu verstehen. Diese sind zwar nicht vertraglich in das Programm involviert, aber dennoch ist deren Unterstützung und die Abstimmung mit ihnen von entscheidender Wichtigkeit für den Erfolg des Programms. Beispiele hierfür sind die Stiftung Deutsche Sporthilfe, die Laufbahnberater der Olympiastützpunkte, die Verbände der einzelnen Sportarten oder die Trainer der Athleten.

4.2 Zielsetzung

Mit dem Athletenprogramm sollen Spitzensportler darin unterstützt werden, nach ihrer Sportkarriere möglichst schnell eine passende Arbeitsstelle zu erhalten. Dies beinhaltet mehrere Unterziele, die auf das Hauptziel hinführen. Adecco bietet den Sportlern im Rahmen des Athletenprogramms verschiedene Formen der Unterstützung an, die ganzheitlich das Ziel der Integration in den Arbeitsmarkt fördern.

Die spezifischen Ziele sind insbesondere:

- Der Sportler soll möglichst frühzeitig ein Bild von seiner Zukunft nach dem aktiven Sport entwickeln, um sich beispielsweise in Form von Praktika in der wettkampffreien Zeit entsprechend seiner Ziele vorzubereiten.
- Die spezifische Qualifizierung und das Sammeln von praktischen Erfahrungen helfen dem Sportler, seine Vorstellungen zu konkretisieren und Empfehlungen für die spätere Karriere zu sammeln.
- Der Sportler wird darin unterstützt, die Kompetenzen, die er insbesondere durch den Sport erlangt hat, zu identifizieren und gegenüber Personalentscheidern zu vermarkten.
- Durch einen klaren Zukunftsplan und die Unterstützung sowohl durch die Sportorganisationen als auch von Adecco kann sich der Sportler in kritischen Phasen voll auf die Wettkampfvorbereitung konzentrieren.
- Durch Nutzung aller Ressourcen, die Adecco zur Verfügung stehen, soll dem Sportler ermöglicht werden, unmittelbar nach der Bedarfsfeststellung schnellstmöglich den gewünschten Berufseinstieg zu erreichen.

4.3 Umsetzung

Das Athletenprogramm in Deutschland baut zur Erreichung aller Ziele seine Aktivitäten auf drei Säulen auf.

Zur Vorbereitung auf die Jobsuche und zur Sensibilisierung für die Zukunftsplanung von Sportlern bietet Adecco Workshops an, die beispielsweise an Nachwuchsschulen des Sports durchgeführt werden. In diesen Workshops wird mit den Sportlern gemeinsam an der Selbsteinschätzung, der Feststellung fachlicher und sozialer Kompetenzen sowie der Auseinandersetzung mit persönlichen Werten gearbeitet. Davon ausgehend werden die Ziele für die berufliche Zukunft definiert und bei Bedarf auch Tipps für die Erstellung von Bewerbungsunterlagen gegeben.

Die zweite Säule dient vor allem der Qualifizierung der Sportler durch das Sammeln von theoretischen und praktischen Kenntnissen für die spätere Tätigkeit. In diesem Zusammenhang werden beispielsweise duale Karrieren von Sportlern gefördert, die parallel zum Sport ihre berufliche Zukunft vorantreiben. Hervorzuheben ist hier die Unterstützung der Fachhochschule Ansbach, die den Studiengang „Bachelor of Arts in International Management" anbietet, der besonders den Anforderungen von Spitzensportlern gerecht wird, indem die Stärken eines Fernstudiums mit denen eines Präsenzstudiums kombiniert werden. Dies ermöglicht den Athleten ein vollwertiges Studium, das durch seine betriebswirtschaftliche Ausrichtung eine hervorragende Vorbereitung auf den Berufseinstieg darstellt.

Die wichtigste und dritte Säule ist sicherlich die persönliche Unterstützung der Sportler bei der Suche nach einer Arbeitsstelle. Basierend auf dem bereits erwähnten Prozess der beruflichen Neuorientierung von Lee Hecht Harrison, werden die Athleten ganz individuell entsprechend ihres spezifischen Bedarfs unterstützt. Dies reicht von der Erstellung von Qualifikations- und Berufswunschprofilen über die Entwicklung einer Bewerbungsstrategie und die Erstellung von zielführenden Unterlagen bis hin zur Beratung bei Vertragsverhandlungen.

Darüber hinaus wird das Adecco-Netzwerk genutzt, um offene und für den jeweiligen Sportler interessante Positionen zu identifizieren und ihn bei entsprechender Eignung dafür zu empfehlen. Dabei kommen sowohl Stellen im eigenen Unternehmen als auch bei Kundenunternehmen in Betracht.

4.4 Zusammenfassende Beurteilung

Das Athletenprogramm ist auch über die Grenzen Deutschlands hinaus äußerst erfolgreich. In den ersten drei Jahren konnten mehr als 3.000 Athleten aus über 30 Ländern auf die Unterstützung von Adecco zurückgreifen. Verlängerungen der Verträge und stets neu beitretende Länder bekräftigen den Erfolg des Programms.

Die Arbeit mit den Athleten zeigt, dass eine professionelle Unterstützung erheblich dazu beiträgt, Klarheit in die Ziele und Argumente bei ihrer Selbstvermarktung zu bringen.

Die Assoziation mit dem Spitzensport und die Arbeit mit Top-Athleten schaffen einen Bindungseffekt für bereits vorhandene Mitarbeiter und eine positive Außenwirkung für das Unternehmen. Daneben erschließt sich durch den Kontakt zu den Sportlern auch eine Zielgruppe mit sozialen Kompetenzen, die aus Rekrutierungssicht besonders interessant ist.

5 Ausblick

Die beiden vorgestellten Initiativen bilden nur einen Ausschnitt aus den Aktivitäten, die ein Zeitarbeitsunternehmen leisten und mit denen es gleichermaßen für sich selbst und auch für die Gesellschaft einen Nutzen stiften kann.

Dieser beidseitige Nutzen ist wichtig, damit das Engagement der Partner nachhaltig vorhanden ist – unter den Begriff Partner fallen hier auch alle sonstigen in die Projekte involvierten Personen und Institutionen.

Als Einzelperson von besonderer Wichtigkeit ist naturgemäß derjenige, dem die Unterstützung letztlich zugute kommen soll. In den dargestellten Vorhaben sind dies die arbeitslosen Jugendlichen oder die eine Beschäftigung anstrebenden Athleten. Deren Bedürfnisse sind in den Mittelpunkt der Anstrengungen zu stellen, damit die Projekte die entsprechenden Erfolge aufweisen und die sonstigen positiven Effekte sich einstellen.

Der tatsächliche Erfolg in Bezug auf die Zielgruppe der Projekte ist entscheidend für die Glaubwürdigkeit der Aktivitäten, die wiederum Voraussetzung für die in der Regel erhoffte positive Außenwirkung für das engagierte Unternehmen ist. Dies beeinflusst generell sowohl die Öffentlichkeitsarbeit des Personaldienstleisters als auch das Employer Branding, das im Rahmen der betrachteten Initiativen von besonderer Wichtigkeit war.

Die geforderte Glaubwürdigkeit ist für ein Unternehmen vor allem dann zu erwarten, wenn es auf seine Kernkompetenzen zurückgreift. Im Falle von Zeitarbeitsunternehmen beziehen sich diese typischerweise auf Aktivitäten, die auf den Arbeitsmarkt gerichtet sind.

Gerade in einer durch Schnelllebigkeit geprägten Branche gilt es aber auch zu berücksichtigen, dass sich der Nutzen der verschiedenen Bemühungen mitunter erst nach einer längeren Investitionsphase einstellt. Diese gilt es genau so zu planen, wie die Durchführung des Projektes selbst, damit von Anfang an Klarheit über den Zeitpunkt des Nutzeneintritts besteht und das Projekt die Chance hat seine Stärken zu entfalten.

Bei Berücksichtigung der genannten Aspekte kann ein Zeitarbeitsunternehmen durch geeignete Initiativen nicht nur gesellschaftliche Verantwortung übernehmen, sondern auch gleichzeitig seine Aktivitäten in Bezug auf die Bewältigung der Herausforderungen der Globalisierung, des demografischen Wandels und des zunehmenden Kostendrucks sinnvoll ergänzen.

Quellenverzeichnis

BOVENSIEPEN, N. (2007). Fachkräfte-Mangel kostet jährlich 20 Milliarden. Süddeutsche Zeitung vom 20.08.2007. http://suche.sueddeutsche.de/error/404/wirtschaft/865/415633/text/?page=16.

O.V. (2008). Fachkräftemangel in der Wirtschaft verschärft sich. Wirtschaftswoche vom 28.06.2008. http://www.wiwo.de/politik/fachkraeftemangel-in-der-wirtschaft-verschaerft-sich-298813.

Thomas J. Dauser

Arbeitnehmer zweiter Klasse? Wild-West-Methoden in der Leiharbeitsbranche

1 Leiharbeit - Jobwunder oder Sklavenarbeit?

„Die Sklaven – u. a. im römischen Reich – wurden ebenfalls als Sachen angesehen; eine derartige Gleichsetzung haben die Arbeitnehmer der Zeitarbeitsbranche nicht verdient" (Deutscher Bundestag, 2008a). Es sind markige Worte, mit denen der Petitent eine Änderung des Arbeitnehmerüberlassungsgesetzes (AÜG) beim Petitionsausschuss des Deutschen Bundestages einforderte. Der Petitent störte sich an Begrifflichkeiten: Die Branche selbst spricht nahezu ausschließlich von „Zeitarbeit"; das Gesetz kennt freilich nur „Leiharbeitnehmer". Eine begriffliche Herabsetzung und damit eine Diskriminierung sei das, schreibt der Petitent, und 284 Unterstützer unterzeichnen seine Petition. Schließlich, so die Argumentation, meine der Begriff „Leihe" nach § 598 BGB die unentgeltliche Überlassung von Sachen. Beim AÜG gehe es aber um Menschen. Deshalb schlägt der Petitent vor, künftig von „überlassendem Arbeitgeber" zu sprechen statt von Verleihern. Der Entleihbetrieb solle zum „Aufnahmebetrieb" werden und Leiharbeitnehmer künftig schlicht nur „Arbeitnehmer" heißen.

Derartige Namen sind eben nicht nur Schall und Rauch. Doch ist es tatsächlich das größte Problem der Leiharbeit, dass der Gesetzgeber vorgeblich pejorative Begrifflichkeiten benutzt? Oder versuchen Arbeitgeber und Arbeitgeberverbände mit derartigen Aktionen lediglich, mit Euphemismen prekäre Arbeitsverhältnisse in ein besseres Licht zu rücken und somit Missstände zu überblenden?

Fakt ist: Erleichtert durch die stufenweise Deregulierung des AÜG in den vergangenen Jahren boomt die Leiharbeit; die Zahl der Leiharbeitsverhältnisse steigt nach wie vor unaufhörlich. Und nicht nur zahlenmäßig scheint die Leiharbeitsbranche aus der Nische herausgefunden zu haben. Die Leiharbeit ist groß herausgekommen in der veröffentlichten Meinung; Schlagzeilen warten mit immer neuen Superlativen auf. „Das deutsche Jobwunder" (Deckstein, 2006, S. 38) wird hier gepriesen, eine „Stütze des Aufschwungs" (Wöhrl, 2008, S. 24) sei die Leiharbeit. „Qualifizierte Zeitarbeiter werden verzweifelt gesucht" (Telgheder, 2006, S. 16) versprechen die Überschriften. Manchmal könnte der geneigte Leser den Eindruck gewinnen, als gäbe es nur noch Ingenieure und Chefärzte unter den Leiharbeitern und keine einfachen, billigen Helfer (Otte, 2008).

Wie ist es bestellt um Menschen, die in der Leiharbeitsbranche beschäftigt sind? Dazu soll nachfolgend ein Schlaglicht geworfen werden auf drei Kernbereiche.[1] Zunächst soll dargestellt werden, welche spezifischen Probleme bei Leiharbeitern in Sachen

[1] Der Aufsatz stützt sich im Wesentlichen auf Recherchen für das Politikmagazin REPORT MAINZ im ERSTEN. Ich danke für die Unterstützung während der Dreharbeiten vor allem meinen Kollegen Beate Klein und Gottlob Schober sowie dem kompletten REPORT-Team beim Südwestrundfunk in Mainz; außerdem meiner Frau Friederike Dauser.

Arbeitsschutz entstehen. Dann wird am Beispiel der sogenannten konzerninternen Arbeitnehmerüberlassung gezeigt, wie Leiharbeit missbräuchlich zum Lohndumping eingesetzt wird. Schließlich wird dokumentiert, wie mit fragwürdigen Tarifverträgen in der Leiharbeitsbranche gezielt Löhne und letztlich auch gesetzliche Standards abgesenkt werden.

2 Wie gesund ist Leiharbeit?

Es ist eine aufwändig gestaltete Broschüre: „Zeitarbeit nutzen – sicher, gesund und erfolgreich" lautet der Titel. Das Titelbild zeigt – an einer Metallschleife stehend – einen Leiharbeiter: mit Ohrstöpseln ausgestattet, mit einer Sicherheitsbrille geschützt. Die Broschüre der für die Leiharbeitsbranche als gesetzliche Unfallversicherung zuständigen Verwaltungsberufsgenossenschaft zeigt, wie Leiharbeiter sicher im Betrieb eingesetzt werden können, gibt Betrieben Leitfäden, Check-Listen und Fragebögen zum Arbeitsschutz an die Hand. Die Anstrengungen, Leiharbeit sicherer zu machen und Arbeitsunfälle zu vermeiden, können nicht übersehen werden.

Und dennoch ist gerade im Helferbereich das Unfallrisiko in der Leiharbeit besonders hoch.[2] Einen dramatischen Fall dokumentierte das Politikmagazin REPORT MAINZ im ERSTEN (REPORT MAINZ, 2007a): Stefan C. kam als Leiharbeiter ums Leben. Er hatte einen Einsatz in einer Mülltrennungsanlage. Eigentlich sollte Stefan C. nur den Hof sauber halten und fegen. In der Unfallnacht beschickte er aber offenbar die Müllpresse. Stefan C. stand in der Unfallnacht offenbar allein an der Anlage, geriet in den Trichter. Die Stempel der Tonnen schweren Presse trennten ihm die Beine ab, verpressten den 21jährigen. Sein Vater fand ihn später tot in der Anlage.

Die Staatsanwaltschaft stellte das langwierige Ermittlungsverfahren ein, aber Ungereimtheiten bleiben bis heute: Stefan C. fuhr laut seinem Stundenzettel regelmäßig Stapler, obwohl er keinen Staplerschein hatte. Ein Schriftgutachten zieht in Zweifel, ob die Unterschrift auf der entsprechenden Erstunterweisung am Arbeitsplatz tatsächlich von Stefan C. selbst stammt. Zudem erhob ein früherer Disponent der Leiharbeitsfirma schwere Vorwürfe: Es habe Zeiten gegeben, sagte er in dem Fernsehbeitrag, wo mitten in der Nacht Leute zu Arbeit „angekarrt" worden seien. Diese seien erst um 22.00 Uhr eingestellt und dann um 22.30 Uhr zur ersten Nachtschicht gebracht worden. Die Leiharbeiter hätten lediglich gesagt bekommen: „Da ist ein Müllberg, das und

[2] Das Bundesarbeitsministerium hält in seinem Unfallbericht 2005 fest, dass das Gefährdungspotenzial für Beschäftigte im Helfermarkt der Leiharbeitsbranche „deutlich über den durchschnittlichen Unfallzahlen" liege (siehe hierzu: Bundesministerium für Arbeit und Soziales, 2007).

das wird raussortiert. Andere Einarbeitungen oder Unterweisungen gab es nicht" (REPORT MAINZ, 2007a).

Während der Recherchen des Politikmagazins REPORT MAINZ verwiesen zahlreiche Leiharbeiter auf Mängel beim Arbeitsschutz: Ein Leiharbeiter sollte Maschinen mit gefährlichen Chemikalien reinigen, ohne dass ihm gesagt worden sei, welche Vorsichtsmaßnahmen er dabei zu beachten habe. Ein anderer Leiharbeiter schilderte, wie er nach einer leichteren Verletzung bei einem Arbeitsunfall von seinem Arbeitgeber eine Sicherheitsunterweisung eingefordert habe. Daraufhin sei er abgemahnt worden, verbunden mit der Drohung, im Wiederholungsfalle werde man ihm kündigen. Einzelfälle – oder doch Symptome eines strukturellen Problems?

Das schwierige Dreiecksverhältnis Leiharbeitnehmer – Verleiher – Entleiher scheint im Alltag eine reibungslose Kommunikation und damit einen effektiven Arbeitsschutz zu erschweren. Betriebsärzte der Verleihfirmen haben nur bedingt Zugang zu den Arbeitsplätzen ihrer Mitarbeiter in den Entleihbetrieben, was eine realistische Gefahreneinschätzung verunmöglicht (Bundesministerium für Arbeit und Soziales, 2007). Hinzu kommen Doppelzuständigkeiten für den Arbeitsschutz bei Ver- und Entleiher. Zudem haben die jeweils zuständigen Arbeitsschutzbehörden und die Agentur für Arbeit unterschiedliche Kompetenzen bei der Überprüfung der korrekten Umsetzung von Arbeitsschutzmaßnahmen. Die Kontrolle der Verleihbetriebe seitens der Regionaldirektionen der Agentur für Arbeit findet dabei im Wesentlichen nach Papier- und Aktenlage statt.

Dabei ist ein effektiver Arbeitsschutz gerade bei Leiharbeitern besonders wichtig: Das Leiharbeitsverhältnis bringt es mit sich, dass sich der Einsatzort ständig ändern kann. Leiharbeiter müssen sich deshalb immer wieder auf neue Wegstrecken zur Arbeit und wechselnde Gefährdungsszenarien am Arbeitsplatz selbst einstellen. Hinzu kommt, dass Leiharbeiter in der Regel besonderen Gesundheitsrisiken ausgesetzt sind. Studien zufolge arbeiten Leiharbeiter deutlich öfter in ergonomisch bedenklichen Positionen, bei Lärm, mit Öl, Fett, Schmutz und Dreck und müssen öfter schwere Lasten heben und tragen als Nicht-Leiharbeiter. Auch sind Leiharbeiter demnach häufiger Rauch, Staub, Gasen, Kälte, Nässe und Zugluft ausgesetzt. Fast zwei Drittel der Leiharbeiter leisten monotone Tätigkeiten, die eher zu Arbeitsunfällen führen können. Einer Untersuchung der Initiative Neue Qualität der Arbeit, INQA, zufolge sind 45 Prozent der Leiharbeitnehmer mit der Sicherheit ihres Arbeitsplatzes unzufrieden, im Vergleich zu 22 Prozent unter den Nicht-Leiharbeitnehmern (Fuchs, 2003).

In der Vergangenheit wurden in Tarifverträgen zahlreiche Regelungen zur Gesunderhaltung der Arbeitnehmer getroffen, um dem spezifischen Gefährdungspotenzial etwa in Metallberufen entgegenzuwirken; beispielsweise durch zusätzliche Pausen oder eine Begrenzung der Wochenarbeitszeit. Häufig werden diese besonderen Errungenschaften aber bei Leiharbeitnehmern ausgehebelt, wenn sie auf Grundlage eines Leiharbeitstarifvertrages beschäftigt sind, der abweichende Regelungen zulässt. Hier besteht die Gefahr, dass bereits erreichte Standards in Sachen sicherer und gesundheitsfördernder Arbeitsplatzgestaltung bei Leiharbeitern unterschritten werden.

Ein erhöhtes Gefährdungspotential muss nicht zwangsläufig zu höheren Unfallzahlen führen, wenn die Beteiligten besondere Anstrengungen beim Arbeitsschutz unternehmen. Wie es darum bestellt ist, haben Arbeitsschutzbeamte der Bezirksregierung im nordrhein-westfälischen Arnsberg überprüft: Sie kontrollierten 181 Leiharbeitsunternehmen. Das Fazit: In vielen der überprüften Leiharbeitsfirmen, heißt es in dem Abschlussbericht aus dem Jahr 2008, seien „grundsätzliche Strukturen des Arbeitsschutzes nicht vorhanden" (Ministerium für Arbeit, Gesundheit und Soziales des Landes Nordrhein-Westfalen, 2008). 28 Prozent der überprüften Unternehmen hatten keinen Ansprechpartner für die gesetzlich verbindlich vorgeschriebene sicherheitstechnische Betreuung benannt. 12 Prozent der Entleihfirmen gaben an, keine Erstunterweisung beim Entleihbetrieb durchgeführt zu haben; in weiteren 10 Prozent der Fälle war diese jedenfalls nicht dokumentiert. Die Arbeitsschutzverwaltung geht nach den Überprüfungen davon aus, dass in 40 Prozent der Betriebe Gefährdungsbeurteilungen – seit 10 Jahren Pflicht in jedem Unternehmen der Europäischen Union – nicht durchgeführt wurden. Dabei werten die Arbeitsschutzkontrolleure diese Gefährdungsbeurteilungen als zentrales Mittel zur Verhinderung von Unfällen und Berufskrankheiten. Für „unverantwortlich" halten es die Kontrolleure, dass Verleihfirmen und Entleihbetriebe sich offenbar nicht über Gefahrpotenziale in den Einsatzbetrieben austauschen. Leiharbeiter seien so verstärkt einem Unfallrisiko ausgesetzt.

Was bedeutet das für Leiharbeitnehmer? Seit 1998 war die Zahl der meldepflichtigen Unfälle pro 1.000 Versicherte in der Leiharbeitsbranche kontinuierlich gesunken, jetzt setzte eine Trendwende ein. 2005 waren es noch 29,3 meldepflichtige Unfälle pro 1.000 Versicherte; im Jahr 2006 stieg die Zahl der meldepflichtigen Unfälle nach Angaben der Bundesregierung signifikant auf 34,0 pro 1.000 Versicherte (Bundesministerium für Arbeit und Soziales, 2006).

Ein Leiharbeiter, der mangelnden Arbeitsschutz vor allem bei vielen Entleihbetrieben monierte, fasste seine Gefühlslage im Interview mit REPORT MAINZ folgendermaßen zusammen: „Wir sind die Sklaven der Nation und kriegen noch nicht mal Mindestlohn. So fühle ich mich: als Mensch zweiter Klasse, als Sklave" (REPORT MAINZ, 2007a).

3 Missbräuchlicher Einsatz von Leiharbeit

In den vergangenen Jahren wurde Leiharbeit regelmäßig als ein wichtiges Instrument zur Flexibilisierung des als starr empfundenen Arbeitsmarktes in Deutschland gelobt. Dabei wurde angeführt, Leiharbeit diene vor allem dazu, Auftragsspitzen abzufangen, ohne dass dazu eigene Personalreserven eingesetzt werden müssten. Dieser Logik widerspricht freilich die Tatsache, dass verschiedene Unternehmen und auch öffentliche Einrichtungen offensichtlich dazu übergegangen sind, einen Gutteil der Arbeit fortdauernd von Leiharbeitskräften verrichten zu lassen. So war beispielsweise vor allem der Automobilhersteller BMW wiederholt öffentlich in die Kritik geraten, da in einzelnen Abteilungen des Konzerns teilweise die Hälfte der Mitarbeiter als Leiharbeiter beschäftigt gewesen sein sollen (Dobbert, 2007).

Dabei beruht das Prinzip der Leiharbeit ja eigentlich darauf, dass sich Unternehmen auf Zeit Mitarbeiter von Verleihfirmen in den Betrieb holen. Doch dieses Prinzip scheint teilweise gezielt missbraucht zu werden, um Branchentarifverträge gezielt zu umgehen. Dies ist beispielsweise im Rahmen der sogenannten konzerneigenen Arbeitnehmerüberlassung der Fall. REPORT MAINZ (2007b) hatte darüber berichtet. Als Beispiel diente ein Universitätsklinikum in der Rechtsform einer Anstalt des öffentlichen Rechts. Das Klinikum hatte eine 100-prozentige Tochter gegründet, eine Personalservice GmbH, die eine Erlaubnis zur Arbeitnehmerüberlassung besitzt. Diese Firma hat offenbar nur einen einzigen Kunden, das Universitätsklinikum selbst. Die 100-prozentige Tochter-Firma verleiht nun Mitarbeiter an die eigene Mutter. In einem Infoblatt teilte das Universitätsklinikum seinen Mitarbeitern mit, dass neue nichtwissenschaftliche Beschäftigte künftig „grundsätzlich" über die Personalservice GmbH eingestellt würden. Auch wenn ein Mitarbeiter überplanmäßig für einen befristeten Zeitraum im Universitätsklinikum eingestellt worden war oder eine Stelle abgebaut werden müsse, könne der Betroffene eine Anschlussbeschäftigung in der neuen, hauseigenen Personalservice GmbH erhalten.

In dem Beitrag von REPORT MAINZ kam eine Mitarbeiterin zu Wort, die über zehn Jahre direkt am Universitätsklinikum als Stammmitarbeiterin beschäftigt war, deren befristeter Vertrag aber auslief. Auch ihr war eine Weiterbeschäftigung angeboten worden, voraussichtlich am gleichen Arbeitsplatz, allerdings in der hauseigenen Personalservice GmbH. In der Folge wäre sie allerdings nach dem niedrigeren Leiharbeitstarif bezahlt worden, was bei ihr zu Einbußen von 20 Prozent vom Netto-Gehalt geführt hätte. Die Mitarbeiterin könnte dann so ihr ganzes Berufsleben lang als Leiharbeiterin bei der Personalservice GmbH beschäftigt werden, schließlich ermöglicht das deregulierte AÜG anders als vor der Reform eine zeitlich unbegrenzte Ver- und Entleihe, eine Überlassungshöchstdauer ist entfallen.

Diese missbräuchliche Anwendung von Leiharbeit ist der Regierung durchaus bekannt. Im Zehnten Bericht der Bundesregierung über Erfahrungen bei der Anwendung des AÜG heißt es, beim nominalen Zuwachs der Leiharbeitsverhältnisse sei zu berücksichtigen, dass es sich nicht immer um zusätzliche neue Arbeitsplätze handele. Besonders bei Großbetrieben seien Tendenzen erkennbar „Stammpersonal durch Leiharbeiter zu substituieren". Und weiter: „Zum Teil werden Mitarbeiter entlassen, um sie über hauseigene Verleihfirmen zumeist zu ungünstigeren Tarifbedingungen in den alten Betrieb zurück zu entleihen" (Bundestagsdrucksache 15/6008, 2005, S. 22). Auch in der Antwort auf eine Kleine Anfrage bestätigt die Bundesregierung, dass beispielsweise in der Automobilbranche und auf Flughäfen die Umwandlung regulärer Arbeitsplätze in Leiharbeit durch die Gründung konzerneigener Verleihfirmen praktiziert werde (Bundestagsdrucksache 16/1926, 2006). Begründet werde diese Praxis, heißt es in dem Bericht der Bundesregierung, vor allem mit dem Kostendruck. Bei den neugegründeten Gesellschaften gelten nicht mehr die ursprünglichen Tarifbestimmungen oder beispielsweise die Zusatzversorgungssysteme des öffentlichen Dienstes.

Bislang gibt es keine umfassenden Untersuchungen darüber, in welchem Umfang diese konzerneigene Arbeitnehmerüberlassung stattfindet. Die Gewerkschaft ver.di hat im Jahr 2007 versucht, in einer Fragebogenaktion dieses Phänomen erstmals zu quantifizieren. Demnach gibt es in den verschiedensten Branchen – bei Kliniken, Verlagen, Druck- und Rundfunkhäusern sowie bei Wohlfahrtseinrichtungen – Unternehmen mit hauseigenem Verleiher. Bei 18 Prozent der Rückmeldungen ging die Gewerkschaft von Leiharbeit über ein hauseigenes Verleihsystem aus. Im Rahmen der Befragung wurden Fälle berichtet, in denen Unternehmen auch ihre Auszubildenden über einen Hausverleiher beschäftigt haben. Die Ersparnis für die Muttergesellschaft liege je Beschäftigtem zwischen 20 und 40 Prozent der bisherigen Kosten. Die Gewerkschaft spricht in der Analyse davon, dass die entsprechenden hauseigenen Personalservicegesellschaften faktisch nur auf dem Papier existierten. Die Vorgehensweise der Arbeitgeber sei dabei fast immer identisch, so dass die Vermutung nahe liege, dass in den betreffenden Branchen entsprechende Modelle als Blaupausen zum Tarifdumping von Arbeitgebern zu Arbeitgebern weitergereicht würden. Insgesamt wird in der Studie „ein hohes Missbrauchspotential in die Richtung aktives Lohndumping und Vernichtung von dauerhaften Beschäftigungsformen" (ver.di Tarifpolitische Grundsatzabteilung, 2007, S. 26ff) ausgemacht.

Eine offenbar nicht unbegründete Vermutung: Das System der hauseigenen Verleiher ermöglicht enorme Einsparpotentiale für den Arbeitgeber gänzlich einseitig zu Lasten der Arbeitnehmer. Die Möglichkeit der Einrichtung eines derartigen konzerninternen Niedriglohnsektors hat offenbar eine regelrechte Beratungspraxis hin zur Hausleihe hervorgerufen. Rechtsanwaltskanzleien liefern entsprechende Firmenmodelle und empfehlen offensiv die Gründung entsprechender Tochtergesellschaften, um über Leiharbeit gezielt das Tarifniveau zu drücken (Melms & Lipinski, 2004) [3]

Im Interview mit REPORT MAINZ sagte Dr. Markus Promberger vom Institut für Arbeitsmarkt- und Berufsforschung der Bundesagentur für Arbeit dazu, man müsse darüber nachdenken, „ob das in der Absicht des Arbeitnehmerüberlassungsgesetzes liegt, solche Fälle der konzerneigenen Arbeitnehmerüberlassung möglich zu machen, um den hauseigenen Lohn zu unterbieten und Lohndumping zu machen" (REPORT MAINZ, 2007b).

4 Dumpinglohn nach Tarif?

Das Arbeitnehmerüberlassungsgesetz ist eindeutig: Laut Gesetz müssen für Leiharbeitnehmer die wesentlichen Arbeitsbedingungen gelten wie für vergleichbare Stammmitarbeiter des Entleihers. Dieser Gleichbehandlungsgrundsatz gilt vom ersten Tag des Verleihs an und ausdrücklich auch für das Arbeitsentgelt. Eigentlich dürfen Leiharbeitnehmer also nicht weniger verdienen als Stammbeschäftigte. Allerdings ermöglicht die momentane gesetzliche Regelung eine Umgehung dieses Gleichheitsgrundsatzes; dann nämlich, wenn der Arbeitgeber einen Tarifvertrag anwendet, der abweichende Regelungen zulässt.

Die entsprechende Reform des AÜG führte innerhalb kürzester Zeit dazu, dass neben Flächentarifverträgen auch zahlreiche Haustarifverträge in der Leiharbeitsbranche abgeschlossen wurden. Laut einer Analyse des Instituts für Arbeitsmarkt- und Berufsforschung der Bundesagentur für Arbeit führt die Tarifdichte in der Leiharbeitsbranche dazu, dass der Gleichbehandlungsgrundsatz für den größten Teil der Leiharbeiter nicht mehr gilt (Antoni & Jahn, 2006).

In Kritik geraten sind hier wiederholt die Tarifverträge der Tarifgemeinschaft Christlicher Gewerkschaften für Zeitarbeit und Personalserviceagenturen (CGZP). Die Tarifgemeinschaft setzt sich aus mittlerweile nur mehr vier Einzelgewerkschaften des Christlichen Gewerkschaftsbundes (CGB) zusammen. Sie wurde nach Eigendarstel-

[3] Melms & Lipinski (2004) loben entsprechende Personalservice GmbHs als interessante Möglichkeiten zur Personalkostenreduktion. Diese setzen den Hebel an den „hohen, meist in besseren Zeiten vereinbarten Flächentarifleistungen" an. Das sich ergebende Delta bei den Arbeitsbedingungen sei teilweise ganz erheblich, da Leiharbeitnehmer nur nach den Leiharbeitstarifverträgen zu vergüten seien. Entsprechende langfristige Kostensenkungen seien zudem „grundsätzlich einseitig" umsetzbar, da sie nicht der Zustimmung der Gewerkschaften bedürften. Die Konstruktion einer Personalservice GmbH sei vom Gesetzgeber eventuell nicht bezweckt gewesen, dennoch sei einer entsprechenden Konstruktion keinesfalls die Wirksamkeit zu versagen.

lung der CGZP im Jahr 2002 gegründet in Reaktion auf die anstehende Reform des AÜG (Christlicher Gewerkschaftsbund, 2008). Tarifpartner der CGZP ist unter anderem der Arbeitgeberverband Mittelständischer Personaldienstleister; außerdem schließt die CGZP Haustarifverträge ab. Doch wie sehen diese aus?

REPORT MAINZ stieß bei Recherchen auf eine Mitarbeiterin einer Leiharbeitsfirma in Wuppertal (REPORT MAINZ, 2007c). Der Verleiher hatte einen Haustarifvertrag mit der CGZP abgeschlossen. Dieser Tarifvertrag garantierte der Mitarbeiterin als Helferin in einer Fabrik einen Brutto-Stundenlohn von 4,81 Euro. Der Netto-Monatslohn blieb – trotz Überstunden – im dreistelligen Bereich. Und auch davon behielt der Arbeitgeber 6 Euro ein. Der auf dem Lohnzettel als „Sachbezug" deklarierte Betrag wurde offenbar als Mitgliedsbeitrag direkt an die CGZP abgeführt. Bei ihrer Einstellung wurde die Mitarbeiterin nämlich nach eigenen Angaben gegen ihren Willen dazu gedrängt, in die Christliche Gewerkschaft einzutreten. Der Arbeitgeber warb sie demnach als Mitglied einer Gewerkschaft, die dem Arbeitgeber selbst Niedrigsttariflöhne gewährte.

Nach den Recherchen von REPORT MAINZ analysierte Schüren (2008) entsprechende Haustarifverträge der CGZP. Diese seien „Wunschtarifverträge", sie ermöglichten dem Arbeitgeber, die Ware Arbeit zum niedrigsten am lokalen Markt für ihn im eigenen Marktsegment durchsetzbaren Preis einzukaufen. Selbst bei Nominallöhnen, die in Teilen denen konkurrierender Tarifverträge nahezu gleich kommen, ermöglichten Haustarifverträge den Arbeitgebern diverse Möglichkeiten zur Senkung der Kosten zu Lasten des Arbeitnehmers. So werde beispielsweise die unterste Lohngruppe, eigentlich gedacht für Helfer, ausgedehnt auf Anlerntätigkeiten, oder der erste Lohnsprung werde statt nach sechs Monaten erst nach drei Jahren vollzogen.

Wiederholt war den Christlichen Gewerkschaften auch in der Leiharbeitsbranche vorgeworfen worden Gefälligkeitstarifverträge auszustellen. Doch wie sehen Tarifverhandlungen bei den Christen aus? REPORT MAINZ unternahm dazu einen Versuch in einer anderen Branche (REPORT MAINZ, 2008): Reporter des Politikmagazins gaben sich als Unterhändler eines finanzkräftigen Investors aus. In dieser Rolle trafen sie sich mit einem hochrangigen Funktionär der DHV. Die Organisation ist eine der vier Gewerkschaften, die sich zur in der Leiharbeitsbranche agierenden Tarifgemeinschaft CGZP zusammengeschlossen haben. Die Reporter erzählten dem Funktionär der DHV, ihr Investor wolle ein städtisches Pflegeheim übernehmen, brauche dazu aber einen günstigen Tarifvertrag für die Stammmitarbeiter. Sie unterbreiteten dem Mitglied der DHV einen entsprechenden Entwurf und drehten die anschließenden Tarifverhandlungen mit versteckter Kamera. Der Tarifvertrag sah neben deutlich unterdurchschnittlichen Löhnen auch die Streichung von Weihnachts- und Urlaubsgeld vor; auch Zuschläge für Nachtarbeit sollten nicht mehr gezahlt werden. Der Funktionär der DHV sicherte dennoch zu, einen derartigen Tarifvertrag bekomme man innerhalb von drei Wochen hin. Und das, obwohl die vermeintlichen Unterhändler des Investors zuvor deutlich gemacht hatten, dass es in dem entsprechenden Betrieb kein einziges Mitglied der DHV gebe. Der DHV-Funktionär machte stattdessen auf die Möglichkeit aufmerksam, man könne Mitglieder des Betriebsrates zu Tagesseminaren der DHV schicken. Auf Nachfrage der vermeintlichen Unterhändler bejahte der DHV-Funktionär, ein solches Tagesseminar könne er für 5.000 Euro durchführen.

Zuletzt ist wiederholt die Tariffähigkeit der CGZP in Zweifel gezogen worden. Schüren (2007) zufolge bezweifeln Arbeitsgerichte in Deutschland seit 2003 nahezu ausnahmslos die Tariffähigkeit der CGZP. Klagten Leiharbeitnehmer ihre gesetzlichen Ansprüche ein, so hätten sie damit regelmäßig ganz oder teilweise Erfolg.

Das Arbeitsgericht Berlin, das im Rahmen eines Statusverfahrens grundsätzlich die fehlende Tariffähigkeit der CGZP feststellen sollte, ließ sowohl bei der mündlichen Verhandlung als auch bei der Entscheidung selbst Zweifel daran durchblicken, dass eine Tariffähigkeit der Christlichen Gewerkschaften bei der Leiharbeit gegeben sei, musste aber einen entsprechenden Antrag Anfang 2008 aus formellen Gründen zurückweisen (Landesarbeitsgericht Berlin-Brandenburg, 2008).

Inzwischen lassen das Land Berlin und die Gewerkschaft ver.di gemeinsam die Tariffähigkeit der CGZP überprüfen. Die Senatsverwaltung für Integration, Arbeit und Soziales des Landes Berlin sowie ver.di haben gemeinsam einen entsprechenden Antrag beim Arbeitsgericht Berlin eingereicht. Ein Beschlussverfahren ist inzwischen eingeleitet. Aller Voraussicht nach wird schlussendlich in letzter Instanz entschieden werden müssen, ob die Tarifverträge der CGZP Gültigkeit besitzen – oder nicht.

Bereits in der Vergangenheit hatten mehrere Leiharbeitnehmer die Tariffähigkeit der CGZP gerichtlich überprüfen lassen wollen. Eine Sachentscheidung war aber bislang immer verhindert worden, da Leiharbeitsfirmen im Vorfeld regelmäßig Forderungen klagender Leiharbeiter erfüllt hatten und das Gericht das Verfahren so klaglos stellen musste. Dies ist nun nicht mehr möglich, da sowohl die Gewerkschaft ver.di als auch die Berliner Arbeitsenatorin, Heidi Knake-Werner (Die Linke), Antragstellerin sind (O.V., 2008).

Nach eigenen Angaben hat die CGZP allein um die 200 Haustarifverträge mit Leiharbeitsfirmen abgeschlossen; sie erfasst insgesamt rund die Hälfte aller Leiharbeitsverhältnisse.

5 Fazit

Die volkswirtschaftliche Bedeutung der Leiharbeit scheint inzwischen unbestreitbar. Es sind neue Jobs entstanden. Ein Gutteil der Leiharbeiter kommt aus der Arbeitslosigkeit. Bei einem Teil der Leiharbeiter funktioniert der sogenannte Klebeeffekt, so dass sie als Stammmitarbeiter dauerhaft vom Entleihbetrieb übernommen werden.

Allerdings hat die Deregulierung der Arbeitnehmerüberlassung offenbar zu einer regelrechten Goldgräberstimmung in der Branche geführt. Tausende von Firmen haben von jetzt auf nachher „auf Leiharbeit gemacht". Mit den Goldgräbern kamen aber auch regelrechte Wild-West-Methoden ins Spiel: Unter den vielen neu hinzugekommenen Akteuren in der Leiharbeit scheinen etliche zu sein, denen offenbar die notwendige Sachkunde fehlt; oder denen es wider besseren Wissens nur darum geht, Claims abzustecken.

Leiharbeiter werden in Teilen unter schlechteren Arbeitsbedingungen eingesetzt als Stammmitarbeiter und damit einem messbar höheren Gefährdungs- und Unfallpotential ausgesetzt. Willfährige, angebliche Arbeitnehmervertretungen nutzen den geringen Organisationsgrad in der Leiharbeit, um vor allem über eine Vielzahl von Haustarifverträgen arbeitgeberfreundliche Vereinbarungen festzuschreiben. Und Leiharbeit wird missbräuchlich eingesetzt, nicht um Auftragsspitzen abzufedern, sondern um in verschiedenen Branchen Flächentarifverträge zu umgehen, um so langfristig Personalkosten zu reduzieren.

Die Politik scheint sich bislang schwer damit zu tun, Missstände bei der Leiharbeit konsequent anzugehen. Änderungen an einer der zentralen Arbeitsmarktreformen im Zuge der Hartz-Gesetzgebung unter rot-grün scheinen tabu zu sein. Bisweilen drängt sich dadurch der Eindruck auf, dass es der Politik durchaus entgegen kommt, dass über den Umweg Leiharbeit ein stabiler Niedriglohnsektor in Deutschland etabliert wurde. Die Gewerkschaften wiederum scheinen lange Zeit absichtlich weggesehen zu haben: Ihnen diente die Leiharbeit offenbar als notwendiges Übel, als Mittel zum Zweck, um das Gros der bei ihnen organisierten Arbeiter weiter protegieren zu können. Erst in letzter Zeit vollziehen die Gewerkschaften hier eine Kehrtwende.

Sind Leiharbeitnehmer also „Menschen zweiter Klasse" oder gar „moderne Sklaven"? Oder sind es nur die Begrifflichkeiten im Arbeitnehmerüberlassungsgesetz, die Leiharbeiter diskriminieren, wie dies die eingangs zitierte Petition an den Deutschen Bundestag nahe legte? Am 26.06.2008 jedenfalls beriet der Deutsche Bundestag abschließend die Petition, die den Abschied vom Begriff Leiharbeit forderte. Die Abgeordneten schlossen das Petitionsverfahren ab, ohne dem Anliegen zu entsprechen. Gehe es dem Petenten darum, so heißt es in der Begründung, „eine Schlechterstellung von Leiharbeitnehmern gegenüber anderen Arbeitnehmern zu vermeiden" (Deutscher Bundestag, 2008b, S. 1), dann stünden „weniger die Begrifflichkeiten als die Arbeitsbedingungen der Leiharbeitnehmer im Vordergrund" (Deutscher Bundestag, 2008b, S. 1). Der Petitionsausschuss sei sich der Probleme in der Leiharbeitnehmerbranche bewusst. Eine Besserstellung der Leiharbeitnehmer aber könne durch eine Änderung der Begrifflichkeiten des Arbeitnehmerüberlassungsgesetzes nicht erreicht werden.

Quellenverzeichnis

ANTONI, M. & JAHN, E. J. (2006). Arbeitnehmerüberlassung, Boomende Branche mit hoher Fluktuation. IAB Kurzbericht. Nr. 14 / 19.09.2006.

BUNDESMINISTERIUM FÜR ARBEIT UND SOZIALES (2006). Sicherheit und Gesundheit bei der Arbeit 2006. Bericht der Bundesregierung über den Stand von Sicherheit und Gesundheit bei der Arbeit und das Unfall- und Berufskrankheiten geschehen in der Bundesrepublik Deutschland im Jahre 2006.

BUNDESMINISTERIUM FÜR ARBEIT UND SOZIALES (2007). Sicherheit und Gesundheit bei der Arbeit 2005. Unfallverhütungsbericht Arbeit. Dortmund, Berlin, Dresden.

BUNDESTAGSDRUCKSACHE 15/6008 (2005). Zehnter Bericht der Bundesregierung über Erfahrungen bei der Anwendung des Arbeitnehmerüberlassungsgesetzes.

BUNDESTAGSDRUCKSACHE 16/1926 (2006). Antwort der Bundesregierung auf die Kleine Anfrage der Abgeordneten Brigitte Pothmer, Irmingard Schewe-Gerigk und der Fraktion BÜNDNIS 90/DIE GRÜNEN.

CHRISTLICHER GEWERKSCHAFTSBUND (2008). Tarifgemeinschaft Christlicher Gewerkschaften für Zeitarbeit und Personalserviceagenturen (CGZP). http://www.cgb.info/organisation/zeitarbeit.php (21.02.2009).

DECKSTEIN, D. (2006). Das deutsche Jobwunder. Süddeutsche Zeitung, 16.12.2006, S. 38.

DEUTSCHER BUNDESTAG (2008A). Petition zur Änderung des Arbeitnehmerüberlassungsgesetzes. https://epetitionen.bundestag.de/index.php?action=petition;sa=details;petition=428 (23.02.2009).

DEUTSCHER BUNDESTAG (2008B). Begründung zum Abschluss des Petitionsverfahrens zur Arbeitnehmerüberlassung vom 26.06.2008. http://www.bundestag.de/Ausshuesse/a02/uebersicht_abgeschlossen/bgr_16-00247.pdf (21.02.2009).

DOBBERT, S. (2007). Geile Preise, geile Leute, 23.10.2007. http://www.zeit.de/online/2007/43/leiharbeit-bmw (21.02.2009).

FUCHS, T. (2003). Gute Arbeit in prekären Arbeitsverhältnissen? In J. Peters & H. Schmitthenner (Hrsg.), Gute Arbeit: Menschengerechte Arbeitsgestaltung als gewerkschaftliche Zukunftsaufgabe (S. 151-165). Hamburg.

LANDESARBEITSGERICHT BERLIN-BRANDENBURG (2008). Pressemitteilung 04/08 vom 05.02.2008, Tariffähigkeit der Tarifgemeinschaft Christlicher Gewerkschaften für

Zeitarbeit. http://www.ig-zeitarbeit.de/admindownload/05-02-08-BerlArbG.pdf, (21.02. 2009).

MELMS, C. & LIPINSKI, W. (2004). Absenkung des Tarifniveaus durch die Gründung von AÜG-Gesellschaften als alternative oder flankierende Maßnahme zum Personalabbau. Betriebs-Berater, Heft 44/2004, S. 2409.

MINISTERIUM FÜR ARBEIT, GESUNDHEIT UND SOZIALES DES LANDES NORDRHEIN-WESTFALEN (2008). Arbeitsschutz in Nordrhein-Westfalen, Jahresbericht 2007. Düsseldorf.

OTTE, P. (2008). Immer mehr Ingenieure auf Zeit gesucht. Stuttgarter Nachrichten, 14.03.2008, S. 14.

O.V. (2008). Land Berlin und ver.di lassen Tariffähigkeit der Christlichen Gewerkschaft Zeitarbeit überprüfen. Pressenotiz vom 23.10.2008. http://www.swr.de/report/presse/id=1197424/vv=print/pv=print/nid=1197424/did=4119862/1d37fwb/index.html (21.02.2009).

REPORT MAINZ, DAS ERSTE (2007A). Arbeiter zweiter Klasse, 08.01.2007. http://www.swr.de/report/-/id=233454/nid=233454/did=1801322/ea1ohu/index.html (21.02.2009).

REPORT MAINZ, DAS ERSTE (2007B). Ausbeutung mit Zeitarbeit, 25.06.2007. http://www.swr.de/report/-/id=233454/nid=233454/did=2171132/1367eaw/index.html (21.02.2009).

REPORT MAINZ, DAS ERSTE (2007C). Dumpinglohn nach Tarif: Was sich hinter den christlichen Gewerkschaften verbirgt, 10.12.2007. http://www.swr.de/report/-/id=233454/nid=233454/did=2769040/vs2ba/index.html, (21.02.2009).

REPORT MAINZ, DAS ERSTE (2008). Gekaufte Pseudogewerkschaften, 07.04.2008. http://www.swr.de/report/-/id=233454/nid=233454/did=3220422/1hwd30t/index.html (21.02.2009).

SCHÜREN, P. (2007). Die Tariffähigkeit der Tarifgemeinschaft Christlicher Gewerkschaften für Zeitarbeit und PSA vor den deutschen Arbeitsgerichten – Ergebnisse einer Umfrage. Neue Zeitschrift für Arbeitsrecht, S. 1213.

SCHÜREN, P. (2008). Tarifunfähigkeit der CGZP wegen Missbrauchs der tariflichen Normsetzungsbefugnis in der Leiharbeit. Arbeit und Recht, Heft 7-8/2008, S. 239-244.

TELGHEDER, M. (2006). Qualifizierte Zeitarbeiter werden verzweifelt gesucht, Handelsblatt, 01.09.2006, S. 16.

VER.DI TARIFPOLITISCHE GRUNDSATZABTEILUNG (2007). Leiharbeit auf Abwegen! Über Lohndumping und die Vernichtung von Arbeitsplätzen durch Leiharbeit. Berlin.

WÖHRL, D. (2008). Stütze des Aufschwungs. Financial Times Deutschland, 14.01.2008, S. 24.

Alexander Spermann

Qualifizierung von Zeitarbeitnehmern - das Beispiel der Randstad Akademie

1 Einführung

Personaldienstleister stehen Anfang 2009 vor neuen Herausforderungen. Nach Jahren hoher Wachstumsraten im zweistelligen Bereich zeichnet sich durch die kurzfristig angekündigten massenhaften Abmeldungen von Zeitarbeitnehmern in der Automobilindustrie und ihren Zulieferern eine Trendumkehr in Deutschland ab. Auch international sieht es unerfreulich aus. Die beiden großen, weltweit tätigen Personaldienstleister Randstad und Adecco melden Gewinneinbrüche für das dritte Quartal 2008. Der Chief Financial Officer von Randstad, Robert-Jan van de Kraats, blickt „mit Sorge auf das Jahr 2009" (Financial Times Deutschland vom 7.11.2008).

Eine Strategie, um die Konjunkturanfälligkeit der Zeitarbeitsbranche zu reduzieren, ist die Erhöhung des Anteils höher qualifizierter Fachkräfte. Personaldienstleister sind inzwischen in erheblichem Umfang im Bereich Weiterbildung engagiert: Der Marktführer Randstad gründete die Randstad Akademie, die Nr. 2 Adecco nennt ihr Programm earn & learn, die Nr. 3 Manpower startete die Initiative Q, kleinere Anbieter wie Trenkwalder gründeten ebenfalls Akademien. Diese strategischen Ausrichtungen machen eines deutlich: Das Thema dieses Beitrags wird in den nächsten Jahren für die Weiterentwicklung der Personaldienstleistungsbranche bedeutend sein.

Dieser Beitrag beleuchtet zunächst die Anreize für Personaldienstleistungsunternehmen in die Qualifizierung von Zeitarbeitnehmern zu investieren. Danach wird die Rolle des Staates bei der Fort- und Weiterbildung in Deutschland dargestellt sowie auf die aktuellen Evaluationsergebnisse zur betrieblichen Weiterbildung eingegangen. Der folgende Abschnitt beschreibt die Reaktion der führenden Personaldienstleister, insbesondere des Marktführers Randstad, auf den Mangel an qualifizierten Bewerbern für die Zeitarbeit. Die Probleme und Chancen der Weiterbildung von Zeitarbeitnehmern werden anschließend vor dem Hintergrund der Erfahrungen der Randstad Akademie diskutiert. Eine Zusammenfassung der wichtigsten Ergebnisse sowie ein Ausblick bilden den Abschluss des Beitrags.

2 Weshalb investieren Personaldienstleister in die Weiterbildung ihrer Zeitarbeitnehmer?

Ein in der internationalen arbeitsmarktökonomischen Literatur prominentes Rätsel ist die Frage, weshalb Personaldienstleister in den USA kostenlos Weiterbildungsmaßnahmen (z.B. Computerkurse) für ihre Zeitarbeitnehmer anbieten. Die Erklärung dieses Phänomens ist in die Lehrbuchliteratur eingegangen (Ehrenberg & Smith, 2009, mit Bezug auf die Studie von Autor, 2001).

Der theoretische Hintergrund für die Lösung des Rätsels ist die Informationsasymmetrie der principal-agent-Beziehung zwischen Arbeitgeber und Arbeitnehmer. Einfach ausgedrückt: Der Arbeitgeber (principal) weiß weniger über die Produktivität des Arbeitnehmers (agent) als der Arbeitnehmer selbst. Deshalb muss der Arbeitgeber Anstrengungen unternehmen, die tatsächliche Produktivität des Arbeitnehmers herauszufinden (screening). Eine Möglichkeit besteht darin, freiwillig kostenloses Training anzubieten. Zeitarbeitnehmer, die das Trainingsangebot wahrnehmen und motiviert Kurse absolvieren, signalisieren ihre hohe Produktivität. So lässt sich die Spreu vom Weizen trennen.

Letztlich profitieren die Kunden der US-Personaldienstleister von einer guten Vorauswahl von potenziellen Mitarbeitern. Denn Personaldienstleister können auch als Informationsbroker verstanden werden, die den Unternehmen gegen Kundentarif Mitarbeiter zur Probe zur Verfügung stellen. Ohne Personaldienstleister müssten die Unternehmen die Mitarbeiter selbst einstellen und auf ihre Eignung testen – mit den entsprechenden Einstellungskosten. Mit Personaldienstleistern sparen sie die Einstellungskosten und zahlen einen im Vergleich zur Entlohnung der Mitarbeiter höheren Kundentarif. Die Investition in Weiterbildung rechnet sich für Personaldienstleister, wenn die Mitarbeiter für einen bestimmten Zeitraum an die Kunden überlassen werden können (Autor, 2001).

Lassen sich diese US-Ergebnisse auch auf den deutschen Zeitarbeitsmarkt übertragen? Im Prinzip ja. Seit vielen Jahren investieren Personaldienstleister in die Weiterbildung ihrer Mitarbeiter, indem sie z.B. Gabelstaplerscheine, PC-Kurse und Sprachkurse finanzieren. Zum Teil werden auch Schweißerpässe und Löterschulungen komplett von Personaldienstleistern übernommen. Die geringen Kosten für diese Weiterbildungen rechnen sich durch die Überlassung an Kunden für eine bestimmte Mindestzeit. Kündigt ein Zeitarbeitnehmer kurz nach Abschluss der Weiterbildung oder übernimmt ein Kunde den weitergebildeten Zeitarbeitnehmer nach wenigen Tagen ohne Provision, dann hat das Personaldienstleistungsunternehmen fehlinvestiert.

Ohne den existierenden und für die Zukunft in Deutschland prognostizierten Fachkräftemangel, würden Personaldienstleister voraussichtlich bis heute in geringem Umfang in kurzfristige Weiterbildungen investieren. Die Arbeitsangebotsverknappung, insbesondere im Bereich qualifizierter und spezialisierter Fachkräfte, erzwingt jedoch ein fundamentales Umdenken. So stellt eine internationale, von der Randstad Holding gesponserte Studie fest, dass die „Beschäftigungslücke" (employment gap) mehr als ein zyklisches Phänomen ist. Die Ursache für den Fachkräftemangel liegt im Wesentlichen in der Demographie und stellt die Branche vor neue Herausforderungen (Berkhout, Dustmann & Emmer, 2007). Um die Reaktionen der Branche in Deutschland verstehen zu können, ist das Verständnis der staatlichen Institutionen im Bereich der Fort- und Weiterbildung notwendig.

3 Staatliche Förderung von Fort- und Weiterbildung in Deutschland

Bildungsgutscheine sind das zentrale Instrument der staatlichen Förderung der Fort- und Weiterbildung von Arbeitslosen. Bildungsgutscheine wurden im Rahmen der Hartz-Reform 2002 eingeführt und gelten als erfolgreiches Instrument der Arbeitsmarktpolitik (vgl. Kruppe 2008 für eine ausführliche Darstellung). Bildungsgutscheine können von Arbeitsagenturen und ARGEn ausgegeben werden – können, nicht müssen. Ausgegebene Bildungsgutscheine werden von Arbeitslosen bei zertifizierten Bildungsträgern eingelöst – sie dürfen ausschließlich für zertifizierte Kurse verwendet werden.

Ein weiteres Programm zur Förderung der Weiterbildung ist das so genannte WeGebAU-Programm der Bundesagentur für Arbeit (WeGebAU = Weiterbildung Geringqualifizierter und beschäftigter älterer Arbeitnehmer in Unternehmen). Dieses Instrument ermöglicht die Weiterbildungsförderung Geringqualifizierter (nach § 235c SGB III) und älterer Beschäftigter (nach § 417 Abs. 1 Nr. 3 SGB III) vorrangig in kleineren und mittleren Unternehmen. Es gilt sowohl für inner- als auch für außerbetriebliche Qualifizierungsmaßnahmen, wenn die Inhalte den Qualitätskriterien der zuständigen Kammern und Leistungsbereichen der Träger entsprechen und von ihnen anerkannt werden.

Auch unabhängig von der Betriebsgröße können Arbeitgeber Zuschüsse zum Arbeitsentgelt nach § 235c SGB III und die Übernahme der anfallenden Fortbildungskosten (nach § 77 Abs. 2 SGB III) im Rahmen von WeGebAU beantragen. Die staatliche Bezuschussung über das Programm schließt geringfügige Beschäftigungen aus und beschränkt sich auf sozialversicherungspflichtige Arbeitsverhältnisse.

Aber nicht nur die Finanzierung, sondern auch die Dauer der Qualifizierungsmaßnahmen hat sich in den letzten Jahren stark gewandelt. Während in den neunziger Jahren langfristige Programme bis hin zu kompletten Umschulungen dominierten, stehen inzwischen kurzfristige Trainingsprogramme bis maximal 12 Wochen im Mittelpunkt. Im Jahr 2007 begann über eine Million Personen eine solche Trainingsmaßnahme – nur 356.000 Personen starteten ein längerfristiges Trainingsprogramm (Fitzenberger, Orlyanskaja, Osikominu & Waller, 2008).

Langfristige Trainingsmaßnahmen haben den Nachteil des so genannten "lock-in"-Effekts. Denn in der Trainingsphase suchen die Teilnehmer nicht aktiv nach Arbeit, sind also – bildlich gesprochen – in der Maßnahme „eingesperrt". Dementsprechend muss es nicht verwundern, dass die Beschäftigungseffekte dieser Maßnahmen kurzfristig negativ sind. Neuere empirische Untersuchungen kommen jedoch zu dem Ergebnis, dass sich langfristig – nach etwa acht Jahren – positive Beschäftigungseffekte nachweisen lassen (Lechner, Miquel & Wunsch, 2004; Lechner, Miquel & Wunsch, 2005). Langfristige Maßnahmen sind demnach nicht per se abzulehnen.

Kurzfristige Trainingsmaßnahmen sind wegen der geringeren Bedeutung des lock-in Effekts nach der überwiegenden Mehrheit wissenschaftlicher Studien unter Beschäftigungsgesichtspunkten erfolgversprechender als langfristige Trainingsmaßnahmen (Lechner & Wunsch, 2007; Biewen, Fitzenberger, Osikominu & Waller 2007). Einschränkend ist jedoch festzuhalten, dass bei diesen Studien weder zwischen verschiedenen kurzfristigen Trainingsmaßnahmen unterschieden wird, noch langfristige Beschäftigungseffekte geschätzt werden. Dies wird erstmals in der Studie von Fitzenberger, Orlyanskaja, Osikominu & Waller (2008) realisiert. Hierbei zeigen sich positive Beschäftigungseffekte für kurzfristige Trainingsmaßnahmen auch in der langen Frist. Dabei schneiden reine Trainingsmaßnahmen etwas besser ab als Maßnahmen, die auf die Überprüfung der Arbeitssuche abzielen.

4 Das Beispiel Randstad Akademie

Die Firma Randstad hat seit Beginn der Geschäftstätigkeit in Deutschland vor 40 Jahren stets in geringem Umfang Mitarbeiter auf eigene Kosten qualifiziert. Der Klassiker der betrieblichen Weiterbildung ist der Gabelstaplerschein. Doch in den letzten Jahren hat sich der Fachkräftemangel verschärft. Kunden fragten in ganz Deutschland immer wieder Schweißer, Löter, Industriemechaniker, Elektrofachhelfer, CNC-Dreher und –Fräser sowie in jüngster Zeit Business English/SAP als Qualifikationsprofil nach. Zur Lösung dieses Fachkräftebedarfs der Kunden organisierten die Niederlassungen lokale Einzelfalllösungen mit Bildungsträgern. An einzelnen Standorten, insbesondere im Süden Deutschlands, war der Fachkräftebedarf jedoch ein zentrales Thema. Kundenaufträge konnten in großer Zahl wegen fehlender Qualifikationen der Bewerber nicht besetzt werden. Daraus entstand der Bedarf nach einer eigenen internen Struktur für die Organisation von mehrmonatigen Qualifizierungsmaßnahmen: die Randstad Akademie.

Die Akademie ist jedoch nicht als Bildungsträger konzipiert, sondern als dezentrales Netzwerk mit sorgfältig ausgewählten Bildungsträgern und zentraler Koordination. Sie besteht aus drei Säulen: Qualifizierungsmaßnahmen, e-Learning und Lernen im Job. In der Akademie arbeiteten im Jahr 2008 etwa 30 Mitarbeiter in der Konzeption und bundesweiten Umsetzung der verschiedenen Qualifizierungsprogramme.

4.1 Qualifizierungsmaßnahmen

Die erste Säule bilden die Qualifizierungsmaßnahmen. Sie sind teils standardisiert, teils der Marktlage entsprechend individuell ausgestaltet, grundsätzlich aber nach der Anerkennungs- und Zulassungsverordnung Weiterbildung (AZWV) zertifiziert.

Standardmaßnahmen, wie z.B. Industriemechaniker, Elektrofachhelfer und Staplerfahrer werden aufgrund des Bedarfs permanent und flächendeckend bei Randstad durchgeführt. Auch die SAP & Business English Kurse erfreuen sich zunehmender Beliebtheit und werden bundesweit umgesetzt.

Um den spezifischen Bedürfnissen der Kunden gerecht zu werden, wird es zukünftig notwendiger, innovative und maßgeschneiderte Qualifizierungsmaßnahmen anzubieten, die in enger Kooperation mit den Kunden, Bildungsträgern und Agenturen sowie ARGEn durchgeführt werden. So werden zum Beispiel bei der Qualifizierungsmaßnahme zum Air Cargo Assistant innerhalb von vier Monaten Kenntnisse über die Luftfracht, den Im- und Export sowie die Zollabwicklung, Office Anwendungen und Business English vermittelt. Zukunftsträchtige Sparten, wie die Solar- und Automatisierungstechnik suchen ebenfalls Fachkräfte, die es gilt, in diesen Bereichen gezielt weiterzubilden und danach den Kunden zu überlassen. Nach erfolgreichem Abschluss der Kurse, erhalten die Teilnehmer ein Zertifikat des jeweiligen Bildungsträgers oder von der IHK bzw. dem TÜV.

4.2 E-Learning

Die zweite Säule umfasst ein umfangreiches e-Learning Angebot. Die rasante Entwicklung der Computertechnologie und des Internets schafft die technischen Voraussetzungen für e-Learning für immer mehr Bevölkerungsgruppen. Laut Statistischem Bundesamt nutzten im ersten Quartal 2007 etwa 68 Prozent der Bevölkerung im Alter von über 10 Jahren das Internet (Statistisches Bundesamt, 2007). Dieser Fortschritt begünstigte auch die Entwicklung von e-Learning – eine Weiterbildungsform, die es ermöglicht ortsunabhängig am Laptop oder PC zu lernen. Die Randstad Akademie hat diesen Trend aufgegriffen und im November 2007 eine eigene e-Learning Plattform aufgebaut. Bis Ende September 2008 waren alle 50 Kurse, vorwiegend MS-Office-, SAP- und Englischkurse kostenfrei und für jeden buchbar. Die Beliebtheit dieser Art der Qualifizierung hat sich in den Nutzerzahlen widergespiegelt. Über 14.400 Nutzer haben sich in dieser Pilotphase angemeldet und im Durchschnitt jeweils zwei Kurse gebucht. Im Ergebnis wurden insgesamt 2.660 Kurse komplett abgeschlossen. Aufgrund dieser überaus positiven Resonanz wurde das e-Learning-Angebot weiter ausgebaut. Auf der Basis eines bekannten Lernmanagementsystems wurde eine eigene online-Plattform entwickelt und Anfang Oktober 2008 im eigenen Design freigeschaltet. Seitdem können die Disponenten aus einem Portfolio von über 330 verschiedenen Kursen aus den Bereichen IT-Anwender, Sprachen, Metall-/Elektro und Wirtschaft den geeigneten Kurs für die jeweiligen Zeitarbeitnehmer und Bewerber buchen. Die Kosten übernimmt Randstad. Aber auch Randstad Kundenunternehmen können für ihre Stammbelegschaft über die Disponenten Kurse kostenpflichtig buchen. Die Kurse bestehen typischerweise aus einzelnen Lerneinheiten mit Fragen und Übungen. Skripte zum Ausdrucken runden das Angebot ab. Nach bestandenem Abschlusstest erhalten die Nutzer eine Bescheinigung.

4.3 Lernen im Job

Die dritte Säule der Randstad Akademie verkörpert ein Konzept, das von der Randstad Stiftung entwickelt wurde: „Lernen im Job". Der Personaldienstleister hatte die Möglichkeit, dieses als erstes Unternehmen flächendeckend umzusetzen; seit April 2008 ist es branchenweit einsetzbar. Der Mitarbeiter erhält einen Qualifizierungspass, in dem die erworbenen Fähigkeiten und Kenntnisse dokumentiert werden. Ob die erforderlichen Kompetenzen während seines Kundeneinsatzes auch tatsächlich erworben wurden, bestätigt der Kunde im Rahmen eines Feedbackgespräches. Dieser regelmäßige Abgleich findet pro Kundeneinsatz statt. Hierfür wurden drei verschiedene Programme entwickelt, die sich an drei Ausbildungsprogrammen orientieren: Lager-, Produktions- und Büroassistent. Nach Erfüllung aller notwendigen Module (Baukastenprinzip) kann der Mitarbeiter an einem Test teilnehmen und erhält nach erfolgreichem Abschluss ein Zertifikat vom TÜV Rheinland oder der IHK. Bislang wurden bundesweit mehr als 5.400 Qualifizierungspässe ausgegeben. Vor allem Mitarbeiter ohne Berufsausbildung oder mit veralteten Kenntnissen können sich durch „Lernen im Job" fachspezifisch weiterbilden und ihre Chancen beim Kunden und auf dem Arbeitsmarkt verbessern. Im Februar 2008 wurde Randstad mit „Lernen im Job" bei dem vom Bundesministerium für Arbeit und Soziales durchgeführten Wettbewerb „Beschäftigung gestalten – Unternehmen zeigen Verantwortung" ausgezeichnet.

5 Probleme und Chancen der Weiterbildung von Zeitarbeitnehmern

Die Weiterbildung von Zeitarbeitnehmern stößt in der Praxis auf fünf wesentliche Probleme, bietet jedoch auch enorme Chancen für die Personaldienstleister. Die geschilderten Probleme und Chancen beziehen sich im Wesentlichen auf die erste Säule der Randstad Akademie.

5.1 Probleme

Ein zentrales Problem ist die kurze Betriebszugehörigkeit der Zeitarbeitnehmer: Etwa 60 Prozent der beendeten Arbeitsverhältnisse bei den Personaldienstleistern im Jahr 2007 dauerten nicht länger als drei Monate (Brenke & Eichhorst, 2008). Schon alleine deshalb rechnen sich tendenziell nur sehr kurze Trainingsmaßnahmen. Die durchschnittliche Betriebszugehörigkeit bei Randstad ist jedoch wesentlich höher – sie liegt bei 12 Monaten (Spermann, 2008), so dass sich Spielraum auch für mehrmonatige Qualifizierungsmaßnahmen ergibt. Hinter diesem Durchschnitt verbergen sich längere Betriebszugehörigkeitsdauern (bis zu 26 Jahren) bei Facharbeitern und im kaufmännischen Bereich sowie kürzere Betriebszugehörigkeitsdauern bei gering Qualifizierten.

Ein zweites Problem ergibt sich aus der Mitarbeiterstruktur: Über 60 Prozent der Mitarbeiter waren zuvor arbeitslos, davon etwa 15 Prozent sogar langzeitarbeitslos – aus welchen Gründen auch immer (Bundesagentur für Arbeit, 2008). Ein erheblicher Teil dieser Menschen ist gering qualifiziert, also ohne abgeschlossene Berufsausbildung (29,2 Prozent im Jahr 2007, oder nicht mehr zeitgemäße abgeschlossene Berufsausbildung (Bellmann, Fischer, Hohendanner, 2009). In dieser Gruppe besteht bezüglich Weiterbildung erfahrungsgemäß zum Teil wenig Einsicht (was bringt mir das?) und viele Ängste (gibt es eine Prüfung?). Deshalb fragen nur relativ wenige gering qualifizierte Mitarbeiter Weiterbildung aktiv nach. Das belegen auch die bisherigen Erfahrungen mit dem Programm "Lernen im Job", das speziell für Personen ohne Berufsausbildung konzipiert ist.

Ein drittes Problem besteht in der fehlenden juristischen Bindungsmöglichkeit von Mitarbeitern. Zwar lässt sich grundsätzlich vertraglich eine Mindestverweildauer beim Unternehmen bzw. eine Rückzahlungsvereinbarung bei vorzeitigem Ausscheiden vereinbaren, doch existieren keine eindeutigen arbeitsrechtlichen Erfahrungen, inwieweit eine Rückzahlung bei gering Qualifizierten und Facharbeitern für Unternehmer durchsetzbar ist.

Ein viertes Problem stellt die schwache Bindungsmöglichkeit von Kundenunternehmen dar, was das Risiko der Weiterbildung für Personaldienstleister deutlich erhöht. Die vorherrschende Strategie von Kundenunternehmen bei der Suche nach Fachkräften ist derzeit, mehrere Personaldienstleister gleichzeitig zu beauftragen: Wer zuerst liefert, bekommt den Zuschlag. Zwar lässt sich vor Beginn einer Qualifizierungsmaßnahme die Übernahme der Mitarbeiter durch den Kunden schriftlich festhalten, um die Verbindlichkeit für beide Seiten festzuschreiben. Realistischerweise hat eine solche Vereinbarung jedoch mehr Erinnerungscharakter in einer auf Langfristigkeit angelegten Kundenbeziehung. Wenn der Kunde kurzfristig seinen Bedarf abmeldet, sind zunächst nur Kosten der Qualifizierungsmaßnahme entstanden.

Fünftens sind die hohen Kosten von Qualifikationsmaßnahmen bei unsicherem Ertrag zu nennen. Zwar werden die Kosten der Qualifizierung häufig vom Staat übernommen, doch selbst bei einer kompletten Kostenübernahme im Falle von Bildungsgutscheinen entstehen dennoch erheblich zusätzliche Dispositionskosten. Zum einen entstehen Suchkosten, um geeignete Bildungsträger zu finden, zum anderen fallen Rekrutierungskosten für die Auswahl passender Kandidaten an. Hinzu kommen zusätzliche Kosten, sobald Bewerber/Mitarbeiter auf staatliche Förderung der Maßnahmekosten zurückgreifen können – dazu zählen Abstimmungsgespräche mit den lokalen Arbeitsagenturen und ARGEn. Die Dispositionskosten sind insbesondere bei innovativen Qualifizierungsmaßnahmen, die zusammen mit Kunden und Bildungsträgern entwickelt und zertifiziert werden (z.B. Business English und SAP), hoch. Bei diesen Kursen kommen Dispositionskosten in Form von Entwicklungsaufwand, aber auch Betreuungskosten während der Kurslaufzeit hinzu. Gelingt es dann nicht, die mit Bildungsgutscheinen geförderten Bewerber oder die über das Programm WeGebAU geförderten Mitarbeiter zu binden, um sie für einen gewissen Zeitraum an Kunden zu überlassen oder gegen Provision an Kunden zu vermitteln, dann ist die Qualifizierung für die Personaldienstleister ein Verlust.

5.2 Chancen

In den Boomzeiten der Zeitarbeit in Deutschland zwischen 2004 und Mitte 2008 war die Besetzung offener Kundenaufträge das zentrale Thema für Personaldienstleister: Wer geeignete Mitarbeiter zur Verfügung stellen konnte, war erfolgreich. Der Arbeitsmarkt war tendenziell ein Bewerbermarkt, zumindest im Bereich am Markt benötigter Qualifikationen wie z.B. Schweißer, CNC-Dreher und –Fräser oder Löter. Qualifizierte Mitarbeiter konnten wegen der hohen Fachkräftenachfrage sofort überlassen oder vermittelt werden. Der Engpass war die Gewinnung von qualifizierten Mitarbeitern.

Der Bewerbermangel führte bei den Personaldienstleistern zu vermehrten Anstrengungen, selbst qualifizierte Mitarbeiter durch Qualifizierungsmaßnahmen mit Hilfe von Bildungsträgern zu generieren. Der Staat half mit seinen beiden Finanzierungsinstrumenten Bildungsgutscheine und WeGebAU. Diese Partnerschaft bzw. die Kooperation im Fünfeck aus Personaldienstleistern, Bildungsträgern, Agenturen und ARGEn sowie Bedarf anmeldenden Kundenunternehmen erwies sich in der jüngeren Vergangenheit als sehr fruchtbar. Personaldienstleister konnten offene Kundenaufträge besetzen, Arbeitslose erhielten eine Weiterbildung mit Einstellgarantie beim Personaldienstleister, Bildungsträger blickten auf volle Kurse, Agenturen und ARGEn konnten auf hohe Integrationsquoten ihrer Bildungsmaßnahmen verweisen und bei den Kundenunternehmen ließ sich auf diese Weise das Facharbeiterproblem lösen. Die Chancen für Personaldienstleister, bestehende Kunden in relativ höheren Qualifikationssegmenten bedienen zu können und neue Kunden zu gewinnen, waren sehr hoch.

Aus der Kooperation im Fünfeck ist de facto ein neuer Typ an Qualifizierungsmaßnahmen entstanden, der sich erheblich von traditionellen Trainingsmaßnahmen unterscheidet. Innovative Qualifizierungsmaßnahmen dauern in der Regel mindestens drei Monate und decken bisher nicht bekannte Weiterbildungsbereiche ab (z.B. Aircargo Assistant am Airport Frankfurt am Main). Diese neuen Qualifizierungsmaßnahmen schneiden hinsichtlich der von der Bundesagentur für Arbeit eingeforderten Integrationsquote sehr gut ab. Eine Evaluation mit Vergleichsgruppen liegt jedoch noch nicht vor.

6 Fazit und Ausblick

Immer mehr Personaldienstleister investieren in die Weiterbildung ihrer Zeitarbeitnehmer. Die Finanzierung kleinerer Qualifizierungsmaßnahmen (wie z.B. Gabelstaplerscheine oder PC-Kurse) ist seit Jahrzehnten üblich. Diese Maßnahmen dienen zum einen der besseren Auswahl der Mitarbeiter, zum anderen rechnen sie sich betriebswirtschaftlich ab einer relativ kurzen Überlassung der Mitarbeiter an Kunden. Die strukturelle Beschäftigungslücke, die sich aus dem demografisch mitbedingten Fachkräftemangel ergibt, erfordert jedoch weitergehende Anstrengungen der Personaldienstleister. So werden inzwischen in größerem Umfang mehrmonatige Qualifizierungsmaßnahmen sowie Weiterbildung als e-Learning angeboten. Am Beispiel der Randstad Akademie wurden diese Qualifizierungsbemühungen der Personaldienstleister dargestellt. Ein zentrales Problem stellt die kurze Betriebszugehörigkeit der Zeitarbeitnehmer dar, doch überwiegen die mit qualifiziertem Personal verbundenen Marktchancen. Ohne die staatliche Unterstützung bei der Finanzierung von Qualifizierungsmaßnahmen wären die Weiterbildungsaktivitäten der Personaldienstleister jedoch nicht so weit entwickelt.

Im Herbst 2008 ist der Zeitarbeitsmarkt im Zuge des Übergangs der Finanzkrise auf die Realwirtschaft eingebrochen. Betroffen sind insbesondere Personaldienstleister mit hohen Kontingenten von Zeitarbeitnehmern in der Automobilindustrie (Hersteller und Zulieferer). Diese Kontingente wurden innerhalb weniger Monate auf nahezu Null reduziert, wie zahlreichen Medienberichten zu entnehmen war (Bovensiepen & Tietz, 2008). Dabei handelte es sich im Wesentlichen um ungelernte Kräfte. Qualifizierte Facharbeiter sind kaum betroffen – es ist jedoch zu erwarten, dass im Jahr 2009 auch qualifizierte Zeitarbeitnehmer von den Kundenunternehmen abgemeldet werden. Ist dann das Bewerberproblem gelöst? Stehen im Jahr 2009 wieder genügend Fachkräfte zur Verfügung, so dass Weiterbildungsanstrengungen der Personaldienstleister wieder auf ein Minimum zurückgehen werden? Nach Einschätzung des Autors ist es eine Illusion, dass die jetzt im Zuge der Krise freigesetzten Arbeitnehmer (z.B. in der Automobilindustrie) eins zu eins den Fachkräftebedarf in den Wachstumsbranchen der Volkswirtschaft (z.B. Solarindustrie) decken können. Gerade in Zeiten eines verschärften Strukturwandels wird die Weiterbildung tendenziell an Bedeutung gewinnen. Gleichzeitig ist die berufliche Weiterbildung typischerweise prozyklisch. Ob der Zyklus kurzfristig den Trend schlägt, bleibt abzuwarten.

Für die Qualifizierungsanstrengungen der Personaldienstleister ist auch die Neuausrichtung der arbeitsmarktpolitischen Instrumente zum 1. Januar 2009 von großer Bedeutung. Da Förderinstrumente wie Bildungsgutscheine und WeGebAU erhalten bleiben und neue, flexible Förderinstrumente wie Vermittlungs- und Experimentierbudget hinzukommen, dürfte die Qualifizierung von Zeitarbeitnehmern zukünftig weiter an Bedeutung gewinnen.

Quellenverzeichnis

AUTOR, D. (2001). Why Do Temporary Help Firms Provide Free General Skills Training? Quarterly Journal of Economics, Heft 4/2001, S. 1409-1448.

BELLMANN, L., FISCHER, G. & HOHENDANNER, C. (2009). Betriebliche Dynamik und Flexibilität auf dem deutschen Arbeitsmarkt. IAB Handbuch Arbeitsmarkt, Nürnberg, S. 359-398.

BIEWEN, M., FITZENBERGER, B., OSIKOMINU, A. & WALLER, M. (2007). Which Program for Whom? Evidence on the Comparative Effectiveness of Public Sponsored Training Programs in Germany. IZA Discussion Paper, No. 2885. Bonn.

BUNDESAGENTUR FÜR ARBEIT (2008). Arbeitsmarktberichterstattung: Branchen und Berufe in Deutschland. Entwicklung Dezember 1997 – Dezember 2007, Zeitarbeit. Nürnberg.

BERKHOUT, E., DUSTMANN, C. & EMMER, P. (2007). Mind the gap. SEO Economic Research. Amsterdam.

BRENKE, K. & EICHHORST, W. (2008). Leiharbeit breitet sich rasant aus. DIW-Wochenbericht Nr. 19/2008, S. 242-252.

BOVENSIEPEN, N. & TIETZ, J. (2008). Moderne Sklaverei. Der Spiegel. Nr. 49/2008 v. 1.12.2008.

EHRENBERG, R. G. & SMITH, R. S. (2009). Modern Labor Economics, 10. Aufl. Boston.

FITZENBERGER, B., ORLYANSKAJA, O., OSIKOMINU, A. & WALLER, M. (2008). Déjà vu? Short-Term Training in Germany 1980-92 and 2000-2003. IZA Discussion Paper No. 3540.

KRUPPE, T. (2008). Selektivität bei der Einlösung von Bildungsgutscheinen. IAB Discussion Paper No. 17/2008.

LECHNER, M., MIQUEL, R & WUNSCH, C. (2004). Long-Run Effects of Public Sector Sponsored Training in West Germany. IZA Discussion Paper No. 1443.

LECHNER, M., MIQUEL, R. & WUNSCH, C. (2005). The Curse and Blessing of Training the Unemployed in a Changing Economy: The Case of East Germany after Reunification. IZA Discussion Paper No. 1684.

LECHNER, M. & WUNSCH, C. (2007). What Did All the Money Do? On the General Ineffectiveness of Recent West German Labour Market Programmes. IZA Discussion Paper No. 2800.

SPERMANN, A. (2008). Do Temporary Agencies Have Incentives to Invest in Human Capital of their Flexworkers? German Journal of Human Resource Research, Heft 1/2008, S. 90-93.

STATISTISCHES BUNDESAMT (2007). Fast 70% der Bevölkerung ab zehn Jahren nutzen das Internet. Pressemitteilung Nr. 486 vom 30.11.2007.

Stephan Bülow

Unternehmenszusammenschlüsse in der Zeitarbeit

Der Markt für Übernahmen in der Zeitarbeit war noch jüngst stark in Bewegung. Der (inzwischen aufgegebene) Versuch von Adecco, den Personaldienstleister Michael Page „feindlich" zu übernehmen, der Kauf der Allgeier Zeitarbeitssparte durch den holländischen Zeitarbeitskonzern USG People sowie der Wiedereintritt eines bereits in der Vergangenheit in der Zeitarbeit erfolgreichen Finanzinvestors[1] zeigen exemplarisch die ganze Vielfalt der gegenwärtigen Entwicklungen auf.

Nachfolgend sollen sechs Fragen beantwortet werden, die im Zusammenhang mit Unternehmenszusammenschlüssen (M&A-Aktivitäten)[2] immer wieder gestellt werden:

- Welche Entwicklung nahm der deutsche M&A-Markt in der Zeitarbeit während der letzten zehn Jahre?
- Was macht den Markt für Branchenoutsider interessant?
- Was unterscheidet Finanzinvestoren als wichtigste Gruppe von Branchenoutsidern von Brancheninsidern als Käufer?
- Welche Bedeutung hat die beschriebene Entwicklung für ein verkaufswilliges Zeitarbeitsunternehmen?
- Was zeichnet einen „guten" Unternehmenszusammenschluss aus?
- Welche Entwicklungen sind bei Unternehmenszusammenschlüssen in der Zeitarbeit zukünftig zu erwarten?

1 In einer Dekade zur Normalität

Ein kurzer Blick in die Vergangenheit macht deutlich, dass sich der M&A-Markt in der Zeitarbeit rasant entwickelt hat und heute bereits eine Reife besitzt, die in dieser Form noch vor acht Jahren von niemandem vorherzusehen war.

Nachdem der M&A-Markt bis 2002 eher ein stiefmütterliches Dasein fristete und im Großen und Ganzen von kleineren, zumeist regionalen Übernahmen durch Eigentümerunternehmer gekennzeichnet war, traten etwa 2003 die Finanzinvestoren in den Markt ein. Mit ihnen kam es zu einer starken Professionalisierung der Übernahmetä-

[1] Der Finanzinvestor Odewald hatte 2004 die Tuja-Gruppe mehrheitlich erworben und anschließend ausgebaut und bereits 2006 an den Finanzinvestor Barclay veräußert. Inzwischen tritt er unter Tempton wieder als Käufer auf und verwaltet bereits jetzt wieder ein Portfolio von vier Zeitarbeitsunternehmen.

[2] Synonym für „Unternehmenszusammenschluss" wird hier die international gebräuchliche Bezeichnung „Mergers and Acquisitions (M&A)" verwendet.

tigkeiten, stammt doch das Geld der Finanzinvestoren zumeist von international agierenden Pensionskassen, Versicherungsunternehmen und Banken, die hohe Anforderungen an die Prüfung der Übernahmekandidaten stellen. Getrieben von hohen Renditeerwartungen wurden von diesen Finanzinvestoren spektakuläre „Buy-and-Build" Strategien umgesetzt (Ernst & Young, 2007) und in kurzer Zeit entstanden mit TimePartner (eine Beteiligung des Finanzinvestors Auctus), Tuja (seinerzeit eine Beteiligung des Finanzinvestors Barclays Private Equity) und Orizon (eine Beteiligung des Finanzinvestors Silverfleet Capital) große Zeitarbeitsgruppen mit jeweils deutlich mehr als 50 Niederlassungen und über 100 Mio. Euro Umsatz.

Auch wenn diese über eine Serie von Zukäufen neu entstandenen Gruppen[3] auch weiterhin als Käufer aktiv sind, so wird doch spätestens seit Mitte 2007 der M&A-Markt im starken Maße geprägt von großen, sogenannten „strategischen Übernahmen", bei denen die Käufer bereits seit Jahren in der Zeitarbeitsbranche tätig sind. So übernahm beispielsweise Adecco die Tuja-Gruppe, kaufte Randstad die niederländische Vedior-Gruppe und erwarb USG People aus Holland die Zeitarbeitssparte der Mittelstandsholding Allgeier. Damit konsolidiert sich der Markt weiter und naturgemäß werfen börsennotierte Brancheninsider als Käufer noch mal einen sehr viel differenzierteren Blick auf Übernahmekandidaten, als alle anderen Käufer.

Einen weiteren Schub in Richtung Marktreife erlangen die M&A-Aktivitäten in der Zeitarbeit sicherlich mit dem „feindlichen Übernahmeangebot" von Adecco für Michael Page. Hier wäre mit größtmöglicher Deutlichkeit zu Tage getreten, dass M&A mit letzter Konsequenz immer ein „market of control" ist, auf dem sich unzufriedene Aktionäre durch Verkauf ihrer Anteile von ihrem Management trennen können. Die Tatsache, dass Adecco den Übernahmeversuch aufgrund des starken Widerstands der Unternehmensführung des Targets zurückgezogen hat, zeigt jedoch auch, dass für Personaldienstleister die Kontinuität im Management eine besondere strategische Bedeutung besitzt (siehe unten unter „walking assets").[4]

Zusammengefasst: Die Zeitarbeitsbranche brauchte weniger als eine Dekade, um einen normalen M&A-Markt herauszubilden, auf dem es alle mögliche Übernahmekonstellationen gibt, alle möglichen Spieler auf der Käuferseite auftreten und sowohl gelegenheitsgetriebene als auch marktstrategisch-konzeptionelle Aktivitäten zu beobachten sind. Seit spätestens dem dritten Quartal 2008 ist der M&A-Markt allerdings „tot". Die Unsicherheit über die weitere wirtschaftliche Entwicklung ist seitdem zu

3 Neben den erwähnten gibt es mit Allgeier auch erfolgreich umgesetzte Buy-and-Build Strategien, bei denen kein Finanzinvestor, sondern eine börsennotierte Mittelstandsholding als Initiatorin auftrat.

4 Wohl nur vorgeschoben war der vom Management genannte Preis von 6 Pfund je Aktie, nach dem Adecco bereits 4 Pfund je Aktie geboten hatte. Er war prohibitiv hoch angesichts einer Marktbewertung von nur rund 3 Pfund je Aktie zum Zeitpunkt der Aufnahme der Gespräche. Das Management erreichte sein Ziel, denn die „unüberwindlichen Bewertungsunterschiede" waren der formale Grund dafür, dass Adecco die Gespräche beendete (o.V., 2008).

groß und die Bewertungsvorstellungen der Verkäufer reflektieren diese Unsicherheit nach Aussagen potenzieller Unternehmenskäufer noch nicht.

Die nachfolgende Abbildung gibt einen kurzen Überblick über die Buy-and-Build-Aktivitäten von Finanzinvestoren sowie eine Auswahl an Zukäufen in Deutschland aktiver Strategen.[5]

Abbildung 1: Ausgewählte M&A-Aktivitäten in der deutschen Zeitarbeitsbranche von 2005 bis 2008

	2005	2006	2007	2008
Allgeier Holding	IP/APS	E&W, ANDERS Tiempo	TWO, ABETEC, Procur, Manus	./.
Orizon*		Orizon	SIR, Jobs in Time	./.
TimePartner **	LEaN Partner; P&C Team; Euromontec; Schneider	Büro für Zeitarbeit Burkhard, HSZ, Molis, IBB	EMK, Schütz, Wilhelm	./.
Odewald ***	Tuja	./.	ACUT, Herberg	./.
BayernLB PE	./.	ISU	Fischer & Funke, AFM	./.
Adecco		DIS	Tuja	./.
Randstad		Bindan	Team BS, Vedior*	./.
USG People		./.	Geko	Allgeier
Trenkwalder		IPS, MP Personal	Schmidt, VIP, Time Gruppe, bercherteam, ava	./.

Anmerkungen: * Private Equity Investor Silverfleet Capital; Orizon entstand bis 2006 auch durch einzelne Akquisitionen; ** Private Equity Investor Auctus hat 2006 (teilweise) verkauft an Invest-Corp; *** Sonderfall, weil Private Equity Investor zum zweiten Mal aktiv. Bis 2005 Zukäufe mit „Tuja“, seit 2007 mit dem neuen Vehikel „Tempton“. Tuja wurde 2005-2007 von Barclays Private Equity ihrerseits durch Buy-and-Build aufgebaut und 2007 an Adecco veräußert.

5 Die Darstellung erhebt keinen Anspruch auf Vollständigkeit, weil sie zum Großteil ausschließlich auf öffentlich zugänglichen Informationen beruht. Nicht mit aufgeführt wurden Buy-and-Build-Konzepte, die von Finanzinvestoren zwar auf den Weg gebracht, aber bis Ende 2008 noch nicht wirklich umgesetzt werden konnten (z.B. Arcadia mit einer einzigen Beteiligung AVJS, oder Granville Baird mit Team BS, die bereits an Randstad verkauft wurde).

2 Zeitarbeit ist attraktiv für Branchenneulinge

Grundsätzlich gibt es eine Reihe von Gründen, warum sich der Einstieg in die Zeitarbeit für Branchenfremde lohnt:

- Viele Targets

Mit einer Gesamtzahl von rund 8.000 Anbietern bei einem Branchenumsatz von ca. 14,6 Mrd. Euro ist der Markt in Anbetracht der Tatsache, dass die größten 25 Branchenunternehmen knapp 50 Prozent des Branchenumsatzes (Lünendonk, 2008), auf sich vereinen, sehr fragmentiert. Entsprechend viele „Targets" gibt es, wenn man sich vor Augen hält, dass etwa 7.975 Anbieter mit einem Gesamtumsatz von rund 7,3 Mrd. Euro tätig sind. Statistisch sind diese Unternehmen allerdings sehr klein und machen im Durchschnitt weniger als 1 Mio. Euro Umsatz.

- Hohes Marktwachstum

Im internationalen Vergleich ist der Markt in Deutschland auch nach den letzten Boomjahren vergleichsweise klein. Sollte sich die aktuell niedrige Marktpenetration auf das Niveau der reiferen Zeitarbeitsmärkte in den Niederlanden oder Großbritannien erhöhen (Münster, 2008), so ist damit zu rechnen, dass sich der Branchenumsatz verdoppelt. Die Branche erwartet, dass dies in vier bis sechs Jahren der Fall sein sollte.[6]

- Simples Geschäftsmodell

Das zentrale Erfolgsrezept ist einfach zu verstehen: „Stelle billig ein und überlasse teuer", technische Innovationen sind von Wettbewerbern nicht zu befürchten, ruinöse Großaufträge können in der Kalkulation erkannt werden. In Anbetracht der mittelständischen Industriestruktur in Deutschland sind große Einzelkundenrisiken eigentlich nur mit Vertriebsschwächen zu erklären, Schutz vor Zahlungsausfällen kann auf dem Versicherungsmarkt gekauft werden, etc.

- Leicht zu realisierende Skaleneffekte

Das zumeist standortgebundene Geschäft gehorcht einfachen Gesetzen: In einer Niederlassung mit einer fixierten Miete bedarf es einer angemessen Geschäftsausstattung und insbesondere einer bestimmten Anzahl an internen Mitarbeitern, damit das Geschäft beginnen kann. Wenn das Geschäft wächst, steigen die Kosten nicht umsatz-

[6] Der seit September 2008 eingetretene, dramatische Einbruch des Branchenumsatzes um bis zu 40% im Vorjahresvergleich ändert an der grundsätzlich optimistischen Einschätzung bislang nichts. Er wird als Zwischentief interpretiert, dem sich spätestens ab 2010 eine rasante Geschäftsbelebung anschließen sollte.

proportional, dementsprechend verteilen sich die Fixkosten auf immer mehr Umsatz so dass der Gewinn pro Umsatz ansteigt.[7]

- Optimierungspotenzial bei den Übernahmekandidaten

Viele mittelständische Unternehmen sind von einem „handwerklich" orientierten Unternehmer geprägt, der das Tagesgeschäft früher bei einem „großen Spieler" gelernt und als begnadeter Verkäufer und Motivator von Mitarbeitern den Sprung in die Selbstständigkeit gewagt hat. Zumeist fehlt es diesen Personen aber an kaufmännischen Kenntnissen und teilweise auch an kaufmännischer Neugier, so dass bestimmte Maßnahmen zur Verbesserung der Ertragskraft nicht erkannt oder umgesetzt werden.[8]

- Gute Arbitragemöglichkeiten

Kleine Zeitarbeitseinheiten sind deutlich billiger als große[9] , d.h. wer sich die Mühe macht, die Provinz zu bereisen und die zum Teil skurrilen Verkäufer zu überzeugen, der kann auch mit geringem Integrationsaufwand nach dem Kauf einen schönen Arbitragegewinn bei der Veräußerung einfahren (Herborg, 2006).

- Leichte Fremdfinanzierung

Akquisitionen können mit einem geringen Eigenkapitalanteil realisiert werden, weil gut geführte deutsche Zeitarbeitsunternehmen im internationalen Vergleich überaus profitabel sind, weil Wachstum ohne hohen Verbrauch an liquiden Mittel bewältigt werden kann und das Marktumfeld allgemein als positiv eingeschätzt wird (siehe oben).

Dies ist sicherlich eine drastische Vereinfachung und nur mit dem Cockpit-Blick eines Branchenfremden zu erklären, der aus luftiger Höhe, unberührt von den Niederungen des Tagesgeschäfts (Häuserkämpfen bei Kunden, Querelen in der eigenen Mannschaft, Engpässen bei der Rekrutierung, etc.) mehrere Märkte holzschnittartig nebeneinander legt, um sich ein erstes Bild von der Attraktivität der Zeitarbeitsbranche als mögliches Investitionsfeld zu verschaffen.

---

7 Ab einem bestimmten Geschäftsvolumen müssen die Fixkosten natürlich angepasst werden (Einstellung neuer interner Mitarbeiter, höhere Miete für größeres Büro, etc.), so dass von einer Kostenfunktion mit „sprungfixen Kosten" gesprochen werden kann.

8 Oftmals bestand angesichts des wirtschaftlichen Erfolgs auch kein unmittelbarer Handlungsbedarf. Ein „Klassiker" aus der Praxis ist die oftmals unterlassene systematische Optimierung der Rohertragsmarge durch umfassende Erfassung und Auswertung relevanter Daten und anschließender Ableitung von Maßnahmepaketen je Kunde, je Niederlassung, je Disponent, etc.

9 Eine fundierte ökonomische Erklärung dieses Bewertungsabschlags steht noch aus.

Neben den deutlichen Chancen sind aber auf den ersten Blick auch klare Risiken zu erkennen, die mit einem Einstieg bei einem Zeitarbeitsunternehmen verbunden sein können:

- Walking Assets

„Das Geschäft wird von Menschen gemacht" - dieser in allen Branchen beliebte Spruch hat natürlich in der Dienstleistungsindustrie Zeitarbeit einen besonders hohen Stellenwert, denn unzufriedene Mitarbeiter nehmen fast immer „ihre" Kunden bei einem Arbeitgeberwechsel mit und motivieren zuweilen auch gleich ihr ganzes Büro zur Kündigung, so dass innerhalb von wenigen Wochen aus einem blühenden Standort ein leeres Büro mit ein paar vertrockneten Zimmerpflanzen werden kann.

- Politische Risiken

Hat die Liberalisierung unter Kanzler Schröder (Burda & Kvasnicka, 2006) für den beispiellosen Beschäftigungseffekt der letzten Jahre gesorgt (AMP, 2006), so droht der Zeitarbeit heute eine Re-Regulierung in Gestalt von staatlichen Preisdiktaten („Mindestlohn"[10], „equal pay and equal treatment") sowie mengenmäßiger Begrenzung („nur X% der Belegschaft dürfen Zeitarbeiter sein"). Außerdem ist die Branche in den Fokus allgemeiner politischer und insbesondere auch gewerkschaftlicher Kritik[11] geraten.

- Konjunkturabhängiges Geschäft

Je unqualifizierter die zu überlassenden Zeitarbeiter, desto schneller werden diese tendenziell vom Kunden im Falle rückläufiger Aufträge freigesetzt, weil die Aussichten gut sind, jederzeit wieder gleichwertigen Ersatz für „zurückgesandte" Zeitarbeiter zu erhalten. Damit sieht sich das Zeitarbeitsunternehmen dem Risiko hoher Unterauslastung (sog. „Wartezeit" oder „Garantiezeit") ausgesetzt.

- Schwarze Schafe

Trotz klarer gesetzlicher und tariflicher Regelungen und einer kontinuierlichen staatlichen Überwachung gibt es immer noch Nischen, in denen sich unseriöse Anbieter tummeln. Diese zeichnen sich z.B. dadurch aus, dass sie ihren Gewinn durch vorsätzlichen Betrug in die Höhe treiben, in dem sie z.B. internen Mitarbeitern Provisionen ungerechtfertigter Weise vorenthalten oder die Lohnabrechnungen für externe Mitar-

---

[10] Die Wirrungen im Hinblick auf die Einführung eines Mindestlohns nehmen kein Ende. War Anfang Januar 09 von der Koalition noch beschlossen worden, über den gesetzlichen Weg (Arbeitnehmerüberlassungsgesetz) den Mindestlohn durchzusetzen, (o.V., 2009), so verhinderte die CDU/CSU nur einen Monat später, das Thema in das Gesetzgebungsverfahren für das Konjunkturpaket II mit aufzunehmen

[11] Dieselben Gewerkschaften, die seinerzeit die Tarifverträge in der Zeitarbeit verhandelt und unterschrieben haben, bekämpfen die Tarifverträge nun als „asozial" (vgl. Kampagne der IG Metall) und schrecken auch nicht davor zurück, die Existenzberechtigung konkurrierender Gewerkschaften vor Gericht anzuzweifeln.

beiter gezielt falsch machen, um Kosten zu sparen. Oder sie weisen ihren Gewinn in zumindest grob fahrlässiger Weise zu hoch aus, weil sie keine ausreichenden Rückstellungen für Lohnkostenbestandteile wie z.B. Berufsgenossenschaftsbeiträge und Arbeitszeitkonten bilden.[12]

In Kurzform heißt das für Branchenfremde: Investiere sobald sich die politischen Nebelwolken verzogen haben, vorausgesetzt, der Einkaufspreis stimmt, die Kernmannschaft kann nicht nur finanziell sondern auch menschlich an das Unternehmen gebunden werden und das Geschäft ist über mehrere Standorte und Kunden hinreichend breit abgestützt.

3 Käufer unterscheiden sich deutlich

Auf jeden Fall setzt der Kauf eines Zeitarbeitsunternehmens eine sorgfältige Prüfung („due diligence") der wirtschaftlichen, rechtlichen, steuerlichen und finanziellen Gegebenheiten voraus. Dies gilt natürlich unabhängig davon, wer als Käufer auftritt. In ihrem Kalkül und in ihrer Herangehensweise unterscheiden sich die beiden großen Käufergruppen, die Finanzinvestoren einerseits („Outsider") und Strategen („Insider") andererseits, jedoch deutlich, wie die Abbildung 2 zeigt.

Abbildung 2: Unterschiede zwischen den verschiedenen M&A-Akteuren auf dem deutschen Zeitarbeitmarkt

	Finanzinvestor	**Stratege**
Anlagehorizont	3 bis 7 Jahre	Unbegrenzt
Unternehmensbewertung	Renditewunsch plus Finanzierungsstruktur	Marktnah stand alone plus Synergieeffekte
Entscheidungskriterium	Rendite	Marktanteil Shareholder Value, Synergien
Management	Strategisch eher aktiv, operativ eher passiv	Strategisch und operativ eher aktiv
Gesellschafteranteil	Mehrheit/Minderheit	Mehrheit

12 Auf Gesellschafterebene sind außerdem nicht selten hohe latente Steuerrisiken zu beobachten u.a. als Folge überhöhter Geschäftsführergehälter, die vom Fiskus als verdeckte Gewinnausschüttung deklariert werden können.

Finanzinvestoren sind „Partner auf Zeit". Sie erwerben eine Beteiligung, um sie nach spätestens sieben Jahren mit einem Veräußerungsgewinn zu verkaufen. Dafür wurden sie gegründet. An dem Unternehmen haben sie kein originäres Interesse. Alle Investitionsmöglichkeiten aus allen denkbaren Industrien werden bei Finanzinvestoren gleichberechtigt geprüft und ein „deal" aus der Zeitarbeitsbranche erhält nur dann den Zuschlag, wenn er die beste Anlagealternative darstellt.

In der Regel beteiligen sie sich mehrheitlich, um zum einen die Wertsteigerung („upside") nicht zu stark teilen zu müssen und zum anderen den Zugriff über die Gesellschafterversammlung zu garantieren. Natürlich gibt es auch Finanzinvestoren, die sich mit einer Minderheit zufrieden geben. Erfahrungsgemäß verlangen sie dann jedoch Informations- und Zustimmungsrechte in einem Umfang, der ihnen faktisch die Macht eines Mehrheitsgesellschafters sichert.

Ihre Bewertung des Targets erfolgt in einer Rückrechnung. „Wenn beim Ausstieg der Preis x zu erwarten ist, dann darf ich heute nicht mehr als x abzüglich eines Abschlags y bezahlen". Damit bestimmt ganz maßgeblich der Ausstieg, also die Zukunft in Gestalt des zu erwartenden Gewinns aus der geplanten Weiterveräußerung den heute gebotenen Preis für die Beteiligung. Beeinflusst wird die Zahlungsbereitschaft zusätzlich von dem „Financial Engineering". Je weniger Eigenkapital eingesetzt werden muss, desto niedriger das einzugehende Risiko und damit die in einem niedrigen Einkaufspreis durchzusetzende Risikoprämie.

Die Fragen nach dem Einfluss auf das Management des Zeitarbeitsunternehmens und der verlangten Beteiligungsquote hängen für den Finanzinvestor eng zusammen. Je mehr sich der Finanzinvestor um seine Beteiligung in der Zeitarbeitsbranche kümmert, weil er mehr Personal und einen größeren Teil seiner Managementgebühr von anderen Beteiligungsunternehmen in seinem Portfolio auf das Zeitarbeitsunternehmen umlenkt, desto höher wird die geforderte Beteiligungsquote sein. Im Normalfall wird der Finanzinvestor darauf drängen, „100 Prozent abzüglich Managementrückbeteiligung" am Zeitarbeitsunternehmen zu erwerben. In diesem Fall hat er die volle Kontrolle und fährt den Großteil des „upsides" ein, gleichzeitig richtet er die Interessen des Managements an seinen eigenen Interessen aus und bindet die „walking assets" über die Chance auf eine substantielle Beteiligung am späteren Veräußerungsgewinn.

Im Unterschied zum Finanzinvestor ist der Stratege bereits ein etablierter Spieler im Markt. Er sucht nach einem Target, das sein eigenes Geschäft in intelligenter Weise ergänzt. Sei es regional (USG People stärkt sein Deutschlandgeschäft mit Allgeier) oder marktsegmentspezifisch (Randstad erwirbt Bindan) oder sogar in einer Weise, die die Qualität des eigenen Managementteams steigert (Adecco erwirbt DIS und bildet aus dem CEO und CFO von DIS gleich auch die neue Führungsmannschaft von Adecco).

Jeder Zukauf des zumeist börsennotierten Käufers muss (idealerweise!) einen positiven Effekt auf den eigenen Aktienkurs haben (shareholder value), sei es kurzfristig, weil eine günstige Bewertung erzielt wurde („lucky buy"), oder langfristig, weil im Zuge einer Integration Synergien realisiert werden können und die Gruppe damit mehr wert wird als die Summe seiner (originären und akquirierten) Teile. Die Frage, welche Bedeutung der Stratege den potenziellen Synergien beimisst, hat vielfältige Konsequenzen auf sein weiteres Verhalten. Grundsätzlich gilt, je wichtiger ihm Synergien, desto höher der von ihm gebotene Preis für die Übernahme (stand alone Bewertung plus diskontierte Einsparungen), desto höher die von ihm verlangte Beteiligungsquote (erleichtert Integration des Targets) und desto aktiver wird er im Management auftreten (eigene Integrationsteams sorgen für eine möglichst reibungslose Umsetzung nach den eigenen Vorstellungen).

Im Ergebnis ist der Finanzinvestor nur eine „Zwischenstation". Sein Geschäftsmodell ist auf einen möglichst hohen Weiterveräußerungsgewinn ausgerichtet. Der Stratege ist da schon eher der „sichere Hafen", wenngleich auch große Strategen heute keinesfalls mehr sicher sein können, dass sie nicht selbst von noch größeren Fischen im Teich geschluckt werden (z.B. DIS durch Adecco, Vedior durch Randstad).

4 Wichtige Aspekte für den Verkäufer

Mit zunehmender Reife des M&A-Marktes verbessern sich für den potenziellen Verkäufer die Chancen, einen geeigneten Käufer zu finden. Gleichzeitig steigen aber auch die Hürden, die vor einem erfolgreichen Verkauf genommen werden müssen.

Verglichen mit der Zeit vor rund zehn Jahren kommt es heute immer seltener vor, dass die Unternehmensnachfolge einfach dadurch geregelt wird, dass der beste „zweite Mann" im eigenen Unternehmen die Anteile erwirbt, den Kindern die Anteile im Rahmen einer vorgezogenen Erbnachfolge übertragen werden oder der Unternehmerkollege aus der Nachbarregion nach einem kurzen Termin beim Steuerberater den Kauf beim Notar besiegelt.

Dies liegt in erster Linie daran, dass im M&A-Markt heute sehr viel Geld von Strategen und Finanzinvestoren nach Anlagemöglichkeiten sucht. Dank der hohen Nachfrage können Zeitarbeitsunternehmen heute deutlich höhere Unternehmensbewertungen beim Verkauf erzielen als noch vor wenigen Jahren. Dementsprechend selten äußern Zeitarbeitsunternehmer deshalb heute noch Sätze wie „für mein Unternehmen brauche ich 1,5 Mio. Euro, um meinen Lebensabend frei nach meinen Wünschen gestalten zu können". Stattdessen wird der Unternehmer alles daran setzen, mit einem marktgerechten Preis möglichst alle Früchte langjähriger Arbeit in seinem Unternehmen zu ernten. Dies macht es für ihn erforderlich, mit großer Sorgfalt und Umsicht einen „strukturierten M&A-Verkaufsprozess" zu starten. Wesentliche Bestandteile sind aussagefähige Dokumente (Exposé mit der Kurzbeschreibung des Unternehmens) sowie eine straffe Führung des M&A-Prozesses.

Es ist zu beobachten, dass sich mittlerweile ein sehr hoher Standard herausgebildet hat, insbesondere was die Dokumentation betrifft. Hierzu haben die finanzierenden Banken den Anstoß gegeben, die aufgrund eigener (teilweise gesetzlicher) Vorgaben gezwungen sind, die wirtschaftlichen und steuerlichen Folgen jeder Transaktion in verschiedenen Szenarien zu prüfen. Der Effekt wurde aber insbesondere verstärkt durch eine Vielzahl von Beratern, die von den hohen Transaktionsvolumina angelockt wurden und deren Interesse latent an einer „Maximierung des Beratungsaufwands" liegt.

Für den veräußerungswilligen Zeitarbeitsunternehmer muss aber klar sein, dass selbst die umfangreichste und ansprechendste Dokumentation des eigenen Unternehmens den Erfolg nicht garantiert. Am Ende des Tages, also spätestens nach Abschluss der Käufer Due Diligence, liegen die Fakten ungeschminkt auf dem Tisch und nur ein „attraktives Asset" findet einen Käufer.

Insbesondere folgende Kriterien zeichnen ein leicht zu transferierendes und hoch bewertetes Zeitarbeitsunternehmen in den Augen von professionellen Käufern – egal, ob Finanzinvestor oder Stratege – aus:

- Outperformer

Wachstumsrate des Umsatzes und der Profitabilität des Targets sind über einen längeren Zeitraum größer als der Zuwachs des Gesamtmarktes (des relevanten Marktsegments) oder bergen zumindest ein signifikantes Steigerungspotential.

- Positive Marktaussichten

Das Unternehmen ist in einem Markt positioniert, der in den Augen von Experten auch in nächster Zeit günstige Perspektiven aufweist, was die Bedingungen am Arbeitsmarkt, Wettbewerbssituation und die Kundenlandschaft betrifft.

- Operative Exzellenz

Die Standorte des Targets sind in den jeweiligen Märkten langjährig eingeführt, dank hoher personeller Kontinuität bestehen enge, am besten auch persönliche Verbindungen zu den Einkaufsentscheidern bei den Kunden, der Ruf als seriöser Anbieter und Arbeitgeber ist tadellos, das Rechnungswesen und Controlling ist angemessen dimensioniert, die IT ermöglicht eine kostengünstige Abwicklung auch größerer Volumina und erlaubt tiefe Einblicke in die Geschäftsentwicklung.

- Keine Einzelrisiken

Das Geschäft des Targets ist in Bezug auf Regionen, Kunden, Kundenbranchen, Niederlassungen und internem Personal (Erfolgsfaktoren) breit abgestützt, so dass der Ausfall eines Erfolgsfaktors das Target nicht in eine existentielle Krise stürzt.

Natürlich gibt es auch Sonderfälle. So kann sich ein sehr stark spezialisiertes Unternehmen als durchaus leicht und gut veräußerbar herausstellen, gerade weil es sich auf eine bestimmte Region konzentriert und/oder nur eine begrenzte Berufsgruppe an Mitarbeitern überlässt und/oder den Fokus auf eine bestimmte Branche ausrichtet. An dieser Stelle muss aber klar gesagt werden, dass die Wahrscheinlichkeit, gerade selbst das passende Teil im größeren Puzzle des Käufers zu sein, sehr gering ist. Oftmals findet sich in dieser Ausgangslage leider kein Erwerber oder die Preisvorstellungen des Verkäufers lassen sich nicht verwirklichen.

5 Keine allgemeingültigen Erfolgsfaktoren

Wie aus der Beschreibung der beiden großen Käufergruppen ersichtlich wird, unterscheiden sich die Interessenlagen der Finanzinvestoren und Strategen deutlich voneinander. Nur wenn Käufer und Verkäufer wirklich zueinander passen („fit"), wird der Unternehmenszusammenschluss erfolgreich sein. Die Erfahrung aus der Praxis lehrt, dass sich der „fit" insbesondere an drei Fragen überprüfen lässt, für die Strategen einerseits und Finanzinvestoren andererseits im Allgemeinen sehr unterschiedliche Antworten bereithalten.

Eine für die meisten Zeitarbeitsunternehmer besonders wichtige Frage lautet: Was passiert mit meinem Markennamen? Nachdem sich wohl die Zeiten eines unüberschaubaren Markenportfolios bei Strategen, wie seinerzeit bei Vedior, dem Ende zuneigen, müssen sich verkaufswillige Unternehmen wohl mit dem Gedanken anfreunden, dass die eigene Firmierung sowie die Außendarstellung (Internet, Broschüren, Filialausstattung) langfristig wohl keinen Bestand haben wird, sobald man an einen Strategen verkauft hat. Branchenfremde Investoren sind hier eher großzügig und arbeiten mit Dachmarken, wie z.B. TimePartner, Orizon und Allgeier, unterhalb derer die ursprünglichen Markennamen der Gesellschaften auch über längere Zeiträume fortbestehen.[13]

Ein anderer bedeutender Aspekt für den geschäftsführenden Gesellschafter ist die Frage: Wie lange muss ich oder darf ich noch dabeibleiben? Hier sind Finanzinvestoren in aller Regel rigider und verlangen eine substanzielle Rückbeteiligung und die

13 Es wird von allen Investoren auf jeden Fall geprüft, ob das Geschäftsmodell des Zeitarbeitsunternehmens von einem „mono brand" tatsächlich profitiert. Hier herrscht leider oftmals Wunschdenken. Auffällig ist, dass selbst unter Strategen signifikante Unterschiede bestehen. Während USG People als „multi-brand company" auftritt, favorisieren bspw. Adecco und Manpower in Markenfragen eher einen monolithischen Ansatz.

Zusage, für mindestens drei Jahre weiterhin an Bord zu bleiben - Ausnahmen für geschäftsführende Gesellschafter, die sich für einen Ausstieg entschieden haben, bestätigen hier nur die Regel. Dies liegt daran, dass die Investoren branchenfremd sind und regelmäßig über kein eigenes Management verfügen, mithin also auf die erprobten Verantwortlichen des „Targets" angewiesen sind. Im Unterschied dazu ziehen es Strategen fast immer vor, alle Anteile zu erhalten. Weitergehende, allgemein gültige Aussagen sind schwierig, weil sich die Vorgehensweisen der Strategen gerade in diesem Punkt deutlich unterscheiden. Manche schätzen die personelle Kontinuität, andere geben grundsätzlich der „zweiten Ebene" eine Chance, wieder andere Strategen entsenden eigenes Management in das erworbene Unternehmen. Egal, wie stark der Käufer auf eine dezentrale Führungsstruktur und Kontinuität setzt, nach dem Verkauf ist der Unternehmer nicht mehr „Herr im Haus". Dies ist oftmals ein schmerzlicher Erkenntnisprozess.

In diesem Zusammenhang gewinnt der dritte Aspekt einen großen Stellenwert: Können wir weiterarbeiten wie bisher? An Zusicherungen dazu wird es in der Verhandlungsphase von Seiten der potenziellen Käufer nicht mangeln. Hier unterscheiden sich Finanzinvestoren und Strategen nicht, dazu ist ab einer bestimmten Phase der Transaktion deren Jagdinstinkt einfach zu groß. Und zugesichert wird, was gerne vom Verkäufer gehört wird. Das kann reichen von der „garantierten Unabhängigkeit" bis hin zur „Optimierung durch Integration". Auf jeden Fall sollte nach dem Verkauf allen Beteiligten klar sein, dass der Käufer sehr viel Geld ausgegeben haben wird und sich diese Investition für ihn am Ende des Tages irgendwie „rechnen" muss. In welcher Weise der Käufer sicherstellen will, wie dies geschehen soll, hängt grundsätzlich von dessen strategischer Ausrichtung ab. Um sich vor negativen Überraschungen zu schützen, sollte der verkaufswillige Zeitarbeitsunternehmer unbedingt ein persönliches Gesprächs mit anderen Betroffenen (z.B. anderen Geschäftsführer/Gesellschafter, deren Unternehmen bereits zu einem früheren Zeitpunkt von dem selben Käufer akquiriert worden sind), suchen, um aus erster Hand zu erfahren, wie behutsam und sachgerecht der Käufer in seiner Akquisitionshistorie bislang tatsächlich vorgegangen ist. Allein die Verweigerung eines Gesprächs zu einem Zeitpunkt fortgeschrittener Verhandlungen sollte den verkaufswilligen Zeitarbeitsunternehmer misstrauisch werden lassen.

Verkauft der Unternehmer an einen „Buy-and-Build" Käufer, so ist für ihn wichtig, in welcher Form aktiv konsolidiert wird und in welcher Phase der Konsolidierung sich der Käufer befindet. Grundsätzlich gilt für den Verkäufer, je früher man „dabei" ist, desto attraktiver sind die Umstände für den verkaufswilligen Zeitarbeitsunternehmer. Dasjenige Zeitarbeitsunternehmen, das den Startschuss gibt und als spätere „Plattform" für weitere Zukäufe dient, kann sich nämlich erfahrungsgemäß die größten unternehmerischen Freiheiten sichern und deren Gesellschafter erzielen im Normalfall auch den höchsten Verkaufspreis. Die Aussichten, heute noch das „Plattform-Unternehmen" zu bilden, sind aber nach übereinstimmender Meinung der Akteure (Hedtstück, 2007) sehr gering, dafür ist der Markt heute bereits zu weit fortgeschritten in seiner Konsolidierung. Daher sollte ein Verkäufer aktuell eher erwarten, als „add-on investment" integriert zu werden mit der Folge, dass er sich insbesondere an eine bestehende Struktur (klare hierarchische Einordnung) und bestehende Unternehmensprozesse (z.B. zentrale Finanz- und Lohnbuchhaltung) anpassen muss.

Dies rückt Finanzinvestoren jedoch nicht in ein schlechtes Licht. Denn der veräußerungswillige Zeitarbeitsunternehmer muss sich vergegenwärtigen, dass sein Unternehmen bei einem Strategen grundsätzlich immer das „add-on" sein wird, schließlich besitzt der Stratege als Brancheninsider ja bereits etablierte Strukturen und Prozesse. Eine andere Situation ergibt sich natürlich, wenn der Stratege mit dem Kauf des Zeitarbeitsunternehmens erstmals in einem für ihn unbearbeiteten Markt Fuß fassen möchte. Hier ergeben sich interessante Chancen für beide Seiten. Im Idealfall kann der Käufer von den Markterfahrungen des Unternehmers und der Unternehmer seinerseits von international bewährter „best practice" für Strukturen und Prozessen lernen.

Zusammenfassend bleibt festzuhalten, dass in jedem Einzelfall individuell vom Käufer und vom Verkäufer geprüft werden muss, ob die Transaktion eine „runde Sache" ist. Die äußert facettenreichen Konstellationen machen es aber leider nahezu unmöglich, generelle Erfolgsfaktoren zu formulieren. Empfehlenswert ist daher auf jeden Fall, sich ausreichend Zeit für ein gegenseitiges Kennenlernen zu nehmen, bevor die (zumeist irreversible) Transaktion abgeschlossen wird. Das heißt im Zweifel auch, ständig auf der Hut zu sein, dass sich kein „Überoptimismus"[14] einstellt, der in gewissen Phasen der gegenseitigen Annäherung nicht selten zu beobachten ist. Er führt dazu, dass Käufer und Verkäufer den „fit" und die wirtschaftlichen Erfolgsaussichten der Transaktion systematisch zu positiv einschätzten.

6 Strategische Investoren werden immer aktiver

Die abrupt eingetretene Konjunkturkrise belastet derzeit sehr stark die M&A Aktivitäten. So liegen die Umsätze bei einzelnen Unternehmen aktuell unter dem Niveau von 2006, die Garantie- und Wartezeiten zehren die Rohertragsmargen auf, auf dem Bewerbermarkt gibt es noch keine Entspannung.[15] Zusätzlich belastet die politische

14 Gründe für „Overconfidence" sind z.B. Kontrollillusion, Fehlattribution und fehlerhafte Informationswahrnehmung und -verarbeitung (Weinstein, 1980).

15 Insbesondere im qualifizierten Bereich gibt es akute Bewerbermängel (Miegel, Wahl & Schulte, 2007). Interessant wäre es zu prüfen, inwieweit die auf einen Zeitraum von 18 Monaten verlängerten Zahlungen an Kurzarbeitergeld hier eine schnelle Rückkehr zu einem „Marktgleichgewicht" verhindern, weil Kurzarbeiter als„verdeckt Arbeitslose" das Angebot an Zeitarbeitern nicht erhöhen.

Unsicherheit vor der nächsten Bundestagswahl im September 2009 den M&A-Markt, denn die zur Wahl stehenden Zukunftskonzepte schrecken selbst vor der drastischen Beschneidung der privaten Zeitarbeit nicht mehr zurück.

Unabhängig davon, wie lange der Wirtschaftsabschwung noch anhält, die gegenwärtige Finanzkrise hat zur Folge, dass allgemein weniger Fremdmittel für Akquisitionen zur Verfügung stehen. Hier wirkt sich aus, dass der Einbruch der weltweiten Immobilienmärkte und die scharfen Preisrückgänge bei den daraus abgeleiteten Finanzprodukten die kreditgebenden Banken sehr hart getroffen haben. Da mit dem „leverage" ein wesentlicher Werthebel nur noch sehr eingeschränkt verfügbar ist, droht mit den Finanzinvestoren derzeit diejenige Käufergruppe nahezu vollständig auszufallen, die in den letzten Jahren besonders aktiv war.

Vor dem massiven Rückgang des operativen Geschäfts schlossen die Strategen die entstandene Lücke. Sie sind finanziell stark genug, um auch größere Transaktionen durchzuführen und verfügen über eigene M&A-Abteilungen für die Abwicklung der Transaktion sowie eine ausreichende Anzahl an Talenten für die anschließende Integration.

Und große Transaktionen sind das eigentliche M&A-Geschäft der großen Strategen. Für sie lohnt sich der ganze Aufwand eines Unternehmenskaufs für ein paar Millionen zusätzlichen Umsatz/Ertrag nicht. Außerdem stärkt nur der Erwerb einer großen Einheit ihre Position in ihrem traditionell wichtigsten Segment, dem Geschäft mit Großkunden. Nur dadurch können sie u.a. ihr Niederlassungsnetz deutlich vergrößern und/oder ihr Leistungsspektrum signifikant verbreitern (z.B. Vertragsformen, Qualifikationen), was wiederum ihre Chancen erhöht, die anhaltende Lieferantenkonsolidierung auf Seiten der Kunden zu überleben und große Ausschreibungen für (internationale) Rahmenverträge zu gewinnen.

Entsprechend steht zu erwarten, dass der M&A-Markt in der nächsten Zeit von größeren Transaktionen insbesondere mit Strategen als Käufern bestimmt werden könnte.[16] Die „big player" werden in ein paar Jahren also voraussichtlich deutlich größer und internationaler sein als heute.

Dennoch ist davon auszugehen, dass die Anbieterseite in Deutschland auch weiterhin von kleineren Zeitarbeitsfirmen bestimmt bleiben wird. Zum einen sind die Kosten für den Eintritt in den Markt gerade bei „lokalen Ansätzen" vergleichsweise gering: 1 Büro, 1 Telefonanlage, 1 Poolfahrzeug, 1 Mitarbeiter für den Verkauf, 1 Mitarbeiter im Backoffice und das finanzielle Polster für die typischen Anlaufverluste der ersten acht Monate. Zum anderen begünstigt die mittelständische Wirtschaftsstruktur in Deutschland die mittelständische Anbieterstruktur der Personaldienstleister. Die Familien-

16 Nach der „Einkaufstour" von Randstad und Adecco ist insbesondere zu erwarten, dass der bislang noch völlig tatenlos gebliebene US-Zeitarbeitskonzern Manpower eine erste größere Transaktion in Deutschland durchführt, um im Branchenranking der „großen Spieler" wieder einige Plätze gut zu machen.

unternehmen haben oft Standorte in den entlegendsten Landstrichen und decken ihren Bedarf vor Ort am liebsten auch lokal bei einem ihnen persönlich bekannten Zeitarbeitsunternehmen. So entstehen attraktive Nischen, denn das Auftragsvolumen reicht dem „big player" für einen eigenen Standort in der Regel nicht aus und nicht selten sind die Qualitätsstandards der lokalen „Platzhirsche" einfach zu hoch für die standardisierten Prozesse der „big player".

Es ist außerdem nicht auszuschließen, dass die Wirtschaftskrise eine weitere Spielart im M&A-Markt hervorbringt: „turnaround deals". Nicht wenigen mittelständischen Zeitarbeitsunternehmen steht nach einem mehrmonatigen Abschwung das Wasser im Frühjahr 2009 bereits bis zum Hals und die im Mai 2009 anstehende Zahlung der Berufsgenossenschaftsbeiträge wird die schwache Liquiditätsausstattung in aller Härte zu Tage treten lassen. Zudem ist nicht auszuschließen, dass einzelne „Buy-and-Build"-Käufer unter der Schuldenlast zusammenbrechen, die sie in den letzten drei Jahren aufgetürmt haben. Möglicherweise werden sich aber branchenerfahrene Investoren finden, die in dieser Notlage den Fortbestand (zumindest in Teilen) durch eine nennenswerte Kapitalzufuhr sichern. Aus ökonomischer Sicht wäre ein solcher Fall bei hinreichender „deal size" der vorläufige Schlussstein für einen wirklich voll entwickelten, weil hoch differenzierten M&A Markt.

Quellenverzeichnis

ARBEITGEBERVERBAND MITTELSTÄNDISCHER PERSONALDIENSTLEISTER (AMP) (Hrsg./2006). Zeitarbeit – Das Branchenportrait. Berlin.

BURDA, M. C. & KVASNICKA, M. (2006). Zeitarbeit in Deutschland. Perspektiven der Wirtschaftspolitik, Heft 2/2006, S. 195-225.

ERNST & YOUNG (Hrsg./2007). Personaldienstleistungen in Deutschland. Frankfurt am Main.

HEDTSTÜCK, M. (2007). Zeit ist Geld, M&A Markt im Fokus: Zeitarbeit. Finance, Heft 7/2007, S. 68-71.

HERBORG, S. (2006). Goldgräberstimmung in der Zeitarbeit. Presseerklärung. http://www.hscie.com/de/presse/pdf/2006_10_26_Zeitarbeit.pdf

IG-METALL (2008). Kampagne „Gleiche Arbeit, gleiches Geld". http://www.gleichearbeit-gleichesgeld.de

LÜNENDONK GMBH (2008). Führende Zeitarbeits- und Personaldienstleistungsunternehmen in Deutschland. Kaufbeuren.

MIEGEL, M., WAHL, S. & SCHULTE, M. (2007). Die Rolle der Zeitarbeit in einem sich ändernden Arbeitsmarkt. Bonn.

MÜNSTER, B. (2008). Zeitarbeit in Europa. Personalmagazin, Heft 8/2008, S. 8-9.

O.V. (2008). Adecco lässt Finger von Michael Page. http://www.ftd.de/unternehmen/handel_dienstleister/:Geplatzte-%DCbernahme-Adecco-l%E4sst-die-Finger-von-Michael-Page/414301.html (16.09.2008)

O.V. (2009). Mindestlohn für Zeitarbeiter. Frankfurter Allgemeine Zeitung vom 14.01.09.

WEINSTEIN, N. D. (1980). Unrealistic optimism about future life events. Journal of Personality and Social Psychology, S. 806-820.

Josef Weingärtner

Branchenlösungen in der Zeitarbeit

1 Bedarf an branchenspezifischen Zeitarbeitslösungen

Ein Unternehmen verhält sich wie ein atmender Organismus. Entsprechend des Rhythmus' des Ein- und Ausatmens muss es je nach Auftragslage oder Bedarf seinen Personaleinsatz flexibel steuern, um am Markt erfolgreich zu sein. Aus diesem Grunde hat das Instrument der Zeitarbeit am Standort Deutschland in den letzten Jahren an Bedeutung gewonnen. Es ist inzwischen zu einem wesentlichen Standortsicherungsfaktor geworden. Nur mit einer optimalen Balance zwischen Stammbelegschaft und flexiblem Personal lässt sich der Kampf um Marktanteile in globalisierten Märkten auf Dauer bestehen. Letztlich – und das sehen viele Arbeitnehmer und verantwortungsbewusste Betriebsräte nicht anders – wird damit zur Stabilität der Arbeitsplätze in Unternehmen insgesamt beigetragen.

Technologisierung und Spezialisierung verlangen auch im Hinblick auf Personaldienstleistungen ständige Qualitätsverbesserungen. Zeitarbeitseigene Weiterbildungseinrichtungen, die sowohl von den Zeitarbeitnehmern als auch von der Stammbelegschaft genutzt werden können, halten und steigern den Qualitätsstandard auf hohem Niveau. Dabei werden Anforderungen in speziellen Arbeitseinsätzen genauso berücksichtigt, wie die allgemeinen Marktbedürfnisse. Teilqualifizierungsmodule helfen den Qualitätsansprüchen gerecht zu werden. Zentrale Produktmanagementeinheiten sichern die Dienstleistungsqualität und steuern die Zusammenarbeit intern und extern. Ein regelmäßiges Reporting spiegelt den Leistungsstandard. Die konsequente Ausrichtung auf branchenspezifische Bedarfe ist eine Antwort von Personaldienstleistern auf den gewachsenen Qualitätsanspruch von Entleihunternehmen.

2 Kooperation mit Arbeitgeberverbänden

Die Ausrichtung des eigenen Leistungsportfolios von Personaldienstleistern lediglich auf branchenspezifische Bedarfe greift zu kurz. Erst eine Kooperation mit dem entsprechenden Arbeitgeberverband der jeweiligen Branche garantiert die notwendige Qualität des letztlich überlassenen Zeitarbeitnehmers im Entleihbetrieb. Die Personaldienstleister müssen deshalb neben den Ansprüchen der Entleihbetriebe auch die Herausforderung im Auge behalten, den Ansprüchen der Verbände gerecht zu werden. Diese reagieren sehr sensibel auf die Rückmeldungen ihrer Mitgliedsunternehmen, mit denen sie meist sehr schnell konfrontiert werden. Wünsche und Anregungen werden entsprechend formuliert, weitergegeben und Lösungen erwartet. Dies ist als ein stetiger Prozess zu verstehen, der zeit- und kostenintensiv ist. Die damit verbundenen Investitionen tragen dazu bei, dass die Qualität der Dienstleistungen immer wieder auf den Prüfstand gestellt wird.

Es liegt im originären Interesse vieler Branchenverbände, von den Personaldienstleistern, die sich gezielt auf ein bestimmten Wirtschaftszweig ausgerichtet haben, eine hohe Qualität einzufordern, damit die Mitgliedsunternehmen des jeweiligen Verbandes von der spezifischen Personaldienstleistung auch wirklich profitieren können.

Mit einem kritischen Blick auf über 21.000 Zeitarbeitsunternehmen in Deutschland (Bundesagentur für Arbeit, 2007) sind nur solche Zeitarbeitsunternehmen für Arbeitgeberverbände interessant, die ein breites Personaldienstleistungsportfolio haben, eine qualifizierungsorientierte Zeitarbeit umsetzen können und über eine größtmögliche Wirtschaftsnähe verfügen. Auf diese Qualitätsmerkmale wird nachfolgend näher eingegangen.

Die Arbeitgeberverbände achten auf ein breites Leistungsportfolio der Personaldienstleister. Sie stellen damit sicher, dass ihre Mitgliedsunternehmen auch flankierende Personaldienstleistungen außerhalb der Zeitarbeit, wie Outsourcing-Aufträge, Umsetzung von Transfersozialplänen, Outplacementaufträge, On-Site-Management, Recruiting und Direktvermittlungsaufträge aus einer Hand in Anspruch nehmen können.

Ein entscheidendes Qualitätsmerkmal bei Personaldienstleistern ist, dass sie die relevanten Qualifikationsbedarfe zuverlässig erkennen und den Qualifikationsanforderungen konsequent gerecht werden. Daher sind nicht nur die Nähe zur Wirtschaft, sondern auch maßgeschneiderte Qualifizierungsangebote für Zeitarbeiter durch Personaldienstleister von besonderem Interesse für Arbeitgeberverbände.

Die Wirtschaftsnähe lässt sich an Faktoren festmachen wie einer handelsrechtlichen Verbundenheit mit einem Arbeitgeberverband, einer engeren Mitgliedschaft in einem Arbeitgeberverband, die durch eine hohe Kontaktintensität und von einem stetigen Erfahrungs- und Informationsaustausch geprägt ist, oder an Führungskräften eines Personaldienstleisters, die in unstrittiger Nähe zur Wirtschaft stehen. In diesen Fällen verfügt der Arbeitgeberverband über die notwendige Transparenz und Einwirkungsmöglichkeiten, die es ihm erlauben, auf die Qualität der Personaldienstleistungen gezielt Einfluss zu nehmen.

3 Wesentliche Leistungsmerkmale

In Abgrenzung zum üblichen Massengeschäft lässt sich die Qualität von Branchenlösungen in der Zeitarbeit an folgenden Faktoren ablesen: gemeinsamer Marktauftritt von Personaldienstleister und kooperierendem Arbeitgeberverband, klare Kommunikationsspielregeln und eine qualifizierungsorientierte Zeitarbeit. Diese Leistungsmerkmale werden in einem gemeinsam erstellten Konzept der jeweiligen Branchenlösung einvernehmlich festgelegt. Ziel ist dabei, ein überdurchschnittliches Angebot an Qualität und Service zu bieten.

Der Personaldienstleister garantiert, dass für den Bereich der angebotenen Dienstleistungen im Rahmen der Branchenlösungen ein einheitlicher Qualitätsstandard, einheitliche Beratungsleistungen nach Art und Umfang und ein einheitlicher Informationstransfer gewährleistet sind.

3.1 Gemeinsamer Marktauftritt

Im Idealfall ist die Branchenlösung eine eigene Marke, die der Personaldienstleister gemeinsam mit dem Branchenverband auf den Markt bringt. Die Marke bietet den Mitgliedsunternehmen ein spezielles, auf die individuellen Bedürfnisse der Unternehmen der Branche angepasstes Leistungspaket an. Kennzeichnend dafür ist die Entwicklung von eigenständigen Marktauftrittsmaterialien (Broschüren, Internetpräsenz, Newsletter etc.).

In Abstimmung mit den Arbeitgeberverbänden erhält der Personaldienstleister die Gelegenheit, sein Dienstleistungsangebot auf regionalen und überregionalen Veranstaltungen der Arbeitgeberverbände vorzustellen und dort über aktuelle Trends im Bereich der Arbeitnehmerüberlassung zu referieren.

3.2 Kommunikationsspielregeln

Branchenlösungen zeichnen sich dadurch aus, dass verbindliche Kommunikationsspielregeln vereinbart sind. So werden regelmäßige persönliche Treffen zwischen den Kooperationspartnern vereinbart, um die Konzepte weiterzuentwickeln und die operative Umsetzung der Branchenlösungen immer wieder abzustimmen und zu optimieren. Des Weiteren erfolgt ein kontinuierlicher Erfahrungsaustausch über die erbrachten Personaldienstleistungen und deren Qualität. Verpflichtend ist auch ein Informationsaustausch über die Entwicklung der jeweiligen Branche einerseits und wichtige Entwicklungen in der Zeitarbeit andererseits.

Eine gezielte Direktansprache von Mitgliedsunternehmen mittels Serienbriefen und anderen Instrumenten der Massenansprache bedürfen in der Regel der Freigabe des jeweiligen Arbeitgeberverbands.

Kennzeichnend für Branchenlösungen ist auch ein kontinuierliches Reporting der erbrachten Personaldienstleistungen an den jeweiligen Arbeitgeberverband.

In der Regel unterhält der Personaldienstleister eine überregionale Telefonhotline für die Mitgliedsunternehmen, bei der Informationen zu den angebotenen Dienstleistungen der Branchenlösungen und konkrete Hilfestellungen in Bezug auf die angebotenen Dienstleistungen zu erhalten sind. Die Nutzung der Telefonhotline ist für Mitgliedsunternehmen kostenfrei.

Auf Internetseiten gibt es darüber hinaus geschützte Zugänge für Mitgliedsunternehmen, die dort wertvolle Tipps oder Informationen zu Trends, gesetzlichen Änderungen bzw. Besonderheiten in der Zeitarbeitsbranche finden können.

3.3 Qualifizierungsorientierte Zeitarbeit

Mehr als der Hälfte der Betriebe im verarbeitenden Gewerbe gelingt es kaum, ihren Bedarf an qualifizierten Arbeitskräften zu decken. Die qualifizierungsorientierte Zeitarbeit ist generell eine geeignete Antwort auf den seit einigen Jahren vorherrschenden Arbeitskräfte- beziehungsweise Fachkräftemangel. Mit gezielt fortgebildeten Mitarbeitern können die Unternehmen den Personalbedarf und eine flexible Personalplanung realisieren.

Qualifizierungstools, wie zum Beispiel Schweißerlehrgänge oder CNC-Qualifizierungen, werden unmittelbar am Bedarf der Unternehmen ausgerichtet. Die Schulungen finden meist arbeitsplatznah statt. Viele Zeitarbeitsunternehmen werben heute schon offensiv mit der Weiterbildung ihrer Mitarbeiter. Ideal sind Zeitarbeitsunternehmen, die eng mit einem Bildungsträger verbunden sind und so auf entsprechende Schulungszentren und/oder Werkstätten zurückgreifen können. Sie sind in der Lage, Qualifizierung und Verleih aus einer Hand anzubieten. Wichtig ist vor allem auch die branchenspezifische Qualifizierung des Stammpersonals durch den Personaldienstleister, die in enger Abstimmung mit dem kooperierenden Arbeitgeberverband erfolgt. Das Reporting der erbrachten Qualifizierungsdienstleistungen ist obligatorisch.

3.4 Übergangslösung für auslernende Auszubildende

Bei den Branchenanbietern besteht die Selbstverpflichtung, den Auszubildenden, die von ihren Ausbildungsbetrieben nicht übernommen werden können, direkt nach der Ausbildung eine berufliche Perspektive zu bieten. Damit bleiben diese jungen Fachkräfte in der Branche aktiv und wandern nicht in andere Wirtschaftsbereiche ab oder werden gar arbeitslos.

Die berufliche Zwischenstation dieser Nachwuchskräfte in der Zeitarbeit kann man als „moderne Wanderjahre" bezeichnen, in denen sie viel Erfahrung in den unterschiedlichsten Betrieben und Einrichtungen sammeln können. Diese Mitarbeiter zeichnen sich nicht nur durch Mobilität und Flexibilität aus, sondern bringen durch die unterschiedlichsten Einsätze auch ein umfangreiches Wissen mit, das in den jeweiligen Entleihbetrieben als kostenloser Zusatznutzen stets willkommen ist.

4 Fazit

Stand heute sind Branchenlösungen in der Zeitarbeit noch ein Alleinstellungsmerkmal für die Personaldienstleister, die dies konsequent umsetzen. Dies unterstreichen die überdurchschnittlichen Wachstumsraten von Personaldienstleistern, die auch Anbieter von Branchenlösungen sind, im Vergleich zum Bezugsmarkt der Generalisten unter den Zeitarbeitsunternehmen. Vor dem Hintergrund des wachsenden Qualitätsanspruchs an Personaldienstleistungen spricht vieles dafür, dass die branchenbezogenen Lösungen in der Zeitarbeit weiter an Bedeutung gewinnen.

Quellenverzeichnis

BUNDESAGENTUR FÜR ARBEIT (2007). Arbeitsmarkt in Zahlen – Arbeitnehmerüberlassung – Leiharbeitnehmer und Verleihbetriebe im 2, Halbjahr 2007.

Wolfgang Viertel

GABIS GmbH - ein erfolgreiches Beispiel für eine gemeinnützige Arbeitnehmerüberlassung

1 Vorbemerkungen

Die Chancen und Möglichkeiten, die die klassische Zeitarbeit bietet werden häufig diskutiert. Auch das Potenzial, das im Zeitarbeitsmarkt steckt, wenn man den deutschen Markt mit dem europäischen Markt vergleicht, ist immer wieder Gegenstand von Überlegungen. Die Optimisten der Branche rechnen mit einer Verdoppelung der Marktgröße – was ja durchaus sein kann – d.h. mit einer Umsatzverdoppelung innerhalb eines Jahrzehnts.

Das klingt verheißungsvoll und der Trend ist auch klar zu erkennen, wenn man in die Vergangenheit schaut. Die Entwicklung der Jahre 2003 bis Mitte 2008 in Deutschland war schon beeindruckend und zeigt zugleich, wie sehr der Zeitarbeitsmarkt von politischen Rahmenbedingungen abhängig ist - hier wirkten sich die Gesetzesänderungen im Arbeitnehmerüberlassungsgesetz aus.

Es wurde zuletzt aber auch immer deutlicher, dass das Rekrutierungsverhalten von Firmen sowie eventuelle Betriebsvereinbarungen zwischen Firmenleitungen und Betriebsräten einen großen Einfluss auf den Markt für Zeitarbeit haben. Hier ist ein klarer Trend erkennbar, wonach größere Firmen sich auf ein numerisches Maximum ihrer Stammbelegschaft festlegen, deren Beschäftigung für die Zukunft gesichert erscheint, und Konjunkturschwankungen nach oben über Zeitarbeit abgefedert werden sollen – ein sinnvolles, legitimes, betriebswirtschaftliches Vorgehen, um sowohl teure Sozialpläne zu vermeiden als auch die notwendige Flexibilität im Falle von Bedarfsschwankungen am Markt zu erhalten.

Ein Sonderfall, der sich in der Wirtschaft anscheinend wachsender Beliebtheit erfreut, soll nicht unerwähnt bleiben. Immer mehr Firmen gründen ihre eigenen Zeitarbeitsunternehmen, um mit vergleichsweise niedrigen Tarifen entweder ihre Wettbewerbs- oder Ergebnisposition oder sogar beides zu verbessern. Dies geschieht sehr zum Ärger der Gewerkschaften, denn bestehende Tarifverträge werden dadurch gezielt unterlaufen und ausgehebelt.

2 GABIS GmbH

Dem Leser soll in diesem Beitrag ein wenig verbreitetes Geschäftsmodell von Zeitarbeit vorgestellt werden, das nicht auf Wachstum und Betriebsergebnis, sondern aufgabenbezogen auf Vermittlung und Arbeitszufriedenheit ausgerichtet und trotzdem wettbewerbsfähig ist.

2.1 Rahmenbedingungen

Zur Erklärung des Geschäftsmodells sei ein kurzer Ausflug in die neunziger Jahre statthaft. Im Rahmen des Restrukturierungsprogramms „Dolores" eines großen deutschen Konzerns sollte eine Fertigungsstätte in Speyer geschlossen werden, weil diese Produktion nicht zu den Kernkompetenzen des Unternehmens gehörte. Die Belegschaft, die Stadtverwaltung und die Kirchen solidarisierten sich und wehrten sich gegen die geplante Schließung des Werkes. Der Protest war erfolgreich, die Fertigungsstätte wurde nicht geschlossen, sondern in eine Mitarbeitergesellschaft ausgegliedert. Fortan waren die Beschäftigten für ihre eigene Zukunft verantwortlich. Diese Firma ist mittlerweile erfolgreich am Markt etabliert – so ist das mit den „Kernkompetenzen" in Konzernen.

Fast zeitgleich musste in Speyer eine Fertigungsstätte eines großen deutschen DAX-Unternehmens einen schwierigen Strukturwandel von der Elektromechanik zur Elektronik vollziehen. Derartige Umstellungen sind nicht selten mit Personalabbau verbunden – trotzdem muss parallel dazu flexibel auf eine schwankende Kundennachfrage reagiert werden.

Diese beiden Beispiele sollen verdeutlichen, wie stark angespannt in den neunziger Jahren die Arbeitsmarktsituation in Speyer war. So kam es, dass sich engagierte Gewerkschafter gemeinsam mit kommunalen und kirchlichen Institutionen um die Entwicklungen am Arbeitsmarkt sorgten. Die Menschen waren sensibilisiert und der Leidensdruck, etwas gegen die Arbeitslosigkeit zu tun, war sehr stark ausgeprägt.

Zur gleichen Zeit wurden die AÜGRI-Richtlinien vom Bund erlassen: eine groß angelegte Feldstudie, die herausfinden sollte, ob die private Arbeitsvermittlung effektiver funktioniert als die staatliche.

2.2 Gründung der GABIS GmbH

Die oben genannten „Leidensumstände" führten letztlich zur Gründung der Gemeinnützigen Arbeitnehmerlassung der Beschäftigten Initiative Speyer, kurz GABIS genannt. 1995 nahm sie mit wirtschaftlicher Unterstützung der Agentur für Arbeit den Betrieb auf.

Bereits 1996 wurde ein Gesellschaftervertrag unterschrieben. Im gleichen Jahr wurde ein Mantel-Tarifvertrag mit der ÖTV abgeschlossen. Dieser Tarifvertrag ist der erste Tarifvertrag in der Zeitarbeitsbranche in Deutschland. In 2004 erfolgte eine Aktualisierung mit der IG-Metall-Bezirksleitung Frankfurt.

Einen Einkommenstarifvertrag gab es und gibt es bis heute nicht, da die GABIS in unterschiedlichen Firmen und Tarifgebieten aktiv ist, in denen der jeweils gültige Einkommens-Tarifvertrag Anwendung findet.

Die Gesellschafter sind bis heute:

- der VFBB e.V. (Verein zur Förderung der beruflichen Bildung)
- das CJD e.V. (Christliche Jugenddorf Deutschland)
- die Stadt Speyer
- der Rhein-Pfalz-Kreis
- die katholische Gesamtkirchengemeinde Speyer
- die protestantische Gesamtkirchengemeinde Speyer
- die KAB (katholische Arbeiterbewegung Speyer)
- der DGB (Vorder- und Südpfalz)

1997 wurde die GABIS GmbH in das Handelsregister eingetragen. Die wirtschaftliche Unterstützung durch die Agentur für Arbeit endete.

2.3 Geschäftsauftrag der GABIS GmbH

Der Gesellschaftervertrag vom 08.02.1996 besagt:

„Die Gesellschaft hat zur Aufgabe, Arbeitslose, Langzeitarbeitslose und Menschen in schwierigen sozialen Verhältnissen zu beschäftigen und deren Eingliederung in den allgemeinen Arbeitsmarkt zu fördern. Dies geschieht durch nicht gewerbsmäßige Verleihung von Arbeitnehmern aller Sparten und Bereiche sowie Qualifizierung dieses Personenkreises."

Im Weiteren heißt es:

„Die Gesellschaft ist selbstlos tätig und verfolgt keine eigenwirtschaftlichen Zwecke."

Die Gesellschaft ist seit dem Jahr 2000 steuerlich als gemeinnützig anerkannt.

2.4 Funktionsweise

Die GABIS GmbH akquiriert zunächst die Arbeitsplätze, schaut sich die zu leistenden Aufgaben sowie sonstige relevante Bedingungen an. Erst dann beginnt die Suche nach den passenden Bewerbern. So werden frühzeitig die Voraussetzungen für die angestrebte erfolgreiche Vermittlung der Arbeitskräfte geschaffen.

Die minimale Vertragsdauer beträgt dabei einen Monat, wünschenswert wären drei Monate. Kürzere Auftragszeiten werden nicht bearbeitet, da hierbei wohl eher nicht von einer Vermittlungsmöglichkeit ausgegangen werden kann. Durch diese Vorgehensweise werden bestimmte Marktsegmente der Zeitarbeit ausgeschlossen; andere Segmente (z.B. Hotels und Gaststätten) werden generell ausgeschlossen.

Der von der GABIS GmbH sorgfältig ausgesuchte Bewerber wird dem entleihenden Unternehmen vorgestellt. Bei dieser Gelegenheit kann er gleichzeitig „seinen" zukünftigen Arbeitsplatz besichtigen, um sich einen eigenen Eindruck zu bilden – und umgekehrt kann sich das Unternehmen einen Eindruck vom Bewerber verschaffen.

Dabei wird seitens der GABIS GmbH immer auf die Nähe des Wohnortes zum Arbeitsplatz geachtet, denn der relevante Arbeitsmarkt ist eindeutig lokal – schließlich werden keine Führungskräfte vermittelt, bei denen Mobilität von Haus aus unterstellt wird.

Wenn alle drei Parteien (Entleiher/Verleiher/Mitarbeiter) übereingekommen sind, es miteinander zu probieren, wird ein befristeter Arbeits- und Entleihvertrag nur für diesen Kunden geschlossen. Da die GABIS GmbH keinen Einkommenstarifvertrag abgeschlossen hat, gilt gleicher Stundenlohn für gleiche Arbeit, eine Bedingung, die in der Branche wohl ihresgleichen sucht und damit die Menschen und deren Arbeit „wertschätzt".

Fairer Umgang miteinander ist unser oberstes Gebot. Die GABIS GmbH geht mit ihren Mitarbeitern ehrlich um und verspricht nichts, was sie nicht halten kann.

Sollte ein Mitarbeiter zwischenzeitlich einen anderen Arbeitsvertrag bei einer anderen Firma gefunden haben oder sollte er vorzeitig vom Entleiher übernommen werden, so bestehen wir nicht auf eine Vertragserfüllung.

Durch die vergleichsweise attraktive Entlohnung wird die GABIS GmbH für Arbeitssuchende/-lose ein interessanter Arbeitgeber. Als Konsequenz ermöglicht die daraus resultierende gute Bewerberlage die Möglichkeit wirklich Personalauswahl zu betreiben.

Die Bewerber kommen entweder von der Agentur für Arbeit, über Mundpropaganda oder haben sich initiativ bei uns beworben. Sie gehören entsprechend des GABIS-Geschäftsauftrags überwiegend dem Kreis der Un-/Angelernten oder Facharbeiter an. Häufig beziehen diese Menschen Arbeitslosengeld oder Hartz IV, was jedoch in keinster Weise etwas über ihre fachliche Qualifikation aussagt. Oft genug haben sich Menschen bei der GABIS GmbH beworben, die langjährig treu einem Arbeitgeber gedient hatten und dann leider durch dessen Insolvenz arbeitslos wurden.

Zwei ganz wichtige Eckpfeiler für die erfolgreiche Funktionsweise der GABIS GmbH sind das Wohlwollen der Kunden, die das Geschäftskonzept mittragen, sowie das Team im Büro, das die tägliche Arbeit leistet. Langjährige, erfahrene Mitarbeiter, die über unterschiedliche berufliche Qualifikationen und Talente verfügen, sich zudem alle durch eine hohe Sozialkompetenz auszeichnen, stehen für die GABIS GmbH. Das Ziel des Geschäftsauftrages ist ihnen allen in „Fleisch und Blut" übergegangen – sie alle wissen, dass nur zufriedene Kunden wieder kommen.

Da die GABIS GmbH nicht auf Umsatz und Ergebnis ausgerichtet ist und die interne Organisation sehr schlank aufgebaut ist, gelingt es, auch die „Marktpreise" zu treffen. In vielen Fällen können diese sogar unterboten werden. 84 Prozent der Umsatzerlöse fließen den im Entleih beschäftigten Menschen direkt oder indirekt zu.

3 Erfahrungen

3.1 Erfolgsbilanz

Die durchschnittliche Verweilzeit der Mitarbeiter der GABIS GmbH betrug in den Jahren 2004 bis 2008 ein Jahr. Die im Vergleich zu anderen Unternehmen der Zeitarbeitsbranche sehr hohe Vermittlungsquote lag bei durchschnittlich 50 Prozent. 2.200 Menschen konnten vermittelt werden. Die Fluktuationsquote betrug ohne Berücksichtigung der vermittelten Personen ebenfalls 50 Prozent.

Selbst wenn die GABIS GmbH aus Erfahrung von Anbeginn weiß, dass nicht alle Mitarbeiter vermittelt werden können, so bleibt ihr doch der Trost, die anderen Arbeitskräfte zu fairen Bedingungen beschäftigt zu haben, und die Freude, wenn Arbeitslose oder Langzeitarbeitslose durch Arbeit und Einkommen wieder ihr Leben in den Griff bekommen, indem sie sich nützlich fühlen, für sich selbst sorgen können und nicht auf staatliche Unterstützung angewiesen sind.

3.2 Zeitarbeit - der Jobmotor?

Die Zeitarbeitsbranche hat sich selbst als Jobmotor bezeichnet. Die Entwicklung der Beschäftigtenzahlen in den letzten Jahren ist ja auch zweifelsohne bemerkenswert. Doch sollten wir uns nicht von dem „Erfolg" blenden lassen. Die Steigerung der Zeitarbeit ist ursächlich mit den normativen Vorgaben durch den Gesetzgeber und dem Verhalten von Firmen und Betriebsräten verknüpft. Mit Ausnahme der internen Beschäftigten (Personaldisponenten, Lohnabrechner usw.) schafft Zeitarbeit keine Arbeitsplätze. Die Arbeit entsteht in den entleihenden Betrieben und wird auch dort verrichtet. Die Zeitarbeit ist lediglich eine vertragstechnisch besondere Form der Arbeit.

Die Situation im Herbst 2008 lässt nicht erwarten, dass sich das Wachstum der Zeitarbeit wie in den Vorjahren fortsetzt. Im Gegenteil, die Branche darf sich auf einen heftigen Konjunkturabschwung wie 2001/2002 einrichten. Die Mitarbeiter von Zeitarbeitsunternehmen sind die ersten Menschen, die sich entweder einen anderen Arbeitsplatz suchen oder bei der Agentur für Arbeit arbeitslos melden müssen, selbst wenn die Bundesagentur für Arbeit die Regelungen zum Kurzarbeitergeld für Zeitarbeitsfirmen gelten lässt.

In diesen Phasen des wirtschaftlichen Abschwungs zeigen sich die Grenzen der Zeitarbeit und bestätigt sich zugleich der Begriff, über den gesprochen wird: Zeitarbeit ist und bleibt „Arbeit auf Zeit".

Auch wenn die Grenzen der Zeitarbeit jetzt deutlich werden und diese Beschäftigungsform deshalb kontrovers diskutiert wird, so dürfen deren Vorteile nicht in Vergessenheit geraten: Zeitarbeit erhöht die Beschäftigungsfähigkeit von zuvor Arbeitslosen, insbesondere Langzeitarbeitslosen, und bietet den Betroffenen die Möglichkeit, sich beim Kunden zu profilieren. Zwei Drittel der von der GABIS GmbH vermittelten Mitarbeiter hätten vermutlich keine Chance gehabt, über reguläre Bewerbungsprozesse von den Personalabteilungen unserer Kunden überhaupt berücksichtigt zu werden.

3.3 Qualifizierung

Im Geschäftsauftrag der GABIS GmbH steht auch die Qualifizierung der Beschäftigten. Unsere Erfahrungen zeigen, dass aufgrund mangelnder Rücklagen in der GmbH die gleichzeitige Qualifizierung und Entlohnung der Mitarbeiter nicht zu leisten ist, wenn man nicht gerade wirtschaftlichen „Selbstmord" begehen möchte.

Durch sparsamen Umgang mit finanziellen Mitteln ist es der GABIS GmbH jedoch im Laufe der Zeit gelungen Rücklagen zu bilden, mit denen jetzt gezielt Qualifizierungsmaßnahmen finanziert werden können. Dabei geht es darum in Krisenzeiten für den nächsten Konjunkturzyklus vorzusorgen, denn im Sommer 2008 war der Arbeitsmarkt leergefegt; qualifiziertes Personal war nicht mehr zu finden.

Die demografische Entwicklung ist ja hinlänglich bekannt. Daher kümmern wir uns im Rahmen unserer Möglichkeiten insbesondere um junge Menschen, auf die es in Zukunft besonders ankommt, da die Zahl der älteren Personen, die in den verdienten Ruhestand wechseln, auf absehbare Zeit höher sein wird als die Zahl der Jungen, die neu auf den Arbeitsmarkt kommen.

Hier einige Beispiele für Qualifizierungsmaßnahmen, die die GABIS GmbH realisiert hat:

- Gemeinsam mit ihren Kunden hat sie für Teilnehmer, die alle dem Hartz IV-Kreis entstammten, spezifische Weiterbildungsmaßnahmen durchgeführt. Als z.B. Spritzlackierer fanden diese danach durchweg eine Beschäftigung.
- Die GABIS GmbH finanziert die Ausbildung von sechs jungen Menschen, die sich am Arbeitsplatz bereits bewährt haben, aber über keine abgeschlossene Ausbildung verfügten. Dies stellt für das überschaubare Unternehmen eine beachtliche finanzielle Kraftanstrengung dar, da die Ausbildungsvergütung und die Ausbildungskosten über zwei Jahre zu schultern sind (Kosten pro Teilnehmer und Jahr: 25.000 Euro). Der Ausbildungsvertrag ist nicht mit Klauseln versehen, die die Betroffenen nach erfolgter Ausbildung an die GABIS GmbH binden.
- Zusammen mit dem Hauptgesellschafter VFBB e.V. führt die GABIS GmbH eine Qualifizierung für Schüler durch, die zwar das Berufsfördernde Schuljahr 1 (BF I) bestanden haben, aber nicht gut genug für das BF II waren und keine Lehrstelle fanden. Erste Erfolge machen Mut, denn in der Nachvermittlungsphase konnten schon sechs Schüler einen Ausbildungsplatz finden. Insgesamt 60 Schüler werden so qualifiziert. Die Kosten von etwa einer Million Euro im Jahr sind gut angelegtes Geld, denn gerade den jüngeren Menschen können so Wege aufgezeichnet werden, aktiv ihr Leben zu gestalten.
- Die GABIS GmbH finanziert zu zwei Dritteln ein Projekt, dass bundesweit ausgezeichnet wurde, über drei Jahre läuft und sich mit jungen Müttern beschäftigt, die nicht über eine Ausbildung verfügen. Sie alle können einen Abschluss als Hauswirtschafterin erwerben. Das gesamte Konzept ist darauf ausgelegt, in etwa drei Jahren ein haushaltsnahes Dienstleistungszentrum aufgebaut zu haben, welches sich wirtschaftlich trägt.

Andere Qualifizierungsvorhaben befinden sich bei der GABIS GmbH in Planung. Alle Maßnahmen dienen dem Zweck, die Schwachen zu stärken, die Chancen der Betroffenen am Arbeitsmarkt zu verbessern, Mut zu geben, Selbstinitiative zu ergreifen. „Wir können helfen zu laufen, gehen muss jeder allein". Getreu dieser Devise wenden sich die Aktivitäten an Menschen, die „wollen". Menschen, „die getragen werden wollen", sind nicht die Adressaten.

All dieses betreibt die GABIS GmbH zu einem Zeitpunkt, an dem gravierende Einbrüche im Bereich der Zeitarbeit zu verzeichnen sind - Einbrüche, die das Ergebnis des Unternehmens zusammenbrechen und die Rücklagen abschmelzen lassen. Vor diesem Hintergrund kann die Tatsache nicht genügend hervorgehoben werden, dass die Gesellschafter nicht auf „eine angemessene Eigenkapitalrendite" aus sind, sondern voll hinter dem Gesellschaftszweck stehen.

4 Image der Zeitarbeit als zentrale Herausforderung

Zeitarbeit ist vielleicht eine sinnvolle, notwendige Form der Arbeit, um den schwankenden Personalbedarf von Unternehmen auszugleichen und für Beschäftigungsfähigkeit zu sorgen. Ungefähr 2 Prozent aller Beschäftigten in Deutschland arbeiten auf Basis von Zeitarbeit – bezogen auf die Gesamtzahl der Beschäftigten eine nicht besonders große Zahl. Im Vergleich zu den letzten 10 Jahren hat sich Zeitarbeit allerdings in Deutschland mehr als verdoppelt, von ca. 350.000 auf zwischenzeitlich gut 750.000 Menschen – die absolute Zahl ist etwas griffiger, da sich hinter jeder Zahl ein Schicksal verbirgt.

Woraus besteht eigentlich das Produkt, die Dienstleistung, die wir in der Zeitarbeit unseren Kunden anbieten? Wir beschaffen eine gesuchte Fähigkeit zu einem bestimmten Zeitpunkt für einen gewissen Zeitraum. Das Produkt ist keine Schraube oder sonstiges Normteil, kein Hammer, Pneumatik oder Werkzeugmaschine, vielleicht auch kein Kapital, das beliebig weltweit expediert werden kann.

Es geht um Menschen, die in Deutschland zu den hier geltenden Bedingungen (Lebenshaltungskosten, Steuern, Abgaben u. ä.) leben und über bestimmte Fähigkeiten verfügen. Unsere Dienstleistung besteht in der Beschaffung von Personal und in der Organisation von Arbeit. Dafür werden wir bezahlt; für eine Dienstleistung, die die Unternehmen selbst wahrnehmen könnten, es aber aus den bereits genannten Gründen nicht tun.

Das Geschäftsmodell von professionellen Zeitarbeitsfirmen beruht also auf der Tatsache, etwas zu leisten, was der Kunde selbst könnte, aber nur nicht will, weil er versucht Personalkosten zu flexibilisieren. Ein betriebswirtschaftlich verständliches Ansinnen. Wenn jedoch Flexibilität ausschlaggebend ist und Beschäftigungsrisiken abgewälzt werden, dann kann man nicht noch als zusätzlichen Vorteil geringere Kosten zu Lasten der Betroffenen erwarten. Das ist unangemessen und maßlos.

Selbst wenn in der Zeitarbeit bereits viele Dinge über Tarifverträge geregelt wurden, so ist doch das Image der Branche vor allem im Bereich der Un-/Angelernten und Facharbeiter verbesserungsbedürftig. Auch wenn die Verbände dieser Branche nicht müde werden auf Tarifverträge und unbefristete Arbeitsverträge hinzuweisen, so belegt eine Statistik der Agentur für Arbeit (Zeitarbeit), dass 11 Prozent der Zeitarbeitnehmer gerade einmal maximal sieben Tage und weitere 53 Prozent unter drei Monaten beschäftigt sind. Die ungewöhnlich hohe Fluktuation von ca. 150 Prozent stimmt nachdenklich, deutet nicht unbedingt auf große Mitarbeiterzufriedenheit hin und relativiert die Bedeutung des unbefristeten Arbeitsvertrages, zumal die Probezeit sechs Monate beträgt.

5 Nachdenklicher Ausblick

Die schon länger anhaltende Finanzkrise hat offenbart, dass die Selbstheilungskräfte des Marktes doch nicht so gut wie gewünscht funktionieren und es daher staatlicher Regelwerke bedarf, um Sicherheit für die Bürger zu schaffen und sie zu schützen. Die deutsche Bundeskanzlerin betonte unlängst, dass der Staat der einzige Garant dieser Ordnung sei. Dem ist zuzustimmen.

Zur Ordnung gehören auch klare Wettbewerbsregeln. Solche Regeln gehören auch in den Bereich der Zeitarbeit. Was wir aber dort nach kurzer Zeit vorfinden, ist Vielfalt aller Orten, „Tarif-Wirrwarr". Es gibt den AMP und die christlichen Gewerkschaften, es gibt den BZA und die iGZ, die mit dem DGB und dem DGB zugehörigen Gewerkschaften Tarifverträge abgeschlossen haben, und wahrscheinlich noch hunderte anderer Tarifverträge – einen davon hat die GABIS GmbH vereinbart.

Gesetzliche Mindestlöhne in der Zeitarbeit zeichnen sich ab, was zu befürworten ist. Diese würden sowieso spätestens kommen, wenn erst einmal die Liberalisierung im europäischen Arbeitsmarkt voll greift. Daran wird auch die ablehnende Aussage „Ich spanne doch nicht heute schon den Schirm auf, wenn es erst in drei Tagen regnet" nichts ändern, die von Arbeitgebervertretern gestreut wurde. Gegenüber den Betroffenen, die heute schon im Regen stehen, klingt das reichlich zynisch. Auch hier ist der Staat gefordert, klare Regelungen zu schaffen - und nicht erst in drei Tagen.

Die Entlohnung in der Zeitarbeit variiert erheblich und wenn das Einkommen das Existenzminimum nicht sichert, bietet der Staat ergänzende Leistungen an, um auf das Niveau von Hartz IV-Empfängern zu gelangen. Hier muss sich der Widerspruch des Steuerzahlers und Menschen regen. Es ist einfach unsittlich, Menschen zu derartigen Konditionen zu beschäftigen oder einfach in die Staatsschatulle zu greifen, wenn das Einkommen nicht ausreicht. Das sind verdeckte Subventionen, an wen eigentlich? Und wo bleibt denn hier das Lohnabstandsgebot? Arbeit soll sich doch lohnen!

Dabei ist alles geregelt im deutschen Arbeitnehmerüberlassungsgesetz. Es gilt dort equal treatment, allerdings versehen mit einem „Weichmacher“: „es sei denn, es gilt ein anderer Tarifvertrag.“

Der Gesetzgeber möge doch einfach nur die Kraft aufbringen, diesen Nebensatz mit derartig gewaltigen Auswirkungen aus dem Gesetz zu streichen. Der Staat ist die ordnende Kraft! Dann braucht er auch nicht mehr an der europäischen Dienstleistungsrichtlinie „herumbasteln“, er braucht sie nur zu übernehmen. Das spart Zeit und Ressourcen.

Das Image der Branche würde sich dadurch verbessern, die Agentur für Arbeit bräuchte nicht mehr die „schwarzen Schafe“ ausfindig machen, die viel zum Misskredit derselben beitragen und Zeitarbeit würde zunehmend als temporäre Beschäftigung, als völlig normal und nicht mehr so kritisch betrachtet werden. Dann würden wir vielleicht auch das von der Branche angestrebte westeuropäische Niveau von 4 Prozent aller Beschäftigten erreichen.

Auf den Punkt gebracht: Nach Überzeugung des Verfassers gibt es keinen moralischen Rechtfertigungsgrund, warum Menschen, die in einem Betrieb das Gleiche leisten, unterschiedlich entlohnt werden, seien es nun Zeitarbeiter oder Stammpersonal.

Letztendlich können die Zeitarbeitsfirmen durch gleiche Wettbewerbsbedingungen am Markt wirklichen Wettbewerb betreiben, dies aber nicht zu Lasten der Beschäftigten. Die Wettbewerbsfähigkeit der deutschen Wirtschaft würde nicht beeinträchtigt werden, da wir nur über 2 Prozent der Beschäftigten reden. Aber vielen Menschen wäre damit geholfen.

Stefan Sudmann

Internationale Zeitarbeit - grenzüberschreitende Arbeitnehmerüberlassung

1 Einführung: Chancen der Internationalisierung der Zeitarbeit

Die Internationalisierung der Zeitarbeit bietet für die deutsche Zeitarbeitsbranche nicht zu unterschätzende Möglichkeiten. Gerade in Zeiten, in denen viele deutsche Unternehmen dem Ausland enttäuscht den Rücken kehren und Produktionsstätten aus dem Ausland, z.B. aus China, zurück nach Deutschland verlegen, gewinnen grenzüberschreitende Dienstleistungen, insbesondere die grenzüberschreitende Arbeitnehmerüberlassung weiter an Bedeutung. Die Erschließung neuer Märkte kann auch ohne Gründung einer ausländischen Niederlassung von Deutschland aus geschehen.

Zeitarbeit hat dabei nicht nur eine untergeordnete Unterstützerfunktion. Viele Aufträge können heute ohne die Inanspruchnahme professioneller Personaldienstleister nicht mehr abgewickelt werden. Hier stehen die Kernkompetenz des Kundenbetriebes und die des Personaldienstleisters gleichberechtigt nebeneinander.

Eine internationalere Aufstellung kann sich für deutsche Zeitarbeitsunternehmen auch deswegen lohnen, weil Zeitarbeit in vielen Ländern, wie z.B. in Frankreich, den Niederlanden oder im angelsächsischen Raum, immer noch eine größere Akzeptanz erfährt als auf dem Heimatmarkt.

2 Mögliche Auswirkungen der Zeitarbeitsrichtlinie auf die deutsche Zeitarbeit

Die Internationalisierung der deutschen Zeitarbeitsbranche geht Hand in Hand mit der innerhalb der Europäischen Union (EU) voranschreitenden Vereinheitlichung des rechtlichen Rahmens. Das deutsche Recht der Arbeitnehmerüberlassung mit seinem Unternehmermodell und der Abweichungsmöglichkeit vom Equal-Treatment-Grundsatz durch einen Branchentarifvertrag Zeitarbeit hat sich als international konkurrenzfähig erwiesen. Gleichsam den Ritterschlag erhielt das deutsche Zeitarbeitsmodell durch die Verabschiedung der EU-Zeitarbeitsrichtlinie im Oktober 2008. Das Arbeitnehmerüberlassungsgesetz (AÜG) hatte die Richtlinie schon im Jahre 2003 praktisch vorweggenommen.

Ein ausdrücklich genanntes Ziel der Richtlinie ist die Anerkennung der Zeitarbeitsunternehmen als Arbeitgeber (Art. 2). Dies entspricht dem deutschen Unternehmermodell. Hingegen ist bei dem in der EU ebenfalls verbreiteten Agenturprinzip (z.B. Frankreich, Niederlande, Polen) der Kundenbetrieb Arbeitgeber.

Die Richtlinie sieht weiter grundsätzlich den Equal-Treatment-Grundsatz vor, erlaubt jedoch, wie das AÜG, die Abweichung durch Tarifverträge. Die Bundesregierung sieht nach der Einführung der Zeitarbeitrichtlinie daher zu Recht nur geringen Handlungsbedarf in Bezug auf deren Umsetzung in das deutsche Recht.

Der deutsche Gesetzgeber hat also in punkto Zeitarbeitsrichtlinie schon längst seine Hausaufgaben gemacht. Und nicht nur das: Die deutsche Zeitarbeitsbranche konnte schon über fünf Jahre Erfahrungen mit diesem Zeitarbeitsmodell sammeln. Und man kann sagen: Das System hat sich eingespielt. Arbeitsvertragsparteien und Sozialpartner leben die seit 2003 geltenden Regeln ohne größere Komplikationen. Die Zeitarbeit verzeichnete in diesem Zeitraum rasante Zuwächse.

Viele andere europäische Staaten müssen die neue Zeitarbeitsrichtlinie jetzt zunächst umsetzen und sind gleichzeitig mit ihrem derzeitigen Modell noch einigermaßen weit entfernt von den neuen Vorgaben (z.B. Großbritannien). Die Zeitarbeit in Deutschland kann sich unbeeindruckt hiervon weiterentwickeln. Sie hat hier einen Zeit- und Rechtsanpassungsvorsprung.

Die Zeitarbeitsrichtlinie kann die Branche auch in anderer Hinsicht verändern: Beschränkungen der Arbeitnehmerüberlassung werden nämlich durch die Richtlinie erneut auf den Prüfstand gestellt. Denn Verbote oder Einschränkungen des Einsatzes von Leiharbeitnehmern sind nur aus Gründen des Allgemeininteresses gerechtfertigt. Hierzu zählen vor allem der Schutz der Leiharbeitnehmer, die Erfordernisse von Gesundheitsschutz und Sicherheit am Arbeitsplatz oder die Notwendigkeit, das reibungslose Funktionieren des Arbeitsmarktes zu gewährleisten und eventuellen Missbrauch zu verhüten (Art. 4 Absatz 1 der Richtlinie). Lassen sich Verbote wie dasjenige der Überlassung ins Baugewerbe (§ 1b AÜG), dasjenige der Überlassung im Bereich des Werkverkehrs (§ 1 Absatz 3 Güterkraftverkehrsgesetz) oder das Verbot des sogenannten Kettenverleihs unter Zugrundelegung eines solchen Maßstabs noch rechtfertigen? Stellen diese Verbote einen zulässigen Eingriff in die Dienstleistungsfreiheit dar?

Dies erscheint zweifelhaft, wenn man die Regelungen in den anderen EU-Ländern vergleichsweise heranzieht: Ein Verbot der Überlassung ins Bauhauptgewerbe wie in Deutschland existiert in der Form in keinem anderen europäischen Land. Es gibt sicherlich genauso Ziel führende, jedoch mildere Mittel, um einen gewissen Mindestschutz der Arbeitnehmer sicherzustellen, als dasjenige, eine ganze Branche vollständig für die Dienstleistung Arbeitnehmerüberlassung zu sperren. Beispielhaft sei hier die österreichische Lösung genannt: Zeitarbeitsunternehmen dürfen dort sehr wohl im Bauhauptgewerbe tätig werden, müssen jedoch dann wie die Baubetriebe an dem Sozialkassenverfahren der BUAK (ähnlich der Soka Bau in Deutschland) teilnehmen. Die IG BAU sperrt sich leider bisher einer solchen Lösung für Deutschland, die wegen der Öffnungsklausel in § 1b a) des Arbeitnehmerüberlassungsgesetzes auf tariflicher Ebene schon längst hätte verwirklicht werden können.

Auch das Überlassungsverbot im Werkverkehr erscheint unverhältnismäßig. Hier böte sich eine versicherungsrechtliche Lösung an, die sowohl die Interessen der Kunden als auch diejenigen der Personalgesteller berücksichtigt.

Nicht haltbar ist das im Wege der Auslegung des Arbeitnehmerüberlassungsgesetzes gefundene pauschale Verbot des sogenannten Kettenverleihs. Ein solcher soll vorliegen, wenn vor der endgültigen Überlassung an den Endkunden ein weiterer Verleiher zwischengeschaltet wird. Insbesondere die Bundesagentur für Arbeit pocht auf das Verbot dieser Konstellation. Wenn alle Beteiligten einschließlich des Zwischenverleihers die arbeitsrechtlichen Pflichten einhalten, gibt es aber keinen zwingenden Grund für ein solches Verbot.

Ein Zwischenverleih könnte helfen, Arbeitsplätze zu erhalten, wenn sich Zeitarbeitsunternehmen mit Mitarbeitern gegenseitig aushelfen. Durch Zwischenverleih könnte das aufwendige Prozedere der Lösung des Arbeitsvertrages, Abschluss eines neuen Arbeitsvertrages, sozialversicherungsrechtliche Abmeldung durch das Zeitarbeitsunternehmen A, Anmeldung bei der Sozialversicherung durch das Zeitarbeitsunternehmen B etc. vermieden werden.

Ein Zwischenverleih könnte auch aus anderen Gründen sinnvoll sein. Dies ist z.B. der Fall, wenn die Erteilung eines Auftrags an den Besitz eines bestimmten Zertifikats geknüpft ist, innerhalb einer zu beauftragenden Unternehmensgruppe jedoch der Arbeitgeber des benötigten Mitarbeiters ein anderes Tochterunternehmen ist als das Tochterunternehmen, welches über das erforderliche Zertifikat verfügt. Aus diesem Grunde ist es z.B. in den Niederlanden nicht ungewöhnlich, dass Tochterunternehmen Mitarbeiter an die mit der benötigten Zertifizierung ausgestattete Mutter überlassen, damit diese letztlich den Mitarbeiter an den Endkunden stellen kann.

Die Mitgliedstaaten müssen bis zu einem Zeitpunkt von drei Jahren nach Inkrafttreten der Zeitarbeitsrichtlinie gemäß deren Artikel 4 Absatz 2 nach Anhörung der Sozialpartner überprüfen, ob die Einschränkungen oder Verbote des Einsatzes von Leiharbeit aus den in Artikel 4 Absatz 1 genannten Gründen (Arbeitnehmerschutz) gerechtfertigt sind. Die Mitgliedstaaten haben des Weiteren die Kommission über die Ergebnisse der Überprüfung zu informieren.

Die europäischen und nationalen Branchenverbände der Zeitarbeit sollten den Art. 4 der neuen Richtlinie daher auch als Sperrspitze gegen Zeitarbeitsbeschränkungen sehen. Am Ende der Überprüfung könnte als Ergebnis stehen, dass die deutschen Überlassungsverbote und die weitreichenden Restriktionen des Zeitarbeitssektors von der EU-Kommission als ungerechtfertigt erachtet werden und der Druck zu deren Abschaffung erheblich steigt.

3 Zulassungsbeschränkungen in anderen EU-Staaten

Nicht nur in Deutschland gibt es Beschränkungen, auch die Rechtssysteme anderer europäischer Staaten warten immer noch mit enormen Auflagen im Zeitarbeitssektor auf.

Beispiel Belgien: Nach belgischer Lesart ist nicht nur bei der grenzüberschreitenden Arbeitnehmerüberlassung, sondern auch beim vorgelagerten Verleih (auch Huckepackverfahren genannt: inländischer Kunde setzt die entliehenen Arbeitnehmer im Ausland ein) die belgische Überlassungserlaubnis durch das ausländische Zeitarbeitsunternehmen zu erfüllen. Dies ist in Europa – soweit ersichtlich – einzigartig. Denn einer Arbeitnehmerüberlassungserlaubnis (soweit nach dem nationalen Recht gefordert) bedarf es im übrigen Europa nur im Falle der grenzüberschreitenden (Direkt) Überlassung und natürlich im Falle einer Niederlassungsgründung.

Nur dies entspricht auch dem Territorialitätsprinzip, wonach das Gewerberecht, namentlich das Erlaubnisrecht, lediglich in den Grenzen der staatlichen Hoheitsgewalt ausgeübt werden kann. Im Falle des Huckepackverfahrens wird der grenzüberschreitende Bezug nur durch die Arbeitsleistung des Arbeitnehmers hergestellt, was nicht ausreicht (so auch Thüsing, 2008). Denn die Überlassungserlaubnis ist nicht an den Arbeitnehmer geknüpft, sondern an das Zeitarbeitsunternehmen. Der Überlassungsvertrag wird im Inland durch die Personalgestellung an den inländischen Kunden erfüllt, jener überschreitet bildlich gesprochen also nicht die Grenze. Grenzüberschreitend wird vielmehr z.B. ein Werkvertrag oder Dienstleistungsvertrag abgeschlossen, den der Entleiher gegenüber dem Endkunden mit seinen eigenen und den entliehenen Mitarbeitern seinerseits erfüllt.

Was Belgien betrifft, ist dies aber leider noch nicht alles in punkto Beschränkungen der Zeitarbeit. Es gibt nämlich überdies keine das ganze Land abdeckende Erlaubnis, sondern sie wird auf die Einsatzregion bezogen erteilt: Eine wallonische Erlaubnis ist also nicht auf Flandern übertragbar; die Erlaubnis für Brüssel-Stadt findet keine Verwendung für die Deutschsprachige Gemeinschaft in Belgien.

Beispiel Italien: Für die Ausübung der Arbeitnehmerüberlassung in Italien verlangen die italienischen Rechtsvorschriften den Nachweis eines Stammkapitals in Höhe von 600.000 Euro! Berechnet auf die Zeit von zwei Arbeitsjahren ist eine Kaution für Sozialabgaben und Arbeitsvergütung in Höhe von 350.000 Euro zu hinterlegen. Diese Anforderungen sind für mittelständische Unternehmen praktisch nicht erfüllbar.

Leider enthält die neue EU-Zeitarbeitsrichtlinie keine Vorschrift, um gegen solche Restriktionen der Zeitarbeit vorzugehen. Denn Art. 4 Absatz 4 der Richtlinie nimmt Einschränkungen der Nationalstaaten hinsichtlich der Eintragung, Zulassung, Zertifizierung, finanziellen Garantie und Überwachung der Zeitarbeitsunternehmen ausdrücklich aus der Überprüfung gemäß Art. 4 Absatz 1 aus. Das heißt also, dass die Richtlinie selbst keine rechtliche Handhabe bietet zu überprüfen, ob nationale Anforderungen an eine Arbeitnehmerüberlassungserlaubnis aus Gründen des Allgemeininteresses gerechtfertigt sind.

Dass heißt jedoch nicht, dass es diesbezüglich überhaupt keine rechtliche Handhabe gäbe. Immerhin scheint ein Verstoß gegen das Prinzip der Dienstleistungsfreiheit durch Zeitarbeit stark diskriminierende Anforderungen wie in Belgien oder Italien denkbar. Die Organisationen der Zeitarbeit sollten nicht müde werden, auf die Abschaffung solcher diskriminierenden Anforderungen hinzuwirken.

4 Einsatz ausländischer Arbeitnehmer im Rahmen von Zeitarbeit

Die Erwerbsmöglichkeiten für Arbeitnehmer mit einer EU-Angehörigkeit sind (innerhalb der EU) nur theoretisch grenzenlos. Erstens herrscht je nach Segment und Branche eine ganz unterschiedliche Nachfrage nach Arbeitskräften. Zweitens sind die europäischen Märkte derart stark verwoben, dass die gesuchten (Fach-)Arbeitskräfte zeitlich überall nachgefragt werden, so dass um jene ein starker Wettbewerb besteht, bisweilen sogar tobt. Drittens ist mit der Schaffung der Arbeitnehmerfreizügigkeit nur eine von mehreren Hürden gefallen, die einer Verlegung des Arbeitsortes ins Ausland im Wege stehen. Hürden sind weiterhin das Steuer- und Sozialversicherungsrecht, welches immer noch nicht in ausreichendem Maße harmonisiert wurde. Auch Sprache und Mentalitätsunterschiede setzen faktisch oft Grenzen. Letztlich spielt natürlich die örtliche, familiäre und soziale Verankerung des Arbeitnehmers eine entscheidende Rolle bei der Frage, ob der Arbeitnehmer in einen Auslandseinsatz einwilligt oder gar seinen Arbeitsplatz vollständig ins Ausland verlagert. Die grenzüberschreitende Überlassung des Mitarbeiters bereitet oftmals den Weg hierzu und sie kann sogar eine langfristige Lösung sein!

Auf lange Sicht, auch in Zeiten höherer Arbeitslosigkeit, wird der Fachkräftemangel ein Phänomen sein, welches die deutsche und europäische Wirtschaft begleiten wird. Es gilt also, den kleinen Kreis einer hoch flexiblen Arbeitnehmerschaft, der schon jetzt bereit ist, auch für längere Einsätze ins Ausland zu gehen, durch geeignete Maßnahmen zu erweitern. Neben der Zahlung von Auslandsspesen ist hier beispielhaft an folgende Maßnahmen zu denken:

- schnellere Beförderung oder Höhergruppierung bei Absolvierung von Auslandseinsätzen,

- kostenlose bzw. kostengünstige Bereitstellung von Unterkünften bzw. Hilfe bei der Suche einer Unterkunft im Tätigkeitsstaat,
- nicht nur auf das Mindestmaß begrenzter Krankenversicherungsschutz,
- Angebot und Finanzierung von Sprachkursen,
- Unterstützung bei der Suche nach Kinderbetreuungseinrichtungen im Falle eines vorübergehenden Wohnortwechsels,
- genaue Regelung der Rückkehrbedingungen (auf welchen Arbeitsplatz mit welcher Tätigkeit kehrt der Mitarbeiter zurück).

Eine Arbeitsmarkthürde ist zumindest teilweise entfallen: die Pflicht zur Einholung einer Arbeitserlaubnis. Zumindest gilt dies uneingeschränkt für Arbeitnehmer aus den alten EU-Staaten. Für Arbeitnehmer aus den neuen EU-Beitrittsstaaten gelten in einigen Ländern weiterhin Beschränkungen hinsichtlich des Arbeitsmarktzugangs, auf die später näher eingegangen wird. Ein deutsches Unternehmen darf beispielsweise einen polnischen Arbeitnehmer im ersten Jahr der Beschäftigung in Deutschland nicht im Rahmen von Arbeitnehmerüberlassung einsetzen, jedoch durchaus in den Niederlanden oder in Frankreich.

Im Folgenden sollen die beim Einsatz ausländischer Arbeitnehmer zu berücksichtigen Aspekte dargestellt werden.

4.1 Grenzüberschreitende Arbeitnehmerüberlassung

Bei der grenzüberschreitenden Arbeitnehmerüberlassung hat das Verleihunternehmen seinen Sitz oder seine Niederlassung in einem anderen Staat als der Entleiher. Dadurch sind die Rechtsordnungen des Entsende- und die des Einsatzstaates berührt. Folgende rechtliche Aspekte können betroffen sein: Gewerberecht (Erlaubnispflicht, Kaution), Mindestarbeitsbedingungen (Mindestlohn, Equal Pay) und Arbeitnehmerüberlassungsrecht (Einsatzhöchstdauer, Einsatzgründe), Sozialversicherungsrecht, Lohnsteuerrecht und Arbeitserlaubnisrecht.

Die mitgliedstaatlichen Vorschriften zur Arbeitnehmerüberlassung können zwei Systemen mit sehr unterschiedlicher Regelungsintensität zugeordnet werden. In Dänemark, Finnland, Großbritannien, Irland, Schweden, Litauen, Lettland und Estland ist die Arbeitnehmerüberlassung nicht oder nur sehr eingeschränkt spezialgesetzlich reglementiert. Dagegen haben Mitgliedstaaten wie Belgien, Luxemburg, Frankreich, Italien, die Niederlande, Österreich, Portugal, Spanien, Deutschland, Griechenland, Polen, Tschechien und Ungarn teils weitgehende spezielle Regelungen erlassen. Teilweise ist wie in Deutschland eine Überlassungserlaubnis oder auch eine Registrierung erforderlich, teilweise ist Zeitarbeit nur in bestimmten Fällen möglich, z.B. nur bei erhöhtem Arbeitsanfall. Vielfach werden formelle (Schriftform) und inhaltliche (Transparenzgebot) Anforderungen an Arbeitnehmerüberlassungsvertrag und Leiharbeitsvertrag gestellt.

Diese grobe Einteilung der Mitgliedstaaten nach der Regelungsintensität in Bezug auf das Arbeitnehmerüberlassungsrecht darf nicht darüber hinweg täuschen, dass sich wegen anderer (rechtlicher) Aspekte die Überlassung in einen vordergründig wenig reglementierten Staat unter Umständen als schwer durchführbar und dass umgekehrt die Überlassung in einen reglementierten Staat sich tatsächlich als unkompliziert erweisen kann. In den Niederlanden gibt es beispielsweise keine Erlaubnispflicht, jedoch bestehen im Bereich der Arbeitnehmerüberlassung besondere lohnsteuerrechtliche Voraussetzungen. In Belgien dagegen gilt lohnsteuerrechtlich die 183-Tage-Regelung, so dass dieser Aspekt keine besonderen Probleme aufwirft. Die erlaubnisrechtlichen Vorschriften sind dafür, wie weiter oben schon dargestellt, sehr rigide.

4.2 Anforderungen an die Zulassung von Zeitarbeitsunternehmen in der Europäischen Union

Die einzelnen Staaten unterwerfen die gewerbsmäßige Arbeitnehmerüberlassung unterschiedlichen gewerberechtlichen Zulässigkeitsvoraussetzungen. Der Geltungsbereich dieser Vorschriften bestimmt sich nach dem Territorialitätsprinzip, weil das Gewerberecht ein Bestandteil des öffentlichen Rechts und damit ein Ausfluss der Hoheitsgewalt des Staates ist. Demzufolge sind die gewerberechtlichen Vorschriften eines Staates immer dann anwendbar, wenn die Arbeitnehmerüberlassung einen Bezug zu seinem Staatsgebiet aufweist.

Das Gebot der Gleichstellung von EU-Ausländern einschließlich juristischer Personen mit Inländern verpflichtet die Mitgliedstaaten allerdings dazu, bezüglich der Erlaubniserteilung nicht nach der Staatsangehörigkeit oder dem Niederlassungsort des Verleihers zu unterscheiden. Zudem müssen die Nachweise und Sicherheiten berücksichtigt werden, die der Verleiher bereits in seinem Mitgliedstaat für die Ausübung seiner Tätigkeit erbracht hat (EuGH v. 17.12.1981, AP Nr. 9 zu Art. 177 EWG-Vertrag).

Ein gewerberechtlicher Bezug zum Einsatzstaat ist gegeben, wenn ein in Deutschland ansässiger Verleiher Arbeitnehmer an einen im Einsatzstaat ansässigen Entleiher überlässt (Direktüberlassung). Die Vertragspartner befinden sich in unterschiedlichen Staaten; der Arbeitnehmerüberlassungsvertrag „überschreitet" sozusagen die Grenze. Da der deutsche Verleiher somit auf dem Territorium des Einsatzstaates tätig wird, kann dieser auch die Erfüllung der gewerberechtlichen Voraussetzungen verlangen.

Ein Inlandsbezug liegt demgegenüber nicht vor, wenn ein in Deutschland ansässiger Verleiher Arbeitnehmer an einen ebenfalls in Deutschland ansässigen Entleiher überlässt und letzterer die Leiharbeitnehmer mit ins Ausland nimmt, um dort ein Vertragsverhältnis mit einem Dritten zu erfüllen (Huckepackverfahren). Zwischen Verleiher und Einsatzstaat besteht kein gewerberechtlicher Bezug: Die Gestellung des Personals erfolgt auf deutschem Territorium. Beim Huckepackverfahren ist daher eine etwaige Überlassungserlaubnis des Einsatzstaates nicht erforderlich (außer in Belgien).

4.3 Arbeitsrecht/ Mindestarbeitsbedingungen

Im Falle der grenzüberschreitenden Entsendung von Arbeitnehmern innerhalb der EU, ohne dass die Gründung einer Niederlassung im ausländischen Staat ins Auge gefasst wird, stellt sich die Frage, welches Recht Beachtung finden muss – das des Wohnsitzstaates oder das des Einsatzstaates.

Nach den Grundsätzen des internationalen Privatrechts können die Arbeitsvertragsparteien eine Wahl treffen, welches Recht zur Anwendung gelangen soll. Bei einer (vorübergehenden) Entsendung eines Mitarbeiters von Deutschland in einen anderen EU-Staat wird aus nahe liegenden Gründen die Wahl auf das deutsche Arbeitsrecht fallen. Die Entsende-Richtlinie 96/71/EG schränkt jedoch die Wahlfreiheit dahingehend ein, dass unabhängig von dem auf das jeweilige Arbeitverhältnis anwendbaren Recht die in Art. 3 RL 96/71/EG aufgezählten Arbeitsbedingungen des Beschäftigungsortes als Mindeststandards gelten. Gemäß dieser Richtlinie sind in Rechtsvorschriften oder allgemeinverbindlichen Tarifverträgen festgesetzte Mindeststandards in folgenden Bereichen auch auf ausländische Arbeitnehmer anzuwenden:

- Höchstarbeitszeiten und Mindestruhezeiten,
- bezahlter Mindestjahresurlaub,
- Mindestlohnsätze einschließlich der Überstundensätze (dies gilt nicht für die zusätzlichen betrieblichen Altersversorgungssysteme),
- Bedingungen für die Überlassung von Arbeitskräften, insbesondere durch Leiharbeitsunternehmen,
- Sicherheit, Gesundheitsschutz und Hygiene am Arbeitsplatz,
- Schutzmaßnahmen im Zusammenhang mit den Arbeits- und Beschäftigungsbedingungen von Schwangeren und Wöchnerinnen, Kindern und Jugendlichen,
- Gleichbehandlung von Männern und Frauen sowie andere Nichtdiskriminierungsbestimmungen.

4.4 Sozialversicherung

Die sozialversicherungsrechtlichen Regelungen im Falle einer Arbeitnehmerentsendung innerhalb der EU finden sich in der Verordnung EWG-VO Nr. 1408/71. Gemäß Art. 14 Nr. 1 lit. a dieser Verordnung bleiben die Rechtsvorschriften des Entsendestaates (Deutschland) anwendbar, wenn ein Arbeitnehmer von dessen hier ansässigen Unternehmen in das Gebiet eines anderen Mitgliedstaates entsandt wird. Weitere Voraussetzung der Geltung des deutschen Sozialversicherungsrechts ist, dass die voraussichtliche Dauer der Entsendung 12 Monate nicht übersteigt und kein anderer Arbeitnehmer abgelöst wird, dessen Entsendungszeit abgelaufen ist. Die Dauer der Entsendung kann um maximal 12 weitere Monate verlängert werden. Die Genehmigung wird in Deutschland durch die zuständige deutsche Krankenkasse erteilt. Für die ersten 12 Entsendemonate ist dazu das Formular E 101 auszufüllen. Für die Verlängerung um weitere 12 Monate bedarf es des Formulars E 102. Die Formulare sind bei den Krankenkassen erhältlich Darüber hinaus besteht die Möglichkeit der Erteilung einer Sondergenehmigung durch die Deutsche Verbindungsstelle Krankenversicherung Ausland (DVKA) in Bonn.

Soweit der Mitarbeiter in ständig wechselnden Staaten eingesetzt wird (beispielsweise einige Tage in Frankreich, dann einige Tage in Deutschland usw.), so ist der Leiharbeitnehmer in seinem Wohnsitzstaat sozialversicherungspflichtig. Wohnt der Mitarbeiter beispielsweise in Frankreich und ist er bei einem deutschen Zeitarbeitsunternehmen beschäftigt, so wäre er danach in Frankreich zu versichern. In diesem Fall kann eine Ausnahmegenehmigung von der DVKA erteilt werden.

4.5 Lohnbesteuerung

Zur Vermeidung einer doppelten Besteuerung, nämlich durch den Entsendestaat wie auch seitens des Einsatzstaates, hat die Bundesrepublik Deutschland mit vielen Staaten der Welt, jedenfalls aber mit allen EU-Staaten, Abkommen geschlossen, die sich an das OECD-Musterabkommen zur Doppelbesteuerung anlehnen. Im Rahmen der Arbeitnehmerentsendung sind die Kollisionsregeln hinsichtlich der Besteuerung von Einkünften aus unselbständiger Arbeit von besonderer Relevanz. Laut den meisten Doppelbesteuerungsabkommen gilt insoweit die 183-Tage-Regelung. Das bedeutet, dass das Einkommen aus unselbständiger Erwerbstätigkeit nur im Entsendestaat besteuert wird, wenn die Entsendung nicht länger als 183 Tage im Kalenderjahr andauert. In manchen Ländern gilt ein vom Kalenderjahr abweichendes Steuerjahr (Vereinigtes Königreich, Australien) oder ein 12-Monats-Zeitraum (Norwegen, Rumänien, Russland, Kanada).

Viele Doppelbesteuerungsabkommen haben jedoch für den Bereich der Arbeitnehmerüberlassung die 183-Tage-Regelung ausgeschlossen, so dass ab dem ersten Tage der Entsendung auch der Einsatzstaat zur Besteuerung berechtigt ist.

Für in Deutschland ansässige Unternehmen bedeutet das folgendes: Soweit ein Doppelbesteuerungsabkommen die 183-Tage-Regelung vorsieht, richtet sich die Besteuerung in den ersten 183 Tagen der Entsendung im Kalenderjahr ausschließlich nach dem deutschen Lohnsteuerrecht. Nach Ablauf dieser 183 Tage bzw. ab dem ersten Tag der Entsendung, wenn die 183-Tage-Regelung im Bereich der Arbeitnehmerüberlassung ausgeschlossen wurde, kann auch der Einsatzstaat Lohnsteuer erheben.

Deutschland als Ansässigkeitsstaat vermeidet bei Einkünften aus unselbständiger Arbeit die Doppelbesteuerung regelmäßig durch Anwendung der Freistellungsmethode (entsprechend Artikel 23 A des OECD-Musterabkommens zur Vermeidung der Doppelbesteuerung). Das bedeutet, dass die Einkünfte aus unselbständiger Arbeit, die nach den Bestimmungen des anzuwendenden Abkommens im jeweils anderen Vertragsstaat (Tätigkeitsstaat) besteuert werden können, unter Berücksichtigung des Progressionsvorbehalts (§ 32b EStG) von der deutschen Besteuerung ausgenommen werden.

Ist nach einem Abkommen zur Vermeidung der Doppelbesteuerung der von einem Arbeitgeber gezahlte Arbeitslohn von der Lohnsteuer freizustellen, so erteilt das Betriebsstättenfinanzamt gemäß § 39b Absatz 6 EStG auf Antrag des Arbeitnehmers oder des Arbeitgebers eine entsprechende Bescheinigung. Aber auch ohne Freistellungsbescheinigung kann sich ein Arbeitnehmer auf die Lohnsteuerfreiheit nach einem Doppelbesteuerungsabkommen berufen (Lohnsteuerrichtlinie 39 b.10.).

Die Freistellung hat aber gemäß § 50d Absatz 8 EStG keine Bindungswirkung bei der Einkommenssteuerveranlagung: Sind die Einkünfte eines unbeschränkt Steuerpflichtigen aus nichtselbständiger Arbeit nach einem Doppelbesteuerungsabkommen von der Bemessungsgrundlage der deutschen Steuer auszunehmen, wird die Freistellung bei der Veranlagung ungeachtet des Abkommens nur gewährt, soweit der Steuerpflichtige nachweist, dass der Staat, dem nach dem Abkommen das Besteuerungsrecht zusteht, auf dieses Besteuerungsrecht verzichtet hat oder dass die in diesem Staat auf die Einkünfte festgesetzten Steuern entrichtet wurden. Der Nachweis ist gegenüber dem zuständigen deutschen Finanzamt zu erbringen.

Die andere Variante der Vermeidung der Doppelbesteuerung ist die Anrechnungsmethode (Artikel 23 B des OECD-Musterabkommens). In diesem Falle wird das Besteuerungsrecht also nicht dem einen Staat zugewiesen und der Arbeitnehmer im anderen Staat von der Lohnsteuer freigestellt, sondern es wird im Tätigkeitsstaat besteuert und im Wohnsitzstaat angerechnet (z.B. Art. 24 Abs. 1 b) (bb) DBA-Dänemark; Art. 20 Abs. 1 c) DBA-Frankreich; Absatz 13 des Protokolls zum DBA-Italien bei gewerbsmäßiger Arbeitnehmerüberlassung).

Das Anrechnungsverfahren richtet sich nach § 34c Absatz 1 Satz 2 bis 5 und Absatz 2 des Einkommensteuergesetzes. § 39a Abs. 1 Nr. 5c EStG kann in diesen Fällen analog angewandt werden: Der betroffene Leiharbeitnehmer kann sich in einem solchen Fall einen Freibetrag in Höhe des Vierfachen der voraussichtlich abzuführenden ausländischen Abzugssteuer auf der Lohnsteuerkarte eintragen lassen. Dies ist zum Beispiel im Verständigungsabkommen zwischen Frankreich und Deutschland vorgesehen.

Die 183-Tage-Regelung gilt auch im Rahmen der Arbeitnehmerüberlassung gemäß den Doppelbesteuerungsabkommen zwischen Deutschland und folgenden Staaten: Belgien, Finnland, Griechenland, Großbritannien, Irland, Luxemburg, Österreich, Portugal, Slowakei, Spanien, Tschechien, Ungarn, Lettland, Litauen, Estland, Malta, Zypern und Bulgarien.

Die 183-Tage-Regelung gilt dagegen nicht im Falle der Entsendung von Arbeitnehmern im Rahmen der Arbeitnehmerüberlassung gemäß den Doppelbesteuerungsabkommen zwischen Deutschland und folgenden Staaten: Dänemark, Frankreich, Italien, Niederlande, Polen, Slowenien, Kroatien, Schweden, Norwegen, Rumänien und Kasachstan.

4.6 Arbeitsmarktzugang

4.6.1 Arbeitnehmer aus den alten EU-Staaten

Die Arbeitnehmer mit Staatsangehörigkeit eines der „alten" EU-Staaten, also der bis zum Jahre 2005 die EU bildenden 15er-Gruppe, genießen völlige Arbeitnehmerfreizügigkeit innerhalb der EU – auch bei Einsätzen im Rahmen einer Arbeitnehmerüberlassung. Die Arbeitnehmer folgender Länder sind hier also betroffen: Deutschland, Frankreich, Großbritannien, Niederlande, Belgien, Luxemburg, Spanien, Portugal, Italien, Griechenland, Österreich, Dänemark, Schweden, Finnland und Irland. Entsprechendes gilt für Arbeitskräfte aus den EWR-Staaten, soweit diese nicht ohnehin Mitglied der EU sind. Hinzu kommen also Island, Norwegen und Liechtenstein. Beschäftigte aus der Schweiz genießen ebenfalls Freizügigkeit. Mit dieser ist verbunden, dass sich die Arbeitnehmer aus den genannten Staaten nicht nur völlig frei und ohne Aufenthaltstitel bewegen können, sondern auch keiner wie auch immer gearteten Arbeitserlaubnis bedürfen, wenn sie einer Erwerbstätigkeit nachgehen wollen. Es besteht die Möglichkeit, sich diese Freizügigkeit in Form einer sogenannten Freizügigkeitsbescheinigung bestätigen zu lassen. Dieses Dokument bestätigt aber nur den ohnehin schon bestehenden Status und ist keine Voraussetzung für eine Erwerbstätigkeit. Die Freizügigkeitsbescheinigung dient insbesondere der zügigen Erledigung behördlicher Verfahren und einer einfacheren Feststellung des Status'.

4.6.2 Arbeitnehmer aus den neuen EU-Staaten

Zwar besteht innerhalb der EU Arbeitnehmerfreizügigkeit (Art. 39 ff. EGV; Verordnung Nr. 1612/68), jedoch konnte diese für Arbeitnehmer mit Staatsangehörigkeit der am 01.05.2004 beigetretenen EU-Staaten eingeschränkt werden.

Deutschland hat – wie zunächst die meisten alten EU-Staaten – von dieser Möglichkeit Gebrauch gemacht. Gemäß § 284 des 3. Sozialgesetzbuches benötigen Arbeitnehmer aus den neuen EU-Staaten eine Arbeitserlaubnis. Für das erste Jahr der Beschäftigung wird die sogenannte Arbeitserlaubnis-EU erteilt. Nach einem Jahr legaler Beschäftigung in Deutschland besteht dann ein Anspruch auf die sogenannte Arbeitsberechtigung-EU. Leider darf die Arbeitserlaubnis-EU gemäß § 6 Absatz 1 Nr. 2 der Arbeitsgenehmigungsverordnung jedoch nicht für eine Tätigkeit im Rahmen von Zeitarbeit erteilt werden. Das heißt also, dass ein Arbeitnehmer aus einem neuen EU-Staat wie z.B. Polen erst nach mindestens einem Jahr legaler Beschäftigung in Deutschland durch ein Zeitarbeitsunternehmen im Rahmen von Arbeitnehmerüberlassung eingesetzt werden darf. Dies stellt eine erhebliche zusätzliche Benachteilung von Zeitarbeitsunternehmen und ihren Mitarbeitern gegenüber allen anderen Unternehmen dar. Ausnahmen von dem Verbot bestehen z. B. für Studenten gemäß § 9 Nr. 9 der Arbeitsgenehmigungsverordnung.

Soweit die alten EU-Staaten von der EU-vertraglichen Beschränkungsmöglichkeit Gebrauch gemacht haben, konnten im Gegenzug die betroffenen EU-Neumitglieder die Freizügigkeit für Arbeitnehmer aus jenen Alt-EU-Staaten ebenfalls einschränken und eine Arbeitserlaubnis verlangen (Grundsatz der Reziprozität). Die Arbeitserlaubnispflicht für deutsche Arbeitnehmer in Slowenien wurde schon zum 01.05.2006 aufgehoben. Polen schaffte die Erlaubnispflicht zum 01.01.2007 ab.

Einzig Ungarn macht weiterhin von der Möglichkeit Gebrauch, den Arbeitsmarkt für deutsche Arbeitnehmer zu beschränken: In Ungarn ist also weiterhin eine Arbeitserlaubnis für deutsche Arbeitnehmer erforderlich. Für Führungskräfte und Schlüsselpersonal gelten Ausnahmen.

4.6.3 Keine Arbeitserlaubnis bei vorgelagertem Verleih innerhalb der Europäischen Union

Das Prinzip der EU-Dienstleistungsfreiheit darf nicht beschränkt werden. Arbeitnehmerüberlassung ist zwar ebenfalls eine Dienstleistung. Diese besteht jedoch bei grenzüberschreitenden Vorgängen darin, dem ausländischen Arbeitsmarkt Kräfte zuzuführen (so die Sichtweise des EuGH in seiner „Rush Portugesa"-Entscheidung aus dem Jahre 1990). Daher kann insoweit eine Arbeitserlaubnis von Drittstaatlern und ggf. Neu-EU-Bürgern verlangt werden.

Die Gefahr, dass Arbeitskräfte einem ausländischen Arbeitsmarkt zugeführt werden, besteht aber nicht, wenn einer Dienstleistungserbringung eine Überlassung nur vorgeschaltet ist, da die entsandten Arbeitnehmer wieder in ihren Wohnsitzstaat zurückkehren. Demnach besteht hier keine Pflicht zur Einholung einer Arbeitserlaubnis. In einem solchen Fall entleiht der Dienstleistungserbringer mit Sitz im Entsendestaat (bspw. D) von einem Verleiher, der ebenfalls seinen Sitz im Entsendestaat hat, einen Arbeitnehmer, den er zur Ausführung eines Werkvertrags (oder Dienstvertrags) in einen anderen Staat (Tätigkeitsstaat) mitnimmt. In dieser Konstellation kann ein Leiharbeitnehmer arbeitserlaubnisfrei tätig werden, weil es sich lediglich um einen vorübergehenden Ortswechsel zur Dienstleistungserbringung handelt, ohne dass ein Zugang zum Arbeitsmarkt im Tätigkeitsstaat angestrebt wird (Langer, 2005).

Dies gilt auch und gerade für Arbeitnehmer, die nicht Angehörige eines EU-Staats sind, aber legal bei einem Verleiher angestellt sind, der seinen Sitz in einem EU-Staat hat. Dies hat der Europäische Gerichtshof in dem berühmten „Vander-Elst"-Urteil von 1994 entschieden. Im Rahmen einer Dienstleistung und für deren Dauer kann ein solcher Arbeitnehmer in einem anderen EU-Staat arbeitserlaubnisfrei tätig sein.

Beispiel: Ein türkischer Arbeitnehmer ist bei einem deutschen Zeitarbeitsunternehmen angestellt und besitzt eine entsprechende Arbeitserlaubnis nach deutschem Recht. Dieser türkische Zeitarbeitnehmer wird nunmehr an einen in Deutschland ansässigen Entleiher überlassen. Dieser Entleiher setzt im Rahmen der Ausführung eines Werkvertrages in den Niederlanden neben seinen Stammmitarbeitern auch den türkischen Leiharbeitnehmer ein. Für die Dauer der Ausführung dieses Werkvertrages bedarf der türkische Arbeitnehmer keiner Arbeitserlaubnis nach niederländischem Recht.

Das heißt aber nicht, dass der Tätigkeitsstaat überhaupt keine Voraussetzungen für die Aufnahme der Tätigkeit durch Drittstaatler aufstellen kann. Er kann die Aufnahme der Tätigkeit davon abhängig machen, dass der Arbeitnehmer in dem EU-Staat, aus dem entsandt wird, einer tatsächlichen Beschäftigung nachgeht und dort über ein Aufenthaltsrecht und eine Arbeitserlaubnis verfügt, deren Dauer diejenige des Entsendezeitraums übersteigt.

Des Weiteren kann der Tätigkeitsstaat die Entsendung des Arbeitnehmers von der Erteilung eines Visums für sein Territorium für den Entsendezeitraum abhängig machen. Deutschland hat entsprechende Bestimmungen in § 15 der Beschäftigungsverordnung getroffen.

4.6.4 Arbeitnehmer aus Drittstaaten

Was die Beschäftigung in Deutschland selbst betrifft, so ist für Arbeitnehmer aus Drittstaaten das Verbot der Beschäftigung im Rahmen einer Arbeitnehmerüberlassung noch rigider gefasst als für Arbeitnehmer aus den neuen EU-Staaten. Gemäß § 40 Absatz 1 Nr. 2 des Aufenthaltsgesetzes darf einem Arbeitnehmer aus einem Nicht-EU-Staat nämlich keine Arbeitserlaubnis für eine Anstellung im Rahmen von Arbeitnehmerüberlassung erteilt werden. Ausländische Arbeitnehmer jedoch, die bereits einen Status erreicht haben, der uneingeschränkte Erwerbstätigkeit vorsieht, z.B. Inhaber einer Niederlassungserlaubnis, bleiben unberührt von dieser Vorschrift. Im Falle einer Überlassung eines beispielsweise türkischen Mitarbeiters an einen ausländischen Kunden, der bei einem deutschen Betrieb angestellt ist, reicht eine deutsche Arbeitserlaubnis nicht aus. Angenommen, der Mitarbeiter solle in den Niederlanden eingesetzt werden, wäre durch das deutsche Zeitarbeitsunternehmen zusätzlich eine Arbeitserlaubnis nach niederländischem Recht zu beantragen. Das derzeitige Arbeitserlaubnisrecht kann für deutsche Zeitarbeitsunternehmen in die paradoxe Situation münden, dass die Beschäftigung eines ausländischen Arbeitnehmers im Rahmen eines Einsatzes in Deutschland zwar ausscheidet, ein Auslandseinsatz aber sehr wohl möglich ist.

5 Prozess der Öffnung der Arbeitsmärkte in der Europäischen Union

Am 1. Mai 2006, dem zweiten Jahrestag der letzten EU-Erweiterungsrunde, mussten die alten Mitgliedstaaten bekannt geben, ob sie ihre Arbeitsmärkte für Arbeitnehmer aus den neuen Mitgliedstaaten öffnen werden oder nicht. Die Kommission hatte alle alten Mitgliedstaaten mit der Begründung, die Erweiterung 2004 habe nicht zu einer Massenabwanderung der Arbeitnehmer aus den neuen Mitgliedstaaten geführt, dazu aufgefordert die nationalen Übergangsregelungen aufzuheben. Laut dem EU-Beitrittsvertragswerk hatten die alten Mitgliedstaaten das Recht, für Arbeitnehmer der acht neuen Mitgliedstaaten (EU-8) bezüglich der Freizügigkeit der Arbeitnehmer Übergangsregelungen einzuführen. Zypern und Malta wurden von diesen Regelungen ausgenommen. Bis 2011 müssen alle Mitgliedstaaten die Übergangsregelungen bezüglich der Freizügigkeit der Arbeitnehmer aufgehoben haben. Die meisten der alten EU-Staaten haben ihren Arbeitsmarkt inzwischen für Arbeitnehmer aus den neuen EU-Staaten geöffnet. In den übrigen alten EU-Staaten bestehen nach wie vor mehr oder weniger starke Arbeitsmarktbeschränkungen. Einen Überblick über den Arbeitsmarktzugang innerhalb der alten EU-Staaten gewährt die Abbildung 1.

6 Personalrekrutierung über Auslandsniederlassungen zur Behebung des Arbeitskräftemangels in Deutschland?

Es stellt sich für deutsche Zeitarbeitsunternehmen nicht erst seit heute die existenzielle Frage, inwieweit der Mangel an qualifizierten Nachwuchskräften behoben werden kann. Eine Lösung kann in der Gründung von Auslandsniederlassungen liegen, die gezielt Arbeitnehmer für den deutschen Arbeitsmarkt anwerben. Alternativ hierzu könnten zu diesem Zwecke auch Kooperationen mit bestehenden ausländischen Unternehmen eingegangen werden.

6.1 Status quo

Wegen des derzeit geltenden Arbeitserlaubnisrechts versprechen solche Schritte im Bereich der Zeitarbeit zum gegenwärtigen Zeitpunkt noch nicht den gewünschten Erfolg. Sie können allerdings im Hinblick auf eine möglichst gute Positionierung des Unternehmens vor dem Hintergrund der spätestens 2011 zu erwartenden Öffnung der Arbeitsmärkte schon jetzt sinnvoll sein.

Zu einer positiveren Einschätzung schon für den gegenwärtigen Zeitpunkt kommt man freilich bezüglich Unternehmen, die neben der Arbeitnehmerüberlassung auch andere Gewerbezwecke verfolgen (Mischunternehmen). Ist ein Unternehmen nicht allein im Bereich der Personalgestellung tätig, sondern erbringt es z.B. auch Leistungen im Rahmen von Werk- oder Dienstleistungsverträgen, so kann ein Mitarbeiter aus den neuen EU-Beitrittsstaaten mit Arbeitserlaubnis in dieser Unternehmenssparte eingesetzt werden. Nach einem Jahr ist dann aufgrund der Arbeitsberechtigung-EU auch ein Einsatz in der Zeitarbeitssparte möglich. Zeitarbeitsunternehmen, die auch Personalvermittlung betreiben, sind bezüglich dieses Gewerbezwecks natürlich ebenfalls nicht von den oben genannten Verboten erfasst.

Abbildung 1: Überblick über den Arbeitsmarktzugang innerhalb der alten EU-Staaten

Land	**Beschränkung ja/nein**	Derzeitige Regelung
Spanien	grds. nein	Beschränkung bzgl. Bulgaren und Rumänen
Portugal	grds. nein	Beschränkung bzgl. Bulgaren und Rumänen
Frankreich	grds. nein	Beschränkung bzgl. Bulgaren und Rumänen
Niederlande	grds. nein	Beschränkung bzgl. Bulgaren und Rumänen
Österreich	ja	Beschränkungen der Arbeitnehmerfreizügigkeit bleiben bestehen (Arbeitserlaubnispflicht); Beschränkungen der Dienstleistungsfreiheit (Entsendung von Arbeitnehmern durch Unternehmer aus den 8 neuen Mitgliedstaaten) bestehen weiterhin in bestimmten sensiblen Branchen.
Irland	grds. nein	Beschränkung bzgl. Bulgaren und Rumänen
Dänemark	ja; teilweise Lockerung	Arbeitserlaubnis weiterhin erforderlich, jedoch erfolgten Maßnahmen zur Erleichterung des Arbeitsmarktzugangs: Generelle administrative Erleichterung der Verfahren: Vorausgenehmigung für Unternehmen, die von einem Kollektivvertrag umfasst sind bezüglich der Anstellung von Arbeitnehmern aus den 8 neuen Mitgliedstaaten Arbeitnehmer aus den o.g. Ländern können zukünftig auch in Teilzeitpositionen – mindestens jedoch 30 Wochenstunden – beschäftigt werden. Vorausgenehmigung konkreter Positionen innerhalb von Unternehmen im Bereich: Forschung, Ausbildung, Angestellte in leitender Position sowie Spezialisten. Studenten aus den neuen Mitgliedstaaten werden bezüglich Arbeitsmöglichkeiten Studenten aus den anderen EU-Ländern gleichgestellt und können somit ohne zusätzliche Genehmigung während der Dauer Ihres Studienaufenthaltes einer Beschäftigung nachgehen. Voraussetzung ist ein sog. Zuschussberechtigtes, berufsbildendes Studium. Bei Anträgen auf Verlängerung einer vorhandenen Arbeitsgenehmigung bleibt jedenfalls wird zum Abschluss des Verfahrens die ursprüngliche Genehmigung aufrecht erhalten. Eine neue Pendlerreglung wird u.a. die Arbeit von Lkw-Fahrern aus den Neu-Mitgliedsländern für dänische Transportunternehmen im grenzüberschreitenden Verkehr ermöglichen. ***Arbeitsmarkt wird ab 1. Mai 2009 vollständig geöffnet.***
Großbritannien	grds. nein	Beschränkung bzgl. Bulgaren und Rumänen
Deutschland	ja	Arbeitserlaubnis ist weiterhin erforderlich. Diese wird erteilt, wenn ein Ausnahmetatbestand der Anwerbestoppausnahmeverordnung vorliegt und nach einer Arbeitsmarktprüfung keine bevorrechtigten Bewerber (z.B. Deutsche) vorhanden sind. Für

		das erste Jahr der legalen Beschäftigung in Deutschland wird eine Arbeitserlaubnis-EU erteilt, die jedoch laut Arbeitsgenehmigungsverordnung nicht die Zeitarbeit umfasst. Erst danach wird eine sog. Arbeitsberechtigung-EU erteilt, die auch eine Erwerbstätigkeit im Rahmen von Zeitarbeit erlaubt. Ebenso ist die Dienstleistungsfreiheit in bestimmten sensiblen Branchen beschränkt.
Luxemburg	grds. nein	Beschränkung bzgl. Bulgaren und Rumänen
Belgien	ja; teilweise Lockerung	Arbeitserlaubnis ist weiterhin erforderlich, die Auflagen sind jedoch in einigen Berufsgruppen gelockert (Berufsgruppen, in welchen kein ausreichendes qualifiziertes Personalangebot in Belgien vorhanden ist). Es wurde auch vom belgischen Gesetzgeber beschlossen, schon vor Mai 2009 die Beschränkungen aufzuheben, wenn 4 Bedingungen erfüllt sind: 1) Der Auftraggeber bzw. der Generalunternehmer haftet solidarisch für die korrekte Zahlung der Sozialabgaben. 2) Die Koordination der Sozialinspektionen in Belgien wird verbessert. 3) Es wird die Möglichkeit geschaffen, dass der ausländische Arbeitnehmer bzw. die Gewerkschaft arbeitsrechtliche Fälle vor das belgische Arbeitsgericht bringen kann. 4) Einführung einer Verpflichtung, wonach jeder ausländische Arbeitnehmer umgehend dem ONSS (Nationale Sozialversicherung) bekannt gegeben werden muss. Ob und wann diese 4 Bedingungen durch die entsprechende Gesetzgebung in Belgien erfüllt sein werden, ist noch nicht absehbar.
Griechenland	grds. nein	Beschränkung bzgl. Bulgaren und Rumänen
Schweden	nein	Arbeitsmarkt vollständig geöffnet
Finnland	nein	Registrierung nach Arbeitsaufnahme bei Bulgaren und Rumänen
Italien	grds. nein	Beschränkung bzgl. Bulgaren und Rumänen
Polen	nein	Arbeitsmarkt vollständig geöffnet
Tschechien	nein	Arbeitsmarkt vollständig geöffnet
Slowakei	nein	Arbeitsmarkt vollständig geöffnet
Estland	nein	Arbeitsmarkt vollständig geöffnet
Lettland	nein	Arbeitsmarkt vollständig geöffnet
Litauen	nein	Arbeitsmarkt vollständig geöffnet
Ungarn	Reziproke Maßnahmen	
Rumänien	nein	Arbeitsmarkt vollständig geöffnet
Bulgarien	nein	Arbeitsmarkt vollständig geöffnet
Malta	grds. nein	Beschränkung bzgl. Bulgaren und Rumänen
Zypern		Registrierung nach Arbeitsaufnahme bei Bulgaren und Rumänen
Slowenien		Registrierung nach Arbeitsaufnahme bei Bulgaren und Rumänen

6.2 Einschätzung für die Zeit ab spätestens Mai 2011

Aus Sicht der deutschen Zeitarbeitsbranche richtig interessant wird die Idee der Gründung von Auslandsniederlassungen zur Personalrekrutierung spätestens ab dem 1. Mai 2011. Ab diesem Zeitpunkt werden für Arbeitnehmer aus den neuen EU-Staaten sämtliche Beschränkungen der Arbeitnehmerfreizügigkeit aufgehoben. Es bedarf dann keiner Arbeitserlaubnis mehr für diese Personengruppe. Das deutsche Verbot der Beschäftigung im Rahmen von Zeitarbeit im ersten Jahr wird es dann nicht mehr geben.

Ab diesem Zeitpunkt rücken zwei Konstellationen in den Blickpunkt, im Rahmen derer sich Arbeitnehmerüberlassung abspielt. Zum einen wird es dann möglich sein, die ausländischen Neu-EU-Staatler direkt bei der ausländischen Niederlassung oder bei dem ausländischen Kooperationspartner anzustellen und sie an den deutschen Kundenbetrieb grenzüberschreitend zu überlassen. Mit dieser Konstellation werden diejenigen Arbeitnehmer erfasst, die ihren Lebensmittelpunkt weiterhin in dem ausländischen Staat haben. Bisher ist nur der bereits beschriebene vorgelagerte Verleih erlaubt.

Zum anderen wird es dann auch möglich sein, die ausländischen Arbeitnehmer direkt bei den Zeitarbeitsunternehmen in Deutschland anzustellen. Komplizierte Überlegungen hinsichtlich der Konstruktion von (Schein-)Werkverträgen, um irgendwie eine Arbeitserlaubnis beantragen zu können, werden – zumindest was Arbeitnehmer aus den neuen EU-Beitragsstaaten betrifft – dann endgültig der Vergangenheit angehören.

Die Bundesregierung hat sich bisher immer dahingehend geäußert, dass der deutsche Arbeitsmarkt nicht vor 2011 geöffnet werden soll. Es bleibt abzuwarten, inwieweit Deutschland dem immer größeren Druck in Richtung auf eine frühere Arbeitsmarktöffnung standhalten wird. Nachdem kürzlich Dänemark bekannt gegeben hat, den Arbeitsmarkt für Arbeitnehmer aus den neuen EU-Staaten einschließlich Rumänien und Bulgarien zum 1. Mai 2009 vollständig zu öffnen, bleiben insgesamt überhaupt nur noch drei alte EU-Staaten übrig, die Arbeitsmarktbeschränkungen aufrecht erhalten, das sind Deutschland, Österreich und Belgien (vgl. Abbildung 1).

Hinsichtlich der Arbeitnehmer aus Drittstaaten wird es leider auf absehbare Zeit keine nennenswerten Verbesserungen im Bereich der Zeitarbeit geben. Eine Streichung des § 40 Absatz 1 Nr. 2 Arbeitnehmerüberlassungsgesetz wird vom Gesetzgeber derzeit nicht angestrebt.

Die deutsche Zeitarbeitsbranche ist gut beraten, sich auch auf eine deutliche frühere Öffnung des Arbeitsmarktes vorzubereiten und dementsprechend aufzustellen. Die Gründung von Auslandsniederlassungen bzw. die Eingehung entsprechender Kooperationen macht daher auch schon zum jetzigen Zeitpunkt Sinn.

Quellenverzeichnis

LANGER, R. (2005). Primärrechtliche Regelungen der Dienstleistungsfreiheit, Niederlassungsfreiheit und Freizügigkeit der Arbeitnehmer. Neue Zeitschrift für Arbeitsrecht, Beilage 2/2005, S. 83-87.

THÜSING, G. (2008). Arbeitnehmerüberlassungsgesetz, Kommentar, 2. Aufl. München.

Armin Probst

Interimsmanagement - eine weitere Möglichkeit der Flexibilisierung

Das Interimsmanagement stellt eine weitere Möglichkeit zur Flexibilisierung des Faktors Arbeit dar. Ausgehend von einer grundsätzlichen Betrachtung werden in diesem Beitrag nicht nur die Unterschiede von Interimsmanagement und Zeitarbeit herausgearbeitet, sondern auch konkrete betriebliche Erfahrungen und die sich daraus ergebenden Konsequenzen näher beleuchtet.

1 Ursprung, Abgrenzung und Organisation des Interimsmanagement

Der Begriff Interimsmanagement tauchte erstmals in den frühen 70er Jahren des letzten Jahrhunderts in Dänemark und den Niederlanden auf, nachfolgend auch im Vereinigten Königreich, wo man im Rahmen der Krisenbewältigung bei Unternehmen externe Führungskräfte einsetzte. In den folgenden Jahren entwickelte sich der Interimsmanagement-Markt gerade in diesen Ländern überaus positiv und stellt dort mittlerweile eine fest Größe im Arbeitsmarkt dar.

Oft wird Interimsmanagement noch mit Zeitarbeit verwechselt, die bereits seit vielen Jahren in Deutschland bekannt und etabliert ist. Interimsmanagement und Zeitarbeit haben aber, neben der Tatsache, dass sie den Faktor Arbeit flexibilisieren, nicht viel miteinander gemein.

Zeitarbeit, wie in diesem Buch bereits zuvor aufgeführt, basiert auf dem Arbeitnehmerüberlassungsgesetz. Grundlage ist hier ein festes Arbeitsverhältnis zwischen dem Zeitarbeitnehmer und der Zeitarbeitsfirma. Ergänzend kommt dann der Überlassungsvertrag zwischen der Zeitarbeitsfirma und dem Entleiher hinzu. Das Arbeitnehmerüberlassungsgesetz wirkt hierbei als Klammer, die alle wesentlichen rechtlichen Bedingungen regelt und festlegt. Das entleihende Unternehmen bekommt dabei den Arbeitnehmer für eine bestimmte Zeit überlassen, zahlt hierfür einen festgelegten Stundensatz an die Zeitarbeitsfirma, welche wiederum dem Zeitarbeitnehmer den vereinbarten Arbeitslohn vergütet. In diesem Rechtsgebilde entsteht kein direktes arbeitsrechtliches Verhältnis zwischen dem Entleiher und dem Zeitarbeitnehmer. Der Einsatz erfolgt in der Zeitarbeit regelmäßig in einfachen bis mittleren Aufgaben und umfasst nur selten Führungsfunktionen.

Interimsmanagement ist dagegen rechtlich komplett anders einzuordnen. Interimsmanager sind in der Regel Selbstständige, welche direkt oder über einen Interimsmanagement-Provider ein Vertragsverhältnis mit dem jeweiligen Unternehmen eingehen. Gesetzliche Rahmenbedingungen, wie sie das Arbeitnehmerüberlassungsgesetz darstellt, gibt es in diesem Zusammenhang nicht, sieht man einmal von den rechtlichen Grundlagen der Vertragsgestaltung aus dem BGB usw. ab. Somit ist die Vertragsgestaltung sehr frei und kann optimal den jeweiligen Bedürfnissen der Vertragspartner angepasst werden.[1]

Wird der Zeitarbeitnehmer in der Regel für einfache bis mittlere Aufgaben ohne Führungsverantwortung eingesetzt, so sind die Einsatzgebiete des Interimsmanagers besonders mittlere bis gehobene Tätigkeiten, welche vielfach mit der Übernahme von Führungsverantwortung verbunden sind.

Gerade diese Führungsaufgaben stellen aber auch die besondere Herausforderung für den Interimsmanager dar. Er muss nicht nur inhaltlich und fachlich überzeugen, er muss vor allem auch über eine ausgeprägte soziale Kompetenz verfügen. Nur so ist es ihm möglich, innerhalb weniger Tage eine verantwortungsvolle Position und Aufgabe vollumfänglich zu übernehmen und sich auch als Chance für das Unternehmen zu präsentieren. Mit ein Grund, weshalb Interimsmanager im Schnitt über 40 Jahre alt sind, denn wie und wo soll auch vorher eine entsprechende Erfahrung angesammelt worden sein?

Durch das direkte, keinen weiteren arbeits- und sozialversicherungsrechtlichen Bestimmungen unterworfene Vertragsverhältnis, stellt Interimsmanagement eine sehr flexible und klar kalkulierbare Form der Arbeitsflexibilisierung dar. Geregelt und festgelegt werden hierbei im Grundsatz das Aufgaben- und Einsatzgebiet, die Ziele, die zeitliche Dauer und der Tagessatz. Sieht man einmal vom Tagessatz ab, ist dies ein Rahmen, den man aus jeder Zielvereinbarung kennt und der für beide Beteiligten, Unternehmen wie Interimsmanager, geübte Praxis ist.

2 Einsatzmöglichkeiten von Interimsmanagern

Die Einsatzmöglichkeiten der Interimsmanager für Unternehmen sind vielfältig. Klassisch ist hierbei natürlich der Einsatz zur Überrückung einer Vakanz. Ein Beispiel: Der Leiter der Logistik hat gekündigt, geht zu einem Wettbewerber und wird daher sofort freigestellt. Mit einem adäquaten Ersatz ist frühestens in sechs Monaten zu rechnen. Da sich das Unternehmen mitten in der Einführung einer neuen Logistiksoftware, als

---

[1] In diesem Zusammenhang sei jedoch auf die Notwendigkeiten hingewiesen, die sich aus den Regelungen zur Vermeidung einer Scheinselbständigkeit ergeben, auf welche hier aber nicht weiter eingegangen werden soll.

Bestandteil eines ERP-Systems, befindet, ist die Situation äußerst prekär. Ein klassisches Einsatzgebiet für einen entsprechenden Interimsmanager.

Neben diesem ganz klassischen Einsatzgebiet kommen aber Interimsmanager auch zum Zug, wenn in einer Organisation schlicht das entsprechende Know-how fehlt, das für eine begrenzte Zeit und für ein spezielles Thema benötigt wird. Dies kann beispielsweise bei Change-Management-Situationen, Umstrukturierungen, M&A-Themen, Privatisierungen, Eingliederungen, Börsengängen oder Abwicklungen der Fall sein – die Bandbreite ist überaus groß.

3 Umgang mit Vorbehalten gegen Interimsmanagement

Im Vorfeld des Einsatzes eines Interimsmanagers trifft man immer wieder auf so genannte „Killer-Argumente". Hierbei hat der Verfasser die Erfahrung gemacht, dass diese weniger auf sachlich nachzuvollziehenden Gründen, dafür aber mehr auf persönlichen Meinungen und Annahmen beruhen.

Als erstes wird hierbei oft auf die hohen Kosten für einen Interimsmanager verwiesen. Diese Kosten sind aber nur auf den ersten Blick sehr hoch. Wie sieht das im Detail aus? Die Tagessätze für Interimsmanager bewegen sich je nach Verantwortung, Ebene und Aufgabe zwischen ca. 600 und 1.500 Euro pro Tag. Das ist sicherlich viel Geld für den Einsatz einer Person. Betrachtet man aber das Ganze als befristete Lösung und unter Vollkostenaspekten, so relativiert sich die Sachlage schnell.

Der Interimsmanager berechnet nur seinen effektiven Einsatz. Das Unternehmen muss keine Kosten aufwenden für etwaige Krankheit, Urlaub, Pensionskassen oder sonstige Arbeitgeberaufwendungen. Auch fallen die Aufwendungen wie sie für Rekrutierung, Einarbeitung, Übergaben und ähnliches anfallen, deutlich niedriger aus. Daneben wird ein akutes Problem gelöst und zwar sofort! Gerade zu letzterem muss sich ein Unternehmen fragen, welche Kosten dadurch entstehen, wenn – nehmen wir das obige Beispiel aus dem Bereich Logistik – die Vakanz nicht kurzfristig mit einem Interimsmanager gefüllt werden könnte und die Position sechs Monate verwaist bleiben müsste. Wie würde das entsprechende Projekt gefährdet und welche Auswirkungen würde dies dann monetär haben?

Wenn man sich gerade diese, oft versteckten Kosten vor Augen hält, wird ein direkter Vergleich mit den Kosten für den Einsatz eines Interimsmanagers seinen vermeintlichen Schrecken verlieren. Anders gesagt: Wer die soeben genannten Kosten und

Auswirkungen nicht berücksichtigt, kann keine ausgewogene Entscheidung über den Einsatz eines Interimsmanagers treffen.

Neben diesen monetären Bedenken werden aber auch immer wieder die Gefahren der Unruhe im Unternehmen durch den Einsatz eines Interimsmanagers, möglicher „Datenklau" und ähnliche Argumente diskutiert. All diese Themen sind sicherlich nicht von der Hand zu weisen – das kann passieren. Dies ist aber auch mit „fest angestellten" Mitarbeitern und Führungskräften nicht auszuschließen, mit dem einzigen wesentlichen Unterschied, dass ein Interimsmanager erfolgreich sein muss und er derartiges unter allen Umständen zu vermeiden sucht.

Ein Interimsmanager ist als Selbstständiger, gehen wir einmal vom Normalfall aus, permanent bemüht Höchstleistung zu bringen. Sein Erfolg hängt von seinem Arbeitseinsatz, seiner Qualität, seiner Leistungserreichung und der daraus resultierenden Zufriedenheit seines Kunden ab. Berücksichtigt er dies nicht, so war der erste Auftrag auch schnell der letzte – so wie dies in jedem anderem Dienstleistungsgewerbe der Fall ist. Anders verhält es sich beim Festangestellten, der dann immer noch ein gewisses Sicherheitsnetz hat, das ihm die Arbeitsgesetzgebung bietet – ohne dass hier natürlich den Festangestellten etwas unterstellt werden soll.

4 Anforderungen an Interimsmanager

Wir hatten es oben bereits kurz angerissen – an einen Interimsmanager werden besondere Anforderungen gestellt. Grundsätzlich muss er in seinem Fachgebiet nachweislich erfahren und idealer Weise auf dem aktuellen Stand des Wissens sein. Soweit unterscheidet er sich nicht von jedem anderen Dienstleister, der mit Qualität überzeugen will. Entscheidend ist aber die ergänzend notwendige soziale Kompetenz. Vom Interimsmanager wird erwartet, dass er binnen weniger Tage einen Verantwortungsbereich erfolgreich übernimmt und die gestellte Aufgabe angeht. Wer in diesem Zusammenhang nicht über die Fähigkeit verfügt schnell Kontakt zu knüpfen, Teams an sich zu binden und soweit als möglich zu motivieren, Mitarbeiter und Kollegen auch menschlich zu überzeugen, läuft schnell Gefahr zu scheitern – zumindest aber nicht optimale Leistung zu erbringen.

Diese Eigenschaft birgt ergänzend, quasi als Nebenprodukt, für das beauftragende Unternehmen die Möglichkeit, auch im Bereich des zwischenmenschlichen Umgangs neue Aspekte kennen lernen zu dürfen. Eine Chance, die man sich nach Meinung des Verfassers nicht entgehen lassen sollte.

Neben den bereits erwähnten Anforderungen an einen Interimsmanager kommt aber noch eine weitere hinzu, die eher den persönlichen, charakterlichen Bereich betrifft und mit dem „Gelübde der vergessenden Eitelkeit" umschrieben werden kann. Nicht alle Aufgaben, die an einen Interimsmanager herangetragen werden, beinhalten auch wirklich die Übernahme von Verantwortung und eindrucksvollen (interim) Titeln. Bei solchen Projekten sind schlicht die Erfahrung und das Wissen des Managers gefragt. Wer bei einem solchen Projekt ein Problem hat, dass er vielleicht nicht im Rampenlicht stehen und nach außen mit einem eindrucksvollen Titel brillieren kann, läuft erneut Gefahr eine suboptimale Leistung zu bringen, die die Möglichkeit für Folgeaufträge stark minimiert. Interimsmanager sind daher gut beraten mit ihrem „Ego" eine „Vereinbarung" zu treffen, die diese Eitelkeiten vergessen lässt und sich einzig auf die gestellte Aufgabe konzentriert.

5 Chancen des Interimsmanagements aus Unternehmenssicht

Obwohl das Interimsmanagement in der betrieblichen Praxis zahlreiche Chancen bietet, stößt es doch immer wieder auf Bedenken und Widerstände. Wie diese Chancen und Risiken aussehen können, darauf gehen die weiteren Ausführungen anhand realer Beispiele näher ein.

Im konkreten Praxisfall ging es um die Lösung von umfangreich anstehenden Personaleinstellungen, wie auch um die Besetzung der Leitung der Personalentwicklung. Beide Aufgabenstellungen stellten sich im Rahmen eines alteingesessenen Industrieunternehmens der Metallindustrie, mit einer durchschnittlichen Betriebszugehörigkeit der Mitarbeiter von über 20 Jahren und einem Altersdurchschnitt von Mitte 40.

Vor dem Hintergrund, dass das Unternehmen vor nicht all zu langer Zeit eine Restrukturierung und Personalbestandsverminderung „durchgemacht" hatte und die wirtschaftliche Entwicklung nicht abgesehen werden konnte, war eine flexible Lösung für die Vakanzen im Personalbereich das Gebot der Stunde.

Beim Thema Rekrutierung stellte sich das Problem in der Form, dass ein sehr hoher Personalbedarf bestand, die Personalabteilung aber eine zu geringe Personaldecke besaß. Die vorhandenen Referenten verfügten aufgrund der langen Restrukturierungsphase über keine aktuellen Erfahrungen bei der Personalbeschaffung.

Somit blieben die Möglichkeiten des Einsatzes einer externen Agentur oder eines Personalberaters, der befristeten Einstellung eines Personalreferenten oder HR-Managers oder der Beschäftigung eines Interimsmanagers. Eine externe Agentur oder Personalberatung schied wegen der noch nicht abzusehenden Dauer der Personalbeschaffungsmaßnahmen, der vergleichsweise hohen Kosten (jeweils zwischen 20 und

30 Prozent des Jahresgehalts der zu rekrutierenden Personen) und der fehlenden internen Entlastung aus. Die befristete Beschäftigung eines Personalreferenten wurde wegen der schlecht abzuschätzenden Einsatzdauer, verbunden mit dem Umstand, auf die Schnelle keinen entsprechend qualifizierten auf dem Arbeitsmarkt finden zu können, gleichfalls verworfen. Somit fiel letztlich die Wahl auf einen Interimsmanager, der kurzfristig verfügbar war und sowohl die erforderliche Eignung als auch das notwendige Netzwerk in diesem Umfeld besaß.

Die Skepsis im Unternehmen war spürbar, handelte es sich doch um den ersten Einsatz eines Interimsmanagers in dieser Form. Eine fragende bis ablehnende Haltung war weniger bei der Geschäftsleitung vorhanden, sondern eher in der betroffenen Abteilung und beim Betriebsrat. Vor allem letzterer konnte sich überhaupt nicht vorstellen, dass ein „Externer" in einer solchen Funktion eine Leistung wie ein „Interner" erbringen würde – ein Festangestellter sei da immer vorzuziehen. Es bleibt dem Leser nun freigestellt, die wahren Hintergründe für diese Haltung zu vermuten – Fakt ist, dass sich der Einsatz später in jeder Hinsicht auszahlte.

Vom ersten Tag an zeigte der eingesetzte Interimsmanager ein Höchstmaß an Einsatzbereitschaft, Einfühlungsvermögen, Anpassungsfähigkeit und Kreativität. Auch die Tatsache, dass er eine eigene Unternehmens-Emailadresse, einen eigenen Telefonanschluss und entsprechende Visitenkarten erhielt, ließ den Umstand, nicht auf der unternehmenseigenen Gehaltsliste zu stehen, innerhalb kürzester Zeit vollkommen vergessen. In gleichem Maße, in dem der Interimsmanager sich wie ein Interner verhielt, seine Leistung und Ergebnisse erbrachte und sich wie ein vollwertiges Teammitglied zeigte, schwanden auch die Widerstände. Verbleibende Widerstände beim Betriebsrat waren dann eher politischer, denn sachlicher Natur.

Bei der zweiten zu besetzenden Position ging es um den Ersatz der ausgeschiedenen Personalentwicklerin. Hier konnte im Rahmen der normalen Ersatzrekrutierung kurzfristig kein adäquater Nachfolger gefunden werden, so dass sich auch hier die Frage stellte, wie man die Zeit sinnvoll überbrücken könnte. Auch hier bot sich eine Interimsmanagerin an, die sich auf diesen Bereich spezialisiert hatte.

Die Besetzung dieser Position lief zeitgleich mit der der Referentenstelle für den Rekrutierungsbereich. Die anfänglichen Widerstände waren identisch, doch zeigte sich auch hier die gleiche Entwicklung in der Akzeptanz über die ersten Wochen. Der Interimsmanagerin passte sich innerhalb kürzester Zeit den Gegebenheiten an und überzeugte durch seine volle Leistung sowie durchdachte Lösungen. Dies stellte sich schnell als „Problem" dar, da der Einsatz ursprünglich nur auf mehrere Tage pro Woche veranschlagt gewesen war. Durch sein positives Auftreten, die einwandfreie Qualität sowie die neuen Ideen und Ansätze wurde ein zusätzlicher Bedarf geweckt, der mit der ursprünglich veranschlagten Zeit nicht mehr zu bewerkstelligen war. Konsequenz: Der Vertrag musste aufgestockt werden.

6 Zusammenfassende Bewertung

Die beiden geschilderten Praxisbeispiele waren eine Bestätigung, dass der Einsatz von Interimsmanagern eine sinnvolle und finanziell akzeptable Möglichkeit darstellt, zeitlich befristete Problemstellungen überzeugend zu lösen. In beiden Fällen zeigte sich im Rahmen einer Nachkalkulation, dass eine Nichtbesetzung der Stellen und ein Abwarten auf eine klassische Lösung weitaus höhere Folgekosten ausgelöst hätten, als sie durch den Einsatz von Interimsmanagern generiert wurden.

Für das betroffene Unternehmen war das ein Schritt in Richtung neuer Möglichkeiten der Arbeitsflexibilisierung und einer verbesserten Reaktionsfähigkeit auf unerwartete Situationen, der zum Einsatz weiterer Interimsmanager in anderen Bereichen mit entsprechendem Erfolg geführt hat.

Für arbeitslose Fach- und Führungskräfte bieten sich mit dem Interimsmanagement Chancen, die es zu nutzen gilt und die nach Meinung des Verfassers durchaus zukunftsweisend sind. Entscheidend für den Erfolg einer Person sind am Ende nicht ihr zu Grunde liegendes Anstellungsverhältnis, sondern ihre Einstellungen zu Qualität und Dienstleistung. Wer sich hier entsprechend präsentiert und empfiehlt, kann auch als Selbstständiger nachhaltig erfolgreich sein.

Abschließend sei noch ein letzter Erfolgsfaktor des Interimsmanagement erwähnt: In den Fällen, die den Einsatz zur Überbrückung einer Vakanz zur Grundlage hatten, fand eine reibungslose, gut dokumentierte Übergabe an den Nachfolger statt, was dessen Start überaus erleichterte.

Ariane Durian

Neue Anforderungen für Personaldienstleister: „Wir können alles“ hat keine Zukunft mehr

1 Aktuelle Situation der Branche

1.1 Allgemeines

In zahlreichen Wirtschaftsbereichen sind Entwicklungen hin zu einer Globalisierung erkennbar, die einerseits nach Generalisten ruft. Andererseits gehen diese Entwicklungen in einem so rasanten Tempo vor sich, dass der Generalist ohne eine gewisse Spezialisierung keine Chance hat auf Dauer zu überleben. Gut beraten ist der, der sich eine Nische sucht und Profi ist bzw. wird. Insbesondere für kleine und mittelständische Unternehmen gehört die Spezialisierung und Konzentration auf wenige Geschäftsfelder und hochwertige Marktsegmente zu den wichtigsten Erfolgsfaktoren in globalisierten Märkten (Feldmeier, Lukas & Simmet, 2007).

1.2 Zeitarbeit - eine gespaltene Branche

Zum 30. Juni 2008 beschäftigten 8.290 Zeitarbeitsunternehmen 794.363 Mitarbeiter (Bundesagentur für Arbeit, 2009a). Bei dieser Anzahl von Erlaubnisinhabern werden die unselbstständigen Niederlassungen der Unternehmen genauso wenig mitgezählt, wie die Erlaubnisinhaber, deren Betriebszweck nicht überwiegend auf die Arbeitnehmerüberlassung ausgelegt ist. Beachtlich ist, dass 25 der größten Zeitarbeitsunternehmen 2008 knapp 260.000 Mitarbeiter beschäftigten. Bereits 2007 wurde in Deutschland ein Gesamtumsatz in Höhe von 14,6 Mrd. Euro in der Zeitarbeitsbranche erwirtschaftet. Der Anteil der 25 größten Zeitarbeitsunternehmen betrug daran 50,7 Prozent (Lünendonk-Studie, 2008).

Die Analyse der Beschäftigtenzahlen der Zeitarbeitsbranche ergibt, dass die großen, international agierenden Personaldienstleister - entgegen der landläufigen Meinung vieler Unternehmer der Zeitarbeit - ihre Umsätze in Deutschland nicht mit gering qualifizierten Mitarbeitern mit niedrigen Verrechnungssätzen realisieren. Im Gegenteil: Die Zahlen deuten darauf hin, dass gerade die großen Unternehmen der Zeitarbeit sich besonders im qualifizierten und damit auch hochpreisigen Segment der Zeitarbeit bewegen.

Von den mehr als 8.000 kleinen und mittelständischen Zeitarbeitsunternehmen beschäftigten 67,5 Prozent weniger als 50 Mitarbeiter (Bundesagentur für Arbeit, 2009a). Diese Unternehmen sind meist inhabergeführt und ausschließlich regional tätig. Sie werden oftmals auch bereits in der zweiten Generation in Familienhand geführt.

Diese Strukturdaten machen eines deutlich: Die Zeitarbeitsbranche wird von einer heterogenen Anbieterseite geprägt, für die es schwierig ist allgemeingültige Aussagen zu treffen. Die Anbieterstruktur erklärt auch, warum die Branche sich selbst sehr schwer tut, mit einer Stimme zu sprechen. In drei großen Arbeitgeberverbänden vereinigen sich die teilweise unterschiedlichen Interessen sehr kleiner, mittelständischer und großer Zeitarbeitsunternehmen, von denen auch einige weltweit agieren.

1.3 Veränderungen in der Nachfrage

War 1996 fast jeder zweite Mitarbeiter der Zeitarbeit in Metall- und Elektroberufen beschäftigt, so änderte sich dies innerhalb von 10 Jahren ganz erheblich. 2007 war der Anteil der Zeitarbeitskräfte, die in der Metall- und Elektroindustrie eingesetzt wurde, auf 23,5 Prozent geschrumpft. Eine deutliche Steigerung war im gleichen Zeitraum im Bereich der Helfertätigkeiten zu verzeichnen. Problematisch ist, das das nachfragestarke Helfersegment durch einen hohen Wettbewerbsdruck (ein Grund: Helfer beschäftigt fast jedes Zeitarbeitsunternehmen) und extrem sinkende Margen gekennzeichnet wird. Der Preisdruck ist so hoch, dass oftmals nur der billigste Anbieter zum Zuge kommt. Ausschreibungen, die teilweise über das Internet erfolgen, führen in der Zeitarbeit zu Verrechnungssätzen, bei denen das Zeitarbeitsunternehmen nur auf Kosten der überlassenen Mitarbeiter noch kostendeckend arbeiten kann.

In der Überlassung von Personal in Tätigkeiten, die in der Verwaltung, in Büros oder in Verbindung mit allgemeinen Dienstleistungen anzutreffen sind, scheint die Zukunft der Zeitarbeit zu liegen, wie die Abbildung 1 zeigt. Auch die technischen und Gesundheitsberufe scheinen ein wachstumspotenzial aufzuweisen. Hier sind deutliche Zuwächse seit 1996 zu verzeichnen. Der generelle Wandel in Deutschland weg von der Produktions- hin zur Dienstleistungsgesellschaft wirkt sich auch hier aus.

Abbildung 1: Nachfrageveränderungen bei der Zeitarbeit von 1996 bis 2007

Berufsgruppe	Anteil 1996 in % 1)	Anteil 2007 in % 2)	
Helfertätigkeiten	23,7%	33,2%	↗
Metall/Elektro	44,0%	23,5%	↘
Verwaltung/Büro/ Dienstleistungen	19,2%	25,2%	↗
Technische Berufe	3,5%	4,7%	↗
Gesundheitsberufe	0,6%	1,9%	↗

Quellen: 1) Dr. Wieselhuber & Partner GmbH, 2005 / 2) Bundesagentur für Arbeit, 2008

1.4 Status quo der Zeitarbeit

Auch die Branche „Zeitarbeit“ steht unter diesen Vorzeichen. Ihre Aufgaben sind komplexer geworden und teilweise auch vollständig neu definiert worden. Es kommen neue Aufgaben wie beispielsweise On-Site-Management hinzu, im Gegenzug sind aber auch manche elementaren Merkmale wie das Synchronisationsverbot oder die strikte Begrenzung der Überlassungsdauer weggefallen. Die Anforderungen an einen Markt, in dem sich Kundenunternehmen, Bewerber und Mitarbeiter, aber auch die Politik und die Gewerkschaften als Akteure bewegen und einbringen, haben sich in den letzten zehn Jahren vollkommen verändert.

Sah die Politik die Zeitarbeitsbranche als „Heilsbringer“ in Zeiten hoher Arbeitslosigkeit und griff sie durch die Einbeziehung in die Hartz-Reformen positiv in die Entwicklung dieser Branche ein, so ist die Zeitarbeitsbranche für viele Gewerkschaftsvertreter mehr denn je ein „rotes Tuch“ und gefährdet aus ihrer Sicht Stammarbeitsplätze in den Unternehmen.

Für Bewerber ist die Zeitarbeit eine Chance zum (Wieder-)Einstieg ins Berufleben, mit der reellen Aussicht in ein festes Arbeitsverhältnis übernommen zu werden. Für Kundenunternehmen ist sie ein wesentliches Instrument einer flexiblen Personalpolitik und damit auch ein Instrument zur Sicherung von Stammarbeitsplätzen in Deutschland. Kaum eine Branche wurde so gelobt und dennoch so gescholten wie die Zeitarbeitsbranche in den Jahren 2003 bis heute.

1.5 „Wir können alles“ - die gestrige Zeitarbeit heute

Die Geschäftsmodelle der „alten“ Zeitarbeit stehen seit der Einführung von Tarifverträgen und der Deregulierung der Branche auf dem Prüfstand. Die Zeiten von „wir können alles“ sind vorbei. War früher die Zeitarbeit eher dann gefragt, wenn es um das Abdecken von kurzfristigen Auftragsspitzen oder Personalengpässen, z.B. bei Krankheit eigener Mitarbeiter, ging, so wird die Zeitarbeit heute von Kundenunternehmen strategisch genutzt. Das bedeutet hier vor allem die Einbeziehung der Faktoren „schnelle Verfügbarkeit“ und „Kosteneinsparung“. Das Geschäft mit ungelernten Mitarbeitern, die in allen Bereichen eingesetzt werden können, ist zwar immer noch gefragt. Verdient wird hier jedoch nichts mehr. Verstärkt wird dies durch in der niedrigsten Entgeltgruppe konkurrierende Tarifverträge der Zeitarbeit, die teilweise ergänzt durch Haustarifverträge zu einer Abwärtsspirale in der Preisentwicklung führen. Die „alte“ Zeitarbeit steht unter einem Veränderungsdruck, der die klassischen Geschäftsmodelle auf den Prüfstand stellt (Deutscher Sparkassen- und Giroverband, 2008).

Hatten bis vor wenigen Jahren noch Gründer von Zeitarbeitsunternehmen, die „alles konnten“ und hier vor allem die austauschbare Zeitarbeit, gute Chancen am Markt, so hat sich dies gewandelt. Chancen mittelfristig einen aussichtsreichen Platz im Wettbewerb zu halten, haben schon heute nur Unternehmen, die ihre Dienstleistung über andere Argumente als über den Preis verkaufen. Unternehmen, die im reinen Helfergeschäft bzw. im ungelernten, angelernten und niedrig qualifizierten Bereich ihre Schwerpunkte setzen, sind austauschbar und werden durch den fortlaufenden Preiskampf über kurz oder lang in die Knie gezwungen.

Die Auseinandersetzung mit diesen Herausforderungen sowie das entschlossene Gegensteuern gegen die beschriebene Entwicklung gehören zu den wesentlichen Aufgaben von Unternehmern und Managern der Zeitarbeit. Die Überprüfung ihrer aktuellen Position und die daraus resultierende Neuausrichtung der Unternehmen waren und sind zwingend notwendig, um den mittelfristigen Fortbestand des jeweiligen Unternehmens zu sichern (Dr. Wieselhuber & Partner GmbH, 2005).

1.6 Die moderne Zeitarbeit - Herausforderungen morgen

Unternehmer der Zeitarbeit sind heute, wenn sie gut aufgestellt sind, auch als moderne Personaldienstleister anerkannt. Sie sind aufgefordert noch schneller und flexibler als in der Vergangenheit auf Veränderungen in ihrem Umfeld zu reagieren. Der Arbeitsmarkt und die Veränderungen auf der Kundenseite erfordern eine große Offenheit und Bereitschaft zur permanenten eigenen Fortbildung, zu schnellem Verarbeiten der bereits erlangten Erfahrungen und auch einen ausgeprägten Weitblick. Zeitarbeitsunternehmen waren und sind immer die ersten, die eine Veränderung am Markt feststellen können und müssen. Um dauerhaft erfolgreich am Markt präsent sein zu können, muss hierfür das „feeling" vorhanden sein.

Wenn die Konjunktur sich ändert, sind die Unternehmen der Zeitarbeit gefordert, entweder Personal schnellstmöglich aufzubauen, aber auch, was weit gravierender ist, als gut aufgestellte Personaldienstleister intelligente Lösungen für den sozial verantwortlichen Personalabbau in den Kundenunternehmen bereitzuhalten. Dies erfordert ein breites Kundenportfolio, das Möglichkeiten zum Auffangen dieser Mitarbeiter bietet.

Gleichzeitig sind die Unternehmen der Zeitarbeit auch die ersten, bei denen Spezialisten angefordert und neue Qualifikationen abgerufen werden, mit denen die aufkommenden Probleme in Kundenunternehmen bewältigt werden können. Die Personaldienstleister und Zeitarbeitsunternehmer, die diese Herausforderungen nicht erkennen und hier nicht zeitnah am Ball sind und dabei schon fast visionär vorgehen, bleiben auf der Strecke. Nur reagieren ist in Zukunft nicht mehr möglich. Nur wer agiert und sich immer wieder frühzeitig auf neue Entwicklungen einstellt, wird in dieser schnellen Zeit überleben können.

2 Handlungsfelder der Zeitarbeit

2.1 Zusatzdienstleistungen

Zeitarbeit als moderne Personaldienstleistung bietet mehr als die reine Überlassung des Personals. Themen wie Bewerbermanagement im Kundenauftrag, das Outsourcing der Personalabteilung, On-Site-Management, Projektmanagement und Interimsmanagement sind nur ein kleiner Teil dessen, was moderne Personaldienstleister, deren originäres Kerngeschäft eigentlich die Zeitarbeit ist, parallel anbieten.

Alleine das Thema „Interimsmanagement" zeigt hier deutliche Tendenzen. Die Auftragszuwächse der meist projektbezogenen Spezialisten, Führungskräfte und Manager, die entweder als Freelancer, im Rahmen eines Werkvertrages oder häufig auch über Arbeitnehmerüberlassung beschäftigt werden, weisen auf einen rasant steigenden Bedarf hin. Schon allein durch den verstärkten Einsatz dieser Fachkräfte verändert sich die Landschaft der klassischen Zeitarbeit deutlich.

2.2 Outplacement im unteren Verantwortungsbereich

Das Thema „Outplacement" war in der Vergangenheit eine Dienstleistung, die überwiegend im oberen Führungskräftesegment angeboten wurde. Im Laufe der letzten zehn Jahre nahm die Bedeutung zu. Wenn es dagegen darum ging Mitarbeiter freizusetzen, die mittleren oder unteren Einkommensgruppen zuzurechnen waren, wurde meist auf klassische Transfergesellschaften zurückgegriffen, in denen die Mitarbeiter „aufgefangen" wurden.

Bei einem solchen Personalabbau fand für gewöhnlich eine gezielte Betreuung und Begleitung von niedrig qualifizierten Kräften nur selten in der Zeit statt, in der das Arbeitsverhältnis noch bestand. Erst kurz vor dem oder am Austrittstermin kümmerte man sich um die Betroffenen. Und auch erst dann, wenn sich die Arbeitslosigkeit bereits konkret abzeichnete, wurden Weiterbildungsträger mit der fachlichen Qualifizierung betraut. Maßnahmen, die ein spezifisches Coaching bzw. die Betrachtung der Softskills umfassten, wurden dabei häufig außer Acht gelassen.

Im Zuge der Einführung der Gesetze zur Reform des Arbeitsmarkts (Hartz-Reformen) wurde auch dieser Bereich für die Zeitarbeit in Form von Personal-Service-Agenturen entdeckt. Leider blieb bei diesem, eigentlich sehr guten Gedanken, der Erfolg aus. Grund hierfür war sicherlich auch, dass man die Profis der Zeitarbeit bei der Umsetzung außen vor gelassen hat.

Viele Zeitarbeitsunternehmen sehen im Outplacement heute ein, ihre klassische Dienstleistung ergänzendes Betätigungsfeld. Auch Stammpersonal, das im Kundenunternehmen nicht mehr benötigt wird, kann je nach Qualifikation in der Zeitarbeit aufgefangen werden. Bei Bedarf können die an das Zeitarbeitsunternehmen „abgegebenen" Mitarbeiter zurück entliehen werden. Sie können unter Umständen sogar so lange bei dem Zeitarbeitsunternehmen beschäftigt werden, bis wieder eine Festanstellung beim ursprünglichen Arbeitgeber möglich ist.

Die Zeitarbeitsunternehmen sehen sich hier als Problemlöser und Begleiter in Krisenzeiten. Nirgendwo sind die Mitarbeiter aus einem Kundenunternehmen besser aufgehoben als bei einem Unternehmen, das lange partnerschaftliche Beziehungen im

Rahmen der Arbeitnehmerüberlassung mit dem alten Arbeitgeber gepflegt hat. Die Disponenten des Zeitarbeitsunternehmens kennen die Struktur des alten Arbeitgebers, sie wissen wie die Mitarbeiter „ticken", sie wissen bei welchem anderen Kundenunternehmen genau diese Mitarbeiter mit ihrem Know-how und ihrem Erfahrungsschatz hinpassen.

3 Visionen für die Branche

3.1 Der ideale Mitarbeiter

Der zukünftige Mitarbeiter, nicht nur der, der in der Zeitarbeit arbeitet, sondern auch ein Großteil der „normalen" Mitarbeiter wird ein neues Selbstbewusstsein entwickeln. Er wird projekt- und auftragsbezogen arbeiten, nicht weil er muss, sondern weil er will. Er wird sich permanent weiterbilden, vor allem durch ständig neue Aufgaben und Projekte. Hier sind auch die Zeitarbeitsunternehmen als Arbeitgeber gefordert. Anbieter der Zeitarbeit, die sich z.B. auf den Bereich Finanzen, Ingenieurdienstleistungen oder auch die Überlassung von Call-Center-Agents spezialisiert haben, bieten entsprechende Aus- bzw. Weiterbildungs- und Qualifizierungsmöglichkeiten für ihre Mitarbeiter an. Häufig stehen diese Einrichtungen auch den Mitarbeitern von Kundenunternehmen zur Weiterbildung zur Verfügung.

Deutlich sichtbar ist heute schon, dass die Mitarbeiter der Zeitarbeit als begehrte Spezialisten in den Kundenunternehmen mehr als erwünscht sind. Beispiele sind zu finden im Ingenieurbereich, bei SAP-Einführungen oder in der Projektarbeit. Die Mitarbeiter kommen als Profis mit externem Know-how, von dem das Kundenunternehmen profitieren kann. Sie bleiben solange sie benötigt werden und ziehen dann selbstbewusst mit einem sehr guten Standing weiter.

Die Zeitarbeitsbranche ist gefordert. Sie hat genauso mit der demografischen Entwicklung zu kämpfen wie andere Unternehmen und Branchen auch. Es ist bekannt, dass der Nachwuchs fehlt. Andererseits stehen aber viele erfahrene Mitarbeiter über 50 Jahre dem Arbeitsmarkt zur Verfügung. Im Januar 2009 waren 21.694 Ingenieure bei den Arbeitsagenturen als arbeitslos gemeldet (Bundesagentur für Arbeit, 2009b), an die Hälfte davon war älter als 50 Jahre (Verein Deutscher Ingenieure, 2009). Bei diesen Arbeitssuchenden ist häufig eine nicht ausreichende bzw. nicht mehr den heutigen Anforderungen entsprechende Qualifikation vorhanden. Die Softskills entsprechen teilweise nicht mehr dem, was in Unternehmen gefragt ist. Viele Betroffene haben vergessen sich um ihre Employability zu kümmern. Die fachlichen Kenntnisse sind häufig veraltet, die Einstellung der Arbeitssuchenden ist nicht zeitgemäß und ihre Flexibilität nicht ausreichend.

Hier kann und muss gerade die Zeitarbeitsbranche ansetzen. Einerseits kann sie junge Menschen, viele noch ohne einen qualifizierten Abschluss, dort abholen, wo sie stehen, diese anlernen, ausbilden, im Job begleiten und ihnen in eine berufliche Zukunft helfen. Andererseits ist die Branche auch die am besten geeignete, um die Arbeitnehmer, deren berufliche Qualifikation veraltet ist, im Arbeitsmarkt zu halten oder wieder in diesen zu integrieren. In der Vergangenheit wurden die älteren Arbeitskräfte durch staatliche Maßnahmen in überbetrieblichen Einrichtungen geschult. Sicherlich waren die Maßnahmen passend zu den fachlichen Anforderungen der Wirtschaft. Die Entwicklung der Softskills blieb jedoch häufig auf der Strecke, meist wurden die Defizite während der fachlichen Qualifizierung ignoriert. Die Folge für den Betroffenen war und ist eine langjährige und zum Teil immer währende Arbeitslosigkeit.

Intelligente und praxisnahe Konzepte mit Training im Job und in der Praxis sind inzwischen von Zeitarbeitsunternehmen entwickelt worden und werden von den Arbeitsagenturen gefördert. Qualifizierungspässe, die die fachliche Entwicklung von Mitarbeitern während ihrer Einsätze in Kundenunternehmen belegen, sind von Verbänden in Planung und von einigen Zeitarbeitsunternehmen bereits im Alleingang seit Jahren umgesetzt. Die Zeitarbeitsbranche übernimmt hier neue Aufgaben und füllt damit auch eine Lücke im System der beruflichen Ausbildung und Qualifizierung.

3.2 Der ideale Personaldisponent

3.2.1 Der Personaldisponent als Coach und Mentor

Als Coaches und Mentoren sind gut ausgebildete Disponenten von Zeitarbeitsfirmen der richtige Partner für Arbeitnehmer, die sich in einer sich schnell verändernden Arbeitswelt neu ausrichten und aufstellen müssen. Keiner weiß besser, wer wohin passt und wo jemand seine Nische finden kann. Zeitarbeitsunternehmen und ihre Disponenten sind permanent im Gespräch mit den Kundenunternehmen, den Fachabteilungen und den Personalern auf der Kundenseite. Sie erkennen zum einen frühzeitig deren Probleme und Bedürfnisse. Zum anderen stehen sie aber auch eng im Kontakt mit Arbeitssuchenden oder Kandidaten, die sich verändern möchten oder müssen.

Viele Disponenten werden sich noch auf eine Berater-, Coach- oder auch Mentorenrolle einstellen müssen. Ihre bisherigen Aufgabenfelder werden dadurch deutlich erweitert. Ein schnelles Hineinwachsen in diese Rolle und das aktive Wahrnehmen werden ein Muss sein. Das fordert ein Umdenken in vielen Zeitarbeitsunternehmen, die sich bislang nur als reine Personalbeschaffer, -recruiter und -betreuer gesehen haben. Der Coach, der Trainer und auch der Mentor werden nicht nur für die Arbeitssuchenden tätig sein, sondern auch als Berater für Unternehmen, Personalabteilungen und Fachabteilungen der Kundenunternehmen. Konsequenz: Die Anforderungen an die Mitarbeiter von Personaldienstleistern steigen weiter an. Eine Ausbildung bzw.

Zusatzqualifikation im Hinblick auf organisatorische oder psychologische Themen, eine Coachingausbildung oder die Qualifizierung zum Mentor dürfte in vielen Fällen angesagt sein.

Sicherlich wurden diese Aufgaben in der Vergangenheit bereits teilweise von einem „guten" Disponenten oder auch von gut aufgestellten Unternehmern der Zeitarbeit erfüllt. Mit viel Leidenschaft und Begeisterung übernahmen sie erfolgreich diese Aufgaben, für die bislang keine direkte Bezahlung erfolgte. Die Leistungen wurden selbstverständlich im Rahmen der Kunden- und Mitarbeiterbetreuung mit erbracht. Vergütet wurden sie indirekt durch einen überdurchschnittlichen Erfolg, der auf großem persönlichen Einsatz und Engagement basierte. Meist erfolgte jedoch keine reale Bezahlung in Form eines Honorars. Durch eine Professionalisierung dieses Angebots kann aber in Zukunft ein neues Betätigungsfeld deutlich werden. Die Dienstleistung, der Einsatz und die persönlichen Fähigkeiten der Personaldienstleister werden dadurch besser sichtbar. Ziel muss es sein, diese Qualität konkret auszuformulieren und zu vermarkten, damit sie letztlich auch honoriert wird. Das einfache Abgelten durch einen guten Verrechnungssatz und eine angenehme Kundenbeziehung sollten in Zukunft zur absoluten Ausnahme werden.

Die Tätigkeit als Coach kann in Zukunft von Arbeitsagenturen und ARGEn vergütet werden. Arbeitssuchende haben inzwischen in vielen Fällen einen Anspruch auf finanzielle Förderung, wenn sie Beratung außerhalb der Agenturen und ARGEn in Anspruch nehmen. Sie werden von Coachs bei der Jobsuche professionell beraten, beim Bewerbungsverfahren unterstützt und auch nach der Arbeitsaufnahme solange begleitet, bis sichergestellt ist, dass sie sich in das neue berufliche Umfeld gut eingefunden haben. Zahlreiche Arbeitssuchende haben inzwischen auch erkannt, dass die Dienstleistung, die von den Coachs erbracht werden kann, sehr hilfreich und auch wertvoll sein kann. Arbeitssuchende, die keinen Anspruch auf finanzielle Unterstützung der Arbeitsagenturen und ARGEn haben, sind deshalb zum Teil sogar bereit, die Dienstleistung selbst zu vergüten.

3.2.2 Der Personaldisponent als Problemlöser auf Augenhöhe

Der Personaldisponent ist gut beraten, wenn er vor einer Stellenbesetzung sehr genau versucht, die Besonderheiten und Bedürfnisse des Kundenunternehmens zu ergründen. Sich ausschließlich auf die Informationen zu stützen, die das Kundenunternehmen per Telefon, E-Mail oder Fax mitteilt, kann funktionieren. Die Wahrscheinlichkeit, dass jedoch weder der Kunde noch die überlassenen Mitarbeiter tatsächlich zufrieden sein werden, ist groß. Der Personaldisponent darf seine Aufgabe nicht nur darin sehen, ausschließlich die benötigte Qualifikation, den gewünschten Zeitpunkt und die Anzahl der erforderlichen Mitarbeiter zu erfragen. Er muss vielmehr versuchen zu ergründen, in welchem Umfeld die von ihm betreuten Mitarbeiter eingesetzt werden sollen, wie die „Chemie“ sein muss, wie die Menschen im Kundenunternehmen „ticken“, wie die „Denke“ im Unternehmen ist und wo vielleicht Probleme auftreten können. Hat das Kundenunternehmen gerade Mitarbeiter entlassen? Ist eine hohe Fluktuation in der Abteilung oder hat man negative Erfahrungen mit anderen Personaldienstleistern und ihren Mitarbeitern gemacht? Gibt es Probleme mit dem Betriebsrat bezüglich der Einstellung von Zeitarbeitnehmern? Diese und viele weitere Informationen müssen erfragt werden. Sie sollten beim Personaldisponenten mit in die Überlegungen einfließen, welcher Mitarbeiter zu dem Kundenunternehmen passen könnte.

Der Personaldisponent muss sich dafür interessieren, welchen Stellenwert der Einsatz von Zeitarbeitskräften im Kundenunternehmen hat. Er muss sich informieren, welche Dienstleistung von ihm erwartet wird. Ist er der reine Lieferant von Arbeitskräften? Kann oder soll er auch beratend tätig sein? Er sollte durch die richtigen Fragen, durch seine Persönlichkeit und seine Kompetenz dafür sorgen, dass er als Problemlöser und vollwertiger Partner anerkannt wird.

3.3 Der ideale Partner aus Sicht des Kundenunternehmens

Die im Abschnitt 1.2 dargestellte Fragmentierung des Marktes macht deutlich, wie schwer Geschäftsführer, Personaler, Einkäufer oder auch Fachabteilungen die Entscheidung fallen kann, mit welchem Personaldienstleister sie zusammenarbeiten wollen. Sollen sie sich für einen Global Player, ein mittelständisches Unternehmen oder für einen kleinen Nischenanbieter entscheiden?

3.3.1 Entscheidungskriterien für die Auswahl des Personaldienstleisters

Ganz entscheidend ist für die Auswahlentscheidung die Frage nach der Qualifikation und Anzahl der benötigten Mitarbeiter. Tritt der Personalbedarf eher selten auf und spielt der Einsatz von Mitarbeitern der Zeitarbeit keine Rolle in der strategischen Unternehmensplanung, dann reicht ein Anruf bei zwei oder drei Personaldienstleistern. Die Entscheidung für ein weltbekanntes Konzernunternehmen der Zeitarbeit oder für einen kleinen regionalen Anbieter ist in diesen Fällen eine Zufalls- oder „Bauchentscheidung“. Die finanziellen Unterschiede spielen kaum eine Rolle. Eher wird sich das Kundenunternehmen letztendlich für den Dienstleister entscheiden, der den optimal passenden Kandidaten präsentiert.

Besteht jedoch regelmäßig ein großer Personalbedarf, so ist es dringend erforderlich den Markt zu durchleuchten und den bzw. die passenden Partner zu suchen. Die Überlegungen sollten dabei von folgenden Fragen ausgehen:

- Ist der Einsatz von Zeitarbeitsmitarbeitern ein strategisches Instrument der Personal- und Unternehmenspolitik?
- Welche Ziele werden mit dem Einsatz von Zeitarbeitsmitarbeitern verfolgt?
- Will man eine passgenaue Zahl von „Köpfen" oder zählt die Qualifikation bzw. das Individuum mit seinem jeweiligen Wissen?
- Wie ist das gelebte „Menschenbild" im Unternehmen und welcher Personaldienstleister passt dazu?
- Sollen die Mitarbeiter der Zeitarbeit ins Unternehmen integriert werden oder sollen sie „draußen bleiben"?
- Soll der Personaldienstleister reiner Personalbeschaffer sein oder soll er auf gleicher Augenhöhe partnerschaftlich seine Dienstleistung erbringen?
- Benötigt der Personaldienstleister Kenntnisse aus der Branche, sollte er ein „Nischenanbieter" sein, sich auf bestimmte Branchen spezialisiert haben oder kann er ein Allrounder der Zeitarbeit sein?
- Soll der Personaldienstleister der Problemlöser oder auch ein (outgesourcter) Teil der Personalabteilung sein?
- Ist eine langfristige Zusammenarbeit angestrebt?
- Will man mit einem Partner arbeiten oder möchte man sich auf mehrere Dienstleister stützen.

Sind diese Fragen beantwortet, dann wird es einfach sein, den oder die passenden Partner zu finden.

3.3.2 Zusammenarbeit mit dem Personaldienstleister

Die Zusammenarbeit zwischen dem Entleihunternehmen und dem Personaldienstleister sollte offen und vertrauensvoll sein. Wesentliche Punkte sollten unbedingt im Vorfeld besprochen und geregelt werden. Für den Personaldienstleister ist ganz wesentlich, dass er ein genaues Anforderungsprofil von der Kundenseite mit Zusatz- und Hintergrundinformationen erhält. Dazu zählen:

- fachliche Anforderungen,
- persönliche Anforderungen,
- Beschreibung des Arbeitsumfeldes (Arbeitszeiten, Regeln am Arbeitsplatz, Ausstattung des Arbeitsplatzes, etc.),
- Hinweise auf Besonderheiten (was gilt es zu beachten, was könnte zu Problemen führen?),
- Hintergründe, warum der Arbeitsplatz besetzt werden soll (z.B. Krankheit, Kündigung des bisherigen Stelleninhabers).

Nicht der Verrechnungssatz pro Stunde sollte ausschlaggebend bei der Entscheidung für einen vorgeschlagenen Kandidaten sein, sondern dessen Qualifikation und dessen Persönlichkeit. Damit hier eine fundierte Entscheidung getroffen werden kann, sollte der Personaldienstleister ein umfassendes schriftliches Profil seines Mitarbeiters vorlegen. Auf Wunsch sollte ihm und seinem Kandidaten die Möglichkeit gegeben werden, den Arbeitsplatz, den Vorgesetzten und ggf. auch die Kollegen kennen zu lernen. Dieser Wunsch wird weniger vorhanden sein, wenn es sich um niedrig qualifizierte Tätigkeiten handelt, für die eine große Anzahl von Mitarbeitern benötigt werden. Groß ist dieser Wunsch jedoch, wenn es sich um längerfristig geplante Einsätze handelt, die eine besondere Qualifikation erfordern. Je qualifizierter ein Mitarbeiter ist, desto dringender wird er den Wunsch äußern, vor einer Entscheidung ein persönliches Gespräch vor Ort führen zu können.

4 Fazit

Die Welt der Zeitarbeit hat sich bereits verändert. „Wir können alles" wird schon bald nicht mehr die Normalität sein. Durch erweiterte Kompetenz, ein neues Selbstverständnis als Partner, Berater und Problemlöser haben Personaldienstleister heute eine andere Daseinsberechtigung als in den vergangenen 30 Jahren. Ihr Image hat sich verändert. Die Zeitarbeitsunternehmen bilden inzwischen eine anerkannte Branche, an der niemand mehr vorbeikommt oder gar von obendrauf schauen kann. Veränderungsbereite und unternehmerisch denkende Personaldienstleister, die sich den aktuellen Herausforderungen mutig stellen, haben ganz sicher eine große Zukunft!

Quellenverzeichnis

BUNDESAGENTUR FÜR ARBEIT (2009A). Statistik der Bundesagentur für Arbeit, Arbeitsmarkt in Zahlen, Arbeitnehmerüberlassung 1. Halbjahr 2008. Nürnberg.

BUNDESAGENTUR FÜR ARBEIT (2009B). Statistik der Bundesagentur für Arbeit, Arbeitslose nach Berufen, Januar 2009. Nürnberg.

DEUTSCHER SPARKASSEN- UND GIROVERBAND (2008). BranchenReport 2008 Personal- und Stellenvermittlung. Stuttgart.

DR. WIESELHUBER & PARTNER GMBH (2005). Zeitarbeit in Deutschland – Zeit für neue Strategien. Vortragsfolien. München.

FELDMEIER, G., LUKAS, W. & SIMMET, H. (2007). Globalisierung KMU: Entwicklungstendenzen, Erfolgskonzepte und Handlungsempfehlungen. Leonberg.

LÜNENDONK GMBH (2008). Lünendonk-Studie 2008: Führende Zeitarbeits- und Personaldienstleistungsunternehmen in Deutschland. Kaufbeuren.

VEREIN DEUTSCHER INGENIEURE (2009). Arbeitsmarktdaten Ingenieurwissenschaften. http://www.vdi-monitoring.de/index5.php (21.02.2009).

Werner Stolz

Rechtliche Entwicklungstendenzen der Zeitarbeit und branchenpolitische Herausforderungen

Die Zeitarbeitsbranche gehört zu einem wachsenden und sich schnell verändernden Wirtschaftssektor. Kaum jemals hat eine Branche einen so rasanten Wandel vollzogen von einem allenfalls geduldeten Randbereich der Volkswirtschaft zu einem modernen Flexibilitätsfaktor der Wirtschaft und einen auf innovative Impulse wartenden Arbeitsmarkt. Die Zeitarbeit habe, so Thüsing (2005, S. V), durch die „Hartz-Reformen" den „Ritterschlag von Gesetzgebung und Rechtsprechung erhalten".

Allerdings steht diese moderne Beschäftigungsform nach wie vor im kritischen Fokus der Politik und der Medienberichterstattung. Insoweit soll nachfolgend eingehender untersucht werden, welche rechtlichen Rahmenbedingungen bzw. Entwicklungstendenzen Stein des Anstoßes waren bzw. sind und vor welchen branchenpolitischen Herausforderungen die Zeitarbeitsbranche steht.

1 Das Arbeitnehmerüberlassungsgesetz im Wandel

Um entstehenden Missständen, wie insbesondere Unregelmäßigkeiten bei der Abführung von Sozialversicherungsbeiträgen, entgegenzuwirken und die gewerbliche Zeitarbeit sozialverträglich für Arbeitsmarkt und betroffene Arbeitnehmer zu regeln, wurde das Gesetz zur Regelung der gewerblichen Arbeitnehmerüberlassung (Arbeitnehmerüberlassungsgesetz – AÜG) geschaffen, das 1972 in Kraft trat.

Ab Mitte der 80er Jahre zeigte sich eine deutliche Tendenz zur Liberalisierung des Rechtes der Arbeitnehmerüberlassung. Diese erfolgte zum Zwecke der Ausdehnung des Arbeitsplatzangebotes und schlug sich in der Gesetzgebung zur Beschäftigungsförderung nieder.

Im Rahmen des 1997 abgeschlossenen umfangreichen Gesetzesvorhabens zur Arbeitsförderung brachte die Gesetzesbegründung dieses gesetzgeberische Ziel wie folgt zum Ausdruck: „Auch im Recht der Arbeitnehmerüberlassung (sind) beschäftigungshemmende Vorschriften aufzuheben und Hindernisse zu beseitigen, die einer Nutzung der gewerbsmäßigen Arbeitnehmerüberlassung zur Schaffung zusätzlicher Arbeitsplätze entgegenstehen. Die Reform des Arbeitnehmerüberlassungsrechts ermöglicht es, noch besser als bisher die Bedürfnisse der Wirtschaft nach flexiblem Personaleinsatz durch sozial gesicherte, arbeitsrechtlich verträgliche und arbeitsmarktpolitisch nützliche Beschäftigungsverhältnisse zu erfüllen" (Bundestags-Drucksache 13/4941, S. 247).

2 Die reformierten Rahmenbedingungen der Zeitarbeitsbranche

Auf der Grundlage des Berichtes der Hartz-Kommission, der zur Effizienzsteigerung der Arbeit von Zeitarbeitsfirmen und den neu konzipierten Personal-Service-Agenturen eine Aufhebung gesetzlicher Beschränkungen des AÜG forderte, fand diese Entwicklung Ende 2002 mit den Gesetzen für moderne Dienstleistungen am Arbeitsmarkt ihren vorläufigen Schlusspunkt. Durch die damit bezweckte Förderung der im europäischen Vergleich unterdurchschnittlich entwickelten Zeitarbeit in Deutschland sollte zum einen durch die Reduzierung von Arbeitslosigkeit der Arbeitsmarkt entlastet werden. Zum anderen sollten die gesetzlichen Neuregelungen die Rahmenbedingungen der Zeitarbeit sozial ausgewogen gestalten und damit die gesellschaftliche Akzeptanz dieser Arbeitsform deutlich erhöhen.

Damit hat das AÜG in seiner jetzigen Fassung nur noch wenig mit seiner ursprünglichen Gestalt gemein: Verbunden mit der Abkehr vom Alleinvermittlungsrecht der Bundesanstalt für Arbeit wurde die Möglichkeit der gewerblichen Arbeitnehmerüberlassung kontinuierlich ausgeweitet. Beispielsweise wurde die Höchstbeschränkung der Überlassungsdauer des Arbeitnehmers in den Entleiherbetrieb, die von anfangs drei Monaten (1972) schrittweise bis auf 24 Monate heraufgesetzt worden ist, inzwischen genauso aufgehoben wie das Synchronisationsverbot. Gleichzeitig wurden mit der Einfügung des Gleichstellungsgrundsatzes erstmalig gesetzliche Mindestarbeitsbedingungen für Zeitarbeitskräfte verankert.

2.1 Die Erlaubnispflicht

Die Reformen des Arbeitnehmerüberlassungsgesetzes haben an der grundsätzlichen Erlaubnispflicht aller Marktteilnehmer nichts geändert. Nach wie vor unterliegt die gewerbsmäßige Arbeitnehmerüberlassung rechtstechnisch einem Verbot mit Erlaubnisvorbehalt. Diese Form der Dienstverschaffung ist also grundsätzlich verboten und nur dann gestattet, wenn die zuständige Regionaldirektion der Bundesagentur für Arbeit die Erlaubnis, zunächst auf ein Jahr befristet, erteilt. Der Verleiher muss drei Jahre warten, bis seine zunächst jeweils auf ein Jahr befristete Erlaubnis unbefristet erteilt wird (§ 2 Abs. 5 AÜG).

Der Gesetzgeber verschafft diesem Verbot Nachdruck, in dem er die Überlassung ohne Erlaubnis mit erheblichen Geldbußen (bis zu 25.000 Euro) belegt, und zwar sowohl für den Verleiher als auch für den Entleiher. In § 3 AÜG beschreibt der Gesetzgeber

Gründe, wann ein Antrag auf Erlaubnis oder auf Verlängerung abzulehnen ist. Nach § 3 Abs. 1 AÜG muss der Antragsteller zur Ausübung der Arbeitnehmerüberlassung die erforderliche Zuverlässigkeit besitzen, welche an der Einhaltung der arbeitsrechtlichen Pflichten, der Vorschriften des Arbeitsschutzrechts und des Sozialversicherungsrechts gemessen wird. Der Antragsteller hat ferner seine Betriebsorganisation so zu gestalten, dass er seine Pflichten als Arbeitgeber einwandfrei erfüllen kann. Des Weiteren muss der Antragsteller dafür Sorge tragen, dass der Leiharbeitnehmer die gleichen Arbeitsbedingungen (equal treatment) einschließlich des Arbeitsentgeltes (equal payment) erhält wie ein vergleichbarer Stammmitarbeiter des Entleiherbetriebes, es sei denn, es gilt für das Unternehmen ein branchenbezogener Tarifvertrag.

Mit Ausnahme von England, den Niederlanden, Dänemark, Finnland und Schweden gilt ansonsten in der EU ebenfalls diese Erlaubnispflicht. Für diese Regelung spricht, dass sie dazu beitragen kann, unseriöse Anbieter vom Markt fernzuhalten bzw. die Erlaubnisse bei schwerwiegenden Verstößen zu widerrufen.

2.2 Das Gleichstellungsprinzip und dessen Abwendung durch Tarifvertrag

Mit dem Ersten Gesetz für moderne Dienstleistungen am Arbeitsmarkt wurde das Gleichstellungsgebot in das Arbeitnehmerüberlassungsgesetz neu eingeführt. Dieses beinhaltet, dass dem Zeitarbeitnehmer die im Betrieb des Kundenbetriebes für einen vergleichbaren Arbeitnehmer geltenden wesentlichen Arbeitsbedingungen einschließlich des Arbeitsentgelts gewährt werden muss. Kurz vor Verabschiedung wurde das Gesetz noch um eine Tariföffnungsklausel ergänzt, die es Zeitarbeitsunternehmen erlaubt, durch Tarifvertrag das Gleichstellungsgebot abzuwenden (§§ 3 Abs. 1 Nr. 3, 9 Nr. 2 a.E. AÜG).

Dieses „equal payment-Prinzip“ hat wesentliche Nachteile und wird deshalb von den Zeitarbeitsunternehmen bisher in der Praxis kaum angewendet: Zum einen bedeutet die Gewährung gleicher finanzieller Arbeitsbedingungen, dass ein bisheriger Kostenvorteil der Zeitarbeit verloren geht. Zum anderen müsste der Kundenbetrieb seine Gehalts-/Lohnstrukturen offenbaren. Und auch die Zeitarbeitskräfte könnten ihr Einkommen nur schwerlich kalkulieren, soweit sie in unterschiedlichen Einsätzen mit variablen Arbeitsbedingungen tätig werden – was jedoch die Regel ist. Das hat dazu geführt, dass nach Schätzungen des Interessenverbandes Deutscher Zeitarbeitsunternehmen - iGZ e.V. etwa 95 Prozent der externen Mitarbeiter nach einschlägigen Zeitarbeitstarifen vergütet werden.

2.3 Abschaffung von Sonderregelungen

Mit der Reform entfielen einige Sonderregelungen des Arbeitnehmerüberlassungsgesetzes. Der Gesetzgeber begründete dies mit der Einführung des Gleichbehandlungsgebotes, die einen erhöhten Schutz von Zeitarbeitnehmern nicht mehr erforderlich mache (Bundestags-Drucksache 15/25 S. 39).

2.3.1 Synchronisationsverbot

Da die Suche nach geeigneten Kundenbetrieben zum typischen Geschäftsrisiko der Personaldienstleister zählt, schuf der Gesetzgeber das Verbot, dass das Zeitarbeitsunternehmen die Dauer des Arbeitsverhältnisses nicht wiederholt auf die Zeit der erstmaligen Überlassung beschränken darf (sog. Synchronisationsverbot). Es soll allein das Risiko des Anbieters sein, einen weiteren Einsatzort zu finden. Findet er ihn nicht, will man ihm wenigstens die Unwägbarkeiten des Kündigungsschutzgesetzes zumuten.

Die Streichung des Synchronisationsverbotes hat die rechtlichen Möglichkeiten der Befristung aber in der Praxis kaum verändert. Zwar könnte man in einem zeitlich begrenzten Auftrag eines Kunden einen „vorübergehenden Bedarf" im Sinne des § 14 Abs. 1 Satz 2 Nr. 1 Teilzeit- und Befristungsgesetzes (TzBfG) sehen. Dies wird jedoch von der Rechtsprechung und überwiegenden Literaturmeinung mit dem Argument „typisches Arbeitnehmerüberlassungsrisiko" kategorisch abgelehnt.

Insgesamt ist durch die Streichung des Synchronisationsverbots im AÜG und die nur für Experten nachvollziehbare Aufrechterhaltung der Beschränkung durch die „Hintertür" des Teilzeit- und Befristungsgesetzes ein nicht geringes Maß an Rechtsunsicherheit eingetreten. Lege lata wäre es besser und dem Arbeitsmarkt sachdienlicher, der Zeitarbeitsbranche auch eine bedarfsmäßige Befristung zu ermöglichen.

2.3.2 Streichung der Höchstüberlassungsdauer

Kennzeichen der Arbeitnehmerüberlassung war seit der gesetzlichen Festschreibung die Begrenzung der Höchstüberlassungsdauer. Zu Beginn des Arbeitnehmerüberlassungsrechts durfte der Verleiher ohne Unterbrechung höchstens drei Monate den Leiharbeitnehmer beim selben Entleiher belassen. Bis zu deren Streichung wurde diese Höchstgrenze durch verschiedene Reformgesetze auf 24 Monate ausgeweitet.

Aus dieser gesetzlichen Restriktion ließ sich das grundsätzliche Misstrauen des Gesetzgebers gegenüber der Arbeitnehmerüberlassung deutlich ablesen. Die Abschaffung dieser Beschränkung kann in seiner Bedeutung gar nicht hoch genug eingeschätzt werden. Den Zeitarbeitsfirmen ist es nun möglich, langfristige Rahmenverträge abzuschließen und damit Planungssicherheit zu gewinnen. Zwar gibt es nach wie vor einen Markt für die kurzfristige Überlassung von Mitarbeitern zum Zwecke der Deckung eines vorübergehenden Personalbedarfs. Hinzu treten inzwischen aber verstärkt noch mittel- und langfristige Aufträge, wie etwa, dass ein Personaldienstleister die Organisation des gesamten externen Personalbedarfs übernimmt (On-Site-Management).

2.3.3 Weitere Liberalisierungen

Das Wiedereinstellungsverbot untersagte die wiederholte Einstellung innerhalb von drei Monaten nach vorheriger Arbeitgeberkündigung (§§ 3 Abs. 1 Nr. 4, 9 Nr. 3 AÜG a.F.). Die Aufhebung dieser Regelung ist ebenfalls eine sinnvolle Erleichterung, weil die Zeitarbeit eine Branche ist, die auf Fluktuation schnell und unbürokratisch reagieren muss. Aufträge werden von Kundenseite gekündigt, der Arbeitnehmer muss dann anderweitig eingesetzt oder entlassen werden, falls keine passende Anschlusstätigkeit vorhanden ist. Es kommt jedoch immer wieder vor, dass derselbe Kunde kurze Zeit später mit einem neuen Auftrag kommt und das Zeitarbeitsunternehmen logischerweise auf die bereits eingearbeitete Zeitarbeitskraft zurückgreifen möchte. Dem steht nach jetziger Gesetzeslage nichts mehr entgegen.

3 Neue europäische Rahmenbedingungen

3.1 Erlass der Richtlinie des Europäischen Parlaments und des Rates über Leiharbeit

Der zuständige EU-Ausschuss für Beschäftigung und soziale Angelegenheiten empfahl dem Plenum des Parlamentes am 22. Oktober 2008, den Gemeinsamen Standpunkt des Ministerrats zur Richtlinie über Leiharbeit ohne Änderungen zu billigen, was auch mit großer Mehrheit fraktionsübergreifend geschehen ist (Rat der Europäischen Gemeinschaft, 2008).

Mit dieser seit 2001 diskutierten Richtlinie wird jetzt ein vereinheitlichter europäischer Rahmen für die Arbeitnehmerüberlassung geschaffen. Erklärtes Ziel hierbei ist, zur

Entwicklung von neuen flexiblen Arbeitsformen beizutragen und dabei gleichzeitig den notwendigen Mindestschutz der Arbeitnehmer zu gewährleisten.

Von besonderer Bedeutung war den EU-Parlamentariern die Gewährleistung der Gleichbehandlung der verschiedenen Arbeitnehmer in den Einsatzbetrieben, einschließlich des Arbeitsentgelts. Auch schloss sich der Rat der Auffassung an, dass die Gleichbehandlung ab dem ersten Arbeitstag die allgemeine Regel sein sollte und jede Abweichung von diesem Grundsatz zwischen den Sozialpartnern durch Tarifverträge oder Vereinbarungen auf nationaler Ebene abgestimmt werden muss.

Die Änderungsanträge des Parlaments zur Definition „wesentlicher Arbeits- und Beschäftigungsbedingungen" der Leiharbeitnehmer, insbesondere die Einbeziehung des Arbeitsentgelts, sind ebenfalls in den Gemeinsamen Standpunkt eingeflossen. Schließlich wurden auch die Änderungsanträge zum Zugang zu Beschäftigung, Gemeinschaftseinrichtungen und beruflicher Bildung sowie zur Vertretung der Leiharbeitnehmer im Gemeinsamen Standpunkt beibehalten.

Die Zustimmung des Europäischen Parlaments zu dem von den Arbeitsministern der EU nach jahrelangen Verhandlungen gefundenen Kompromiss zur Zeitarbeitsrichtlinie ist ein Zeichen für das Wachsen des sozialen Europas. Die Richtlinie sichert den Zeitarbeitskräften erstmals europaweite Mindeststandards für ihre Arbeitsbedingungen und schreibt den Grundsatz „Gleiches Geld für gleiche Arbeit" fest. Dieser Grundsatz gilt in Deutschland bereits wie dargelegt seit der AÜG-Reform im Jahre 2004. Ausnahmen von diesem Grundsatz sind in Deutschland bei der Anwendung von Tarifverträgen möglich. Diese Ausnahme lässt die EU-Richtlinie ebenfalls ausdrücklich zu, so dass es in Deutschland keinen wesentlichen gesetzlichen Anpassungsbedarf geben wird.

Das neue EU-Leitbild der Arbeitnehmerüberlassung wird damit deutlich: Der Wettbewerb der Unternehmen soll über die Qualität der Personaldienstleistung und nicht auf dem Rücken der Arbeitnehmer ausgetragen werden.

3.2 EU-Richtlinie Dienstleistungsfreiheit

Zwei Jahre nachdem die EU-Kommission den Richtlinienentwurf über Dienstleistungen im Binnenmarkt vorgelegt hat, stimmte das Europäische Parlament am 16. Februar 2006 hierüber ab. Es unterstützte dabei den Vorschlag, die Zeitarbeit aus dem Geltungsbereich herauszunehmen. Insbesondere das vorgesehene Herkunftslandprinzip hätte für die Zeitarbeit ansonsten fatale Folgen gehabt. So hätten für ausländische Unternehmen nicht die deutschen Regelungen gegolten und deutsche Personaldienstleister wären durch deutlich niedrigere ausländische Angebote vom Markt verdrängt worden.

3.3 Ausweitung des Arbeitnehmer-Entsendegesetzes

Im Februar 2009 ist die Novelle des Arbeitnehmer-Entsendegesetzes (AEntG) in Kraft getreten. Dieses Gesetz legt fest, dass auch für Arbeitnehmer, die aus dem Ausland nach Deutschland entsendet werden, zwingend die Rechtsnormen eines für allgemeinverbindlich erklärten Tarifvertrages gelten. Zudem werden in dem Gesetz die Branchen genannt, in denen dies gelten soll.

Die wesentlichen Sozialpartner der Zeitarbeitsbranche (iGZ und BZA auf der Arbeitgeberseite und die Tarifgemeinschaft Zeitarbeit der Mitgliedsgewerkschaften beim DGB auf Arbeitnehmerseite), haben Ende März 2008 beim Bundesministerium für Arbeit und Soziales einen Antrag auf Aufnahme der Zeitarbeitsbranche in das erweiterte Arbeitnehmer-Entsendegesetz gestellt. Ziel ist dabei, dass der von diesen Tarifpartnern bereits am 31. Mai 2006 ausgehandelte „Tarifvertrag zur Regelung von Mindestarbeitsbedingungen" durch eine Allgemeinverbindlichkeitserklärung des Bundesarbeitsministers auf dem Verordnungswege in Kraft treten kann.

Teilweise werden Bedenken gegen die Aufnahme der Zeitarbeit in das Arbeitnehmer-Entsendegesetz artikuliert. Zur Begründung verweisen einige darauf, dass es in der Zeitarbeit eine Tarifbindung von nahezu 100 Prozent gebe. Ein Wettlauf der Löhne nach unten sei in der Branche deshalb nicht zu befürchten. Zwar stimmt: Die Tarifbindung in der Zeitarbeit ist tatsächlich hoch. Aber das beruht auf einer gesetzlichen Besonderheit: Im Arbeitnehmerüberlassungsgesetz ist eine Öffnungsklausel enthalten, wonach die Tarifparteien vom Gleichstellungsgrundsatz auch nach unten abweichen können. Davon haben die Tarifparteien großflächig Gebrauch gemacht. Die Tarifbedingungen in der Zeitarbeit weichen nicht generell, aber eben zum Teil, erheblich von dem gesetzlichen Leitbild „Gleicher Lohn für gleiche Arbeit" des Arbeitnehmerüberlassungsgesetzes ab. Daher ist die weit verbreitete Anwendung von Tarifverträgen in der Zeitarbeit grundsätzlich gerade kein Ausweis besonders hoher sozialer Standards, sondern den Besonderheiten der Arbeitnehmerüberlassung geschuldet. Besonders die von den „Christlichen Gewerkschaften (CGZP) zahlreich abgeschlossenen Haustarifverträge sehen teilweise Löhne von unter fünf Euro vor, die dem gesetzlichen Leitbild massiv widersprechen, den Anwenderfirmen legales Lohndumping ermöglichen und den Staat auch noch als sozialen Ausfallbürgen missbrauchen (Zahlung von Aufstockungsunterhalt).

Außerdem blenden die Kritiker auch völlig die grenzüberschreitende Dimension der Angelegenheit aus. In Europa gilt die Arbeitnehmerfreizügigkeit - spätestens ab 2011 auch für acht weitere mittel- und osteuropäische EU-Mitgliedstaaten. Die deutschen Zeitarbeitskräfte stehen dann in Konkurrenz mit ihren Kollegen, die z. B. aus Polen und Lettland entsandt werden. Wenn hier keine allgemeinverbindlichen Mindestlöhne über das Arbeitnehmer-Entsendegesetz geschaffen werden, gelten solche Lohnbedingungen in Deutschland und es kommt zu massiven sozialen Verwerfungen in der Branche.

Gleichwohl haben sich die Koalitionspartner der Bundesregierung im Januar 2009 (noch) nicht darauf verständigen können, die Zeitarbeitsbranche in das Arbeitnehmer-Entsendegesetz aufzunehmen. Stattdessen soll im Arbeitnehmerüberlassungsgesetz jetzt eine „Lohnuntergrenze etabliert werden, die die Tarifautonomie wahrt". Umstritten ist allerdings, welcher Maßstab hierbei anzulegen ist: Orientierung an den niedrigsten (abgesenkten) Einstiegs-Flächentarifvertragslöhnen in der Branche (6,50 Euro West; 6,00 Euro Ost) oder an den Standard-Einstiegsentgelten (7,31 Euro West; 6,36 Euro Ost).

4 Branchenpolitische Herausforderungen

Es ist noch gar nicht so lange her, dass die Zeitarbeitsbranche in der öffentlichen Diskussion fortwährend am Pranger stand. Sie galt vielen als „Schmuddelbranche", die unter dem Generalverdacht stand, durch unfaire Arbeitsverhältnisse die Arbeitnehmer auszubeuten und ihnen elementare Arbeitnehmerrechte vorzuenthalten.

Die 2002 verabschiedete und 2004 in Kraft getretene Reform des Gesetzes zur Arbeitnehmerüberlassung leitete die gesellschaftspolitische Wende ein. Diese Novelle bietet ein gutes Beispiel dafür, wie die berechtigten Interessen von Arbeitgebern berücksichtigt und gleichzeitig die Arbeitnehmer angemessen sozial geschützt werden können. Bei der Reform der Arbeitnehmerüberlassung war allen Beteiligten bewusst, dass nur aus einem fairen Interessenausgleich eine Win-Win-Situation erwachsen kann.

Der Gesetzgeber hat sich dabei allerdings Branchen-Tarifverträge nach Meinung des Bundesministers für Arbeit und Soziales Olaf Scholz vorgestellt, die starke Sozialpartner im Kräftespiel auf gleicher Augenhöhe als Kompromiss aushandeln. Tarifverträge, die einzig und allein dem Ziel dienen, den Gleichstellungsgrundsatz zu umgehen und Lohndrückerei zu Lasten der Zeitarbeitskräfte und Stammbelegschaften zu betreiben, entsprechen nicht den Vorstellungen des Reformgesetzgebers (Scholz, 2008).

Das gewachsene Renommee einer lange desavouierten Branche darf nicht leichtfertig wieder verspielt werden. Neben einer wachsamen Öffentlichkeit, die auf Fehlentwicklungen hinweist, sowie der gesetzlichen Nachjustierung etwa beim Arbeitnehmer-Entsendegesetz kommt dabei den seriösen Zeitarbeitsakteuren ebenfalls eine besondere Bedeutung zu, sich von „schwarzen Branchenschafen" strikt abzugrenzen.

In Anbetracht dieser Aspekte hat der Münsteraner Politikwissenschaftler Wichard Woyke (2006) der Zeitarbeit zu Recht eine „Selbstheilungsfunktion des Arbeitsmarktes aus der Wirtschaft heraus" zugeschrieben. Er hat erklärt: Zeitarbeitsunternehmen würden seit Jahren mit großer Selbstverständlichkeit die Flexibilität organisieren, die zu schaffen die Politik nicht in der Lage sei.

Insoweit hat die Zeitarbeitsbranche gute Aussichten, sich als unverzichtbare Branche weiter zu festigen und spätestens nach Überwindung der aktuellen Wirtschaftskrise im nächsten Aufschwung erneut zu wachsen.

Quellenverzeichnis

RAT DER EUROPÄISCHEN GEMEINSCHAFT (2008). Gemeinsamer Standpunkt des Rates im Hinblick auf den Erlass der Richtlinie des Europäischen Parlaments und des Rates über Leiharbeit. Brüssel. http://ig-zeitarbeit.de/download/zaeuropa/EU-RL-ZA-neu.pdf (23.02.2009).

SCHOLZ, O. (2008). Grundsatzrede Zur Zeitarbeit anlässlich des iGZ - Bundeskongresses am 4. Juni 2008 in Hamburg. http://www.ig-zeitarbeit.de/aktuell/rede_olaf_scholz_iGZ_Bundeskongress.pdf (23.02.2009).

THÜSING, G. (2005). Arbeitnehmerüberlassungsgesetz, Kommentar. München.

WOYKE, W. (2006), Zeitarbeit: Wirtschaft heilt sich selbst. Fachmagazin Zeitarbeit Z direkt! Heft 1/2006, S. 4-5.

Teil 5

Ausblick

Denis Pennel

The triangular employment relationship: from ban to social acceptance

Economic policies have, in most countries, embraced market economy and engendered accelerated growth. Globalisation and new technological developments have been instrumental in the process. The pace of development and change has been and will continue to be fast. With persistent unemployment and skill gaps, labour markets are continually challenged to respond quickly to emerging realities and changing market needs.

Decision makers are pursuing policy reforms, increasingly with a view to make labour markets more effective to adjust to new realities and to respond to the needs of the economy.

One of the more fundamental policy reforms in the last 15 years that labour markets have undergone deals with the role of private employment services and temporary work agencies. After decades of denying the legitimacy of fee-charging placement, policy makers have had to make a full u-turn and make it legal for private agencies to provide employment services, including "the services consisting of employing workers with a view to making them available to a third party which assigns their tasks and supervises the execution of these tasks" (ILO Convention 181 on Private Employment Agencies).

1 The legal recognition of temporary work agencies and the triangular employment relationship

After the Second World War in 1949, the ILO (International Labour Organization) drafted and adopted Convention 96 on Fee-Charging Employment Agencies.

The political tensions that divided the world were in part played out through two opposing economic doctrines; market economy and command economy. Both systems, for different reasons, relied on trade policy, fiscal policy and monetary policy to cure labour market imperfections. In this way, ineffective labour markets, high labour costs and slow response to labour and skill needs could be sustained.

Under these conditions the assumption for employment policy and labour market regulation was that public employment services would adequately be able to handle the needs of the job seekers and employers alike. Convention 96 therefore aimed for a virtual monopoly of public employment services and called for private employment services to be abolished.

The reality turned out to be different, however. The policy remained until 1994 although its implementation in practice increasingly cracked at the seams. Initially the ratifications picked up steam and reached a peak of just above 20 per cent of ILO members. Enthusiasm for the policy started to wane as public employment services proved unable to satisfy the diversity of needs on the labour markets and to cope with the persistent high level of unemployment. Initially employers and job seekers worked around the problem but as economic change gradually picked up, governments started to denounce the policy of prohibition. By the start of the 1990s the need for private employment services had become evident, increasing the pressure for formal policy reform.

The first denouncements of ILO Convention 96 came in 1999 and thereafter the ratification rate of the convention continued to decline. At its 1994 International Labour Conference, the ILO re-examined its 1949 policies and recognised that international and national economies impacted greatly on labour markets. The market conditions that prevailed when Convention 96 was established no longer existed in most countries and very few countries complied with the principles of Convention 96. The ILO therefore concluded that the policy confirmed by the convention was outdated and it fully recognised the constructive role that private employment services and temporary work agencies played on the labour markets. While emphasizing the need to safeguard workers against malpractice, the Committee report of the ILO General Discussion in 1994 acknowledged the positive contribution of agency work to the effective functioning of labour markets through:

- reduced time to fill vacancies,
- improved information about job vacancies,
- sensing labour market changes and ability to react quickly,
- better matching supply and demand,
- satisfying growing complexity of demand and supply,
- bridging unemployment and permanent employment through temporary jobs,
- bridging the skill gap through short-term employment training.

In 1997, only three years later, a new convention was devised by the ILO Convention 181 and accompanying Recommendation 188 finally legitimised private employment services and temporary work agencies.

On both occasions, first in 1994 and then in 1997, the policy change was accepted and adopted with overwhelming support by the governments, employers and workers.

Two important observations concerning fees of private employment services can be made in the transition from Convention 96 to Convention 181:

- First, that the principle of not charging the job seeker any fees was retained. Second, the requirement for the authorities to set the fees for providing employment services was dropped. These two greatly shaped the way private employment services were to develop.
- The first ensures job seekers access to services. The second promotes competition and diversity of services by making it commercially possible for private employment agencies to develop superior services for job seekers and employers.

The period from 1994 to 1997 proved to be a breakthrough that encouraged governments to reform labour policy and rewrite labour code in favour of temporary work agencies.

Once the legitimacy of temporary work agencies was confirmed by Convention 181, the ongoing process of changing national laws and regulations picked up speed. While temporary agency work had been around for some time, it still had been a difficult challenge for policy makers and regulators to strike the right balance between protecting workers' rights on the one hand, and promoting much needed flexibility on the other (the "flexicurity" concept). Under the premise that the employment relationship, whether permanent or temporary, remains with the agency, the reform of legislation at national level revolves around three major issues:

1. How to ensure that temporary agency employees are fairly treated?
2. How to ensure that flexible forms of work do not replace permanent employment?
3. How to ensure that employment and working conditions of regular jobs are not eroded?

The composition of the economic sectors, as well as labour market practices and cultures differ from country to country as do the legislative approaches for private employment services. Many countries aim to protect temporary agency workers from abuse by requiring a license for private employment agencies. The licensed agencies therefore operate in the open and can be monitored and supervised by the competent authority.

Still views differ considerably, however, and of 30 major economies in the world, about 60 per cent have adopted a license system whereas 40 per cent require no license. Examples of countries where the temporary work agencies require a license include Germany, Italy, Japan, the Philippines, Spain, Singapore and Malaysia. Countries where no license is required include Australia, Canada, Ireland, the Netherlands, the United Kingdom (except for the agricultural sector) and the United States.

As of today, 21 countries have ratified the ILO Convention 181, recognising the role the agency work industry may play in a well functioning labour market. In addition, many other countries have adopted national regulations which are based on the provisions of the Convention, therefore allowing for the legal recognition of the temporary agency work industry and paving the way for its development.

2 The broadening scope of services of temporary work agencies

The penetration rates of temporary agency work as a percentage of the total workforce differ significantly according to countries, ranging from 0.1 to 5 per cent (2.0 per cent on average at EU level and in the USA and 2.1 per cent in Japan). However, these penetration rates remain rather low, especially when compared to the penetration rate of fixed-term contracts in some countries. This confirms the fact that permanent employment is and remains the main form of employment on the labour markets. But they also disregard the real importance of private employment agencies by concealing the fact that temporary work agencies increasingly act as a recruitment channel. For example, temporary agency work in Belgium accounts for about 2 per cent of employment whereas they are involved in 10 per cent of filling jobs for permanent recruitment. In the Netherlands, temporary agency work accounts for 2.8 per cent of the workforce while the agencies handle 15 per cent of permanent recruitment. Even more striking is the number of people that at one stage or another during their career will have worked for a private employment agency. According to surveys, one third of the workforce in France has at some point worked for a temporary work agency. Among blue collar workers the number is higher as around one half has worked for an agency.

A recent CEPS (Centre for European Policy Studies) study (Turmann, 2006) concluded that temporary agency work has a comparative advantage over alternative forms of flexible work, such as fixed contracts or overtime. The study notes that the superiority of agency work derives from the agencies' expertise as matching intermediaries, enabling quick personnel adjustments in client firms.

Since 2001, in the major European countries, temporary work agencies have doubled their share of permanent placements. In France, 65 per cent of those unemployed or economically inactive that register with a private employment agency are gainfully employed one year later.

Examples of services provided to client companies include replacement workers, filling labour needs at times of production peaks or shortages of certain skills and helping with permanent employment. Job seekers go to temporary work agencies when they are looking to work flexibly, to gain work experience, as a step to permanent employment or to enhance their employability either through short term job assignments or by upgrading their skills through training programmes provided for by some agencies.

3 The need for an appropriate level of regulation on temporary work agencies

In many countries, the agency work services have been regulated for many years by national laws and/or collective labour agreements.

Because of the growing recognition that agency work is an engine for job creation and economic growth, national governments have started to adapt the level of regulation in the sector, removing or easing up limitations in terms of license requirements, opening previously excluded sectors to agency workers (like construction or public administration), opening up agency work for certain jobs and relaxing time limits for use of temporary employment. It is also interesting to note that those countries with the most liberal legislation are also considered to have relatively well functioning labour markets.

However, in some countries where no regulation on private employment agencies exists yet, national governments should envisage adopting specific legislation on agency work or encourage social partners to negotiate in order to define what should be the appropriate level of regulation needed. For that purpose, the ILO Convention 181 on private employment agencies provides a relevant framework, as it sets the general parameters for the regulation, placement and employment of workers by these agencies. Through this convention, the ILO seeks to assist its member States to establish clear policies, legislation and implement mechanisms for the effective registration and licensing of private employment agencies, thereby helping them play a constructive role in contributing to a labour market free from exploitative conditions.

At the EU level, it took almost 10 years to agree on common minimum standards for the temporary agency work industry. In December 2008, the Directive on temporary agency work (2008/104/EC) was finally adopted by the European Institutions, paving the way for its implementation at national level within the next 3 years. The main elements of the agreement are that:

- Existing restrictions on temporary agency work, such as by sector or occupation, contract duration or reasons for use, should be assessed and reviewed periodically by Member States - or by relevant social partners if such restrictions and prohibitions are laid down by collective labour agreements - to ensure that they are proportionate, non-discriminatory and objective restrictions. If not, unjustified restrictions to the supply of temporary agency workers should be removed (Article 4).
- The principle of equal treatment from day one will be the general rule between agency workers and permanent workers within the user-companies (Article 5). However, member states may agree exemptions or derogations via collective agreements by social partners or, where these do not have general legal force, by alternative means following a national-level agreement between social partner representatives.

The adoption of the EU Directive on temporary agency work will allow for the sound development of the industry in Europe. It will contribute to establishing a relevant regulatory framework for temporary work agencies and to increasing the social acceptance of the sector by providing fair working conditions to the agency workers.

4 The triangular work relationship as a desirable form of employment to meet labour markets' challenges?

During the 20th Century, the bilateral work relationship – a direct employment relation between a worker and an employer - became the "norm". This was very much reflecting the needs of a manufacturing-oriented economy characterised with mass production, full employment, collective behaviour and strong trade unions.

However, today's labour markets have become more complex. They have to reflect a mainly services-oriented economy with the need for customised production. A persistent high level of unemployment coexists with skill shortages. From the people's side, expectations towards work have changed: There is willingness to better balance private and professional life, leading to shortened tenure of jobs (end of job-for-life approach) and volatility in loyalty (cf. X & Y generations). Workers' attitude towards their employer has also changed: a wish for an individualised career path and for a corporate social responsibility commitment.

In addition, public authorities have to cope with a more diverse labour force (marked increases in the number of women, ethnic minorities, immigrants, older workers, students) which, there again, has led to various expectations. These evolutions explain why new forms of "hybrid" labour contracts like self-employment, agency work, part-time, fixed-term contracts, on-call/stand by duty, apprenticeship have developed over the last few years to complement bilateral work relationships.

This is why labour market intermediaries are becoming more and more essential to collect and deliver precise information on increasingly complex labour markets, to facilitate transitions on the labour market, to provide technical expertise (legal & administrative), to develop bespoke HR solutions for companies and to support the individualisation of career management.

As a result, triangular forms of employment relationships will keep on developing in the future. And the temporary agency work industry is well equipped to address the new challenges to be faced on the labour market. Temporary agency work provides more work opportunities to more people, contributing to increased participation and also diversity on the labour market. The sector has the expertise to manage individuals (temporary work agencies act as a mentor for the workers) and provides more freedom of choice for both workers and companies. It also provides a highly recognised and regulated triangular form of employment that meets labour markets' complexity. For all these reasons, the future of the temporary work agency looks bright!

References

TURMANN, A. (2006). Getting Europe to Work: The Role of Flexibility in Tapping the Unused Potential in European Labour Markets. CEPS Working Document, No. 250, 13, September 2006.

Ariane Durian & Markus-Oliver Schwaab

Personaldienstleister der Zukunft

1 Wirtschaftskrise: Chance oder Risiko für Zeitarbeitsunternehmen?

Die Wirtschaftskrise hat die Zeitarbeitsbranche mitten in einer Phase des stürmischen Wachstums getroffen. Noch Mitte 2008 sah es danach aus, dass die Grenze des wirtschaftlichen Wachstums noch lange nicht erreicht würde. Die Zeitarbeitsunternehmen wurden als die „Jobmaschinen" in Deutschland gelobt, die Zukunft sah rosarot aus. Zwar waren vermehrt Aussagen zu vernehmen, wonach es immer schwerer wurde, auf dem Arbeitsmarkt qualifizierte Bewerber ausfindig zu machen, doch die noch kurz vorher verbreitete optimistische Prognose, dass die Schallgrenze 1.000.000 Zeitarbeitnehmer bis Ende des Jahrzehnts erreicht werden würde, schien durchaus in Reichweite.

Inzwischen gibt es kaum mehr Zweifel daran, dass die am 30. Juni 2008 registrierten 794.363 Mitarbeiter, die in Deutschland in Zeitarbeitsunternehmen unter Vertrag standen, fürs Erste die Rekordmarke bleiben werden. Viele Unternehmen haben auf den Nachfrageeinbruch reagiert, indem sie recht schnell Zeitarbeitskräfte abgemeldet haben. Da die Krise fast alle Wirtschaftsbereiche tangiert hat, waren die Personaldienstleister damit überfordert, alle diese Mitarbeiter wieder kurzfristig in anderen adäquaten Positionen unterzubringen. Ihnen blieb in vielen Fällen nichts anderes übrig, als sich von ihren Beschäftigten zu trennen, um das eigene Unternehmen nicht zu gefährden. Für nicht wenige Zeitarbeitsanbieter bedeutete dies den freien Fall vom Boom in die Existenzkrise. Doch was bedeutet die Krise für die Zeitarbeitsunternehmen wirklich? Ist sie ein großes Risiko, von der Bildfläche zu verschwinden? Oder eine Chance, sich zu bewähren und neu zu positionieren?

Klar ist, dass nicht alle Unternehmen die Krise überleben werden. Die Anbieter, die sich in der Vergangenheit auf die reine Beschaffung gering qualifizierter Mitarbeiter konzentriert haben, stehen jetzt besonders unter Druck. Sie sind austauschbar, ohne großen Aufwand durch einen nahezu identisch aufgestellten Mitbewerber in der gleichen Straße zu ersetzen. Ihnen fehlt es auch an Möglichkeiten, um in der Krise mit Dienstleistungen, die über die reine Zeitarbeit hinausgehen, Umsatz zu generieren.

Für die Zeitarbeitsunternehmen, die in den letzten Jahren bereits die Zeichen der Zeit erkannt haben und sich zu einem modernen Personaldienstleister mit einem erweiterten Dienstleistungsportfolio entwickelt haben, sieht es dagegen deutlich besser aus. Auch sie werden in der Krise sicherlich deutliche Einbußen hinnehmen und vieles in Frage stellen müssen, doch ihre Chancen stehen ganz gut, diese schwierige Phase zu überstehen, in der sich die Spreu vom Weizen trennen wird. Die Zahl dieser Personaldienstleister, die für die Zukunft gerüstet sind, hat in jüngster Vergangenheit zugenommen, denn in der Zeitarbeitsbranche hat sich zuletzt einiges getan. Vorbei sind die Zeiten, als dem typischen Unternehmer der Zeitarbeit, einem kommunikativen und vertriebsorientierten Quereinsteiger, und seinen meist ähnlich aufgestellten Personaldisponenten die richtige Qualifikation fehlte, um von den Personalabteilungen als kompetente Gesprächspartner anerkannt zu werden.

Das Gesicht der Zeitarbeit hat sich inzwischen an vielen Stellen komplett verändert. Es hat ein konsequentes Umdenken der Marktteilnehmer stattgefunden. Die Zeitarbeitsunternehmer haben zahlreiche Anstrengungen für eine verbesserte Qualifikation und ein überzeugendes Serviceangebot unternommen. Der Weg von der Leiharbeit über die Zeitarbeit hin zur modernen Personaldienstleistung wurde von vielen konsequent eingeschlagen. So wurden beispielsweise ein eigener Ausbildungsberuf „Personaldienstleistungskaufmann/-frau" geschaffen, ein umfangreiches Seminarangebot für Disponenten und Zeitarbeitsunternehmer aufgebaut und an Hochschulen und Akademien neue Studiengänge für Personaldienstleister ins Leben gerufen. Hinter der Zeitarbeitsbranche stehen heute zahlreiche kompetente Personalmanager, innovative Unternehmer und professionell arbeitende Personalstrategen, deren Rat und Dienstleistungen bei den nicht minder unter Erfolgsdruck stehenden betrieblichen Personalverantwortlichen geschätzt sind.

Vielen Personaldienstleistern muss in der Krise nicht bange sein. Sie sind gewappnet, um sich zuversichtlich den vielfältigen Herausforderungen zu stellen und proaktiv die sich abzeichnenden Marktchancen aufzugreifen. Dies müssen sie allerdings entschlossen tun, denn nur die Personaldienstleister, die sich in der Krise zügig und flexibel auf die Bedürfnisse ihrer Kunden einstellen und auch auf die Gegebenheiten des Marktes angemessen reagieren, werden gestärkt aus der Wirtschaftskrise hervorgehen.

2 Thesen zur Zukunft der Zeitarbeitsunternehmen

In wirtschaftlich turbulenten Zeiten stellen sich die Zeitarbeitsunternehmen mehr denn je die Frage, wie sie sich ausrichten sollen, um die Krise ohne zu große Einschnitte zu bewältigen und möglichst gut vorbereitet an zukünftige Herausforderungen herangehen zu können. Antworten und Empfehlungen, auf die sie sich wirklich verlassen können, suchen die Personaldienstleister vergebens. Im Folgenden werden einige Thesen vorgestellt und näher beleuchtet, die mit Blick auf die Zukunft der Branche von Interesse sind. Sie sollen Denkanstöße liefern und zur weiteren Diskussion anregen. Denn an einem besteht kein Zweifel: Je früher die Personaldienstleister erkennen, auf was es in den nächsten Jahren ankommt, desto besser können sie sich im Wettbewerb aufstellen und damit die Voraussetzungen für eine erfolgversprechende Zukunft schaffen.

2.1 Zeitarbeitsunternehmen werden zu Personaldienstleistern mit immer breiterem Dienstleistungsangebot

Wollen Zeitarbeitsbetriebe auf längere Sicht überleben, so müssen sie sich immer wieder den Markterfordernissen anpassen. Auf Dauer erfolgreich sind nur die Anbieter, die es schaffen, frühzeitig die Bedürfnisse ihrer potenziellen Kunden zu erkennen und zuverlässig maßgeschneiderte und flexible Dienstleistungen anzubieten. Für viele Zeitarbeitsfirmen ist diese Erkenntnis nichts Neues – sie haben schon vor geraumer Zeit damit begonnen, ihr Dienstleistungsangebot gezielt auszuweiten. Sie werden dabei zum einen von den Anfragen ihren Kunden getrieben, zum anderen gehen sie von den Kompetenzen aus, die sie in ihrem Kerngeschäft ausbilden konnten. Zahlreiche Zeitarbeitsunternehmen haben sich damit auf den Weg gemacht, professionelle Personaldienstleister zu werden. Sie greifen dabei auf ihre Erfahrungen und Stärken zurück, um einen verbesserten oder breiteren Service zu offerieren. Dabei profitieren sie davon, dass sie die Arbeitsmärkte gut kennen und über ausgeprägte Kenntnisse verfügen, wie Mitarbeiter effizient rekrutiert, gesteuert und verwaltet werden können.

Die Kunden der Personaldienstleister sind qualitäts- und kostenbewusst. Sie lassen sich dann für umfassende Dienstleistungspakete begeistern, wenn dadurch – bei gegebener Qualität und hoher Zuverlässigkeit – die Zahl der Ansprechpartner beziehungsweise Schnittstellen reduziert und die Kosten im Vergleich zu Lösungen, die in Eigenregie möglich sind, gering gehalten werden können. Für viele kleine und mittlere Unternehmen, die keine eigenen Strukturen im Bereich der Personalwirtschaft und Mitarbeiterbetreuung besitzen, ergeben sich diese Vorteile, wenn sie den Spezialisierungsvorteil der Personaldienstleister nutzen können. Auch größere Firmen zeigen immer wieder Interesse. Die Dienstleister übernehmen dann mehr oder weniger große Teile der Aufgaben einer Personalabteilung; im Idealfall können die Kunden den Service dieser virtuellen Personalabteilung flexibel abrufen, je nachdem wie die eigene Auslastung und das vorhandene Know-how sind. So kann beispielsweise in Phasen des Aufschwungs, in denen die Belegschaft schnell aufgestockt werden soll, das komplette Recruiting oder auch nur das Bewerbermanagement extern vergeben werden, was unter normalen Umständen eventuell komplett selbst bewältigt werden könnte. Sollen Teile der Belegschaft freigesetzt werden, bieten sich externe Dienstleistungen wie eine Outplacementberatung oder die schlanke Erstellung von Arbeitszeugnissen an, um den betrieblichen Personalmanagern die Möglichkeit zu geben, sich auf die im Unternehmen verbleibenden Mitarbeiter zu konzentrieren

In Zukunft werden die Personaldienstleister gute Karten haben, die breit gefächerte Dienstleistungen in ihrem Portfolio haben und diese aus einer Hand ganz flexibel und preiswert anbieten können, um den jeweiligen Bedürfnissen der Unternehmen gerecht werden zu können. Zwei Dinge sollten sie dabei jedoch beachten. Zum einen sollten sie nicht den Fehler machen, sich in Bereiche vorzuwagen, in denen sie nicht wirklich ein Expertenwissen besitzen; sonst drohen sie schon bald mit dem Satz „Sie können alles, aber nichts richtig!“ konfrontiert zu werden. Zum anderen müssen die Personaldienstleister, um konkurrenzfähig zu sein, darauf achten, anpassungsfähige Strukturen aufzubauen, um einerseits schnell reagieren zu können, andererseits aber nicht von Fixkosten erdrückt zu werden, die dann entstehen könnten, wenn für nicht nachgefragte Personalkapazitäten erhebliche Kosten anfallen würden.

2.2 Nur zuverlässige und qualitätsbewusste Partner werden sich behaupten

Die Zusammenarbeit mit Personaldienstleistern steht und fällt mit der Zuverlässigkeit dieser Partner. Im Wettbewerb werden sich die Anbieter auf Dauer am Markt durchsetzen, deren Name für Qualität, Berechenbarkeit und Zuverlässigkeit steht. Nur wenn die Dienstleistungen schnell und vereinbarungsgemäß erbracht werden, die Abrechnungen stimmen und die gesetzlichen oder tariflichen Vorschriften eingehalten werden, entsteht eine dauerhafte, vertrauensvolle Beziehung zwischen dem Personaldienstleister und seinen Kunden, in der nicht um jeden Cent gefeilscht wird. Kurzum: Die Preissensibilität nimmt ab, wenn die Qualität stimmt.

Was bedeutet das für Zeitarbeitsunternehmen? Die Mitarbeiter, die sie ihren Kunden anbieten, müssen auf den Arbeitsplatz und auch sonst in den Einsatzbetrieb passen. Ist dies nicht der Fall, so bleiben sie den Beweis schuldig, eine Dienstleistung zu erbringen, die dem Bedarf ihrer Kunden wirklich gerecht wird. Neben der fachlichen Eignung muss auch sichergestellt sein, dass die Einstellung der vermittelten Mitarbeiter stimmt. Damit steigen die Anforderungen an die Personalauswahl durch die Zeitarbeitsunternehmen. Nur wenn sie die richtigen Kandidaten identifizieren und an sich binden, können sie ihrerseits zuverlässig ihre Dienstleistungen erbringen.

Ein Garant für eine fruchtbare, vertrauensgeprägte Zusammenarbeit zwischen Personaldienstleistern und Kundenunternehmen sind die Ansprechpartner der Kunden: die Personaldisponenten. Wenn die ihre Kunden gut kennen, können sie meist sehr schnell abschätzen, wie sie ihnen weiterhelfen können. Eine wichtige Voraussetzung hierfür: Kontinuität in der Beziehung. Die Personaldienstleister werden sich am Markt durchsetzen, die die Fluktuation bei ihren Personaldisponenten gering halten – ein Blick in die Praxis zeigt, dass dies nicht selbstverständlich ist.

2.3 Die soziale Verantwortung macht auch vor Personaldienstleistern nicht halt

Für eine lebenslange Beschäftigung kann heute kein Unternehmen mehr garantieren, dafür aber für einen fairen, verantwortungsbewussten Umgang mit seinen Mitarbeitern. Auch die Personaldienstleister müssen sich dieser Realität stellen. Wenn sie an geeignete Mitarbeiter herankommen und diese länger an sich binden wollen, müssen sie im Arbeitsmarkt dafür bekannt sein, dass sie sozial verantwortlich mit ihren Beschäftigten umgehen. Wer nicht entsprechend handelt, hat auf längere Sicht schlechte Aussichten.

Unterschiedliche Ansätze versprechen hier Erfolg. Zunächst einmal gilt es, die Beschäftigungsfähigkeit der Mitarbeiter zu sichern, damit sie sich im Falle eines Arbeitsplatzverlustes wieder mit guten Chancen am Arbeitsmarkt umschauen können. Hier sind vor allem individualisierte Weiterbildungsmaßnahmen gefragt. Pluspunkte können Personaldienstleister beispielsweise dann sammeln, wenn sie durchdachte Konzeptionen entwickeln, die es ihren Mitarbeitern ermöglichen, in nachfrageschwächeren Phasen ihre Qualifizierung aufzufrischen oder zu ergänzen.

Sollte es einmal unumgänglich sein, dass die Personaldienstleister sich von einem Mitarbeiter trennen müssen, so sind sie gefordert, diese Mitarbeiter bei der Neuorientierung zu unterstützen. Dies kann in Form gezielter Weiterbildungsmaßnahmen erfolgen, aber auch mit diversen Dienstleistungen, wie sie auch im Rahmen der Outplacementberatung zur Verfügung gestellt werden.

Viele Unternehmen setzen auf Personaldienstleister als ihren verlängerten Arm bei der Rekrutierung neuer Mitarbeiter. Für sie ist es wichtig, dass diese Dienstleister über ein gutes Image verfügen, um so indirekt an gute Mitarbeiter heranzukommen. Sorgen diese aber für negative Schlagzeilen, weil sie es beispielsweise an sozialer Verantwortung oder Fairness gegenüber ihren Mitarbeitern missen lassen, so kann das auch auf den Entleihbetrieb abfärben. Konsequenz: Nur die Personaldienstleister bleiben im Geschäft, die einen untadeligen Ruf genießen.

2.4 Personaldienstleister sind ein anderer Zugang zu qualifizierten Mitarbeitern

Kleinere Firmen tun sich schwer gute Mitarbeiter zu rekrutieren, weil sie am Arbeitsmarkt meist schlecht positioniert sind. Sie sind kaum bekannt und wissen oft zu wenig über die Besonderheiten dieses Marktes. Genau das haben ihnen erfahrene Personaldienstleister voraus, die dadurch an potenzielle Mitarbeiter herankommen, die für kleinere und mittlere Unternehmen unerreichbar wären. Schon viele talentierte Nachwuchskräfte haben so über die Zeitarbeit den Weg in eine Festanstellung gefunden. Die kleineren Unternehmen sind daher gut beraten, auch zukünftig eng mit professionellen Dienstleistungspartnern zusammenzuarbeiten, wenn sie im Wettbewerb um qualifizierte Arbeitnehmer bestehen wollen.

Nicht nur überschaubare Firmen sollten ein gesteigertes Interesse daran haben, bei der Rekrutierung mit Personaldienstleistern zu kooperieren. Auch für größere Unternehmen macht dies Sinn. Im sich verschärfenden Wettbewerb um tüchtige Arbeitskräfte werden sie zunehmend dazu gezwungen sein, nicht nur „makellose" Mitarbeiter zu rekrutieren. Die Bereitschaft Kompromisse einzugehen wird wachsen. Hier bieten sich Chancen für Personaldienstleister. Sie können dabei helfen, neue Rekrutierungskanäle zu erschließen, in denen sich ihre Kunden weniger gut auskennen. Das Ziel der Dienstleister muss es dabei sein, die Mitarbeiter zu ermitteln, die durch die traditionellen Ansätze der Personalbeschaffung nicht angesprochen oder dort aufgrund von vermeintlichen Schwächen vielleicht schon frühzeitig aussortiert werden. Dazu gehören die Arbeitnehmer, die ein interessantes Profil entwickelt haben, ohne die gewöhnlichen Qualifizierungs- oder Karrierewege gegangen zu sein. All die Bewerber, die mehr durch ihre Arbeitsleistung als durch zahlreiche Diplome, ausgefeilte Bewerbungsunterlagen oder ein geschliffenes Auftreten in Auswahlgesprächen überzeugen, können über den Umweg Zeitarbeit zu Leistungsträgern in den Einsatzbetrieben werden.

2.5 Mit Zeitarbeit können Routiniers in den Arbeitsmarkt reintegriert werden

In Deutschland haben wir uns in den letzten Jahren einen Luxus geleistet. Viele ältere Arbeitnehmer sind „ausgemustert" worden, obwohl sie noch Besonderes leisten können. Manch einer versucht sich (gezwungenermaßen) als Berater oder in einer anderen selbstständigen Tätigkeit, was oft mit kostspieligen Aufbauarbeiten verbunden ist, doch von vielen wird der Erfahrungsschatz überhaupt nicht mehr genutzt.

Vor dem Hintergrund der Tatsache, dass immer weniger junge Menschen in den deutschen Arbeitsmarkt strömen und qualifizierte Arbeitskräfte aus dem Ausland nicht wie gewünscht zuwandern, gilt es dieses brachliegende Potenzial zu aktivieren. Die Personaldienstleister sind gefordert über Möglichkeiten nachzudenken, die es für die Routiniers reizvoll machen, erneut in den Arbeitsmarkt einzusteigen. Es mag sein, dass hier und da vielleicht eine „Wiedereinstiegsqualifizierung" notwendig sein wird, um das Know-how der Erfahrenen aufzufrischen oder sinnvoll zu ergänzen, doch diese dürfte sich oft rechnen. Mit Methodentrainings könnten beispielsweise die Kenntnisse vermittelt werden, die dann gezielt eingesetzt werden könnten, um die praktischen Erfahrungen an jüngere Arbeitnehmer weiterzugeben. Routiniers könnten auch herangezogen werden, wenn es darum geht, in Stoßzeiten Engpässe zu vermeiden oder in komplexen Projekten den Überblick zu behalten. Gerade erfahrene Mitarbeiter, die sich nicht mehr der stark beanspruchenden Dauerbelastung aussetzen können oder wollen, könnten hier in befristeten Aufgaben wichtige Beiträge leisten.

Eine Überlegung wert wäre auch, ob nicht der Übergang in den Ruhestand mithilfe intelligenter Zeitarbeitsmodelle anders gestaltet werden könnte. Alle sind sich einig, dass ein gleitender Übergang für die betroffenen Arbeitnehmer sinnvoller ist als ein abrupter Wechsel. Dennoch fehlt es in der Praxis an der tatsächlichen Umsetzung. Bestes Beispiel: die Altersteilzeit. Statt einen schrittweisen Übergang mit einer richtigen Teilzeitlösung zu ermöglichen, ist das Blockmodell mit einer Arbeits- und einer sich anschließenden Freistellungsphase die Regel. In Verbindung mit Zeitarbeitsangeboten könnte das ganz anders aussehen. Die älteren Arbeitskräfte könnten zum Beispiel in einer Übergangsphase zwischen Praxiseinsätzen und Freizeitphasen abwechseln. Wie dies vertraglich, abrechnungstechnisch und finanziell gestaltet werden könnte, um die richtigen Anreize zu setzen, wäre noch auszudiskutieren.

Auf alle Fälle könnte so Humankapital, das ansonsten zu früh aufs Abstellgleis geschoben wird, sinnvoll weiter eingesetzt werden. Viele Personen, die jenseits der Fünfzig oder Sechzig noch voller Tatendrang stecken, würden sich über solche Gelegenheiten freuen. Und viele Unternehmen auch, die angesichts des demografischen Wandels um jede qualifizierte Fachkraft froh sein werden. Im Übrigen: Eventuell könnte mit solch einem Modell auch rüstigen Ruheständlern die Gelegenheit gegeben werden ihre Rente aufzubessern.

2.6 Vernachlässigte Gruppen können über Zeitarbeit in den Arbeitsmarkt integriert werden

Den deutschen Arbeitsmarkt zeichnet derzeit aus, das es für bestimmte Gruppen von Arbeitskräften nur vergleichsweise wenig Nachfrage gibt. Dazu gehören, neben vielen älteren Menschen, einerseits Arbeitskräfte ohne einen qualifizierenden Berufsabschluss, andererseits aber auch Personen, die auf eine Qualifikation zurückgreifen können, für die sich nur wenige Arbeitgeber interessieren. Nicht alle diese Personen stellen sicherlich eine wirkliche Bereicherung des Arbeitsmarktes dar, doch viele von ihnen bringen durchaus etwas mit, was sie zu einer wertvollen Ressource macht. Aufgabe der Personaldienstleister sollte es sein, diese vernachlässigten Gruppen genau unter die Lupe zu nehmen, um all die ausfindig zu machen und an den Arbeitsmarkt heranzuführen, die mit ihrem Potenzial für Unternehmen von Interesse sein können.

Neben den beschriebenen Gruppen gibt es viele junge Menschen, die noch mitten in der Ausbildung oder im Studium stecken und zur Finanzierung ihres Lebensunterhalts oder ihrer Freizeitaktivitäten einer Arbeit nachgehen müssen. Sie gehen häufig schlecht bezahlten Aushilfstätigkeiten nach, die sie zudem in ihrer persönlichen Entwicklung nicht oder nur kaum weiterbringen. Zeitarbeitsunternehmen könnten hier ihr Netzwerk nutzen und – im Rahmen ihrer Möglichkeiten – qualifizierende Entwicklungswege anbieten, die das kontinuierliche Sammeln von berufsrelevanten Erfahrungen ermöglichen würden. Statt Jobben zum Geldverdienen wäre ein von einem Personaldienstleister gesteuerter gezielter Mix aus Geldverdienen und Kompetenzaufbau angesagt. Mithilfe einer durchdachten Vermittlung unterschiedlicher Tätigkeiten könnten die jungen Arbeitskräfte ein erfahrungsgestütztes Profil aufbauen, das ihnen später den Berufseinstieg erleichtern würde. Gesamtwirtschaftlich betrachtet wäre dies ebenfalls attraktiv, da junge Menschen früher gezielt in die Wirtschaft eingebunden würden, ohne nur Aushilfsjobs zu übernehmen.

Sollte dieser Vorschlag in der Praxis aufgegriffen werden, dürfte auch ein endgültiger Schlussstrich unter die zu Recht geführte Diskussion über die Generation Praktikum gezogen werden können.

2.7 Personaldienstleister können zur Lösung der Zuwanderungsproblematik beitragen

Für die Unternehmen wird es eine der zentralen Herausforderungen der Zukunft sein, im Kontext des infolge des demografischen Wandels zurückgehenden Erwerbspersonenpotenzials qualifizierte Mitarbeiter zu rekrutieren. Auch wenn in Deutschland verstärkt Anstrengungen unternommen werden, um die Zahl der jungen Menschen zu erhöhen, die einen Bildungsabschluss erwerben, so werden wir in den nächsten Dekaden auf Zuwanderung angewiesen sein, wenn wir die vakanten Stellen besetzen wollen. Dabei geht es zum einen darum, geeignetes Personal für die besonders anspruchsvollen Tätigkeiten zu finden, zum anderen werden aber auch Mitarbeiter gesucht, die bereit sind, vergleichsweise unattraktive Aufgaben zu übernehmen.

Mangels ausreichender inländischer Möglichkeiten werden die deutschen Unternehmen im Ausland nach qualifizierten Arbeitnehmern Ausschau halten müssen. Der Blick wird sich zunächst in die angrenzenden europäischen Staaten richten, angesichts des dort ebenfalls abzusehenden Rückgangs der Erwerbspersonen jedoch schon bald in weiter entfernte Regionen. Angesichts des existierenden Gefälles beim Entgeltniveau erscheinen die Chancen recht gut, dass die in anderen Ländern lebenden Menschen für einen Einsatz in Deutschland motiviert werden können. Von einem Automatismus auszugehen, wäre jedoch blauäugig. Bei ihrer Entscheidung werden diese Arbeitskräfte nämlich mit Gewissheit die Gesamtsituation betrachten, für die neben den möglichen Einkünften auch die Ausgaben und die Lebensqualität eine Rolle spielen.

Während die großen deutschen Arbeitgeber eigene Strukturen aufbauen und effizient nutzen können, die ihnen eine Rekrutierung vor Ort im Ausland ermöglichen, wird sich für viele kleinere und mittelständische Betriebe die Frage stellen, wie sie an das ausländische Arbeitskräftepotenzial herankommen können. Hier schlägt die Stunde der Personaldienstleister, die kompetent unterstützen und vermittelnd tätig werden können. Sie können als Magnet für ausländische Fachkräfte wirken, die für einen Einsatz im Bundesgebiet gewonnen werden sollen.

Voraussetzung für einen solchen Spezialistenstatus ist eine umfassende Kenntnis des ausländischen Arbeitsmarktes und eine tragfähige Vernetzung vor Ort. Tochterunternehmen oder Niederlassungen im Ausland können sich unter Umständen rechnen, zumindest aber sind enge Kooperationen mit anderen Personaldienstleistern angesagt, die mit dem örtlichen Arbeitsmarkt vertraut sind.

Verschiedene Dienstleistungen könnten für deutsche Unternehmen in diesem Zusammenhang von Interesse sein. Da ist zunächst die Rekrutierung von Zeitarbeitnehmern im Ausland, die dann von dortigen Personaldienstleistern nach Deutschland entsandt werden könnten. Aber auch die direkte Rekrutierung von Arbeitskräften im Ausland für deutsche Zeitarbeitsunternehmen, die diese Beschäftigten dann an Einsatzbetriebe im Bundesgebiet vermitteln würden, ist vorstellbar.

Löst man sich etwas von der klassischen Zeitarbeit und denkt man an daran angrenzende Dienstleistungen oder bei Zeitarbeitsunternehmen vorhandene Kompetenzen, so sind auch folgende Angebote denkbar:

- Konzeption und Durchführung von Personalmarketingaktivitäten im Ausland,
- Konzeption und Durchführung von spezifischen Personalauswahlverfahren,
- Organisation mobilitätsbegleitender Maßnahmen (z.B. Reise, Unterbringung),
- Unterstützung bei Behördengängen,
- Übersetzungstätigkeiten,
- Unterstützung in juristischen Angelegenheiten.

2.8 Personaldienstleister als Manager von flexiblen Mitarbeiterpools

Zur Ergänzung ihrer Stammbelegschaft setzen gerade größere Unternehmen auf so genannte Flexibilitätspools – eine Alternative zur Zeitarbeit. In Phasen erhöhten Arbeitsanfalls greifen sie auf Arbeitnehmer zurück, die mit ihnen eine Vereinbarung getroffen haben, wonach sie im Rahmen einer Arbeit auf Abruf einspringen, um Engpässe zu vermeiden. Häufig sind es Studierende und Schüler, die sich auf solche Beschäftigungsverhältnisse einlassen. Auch Mütter, die sich in einer Familienphase befinden, oder ehemalige Mitarbeiter, die ihre Rente etwas aufbessern wollen, sind teilweise bereit, im Rahmen solcher flexibler Beschäftigungsformen zu arbeiten.

Die Flexibilitätspools müssen nicht unbedingt firmenspezifisch organisiert sein. Sie könnten genauso gut unternehmensübergreifend ausgestaltet sein, um so eine noch höhere Flexibilität zu ermöglichen und damit letztlich effizienter zu werden. Nichts läge in diesem Kontext näher, als professionelle Personaldienstleister mit dem Management dieser Pools zu betrauen, da sie sich mit zeitlich befristeten Beschäftigungsformen besonders gut auskennen.

Ein Beispiel für einen verwandten Lösungsansatz sind die Zeitarbeitsunternehmen, die in bestimmten Branchen von den Arbeitgeberverbänden bereits angestoßen wurden. Dort wird bereits der Vorteil genutzt, dass die Mitarbeiter so ihre branchenspezifischen Kenntnisse und Fertigkeiten besser einsetzen können, als wenn sie immer wieder in unterschiedlichen Wirtschaftsbereichen tätig wären.

2.9 Mischfinanzierte Formen der Beschäftigung sind mehr als nur ein Denkmodell

Viele Organisationen in Deutschland, die für unsere Gesellschaft von großer Bedeutung sind, können nur deshalb existieren oder überleben, weil sie sich auf ehrenamtlich tätige Personen oder auf gering vergütete Beschäftige, wie beispielsweise junge Menschen, die dort ihren Zivildienst oder ihr Freiwilliges Soziales Jahr ableisten, verlassen können. Um qualifiziertes Personal einstellen zu können, fehlen häufig die finanziellen Voraussetzungen. Ob Sportvereine, karitative Einrichtungen oder die Feuerwehr, um nur einige Beispiele zu nennen, überall zeigt man sich besorgt über den Rückgang der Bereitschaft in der Bevölkerung sich zu engagieren und vor allem über die abzusehenden Konsequenzen des demografischen Wandels, der dafür sorgen wird, dass immer weniger junge Menschen nachrücken.

Für die Zukunft zeichnen sich massive Nachwuchsprobleme in den genannten Bereichen ab. Dazu wird auch beitragen, dass es in Deutschland aufgrund des Bevölkerungsrückgangs unser Bestreben sein muss, die Erwerbsquote weiter zu steigern und die Einwohner so lange wie möglich im Beschäftigungssystem zu halten. Die Zahl derer, die sich damit ehrenamtlich engagieren können, wird darunter erheblich leiden.

Wenn gesellschaftlich wertvolle Aufgaben nicht vernachlässigt werden, sondern leistungsfähig erhalten bleiben sollen, müssen neuartige Formen zur Rekrutierung und Bindung von Personen in Betracht gezogen werden. In diesem Zusammenhang könnten Personen, die einige Zeit vor dem Erreichen des regulären Rentenalters ihre Anstellung verloren haben, eine wichtige Aufgabe übernehmen und den Übergang in den Ruhestand sinnvoll gestalten, statt vielleicht voller Tatendrang, aber ohne wirkliche Beschäftigung, dem Erwerbsleben nachzutrauern. Gerade auch diejenigen, die nur noch die Grundsicherung für Arbeitssuchende erhalten würden, könnten auf diesem Weg möglicherweise wieder ins Arbeitsleben zurückgeführt werden.

Die Personaldienstleister können sicherlich nur in bestimmten Konstellationen mit kreativen Ansätzen dazu beitragen, dass die genannten Herausforderungen gemeistert werden können. Wenn es aber um die zeitweise Betreuung von Kindern beziehungsweise Hilfs- und Serviceleistungen für ältere Menschen oder auch um die Unterstützung von Sportvereinen oder karitativen Einrichtungen geht, sind durchaus Einsatzbereiche denkbar, in denen mit Zeitarbeitslösungen maßgeschneiderte Lösungen möglich wären. Warum sollten nicht Zeitarbeitbeschäftigte der stetig wachsenden Zahl älterer Mitbürger dabei helfen, bestimmte Herausforderungen des Alltags zu bewältigen?

Vor allem die Finanzierung gibt aber Fragen auf, da die relevanten Organisationen oder die privaten Haushalte diese kaum alleine schultern könnten. Hier wären Mischfinanzierungen mit Unterstützung der öffentlichen Hand oder anderer Institutionen zu überlegen, damit diese gesellschaftlich wünschenswerten Einsätze möglich werden. So könnten sich zum Beispiel die Kranken- oder Pflegeversicherungen eventuell beteiligen, wenn es um die Pflege von erkrankten Kindern berufstätiger Eltern oder Dienstleistungen für ältere Mitbürger ginge.

2.10 Der Arbeitskräftemangel bedingt ein neues Motto: gezielte Weiterbildung statt voreiliger Freisetzung

Das zurückgehende Erwerbspersonenpotenzial wird dafür sorgen, dass sich die Zeitarbeitsunternehmen immer schwerer tun werden, gut zu vermittelnde Arbeitskräfte zu rekrutieren. Die Personaldienstleister werden daher einerseits über Maßnahmen zur Bindung ihrer Mitarbeiter nachdenken müssen, andererseits aber auch überlegen müssen, wie sie mit ihren Beschäftigen umgehen, wenn diese von einem Kunden nicht mehr benötigt werden. In der Vergangenheit konnten sich die Zeitarbeitsunternehmen vielleicht erlauben diese Mitarbeiter freizusetzen, wenn nicht recht schnell ein neuer Einsatzbetrieb gefunden wurde – schließlich konnte realistisch davon ausgegangen werden, bei der nächsten Kundenanfrage wieder zügig auf dem Arbeitsmarkt fündig zu werden. Dies wird sich in Zukunft ändern, da der Arbeitsmarkt – nach einer gewissen Übergangsphase im Anschluss an die Wirtschaftskrise – schon bald immer weniger hergeben wird. Das neue Motto wird lauten: gezielte Weiterbildung statt voreiliger Freisetzung. Den Personaldienstleistern wird keine andere Wahl bleiben, als in ihre Mitarbeiter zu investieren, um sie mit einer ergänzten Qualifikation wieder an Kunden vermitteln zu können.

Wichtig wird in diesem Zusammenhang sein, bei den Beschäftigten eine genaue Potenzialanalyse vorzunehmen und die in Zukunft zu erwartenden Einsatzfelder zuverlässig abzuschätzen, damit die darauf aufbauenden Bildungsinvestitionen mit überschaubaren Risiken versehen sind. Die Bildungsmaßnahmen sollten professionell gesteuert und auf den Transfer des neu Erlernten in das Arbeitsumfeld ausgerichtet sein, damit die Mitarbeiter anschließend schnell in der Praxis überzeugen können.

2.11 Lukrative Personaldienstleistungen finden sich in Marktnischen

Der Wettbewerb unter den Zeitarbeitsunternehmen war schon immer hart und hat sich in der Krise nochmals verschärft. Die Anbieter, die sich behaupten wollen, müssen – wie oben beschrieben – auf Qualität, Zuverlässigkeit und Fairness achten. Wollen sie wachsen, ihre Marktposition absichern oder besonders profitabel wirtschaften, so müssen sie darüber hinaus stets auf der Lauer liegen, um attraktive Marktnischen zu entdecken.

Die Personaldienstleister, die es schaffen, zu den ersten Akteuren in einem sich neu ergebenden Marktsegment mit Wachstumsperspektiven zu gehören, können sich einen Vorsprung gegenüber später hinzukommenden Mitbewerbern sichern, der es ihnen erlaubt, die Basis für eine längerfristig ertragreiche Aktivität zu legen.

Wo könnten solche Gelegenheiten liegen? Im Gesundheitsbereich? In Freizeiteinrichtungen? Im öffentlichen Dienst? Oder in Dienstleistungen für ältere Menschen? Schwer zu sagen. Die Personaldienstleister sind gefordert, nach solch attraktiven Marktnischen kontinuierlich Ausschau zu halten.

2.12 Freiberuflervermittlung als ergänzender Baustein zur Zeitarbeit

Die Tendenz der Unternehmen, auf immer kleinere Stammbelegschaften zu bauen und diese bedarfsabhängig um externe Arbeitskräfte zu ergänzen, hat dazu geführt, dass immer mehr flexible Freiberufler auf Projektbasis beschäftigt werden. So tummeln sich zum Beispiel auf dem Markt für IT-Spezialisten neben Personen, die auf der Suche nach einer abhängigen Beschäftigung sind, auch zahlreiche selbstständig tätige Kräfte. Sie haben sich an diesen Status gewöhnt, in den sie nicht selten erst nach dem Verlust einer festen Anstellung „gewechselt" sind, und wissen mit der Mischung aus Unabhängigkeit und Risiko umzugehen. Die mit der selbstständigen Tätigkeit verbundenen Freiheiten wissen sie oft zu schätzen. Da sie sich meist auch entsprechend eingerichtet haben (z.B. eigene soziale Absicherung, Firmenwagen), besteht kein wirkliches Interesse mehr an einer Rückkehr in eine abhängige Beschäftigung.

Als Freiberufler stehen diese Arbeitskräfte in direkter Konkurrenz zu den etablierten Anbietern von Beratungs- oder Personaldienstleistungen und damit auch zu den Zeitarbeitsunternehmen. Allerdings haben sie einen Nachteil. Sie besitzen keine Vertriebsstrukturen und auch keinen Überblick über die Marktgegebenheiten. Es fällt ihnen daher deutlich schwerer, neue Auftragschancen ausfindig zu machen. Sie sind auf Vermittlungsplattformen und tragfähige Netzwerke angewiesen, wenn sie nicht immer wieder beschäftigungslose Zeiten überbrücken wollen.

Hier könnten Personaldienstleister tätig werden. Neben ihren eigenen Mitarbeitern könnten sie an ihre Kundenunternehmen auch ergänzend Freiberufler vermitteln, die dafür zum Beispiel eine Provision zu entrichten hätten. Die Personaldienstleister könnten so neue Ertragsquellen erschließen, ohne ihren eigenen Personalstamm und die damit verbundenen Ausgaben zu erhöhen.

3 Die Zeitarbeit ist kein Selbstläufer, doch die Perspektive stimmt

Auch wenn zahlreiche Möglichkeiten aufgezeigt worden sind, wie die Zukunft der Zeitarbeitsunternehmen aussehen könnte, so darf doch nicht der Eindruck entstehen, dass all dies zu einem Selbstläufer werden wird. Dem ist definitiv nicht so. Nur die Anbieter werden sich zu professionellen Personaldienstleistern entwickeln oder sich dauerhaft als solche am Markt halten können, die dafür auch aktiv etwas tun und sich im Wettbewerb stets aufs Neue bewähren. Sie müssen darauf achten, dass ihre Dienstleistungen den spezifischen Bedürfnissen der Kundenunternehmen entsprechen und diese immer wieder anpassen.

Gleichzeitig dürfen die Personaldienstleister einen ganz wichtigen Konkurrenten nicht aus den Augen verlieren: die Kundenunternehmen selbst. Die betrieblichen Personalmanager werden zukünftig noch stärker als Mitunternehmer in die Pflicht genommen werden. Sie werden alles tun, um die Effizienz des eingesetzten Humankapitals weiter zu verbessern. Konkret: Die Flexibilisierung der Personalkapazitäten wird auch in Zukunft ganz oben auf der Tagesordnung der Betriebe stehen. Die Stammbelegschaften werden zunehmend mit flexiblen Anstellungsverträgen ausgestattet werden, die eine bedarfsgerechte Anpassung der Tätigkeiten, der Lage und der Dauer der Arbeitszeiten sowie des Einsatzortes ermöglichen. So wird es den Unternehmen möglich sein, einen Großteil der Schwankungen des Arbeitsanfalls eigenständig aufzufangen. Erst wenn diese Flexibilisierungspotenziale ausgereizt sind, werden – insbesondere in Wachstumsphasen – externe Dienstleister in einem größeren Umfang eingebunden werden. Dann heißt es schnell zu reagieren, entschlossen zu handeln und qualitativ zu überzeugen. Denn eines ist klar: Nur professionelle Personaldienstleister, auf die Verlass ist, werden den Zuschlag erhalten. Ihnen gehört die Zukunft.